논리학 대전

제 1 부
명사(名辭)에 대하여

나남
nanam

한국연구재단 학술명저번역총서
서양편 322

논리학 대전
제 1 부 명사(名辭)에 대하여

2017년 8월 5일 발행
2018년 10월 15일 2쇄

지은이   윌리엄 오캄
옮긴이   박우석 · 이재경
발행자   趙相浩
발행처   (주) 나남
주소   10881 경기도 파주시 회동길 193
전화   (031) 955-4601 (代)
FAX   (031) 955-4555
등록   제 1-71호 (1979. 5. 12)
홈페이지   http://www.nanam.net
전자우편   post@nanam.net
인쇄인   유성근(삼화인쇄주식회사)

ISBN 978-89-300-8881-7
ISBN 978-89-300-8215-0 (세트)

'한국연구재단 학술명저번역총서'는 우리 시대 기초학문의 부흥을 위해
한국연구재단과 (주)나남이 공동으로 펼치는 서양명저 번역간행사업입니다.

논리학 대전

제 1 부
명사(名辭)에 대하여

윌리엄 오캄 지음

박우석 · 이재경 옮김

나남
nanam

Summa Logicae pars I De terminis

by

William Ockham

사용 약어

1. 아리스토텔레스의 저술

APo.	《분석론 후서》(*Analytica Posteriora*)
APr.	《분석론 전서》(*Analytica Priora*)
DGC	《생성과 소멸에 관하여》(*De generatione et corruptione*)
DI	《명제론》(*De Interpretatione*)
DSE	《소피스트적 논박》(*De sophisticis elenchis*)
Metaph.	《형이상학》(*Metaphysica*)
Phys.	《자연학》(*Physica*)
Praed.	《범주론》(*Praedicamenta*)
Top.	《변증론》(*Topica*)

2. 오캄의 저술

Exp. Art.	*Expositio in libros Artis Logicae*
Exp. DSE	*Expositio in librum De elenchis sophisticis*
Exp. Perih.	*Expositio in Perihermenias Aristotelis*
Exp. Porph. Praed.	*Expositio in librum Porphyrii de praedicabilibus*
Exp. Praed.	*Expositio libri Praedicamentorum Aristotelis*
OPh.	*Opera Philosophica*
OTh.	*Opera Theologica*
Ord.	*Ordinatio* (Scriptum in librum primum Sententiarum)
Quodl.	*Quodlibeta*
Rep.	*Reportatio* (Scriptum in librum primum Sententiarum)
SL	*Summa Logicae*
SP	*Summa Physicorum*
Tract. PPF	*Tractatus de praedestinatione et de praescientia Dei et de futuris contingenitibus*
Tract. Succ.	*Tractatus de successivis*

일러두기

1. 이 번역은 윌리엄 오캄(William Ockham)의 《논리학 대전》(*Summa Logicae*) 의 1부(*prima pars*), Gedeon Gál and Stephen F. Brown, eds., in *Opera philosophica*, vol. 1(St. Bonaventure, NY: The Franciscan Institute, 1974) 을 옮긴 것이다.
2. 원문을 좀더 분명히 이해하는 데 도움을 주고자, 그러면서도 원문을 훼손하지 않도록 하기 위해 옮긴이들이 보충하여 따로 설명한 부분은 〔〕 안에 넣었다.
3. 주요 인명과 철학적 개념들은 처음 한 회에 한하여 원어를 병기하였다.
4. 원문 편집자 주를 선별하여 실었고, 역자 주는 따로 구분하지 않았다.

서양 중세철학의 최고봉으로 토마스 아퀴나스, 둔스 스코투스와 더불어
윌리엄 오캄을 꼽는 데 대해 이의를 제기할 사람은 거의 없을 것이다. 특
히 오캄은 인류가 근대 과학혁명의 홍역을 이겨내고 20세기 이후 단절된
과거로서의 중세의 철학과 과학에 시선을 돌리는 과정에서 그 누구보다
도 주목받게 된 인물이라 할 수 있다. 그럼에도 오캄은 토마스 아퀴나스
와 둔스 스코투스에 비해 상대적으로 소홀히 다루어지는 경향이 있다.
이런 경향은 오캄이 당시 교황 요한 22세에게 청빈해야 함을 고집스럽게
주장함으로써 교회에서 파문당한 사실과 무관하지 않을 것이다. 더욱이
중세를 암흑기로 보는 편협한 시각도 오캄에 대한 연구가 미진해진 원인
을 제공했을 것이다. 그러나 이런 해석의 경향은 20세기 중반에 들어 전
환기를 맞게 된다. 영미 분석철학의 영향 아래서 오캄의 논리학과 언어
철학이 재조명되면서 그 사상의 독창성과 중요성이 부각되기 시작했다.
그 결과 '중세철학 전체가 아리스토텔레스 철학의 아류'라거나 '중세 논리
학은 아리스토텔레스 논리학의 답습에 불과했다'는 피상적 견해가 오류

임이 드러났다. 이런 오캄의 재조명 작업은 1967년부터 1988년까지 급속도로 완성된 오캄의 모든 신학과 철학 저술에 대한 라틴어 비판본을 완성한 데 힘입은 바 크다.

오캄은 아리스토텔레스의 논리학 위에 중세인들이 쌓아 올린 업적들을 집대성한 《논리학 대전》(Summa Logicae)의 저자요, '오캄의 면도날'이라는 별명이 상징하듯 실재론적 입장들을 예리하고도 신랄하게 비판한 유명론의 투사며, 아리스토텔레스의 자연학에 지각 변동을 일으킴으로써 근대 과학혁명을 예비하는 데 한몫을 한 자연철학자다. 물론 그는 계시된 진리를 신앙의 규칙으로 받아들이고 모든 연구의 지도적 원리로 삼은 탁월한 신학자인 동시에 교권과 속권 간의 대결이라는 첨예한 현실 정치문제와 정면 대결하여 속권이 신으로부터 백성에게 주어진 것으로 그 자체의 독자적 영역을 갖는다고 주장한 시대를 앞서간 정치철학자이기도 하다.

오캄의 예리한 지성이 이 다양한 영역들에서 이루어 낸 최고의 업적이 무엇인지 가려내기는 어렵다. 그러나 흥미롭게도 이 다양한 영역에서의 그의 성취를 이해하기 위한 필수불가결한 요건을 적시하기란 어려운 일이 아니다. 그는 어떤 영역의 문제를 다루든지 간에 명백히 스스로 논리학과 언어철학 연구에서 이룬 독창적 이론과 개념, 그리고 구별들을 적극적으로 원용함으로써 괄목할 만한 성과를 얻어 냈기 때문이다. 그렇다면 오캄의 사상 전모를 심층적으로 이해하는 데 《논리학 대전》은 필수불가결할 것이다.

이 번역은 오캄의 《논리학 대전》 제1부의 완역이다. 2004년 한국연구재단 동서양학술명저 번역지원사업의 지원으로 시작한 일이 이제야 빛을 보게 된 데에는 말로 표현하기 힘든 고충들이 있었다. 이 작품이 예상한 것보다 훨씬 더 난해했을 뿐만 아니라 우리말로 번역될 때 의미 전달이 제대로 되지 않는 까다로운 개념어들이 생각보다 많기도 했다. 오랜 기간 수정작업을 거쳤다고 해서 문제가 모두 해소되었다는 말은 아니다. "잘못된 번역서라도 없는 것보다 낫다"는 말을 이 번역서를 내는 구실로 삼고자 한다.

이 번역은 많은 분들의 도움 없이는 세상에 나올 수 없었다. 번역 초고를 준비하는 과정에서부터 라틴어 개념어들의 우리말 번역어를 정하는 단계는 물론 수정·보완 작업에 이르기까지 〈한국중세철학회〉 동료 연구자들의 세심한 조언과 따뜻한 격려가 큰 힘이 되었다. 특히, 초고를 읽고 오류들을 지적해 준 강상진, 박승찬, 선우환, 조대호 선생님께 고개 숙여 감사드린다. 번역을 착수할 때부터 함께 텍스트를 읽고 토론한 유대칠, 최필립, 그리고 색인 작업에 도움을 준 김선영에게도 고마움을 표하고 싶다.

2017년 7월
박우석·이재경

수사이자 교사인
잉글랜드의 아담[1]의 머리말

많은 전문가들의 전거는 우리가 '논리학'이라고 부르는 언어에 대한 학문
이 진리를 추구하는 자들에게 얼마나 대단한 결과를 가져오는지를 가르치
고, 이성과 경험은 그것을 분명히 확증하고 입증한다.[2] 따라서 이 학문
의 주된 창시자인 아리스토텔레스는 논리학을 입문자들을 위한 방법, 앎
의 방식, 모든 것에 공통적인 학문, 진리에 이르는 길이라고 부른다. 그
는 이 구절을 통해 논리학 교육을 받지 않은 어느 누구도 지혜로 들어가는
입구에 접근할 수 없다고 말한다. 아리스토텔레스의 해석자인 아베로에
스도 《자연학 주해》에서 변증술을 '참과 거짓을 구별하기 위한 도구'라고

---

1) 아담 워드햄(Adam Wodeham)이라는 이름으로도 알려진 이 인물은 오캄과
   동시대인이었으며 잠시 동안 오캄의 개인 비서로 활동한 것으로 추측된다.
2) 아담은 여기서 보에티우스의 《구분론》(*De divisione*)의 첫 문장 "구분에 대한
   학문이 열심히 탐구하는 자들에게 얼마나 대단한 결과를 가져오는지를 …"(J.
   P. Migne, ed., *Patrologia Latina* 〔이하 PL로 약칭〕 64, col. 857D)을 활용
   했다.

말한다.[3] 탁월한 교사인 아우구스티누스가 증언하듯이,[4] 그것은 모든 의문을 해결하며, 성경의 모든 난점을 해소하고 관통하기 때문이다.

《소피스트적 논박》[5]에 적혀 있듯이, 현명한 사람이 타인에게 하는 행위는 두 가지, 즉 "자신이 아는 것에 대해 거짓말하지 않고, 거짓말쟁이의 정체를 폭로할 수 있는 것"이다. 이것은 단지 이런 [논리적] 방법에 의해서만 가능한 참과 거짓의 구별 없이는 일어날 수 없는 것이므로 사색하는 자를 위해서는 그것이 매우 유용한 방법이라는 점은 아주 명백하다.

오로지 이것만이 모든 문제에 대해 토론할 수 있는 능력을 제공하며, 모든 종류의 수수께끼 문장(sophisma)[6]을 해결하고 증명의 중명사(中名辭)를 발견하는 방법을 가르친다. 그것은 정신을 얽어매는 사슬에서 정신을 해방시키기도 하고 자유의 상태로 되돌려 놓기도 한다. 아리스토텔레스가 가르치듯이,[7] 사슬이 신체의 수족을 묶어 예정된 일을 수행하지 못하게 하는 것처럼, 거짓되고 궤변적인 논변들은 정신을 구속하기 때문이다. 마찬가지로, 이 기술은 일종의 빛처럼 오류의 어둠을 파헤치고 인간 이성의 행위를 인도한다. 실상, 빛과 비교해 보면 그것이 우선적이라

---

3) Averroes, *In Aristotelis Physicam*, I, t. 35 (ed., Iuntina, IV, f. 11vb).

4) Augustinus, *De doctrina christiana*, II, c. 31, n. 48 (PL 34, col. 58).

5) *DSE*, 1, 165a24~27.

6) 중세 논리학의 맥락에서 사용된 표현 'sophismata' ('sophisma'의 복수형)는 고대 철학에서와 같이 논리적으로 타당하지 않은 논변이나 궤변만을 가리키는 표현이 아니고, 일견 애매하고 수수께끼처럼 보이는 문장으로서 논리적 분석을 통해 설명되어야 하는 문장을 뜻한다. 그리고 보다 넓은 의미에서 'sophismata'는 이러한 수수께끼 문장들을 다루었던 12~14세기의 논리학 저술들 일체를 가리킨다. 중세 논리학에서 사용된 수수께끼 문장에 대한 개관으로는 다음을 참고할 것. Paul Vincent Spade, "Sophismata", in Robert Pasnau ed., *The Cambridge History of Medieval Philosophy*, 2 vols., Cambridge: Cambridge University Press, 2010. 185~195.

7) *DSE*, 1, 165a13~17.

는 점을 알게 된다. 물리적 빛이 차단되면 인간 행위가 중단되거나 행위자에게 일정하지 않게 종종 손상을 주듯이, 이 기능에 대한 숙련 없이는 인간 이성의 행위도 그렇게 되기 때문이다.

우리는 이 학문을 무시하면서도 배움에 전념하려고 하고, 가르치는 과정에서 여러 가지 오류를 사방으로 퍼뜨리고 돌아다니고자 하고, 기준과 질서 없이 불합리적인 것으로 가득 찬 견해만을 만들고자 하고, 좀처럼 이해할 수 없는 장황한 진술을 짜 맞추거나 정리하고자 하고, 게으름뱅이의 꿈과 시인이 지어낸 이야기와 같은 어떤 것에 시달리고, 역설처럼 아무런 설득력도 없는 추론들에 대해 생각하고, 자신이 한 말의 의미에 대해 모르는 많은 사람을 본다. 그들은 오류에 위험하게 빠져들면 들수록 자신을 다른 이들보다 현명한 이로 여기며, 자신의 말을 듣는 이들의 귀에 진리 대신 무분별하게 거짓을 함부로 퍼붓는다.

그래서 탁월한 소요학파 철학자인 아리스토텔레스는 앞서 말한 논리학이 제공하는 유용성에 영감을 받아 그것을 솜씨 있게 정리한다. 그러나 그리스어를 라틴어로 번역할 때 발생하는 모호함 때문에, 누구나 많은 시간을 소비하지 않고서는 좀처럼 〔텍스트를〕 이해할 수 없었다. 이런 이유로 인해, 이 문제들에 대해 정통했던 후대 사람들은 〔다른 관심사에〕 열중한 이들에게 여러 저술을 적음으로써 〔논리학에〕 이르는 쉬운 길을 보여 주었다. 이런 사람들 가운데 나는 걸출한 한 사람이자 존경할 만한 박사인 윌리엄 수사를 생각하는데, 분명 그는 영국 출신의 작은 형제회〔프란치스코회〕 소속이지만 그의 능력의 명민함과 가르침의 진리는 탁월하다. 8)

실제로, 종종 여러 사람의 요청에 시달리는 이 비범한 박사는 우선적인 것인 명사(名辭, *terminus*)에서부터 시작해서 나머지로 진행하여 마

---

8) 이 부분에서 아담의 재치 있는 말솜씨가 드러난다. 그의 요지는 비록 오캄이 '작은' 형제회 소속이지만, 그의 명민함과 가르침의 진리는 결코 '작은' 것이 아니라는 점이다.

지막에 도달할 때까지, 이런 방법 전체에 대한 탐구를 분명하게, 평이하게, 진지하게 정리한다.

그래서 그는 이처럼 훌륭하면서도 간결한 저작에 대한 요구를 되풀이하던 학생들을 위해 글을 쓰기는 하지만, 모든 이에게 도움이 되기를 바라면서 다음과 같이 말하기 시작했다.

윌리엄 오캄이 쓴 서문의 편지

형제 수사이면서 친애하는 친구여, 자네는 최근 편지에서 나로 하여금 논리학의 기술에 대한 규칙들을 하나의 논고에 모아 자네에게 보내도록 설득했다. 그러므로 나는 진보와 진리에 대한 자네의 사랑에 감동 받아 자네의 요청을 거스를 수 없었기 때문에, 나에게 어렵기는 하지만 우리 모두에게 유익하다고 생각되는 사안에 착수할 것이다.

그 이유는 논리학이 모든 기술 가운데 가장 유용한 도구이기 때문이다. 논리학 없이는 어떠한 학문도 완전히 알려질 수 없다. 그것은 반복해서 사용해도 물질적 도구처럼 닳아 없어지지 않으며, 오히려 다른 학문이 부지런히 사용함으로써 꾸준히 발전하게 된다. 왜냐하면 도구에 대한 완벽한 지식이 없는 기계공이 그것을 사용함으로써 완벽한 지식을 습득하듯이, 논리학의 확실한 원리들에 대해 교육을 받는 사람들은 나머지 학문에 부지런히 노력을 기울이는 동안 이 기술에 대한 보다 더 큰 기량을 동시에 습득하기 때문이다. 따라서 나는 '논리학의 기술은 애매한 기술이다'(*ars logica labilis ars est*) 라는 속담을 지혜에 대한 학문에 주의를 기울이지 않는 사람들[1])에게만 어울리는 것으로 간주한다.

논리학에 대한 탐구내용을 다루면서, 우선적인 것인 명사를 가지고 시작해야 한다. 다음으로 명제(*propositio*)에 대한 탐구가 뒤따를 것이고, 마지막으로 삼단논법(*syllogismus*)과 나머지 논증(*argumentum*)에 대한 탐구가 뒤를 이을 것이다. 젊은이들 대부분은 논리학에 대한 풍부한 경험을 하기 이전에 신학과 다른 학문의 미묘함으로 인해 연구하는 데 방해받으며, 이것을 통해 다른 이들에게는 보잘것없거나 하찮은 것일 수 있는 난해한 어려움에 빠져들고, 참된 증명을 마치 수수께끼 문장(*sophismata*)처럼 배척하고 증명 대신 궤변을 수용하기 때문에 나는 이 논고를 쓰는 데 착수했으며 이 과정에서 이따금 철학적인 예증뿐만 아니라 신학적인 예증들을 통해 규칙들을 드러나게 할 것이다.

---

1) 라이문두스 룰루스(Raimundus Lullus)의 《실체, 우유, 그리고 합성체에 대한 탐색》(*De venatione substantiae accidentis et compositi*)에 나오는 다음 언급을 참조할 것: "논리학은 난해하고, 애매하고, 광범위한 학문이다. …"

논리학 대전

제1부 명사(名辭)에 대하여

|차례|

제1장

명사(名辭)의 정의와 그것의 일반적 구분

논리학을 다루는 모든 사람은 논증이 명제로 구성되고, 명제는 명사로 구성된다는 점을 드러내고자 한다. 따라서 명사는 단지 명제에 근접한 부분일 따름이다. 왜냐하면 아리스토텔레스는 《분석론 전서》제1권에서[1] 명사를 정의할 때 "나는 긍정명제든 부정명제든 상관없이 술어와 서술의 대상〔주어〕처럼 분해되는 명제의 구성요소를 명사라고 부른다"고 말한다.

그러나 모든 명사가 명제의 일부분이거나 일부분일 가능성이 있을지라도, 명사가 모두 같은 종류인 것은 아니다. 그래서 우리는 명사에 대한 완전한 지식을 위해 먼저 명사의 구분에 대해 잘 알아야 한다.

보에티우스의 《명제론 주해》제1권에 의하면, 3가지 종류의 언어, 즉 문자(scripta) 언어, 음성(prolata) 언어, 그리고 지성 안에서만 존재를 가지는 개념(concepta) 언어가 있듯이, 명사에도 3가지 종류, 즉 문자명사(文字名辭), 음성명사(音聲名辭), 개념명사(概念名辭)가 있다는 점을 알아야 한다.[2] 문자명사는 물리적 대상에 적힌 명제의 일부분인데, 육

---

1) *APr.*, I, 1, 24b16~18. 여기서 오캄은 보에티우스의 번역을 인용한다.

2) Boethius, *In librum De interpretatione*, ed., 2a, I, cap. *De signis* (PL 64, 407 B). 보에티우스는 《명제론》에 대해 두 가지 주해서를 집필했다. 여기서 인용되는 주해서는 두 번째 것이다.

안을 통해 보거나 볼 수 있는 것이다. 음성명사는 입을 통해 말해진 명제의 일부분이고 신체의 귀에 의해 들리는 성향이 있다. 개념명사는 자연적으로 어떤 대상을 의미하거나 공동으로 의미하고 〔그것이 의미하는〕 동일한 대상을 지칭하는, 심적 명제의 부분이 되는 영혼의 지향(intentio) 이거나 수용(passio) 이다. 따라서 개념명사와 그것으로 구성된 명제에 종속되는 기호인 음성(vox) 이 입 밖으로 발화된다고 할지라도 이런 개념명사와 명제는 단지 정신 안에만 남고 입 밖으로 발화될 수 없기 때문에 아우구스티누스 성인이 《삼위일체론》 제 15권에서 말하는 '심적 언어'(verba mentalia) 다.[3]

　　나는 음성이 영혼의 개념이나 지향에 종속되는 기호라고 말한다. 그 이유는 '기호'(signum) 라는 단어를 고유한 뜻으로 해석할 때 이런 음성이 우선적으로 그리고 적절하게 영혼의 그런 개념을 항상 의미하기 때문이 아니다. 오히려 음성은 정신의 개념이 의미하는 바로 그 대상을 의미하도록 명명되기 때문이다.[4] 따라서 개념은 어떤 대상을 1차적으로 그리고 자연적으로 의미하며, 음성은 바로 그 대상을 2차적으로 의미한다. 그렇다면 음성이 정신 안에 있는 개념이 의미하는 어떤 대상을 의미하도록 규정된다고[5] 가정해 보자. 그 개념이 의미대상을 바꾼다면, 그 사실에 의해 음성은 어떤 새로운 〔언어적〕 규약 없이도 그 의미대상을 바꾸게 될 것이다. 이것은 철학자〔아리스토텔레스〕[6] 가 음성에 대해 "영혼 안에

---

　3) Augustinus, *De Trinitate*, XV, c. 10, n. 19; c. 12, n. 22; c. 27, n. 50 (PL 42, cols. 1071, 1075, 1097). 심적 언어의 존재를 인정하는 오캄의 이론상에서 이 부분은 심적 언어가 어떠한 규약 언어에도 속하지 않는다는 뜻으로 이해해야 한다.

　4) '명명'(impositio) 은 특정한 심적 표현에 특정한 음성, 문자 표현을 할당하는 행위를 말한다. 오캄은 제 11장에서 명명에 대해 보다 자세히 다룬다.

　5) 논의 맥락에서 '규정'(institutio) 은 앞서 등장한 '명명'과 동일한 뜻으로 사용된다.

　6) 《논리학 대전》에서 '철학자'(Philosophus) 라는 표현은 아리스토텔레스를 가리

있는 수용의 징표(*nota*)"라고 말할 때 드러내고자 한 의도다.7) 보에티우스가 음성이 개념을 의미한다고 말할 때도 같은 의도이다.8) 그리고 일반적으로 모든 저술가는 음성이 모두 〔영혼의〕 수용을 의미하거나 그러한 〔수용의〕 징표라고 말할 때, 음성이 영혼의 수용에 의해 1차적으로 전달되는 것을 2차적으로 의미하는 기호라는 뜻으로 말하는 것일 뿐이다. 하지만 다음에 드러나듯이,9) 어떤 음성들의 경우 영혼의 수용이나 영혼 안의 다른 지향이 2차적으로 전달하는 개념을 1차적으로 전달하기도 한다. 그리고 음성을 수용, 지향, 또는 개념과 연관하여 설명하는 것은 문자명사를 음성에 연관하여 설명하는 곳에도 유비적으로 적용해야 한다.

이런 종류의 명사들 사이에는 몇 가지 차이점이 발견된다. 첫째, 영혼의 개념이나 수용은 자신의 모든 의미대상을 자연적으로 의미하는 데 반해, 음성명사나 문자명사는 인위적인 규약을 통하지 않고서는 어떠한 것도 의미하지 않는다는 점이다. 이 점에서 또 다른 차이점, 즉 음성명사나 문자명사는 사용자의 뜻대로 의미대상을 바꿀 수 있지만, 개념명사는 어느 누구의 뜻대로 의미대상을 바꾸지 않는다는 점이 도출된다.

그러나 염치없이 트집을 잡는 사람들 때문에 '기호'는 두 가지 방식으로 해석된다는 점을 알아야 한다. 첫째, 기호는 파악될 때 〔우리로 하여금〕 다른 무엇을 인식하게끔 하는 모든 것을 말한다. 그러나 다른 곳에서 드러나는 것처럼10) 기호는 우리로 하여금 1차적으로 어떤 것을 인식하게

키는 표현으로 자주 쓰인다.

7) *DI*, 1, 16a3~4. 아리스토텔레스에 의하면, 개념은 사물의 유사성이며, 음성은 개념의 징표이고, 문자는 음성의 징표이다. 이를 오캄은 개념은 사물의 기호이고, 음성은 개념에 의하여 사물의 기호이며, 문자는 음성에 의하여 사물의 기호라고 해석하며, 이것이 철학자 아리스토텔레스의 진의라고 이해한다.

8) Boethius, *In librum De interpretatione*, ed., 2a, I, cap. *De signis* (PL 64, col. 407C).

9) 제11장 참조.

하지는 않고, 단지 그것을 습관적으로 인식하게 한 이후에 현실적으로 인식하도록 한다. 이런 뜻에서, 결과는 적어도 자연적으로 그 원인을 의미하는 것처럼 그리고 원형의 통버팀대는 선술집에서 포도주를 의미하는 것처럼,[11] 음성은 자연적으로 의미한다. 그러나 여기서 나는 일반적으로 기호에 대해 그렇게 말하는 것은 아니다. 둘째, 기호는 어떤 것을 인식하게 하고 지칭할 수 있도록 하는 것, 또는 확정된 의미가 없는 공의어(共義語, *syncategoremata*), 동사, 표현(*oratio*)[12]의 일부분처럼 명제 안에 있는 어떤 것에 덧붙을 수 있는 것, 또는 표현처럼 그러한 것들로 구성될 수 있는 것으로 해석된다. '기호'라는 단어를 이런 뜻으로 해석할 때 음성은 결코 어떤 것에 대한 자연적 기호가 아니다.

---

10) *Ord.*, I, d. 3, q. 9(*OTh* II, 543~551).

11) 오늘날 이발소 앞에 서 있는 줄무늬로 된 이발소 간판 기둥이 이발소의 기호 노릇을 하는 것처럼, 당시에는 선술집 앞에 걸린 원형의 통버팀대가 그 선술집에 있는 포도주의 기호로서 역할 했다.

12) '표현'은 중세 논리학에서 일련의 단어들로 이루어진 모든 것을 뜻한다.

제 2 장
명사의 구분과 '명사'라는 특수한 이름이
여러 방식으로 해석될 수 있다는 점에 대하여

'명사'라는 이름(*nomen*)은 3가지 뜻으로 해석된다는 점을 알아야 한다. 첫째, 정언명제(*propositio categorica*)의 계사(繫辭) 혹은 양 끝, 즉 그것의 주어와 술어, 또는 양 끝이나 동사의 한정사일 수 있는 것은 모두 명사라고 불린다. 이런 뜻에서 명사가 명제의 일부분일 수 있듯이, 심지어 명제조차 명사일 수 있다. 왜냐하면 "'사람은 동물이다'는 참인 명제다"가 참이기 때문이다. 그것 안에서 '사람은 동물이다'라는 명제 전체는 주어이고 '참인 명제'는 술어이다. '명사'라는 이름은 표현과 대조되는 한에서 또 다른 뜻으로 해석된다. 이런 뜻에서 모든 비복합적〔단어〕를 명사라고 부른다. 나는 앞선 장에서 명사에 대해 이런 뜻으로 말했다. 셋째, '명사'는 정확하게 그리고 좀더 엄밀하게 말해, 의미적으로 해석되었을 때 명제의 주어나 술어가 될 수 있는 것으로 해석된다. 이런 뜻에서 동사, 접속사, 부사, 전치사 또는 감탄사는 명사가 아니다. 공의어 이름과 같은 여러 이름들도〔이런 뜻에서〕명사가 아니다. 1) 왜냐하면 그러한 것들은 질료적으로 또는 단순하게 해석된다면 명제의 양 끝일 수 있을지라도 의미적으로 해석될 때 명제의 양 끝일 수 없기 때문이다. 2) 따라서 "'읽는

---

1) 이름(*nomen*)은 중세 문법 이론에서 오늘날에 명사(noun)로 분류되는 것들뿐만 아니라 형용사도 포함한다. 그리고 때때로 대명사도 이름에 포함된다. 여기서 오캄은 '모든'(*omnis*)과 같은 공의어 이름을 염두에 두는 듯하다.

다'는 동사이다"라는 표현에서 '읽는다'라는 동사가 질료적으로 고려된다면 그 표현은 문법적으로 옳으며 참이다. 그러나 그것이 의미적으로 고려될 경우 이해될 수 없다. 이 점은 "'모든'은 이름이다", "'한차례'는 부사다", "'만일〔… 이라면〕'은 접속사다", "'로부터'는 전치사다"와 같은 경우에서도 마찬가지이다. 철학자는 《분석론 전서》 제1권에서 명사를 정의할 때 이런 뜻으로 이해한다.[3]

'명사'를 이와 같은 〔셋째〕 의미로 이해할 때 비복합적 〔단어〕 하나가 명사가 될 수 있을 뿐만 아니라 형용사와 실명사(實名詞, *substantivum*)의 합성, 심지어 분사와 부사, 또는 그것의 목적어를 가지는 전치사와의 합성처럼 비복합적인 두 〔단어〕의 합성도 명제의 주어나 술어일 수 있듯이 명사가 될 수도 있다. 왜냐하면 "모든 흰 사람은 사람이다"라는 명제에서 주어는 '사람' 또는 '흰'이 아니라 '흰 사람'이라는 전체이기 때문이다. "빨리 달리는 것은 사람이다"도 마찬가지이다. 여기서 주어는 '달린다'나 '빨리'가 아니라 '빨리 달리는 것'이라는 전체이다.

주격으로 고려되는 이름뿐만 아니라 사격(斜格, *casus obliquus*)[4]도 명사일 수 있다는 점을 알아야 한다. 왜냐하면 그것은 명제의 주어뿐만 아니라 술어도 될 수 있기 때문이다. 하지만 사격은 단지 동사의 측면에서 주어일 리가 없다. 왜냐하면 "당나귀는 인간의 것이다"는 문법적으로 옳은 표현이지만, "인간의 당나귀를 본다"(*hominis videt asinum*)는 문법적으로 옳지 않기 때문이다. 그러나 어떤 동사가 사격을 주어로서 취할 수

---

2) 여기서 말하는 질료적 해석, 단순 해석, 의미적 해석은 각기 다른 지칭방식에 해당한다. 지칭은 명사가 명제 안에서 주어, 술어로서 갖게 되는 의미론적 속성으로, 특정 명제 안에서 주어 또는 술어가 지시하는 대상 또는 대상들에 따라 그 방식이 구별된다. 오캄은 이 세 지칭방식에 대해 《논리학 대전》 제1부 제63~64장에서 상세하게 논의한다.

3) *APr.*, I, 1, 24a16~18.

4) 주격을 제외한 다른 격을 가리키는 것이다.

있는지 또 어떤 동사가 취할 수 없는지에 관한 문제는 단어의 구성에 대한 탐구를 임무로 하는 문법학자에게 속한다.

제 3 장
비복합명사의 구분

우리는 '명사'(名辭)라는 이름의 다의성을 관찰했기 때문에 이제 비복합
명사의 구분에 대해 탐구해야 한다. 비복합명사는 음성명사, 문자명사,
개념명사로 구분될 뿐만 아니라 각각의 것은 유사한 구분에 의해 세분된
다. 왜냐하면 음성에는 명사(名詞)도 있고, 동사도 있고, 나머지 품사
들, 즉 대명사, 분사, 부사, 접속사, 전치사에 속하는 것도 있으며, 1) 그
런 사정은 문자명사에서도 비슷하듯이, 영혼의 지향에도 명사(名詞)는
물론 동사도 있고, 나머지 품사들, 즉 대명사, 부사, 접속사, 전치사에
속하는 것도 있기 때문이다.

그러나 음성분사와 문자분사에는 상응하면서 심적 동사와는 구별되는
지향들이 정신 안에 있는지의 여부에 대해 의심이 생길 수 있다. 〔그러한
의심은〕심적 명사의 다수성을 주장할 필요성이 크게 없어 보이는 한에서
〔생긴다〕. 왜냐하면 어떤 동사와 '이다'(est)라는 동사와 함께 취해지는
그 동사의 분사는 의미를 드러내는 과정에서 항상 동일하다고 보이기 때
문이다. 이런 이유로 인해, 동의어 이름들이 의미하는 모든 대상은 그것
들 가운데 하나에 의해 충분히 잘 표현될 수 있으므로 우리가 동의어 이
름들의 다수성을 발견하는 것은 의미의 필요성 때문이 아니라 말(sermo)

---

1) 표현의 부분들과 관련해서 다음을 참조할 것. Priscianus, *Institutiones
grammaticae*, Ⅱ, c. 4 (I, ed., A. Krehl, Lipsiae 1819, 66~70).

이나 그 밖의 유사한 부수적 원인을 꾸미기 위함이다. 따라서 개념의 다수성이 그러한 동의어의 다수성에 상응하지 않는다. 마찬가지로 우리는 말의 표현이 필요하기 때문에 음성동사와 분사 사이의 구별을 찾지는 않는 듯하다. 이런 이유로 인해, 음성분사에 상응하는 상이한 개념들이 정신 안에 있을 필요가 없는 듯하다. 이와 비슷한 의심이 대명사에 대해서도 생길 수 있다.

심적 이름과 음성 이름 사이에도 차이가 있다. 왜냐하면 심적 이름에 속한 문법상의 부수적 특징(accidentia)들은 모두 음성 이름에도 속할지라도, 그 역은 마찬가지가 아니기 때문이다. 오히려, 전자뿐만 아니라 후자에 공통적인 것도 있고, 음성 이름과 문자 이름에 고유한 것도 있다. 왜냐하면 음성적인 것에 속한 것은 무엇이든지 문자적인 것에도 속하며, 그 역도 참이기 때문이다. 음성 이름과 심적 이름에 공통적으로 속하는 부수적인 특징은 격(格, casus)과 수(數, numerus)다.

왜냐하면 "사람은 동물이다"와 "사람은 동물들이 아니다"와 같은 음성명제들은 서로 다른 술어들을 가지며, 그 가운데 전자는 단수이고 후자는 복수이듯이, 발화하기 전에 정신이 전자를 통해 사람은 동물이라고 말하고 후자를 통해 사람은 동물들이 아니라고 말하는 심적 명제들 역시 서로 다른 술어들을 가지며, 그 가운데 전자는 단수라고 말할 수 있고, 후자는 복수라고 말할 수 있기 때문이다.

마찬가지로, "사람은 사람이다"(homo est homo)와 "사람은 사람에게 속하지 않는다"(homo non est hominis)라는 음성명제들이 서로 다른 격의 술어들을 지니듯이, 정신 안에 상응하는 명제들에 대해 〔같은 점을〕 말해야 한다.

또한 음성 이름과 문자 이름에만 있는 부수적 특징은 성(性, genus)과 어형변화(figura)다. 왜냐하면 그러한 부수적 특징은 의미가 필요하다는 이유로 인해 이름에 속하는 것이 아니기 때문이다. 따라서 때때로 두 가지 이름이 동의어지만 서로 다른 성에 속하며, 때때로 서로 다른 어형변화에 속하기도 한다. 이런 이유로 인해 자연적 기호에 그러한 다수성이 있다고 생각할 필요가 없다. 따라서 동의어 이름들에 속할 수 있는 그러한 부수적 특징의 다수성과 차이성은 심적 이름들 안에서 마땅히 제거될 수 있다.

비교[2]가 규약을 통해 만들어진 이름들[3]에만 속하는지 여부에 관해 어려움이 생길 수 있다. 그러나 그것은 크게 소용이 없기 때문에 생략한다.

유사한 어려움이 성질(*qualitas*)에 대해 생길 수 있는데, 나는 그것을 다른 곳에서 철저하게 다룰 것이다.[4]

신중한 사람이라면 앞서 언급한 것에서 때때로 격, 수, 비교처럼 단지 명사에 속한 부수적 특성의 변이로 입증될 수 있는 명제도 있고 반증될 수 있는 명제도 있을지라도 이것이 의미대상으로 인해 성(性)과 어형변화에서는 결코 일어나지 않는다는 점을 명확히 추론할 수 있다. 왜냐하면 종종 문법적으로 맞게 하기 위해 성을 고려할지라도 — '*homo est albus*'는 문법적으로 맞고, '*homo est alba*'는 문법적으로 틀린데,[5] 이것은 단지 성의 차이로부터 생긴다 — 문법적 맞음을 전제할 때 주어나 술어가 어느 성에 속하는지 또는 어느 어형변화에 속하는지는 중요하지 않기 때문이다. 그러나 명제들이 참인지 혹은 거짓인지의 여부에 대해 알기 위해서 주어나 술어가 단수인지 복수인지 또는 어느 격에 있는지 확실히 고려해야 한다. 왜냐하면 "사람은 동물이다"가 참이고 "사람은 동물들이다"가 거짓이며,

---

2) 이는 비교급과 최상급을 의미한다.

3) 이는 음성 이름과 문자 이름을 의미한다.

4) 여기서 말하는 이름들의 성질이 정확히 무엇을 의미하는지는 불분명하다. 라틴어 판본의 편집자 주는 이것이 고유명사와 공통명사 사이의 구별을 의미한다고 명시하는 반면, 스페이드(Paul Vincent Spade)는 그보다는 '성질'이 동사의 법(mood)을 지시하는 표현으로 쓰였던 점을 지적한다. Spade(1995b), 10 참조.

5) 라틴어 '*homo*'는 남성형인 데 반해, 라틴어 '*alba*'는 여성형이다. 따라서 두 명사의 성(性)이 일치하지 않기 때문에 문법규칙에 맞지 않다.

다른 경우들에도 사정은 마찬가지이기 때문이다.

음성 이름과 문자 이름에 고유한 부수적 특징이 있고 그 이름들과 심적 이름에 공통으로 속하는 부수적 특징이 있듯이, 동사에 속하는 부수적 특징에 대해서도 비슷한 점을 말해야 한다. 공통적인 것은 법, 수, 시제, 격, 태 그리고 인칭이다. 이 점은 법의 경우에 분명하다. 왜냐하면 하나의 심적 표현이 "소크라테스는 독서한다"라는 음성 표현에 상응하고, 또 다른 심적 표현이 "소크라테스는 독서하기를 바란다"라는 또 다른 표현에 상응하기 때문이다. 그 점은 태의 경우에도 분명하다. 왜냐하면 하나의 심적 표현이 "소크라테스는 사랑했다"라는 음성 표현에 상응하고, 또 다른 심적 표현이 "소크라테스는 사랑받는다"라는 또 다른 표현에 상응하기 때문이다. 하지만 정신 안에는 단지 3가지의 태가 있다.[6] 왜냐하면 일반 동사는 능동태의 동사나 수동태의 동사와 동치이며, 이태동사(異態動詞, *deponentia*)[7]는 중간태의 동사나 능동태의 동사와 동치이므로, 음성의 이태동사와 일반 동사는 다른 의미의 필요성 때문에 고안된 것이 아니기 때문이다. 그런 까닭에 심적 동사에 그러한 다수성을 설정해서는 안 된다. 그 점은 수에 있어서도 분명하다. 왜냐하면 별개의 심적 표현들이 "그가 독서한다"와 "그들이 독서한다"와 상응하기 때문이다. 시제의 경우에도 마찬가지라는 점은 분명하다. 왜냐하면 별개의 심적 표현들이 "네가 독서한다"와 "네가 독서한 적이 있다"와 상응하기 때문이다. 인칭의 경우에도 마찬가지라는 점은 분명하다. 예컨대, 별개의 [심적 표현들이] "그가 독서한다"와 "내가 독서한다"와 상응한다.

그러한 심적 이름, 동사, 부사, 접속사, 전치사를 설정해야 한다는 점

---

6) 여기에서 3가지 종류(*tria genera*)는 능동태, 수동태 그리고 그리스어에서 사용되는 중간태다. 그리스어에서 중간태는 재귀적 의미로 자주 사용된다. 반면, 라틴어에는 중간태가 없다.

7) 이태동사는 수동의 행태를 띠지만 능동과 재귀의 의미를 지니는 동사다.

은 정신 안에는 모든 음성 어구에 상응하는 심적 〔어구〕가 있다는 사실에서 드러날 수 있다. 따라서 의미의 필요성으로 인해 설정된 음성명제의 부분들이 서로 다르듯이, 심적 명제의 상응하는 부분들도 서로 다르다. 이런 이유로 인해, 음성 이름, 동사, 부사, 접속사, 전치사가 서로 다른 음성명제와 어구에 필요하다. 따라서 어구의 나머지 부분들과 함께 그것들로 표현할 수 있는 모든 것을 명사와 동사로 표현하는 것은 불가능하듯이, 마찬가지로 유사한 별개의 부분들이 심적 명제에 필요하다.

규약을 통해 만들어진 동사에만 있는 부수적 특징은 동사의 활용(coniugatio)이고 어형변화다. 하지만 때때로 다른 활용에 있는 동사들은 동의어들이며, 다른 어형변화에 있는 동사들도 마찬가지다.

신중한 사람이라면 앞서 언급한 것에서 어구의 나머지 부분들과 그것들의 부수적 특징을 유비적으로 말해야 한다는 점을 쉽게 인정할 것이다.

어느 누구도 내가 어떤 이름들과 동사들이 심적이라고 말하는 것에 놀라서는 안 된다. 먼저 그로 하여금 보에티우스의 《명제론 주해》를 읽게 한다면,[8] 그곳에서 그 점을 발견할 것이다. 따라서 아리스토텔레스가 음성을 통해 동사뿐만 아니라 이름을 정의할 때,[9] 그는 그곳에서 '이름'과 '동사'를 좀더 엄밀하게, 즉 음성 이름과 음성동사의 뜻으로 받아들인다.

---

8) Boethius, *In librum De interpretatione*, ed., 2a, I, cap. *De signis* (PL 64, cols. 405~414).

9) *DI*, 2, 16a19~21: "이름은 규약에 의해 의미를 갖는 발화이며, 그것의 어떤 부분도 독립적으로 의미를 가지지 않는다." *Ibid.*, 3, 13b6~7: "동사는 시간을 함께 의미하는 것으로, 그것의 어떤 부분도 외적인 어떤 것을 의미하지 않는다." 이는 보에티우스의 번역이며, 아리스토텔레스의 문장들을 인용할 때에는 이 번역을 활용할 것이다. L. Minio-Paluello, ed., *Aristotelis Latinus*, II, 1~2 (Bruges-Paris, 1965).

제4장
음성명사만큼 심적 명사에도 공통적인,
단의어명사와 공의어명사의 구분

음성명사와 심적 명사 모두 또 다른 방식으로도 구분된다. 왜냐하면 단의어(*categorematicum*) 명사도 있고, 공의어(*syncategorematicum*) 명사도 있기 때문이다. 1) 단의어명사는 명확하고 정해진 의미를 가진다. 예컨대, '사람'이라는 이름은 모든 사람을 의미하고, '동물'이라는 이름은 모든 동물을 의미하고, '흼'이라는 이름은 모든 흼을 의미한다. 2)

그러나 '모든'(*omnis*), '아무도〔아닌〕'(*nullus*), '어떤'(*aliquis*), '전체의'(*totus*), '말고도'(*praeter*), '단지'(*tantum*), '한에서'(*inquantum*) 등의 공의어명사들은 명확하고 정해진 의미를 지니지 않는다. 그뿐만 아니라 그것들은 단의어가 의미하는 대상과는 다른 어떠한 것도 의미하지 않는다. 아라비아 기수법에서 홀로 있는 영(零, 0)은 아무것도 의미하지 않지만 또 다른 아라비아 숫자에 더해질 때 그 숫자가 의미를 드러내도록 영향을 미친다. 마찬가지로 공의어도 정확히 말해 어떠한 것도 의미하지 않지만 다른 것에 더해질 때 그것이 무언가를 의미하도록 하거나, 하나

---

1) 다음을 참조할 것. Priscianus, *Institutiones grammaticae*, Ⅱ, c. 4, n. 15(ed., A. Krehl, I, 66) ; Guillelmus de Shireswode(Sherwood), *Syncategoremata* 〔ed., J. R. O'Donnell, *Mediaeval Studies*, 3(1941), 43~93〕.

2) Boethius, *Introductio ad syllogimos categoricos*: "'인간', '말', '개' 등과 같은 모든 확정적 이름은 어떤 정의대상을 의미한다"(PL 64, col. 764 D).

혹은 여러 가지 것들에 대해 명확한 방식으로 지칭하게 하거나, 단의어에 대하여 어떤 다른 기능을 수행한다. 따라서 '모든'이라는 공의어는 어떠한 고정된 의미대상도 가지지 않는다. 그러나 그것은 '사람'에게 더해질 때, 불확정적으로 그리고 분배적으로[3] 모든 사람을 나타내거나 지칭한다. 그러나 그것이 '돌'에 더해질 때 모든 돌을 의미하게 한다. 그리고 그것이 '흼'에 더해질 때, 모든 흼을 의미하게 한다. 그리고 다음 몇 가지 경우에서 드러나겠지만,[4] 서로 다른 역할이 서로 다른 공의어에 속할지라도 우리는 '모든'이라는 공의어의 경우처럼 나머지에 대해서도 유비적으로 같은 점을 주장해야 한다.

'모든'(omnis)이라는 단어가 의미를 지니므로 무언가를 의미한다는 점에 대해 혹자가 트집을 잡는다면, 그것이 의미가 있다고 말해지는 이유는 확정적으로(determinate)[5] 무언가를 의미하기 때문이 아니라 이미 설명한 것처럼 다른 〔무언가로 하여금〕 무언가를 의미하거나 지칭하거나 나타내기 때문이라고 말해야 한다. 그리고 보에티우스의 논의방식에 따르자면,[6] '모든'이라는 이름은 어떠한 것도 확정적으로 그리고 고정되게 의미하지는 않듯이, 일반적으로 모든 공의어, 접속사 그리고 전치사에 대해서도 마찬가지다.

그러나 어떤 부사들의 경우에는 사정이 다르다. 왜냐하면 비록 그런

---

3) 불확정지칭과 분배지칭에 대해서는 제70장 참조.
4) 오캄은 《논리학 대전》의 제2부에서 공의어가 더해진 표현의 의미와 지칭에 대해 다룬다.
5) 여기서 말하는 확정적 의미방식은 뒤에서 논의될 확정적 지칭방식과는 구별되는 것으로, '인간'과 같은 단의어명사가 모든 인간들이라는 확정적 의미대상들을 갖는 것과 달리 공의어명사들은 그렇게 확정적 의미대상을 갖지 않는다는 뜻으로 해석되어야 한다. 확정적 지칭방식에 대해서는 제70장 참조.
6) Boethius, *In librum De interpretatione*, ed., 2a, Ⅳ, cap. *De enuntionibus infinitis*(PL 64, cols. 552f).

부사들 가운데 어떤 것들은 단의어 이름들이 의미하는 대상들을 다른 의미방식을 통해 전달할지라도 그것들을 확정적으로 의미하기 때문이다.

제 5 장
구체적 이름과 추상적 이름의 구분

우리는 나머지 품사를 제쳐 놓고 이름에 대해 말해야 한다. 첫째, 우리는 이름을 구체적 이름과 추상적 이름으로 구분하는 것에 대해 논의해야 한다.

　구체적 이름과 추상적 이름은 음성적으로 시작은 비슷하나 끝이 다른 이름들이다. 예컨대, '정의로운'(iustus) 과 '정의'(iustitia) , '강한'(fortis) 과 '강함'(fortitudo) , '동물'(animal) 과 '동물성'(animalitas) 이 비슷한 글자나 음절로 시작하지만 비슷한 어미로 끝나지는 않는다는 것은 분명하다. 앞의 예증들에서 드러나듯이, 추상적 이름은 구체적 이름보다 음절 수가 항상 또는 자주 더 많다. 1) 또한 여러 경우에서 구체적 이름은 형용사고 추상적 이름은 실명사(實名詞) 다.

　구체적 이름과 추상적 이름에는 여러 가지 종류가 있다. 때때로 구체적 이름은 어떤 것을 의미하거나 내포하거나 전달하거나 생각하도록 하며, 심지어 지칭하기조차 하는 데 반해, 추상적 이름은 바로 그것을 결코 의미하지 않고 결과적으로 지칭하지도 않는다. '정의로운'과 '정의', '흰'과 '흼'과 같은 것들은 이런 방식으로 연관된다. 왜냐하면 혹자가 "정의로

---

1) 예를 들어 라틴어 구체명사 'homo'와 추상명사 'humanitas'의 경우에 후자는 전자와 발음이 유사하지만 그 음절이 더 많다. 이 점을 두고 오캄은 추상적인 것이 구체적인 것보다 음절이 더 많다고 하는 것이다.

운〔사람〕은 덕스럽다"고 말할 때, '정의로운'은 사람을 실제로 지칭하기 때문이다. 정의(正義)가 덕일지라도 덕스럽지는 않기 때문에, '정의로운'은 정의를 지칭하지는 않는다. 그러나 '정의'라는 이름은 성질을 지칭하지만 사람을 지칭하지는 않는다. 이런 이유로 인해, 그러한 구체적 이름이 추상적 이름의 술어가 되는 것은 불가능하다. 왜냐하면 그러한 구체적 이름과 추상적 이름은 항상 별개의 대상을 지칭하기 때문이다.

그러한 이름에는 3가지 종류 또는 하위의 종이 있다. 첫 번째 종류는, 추상적 이름이 기체 안에 실재로 내재하는 부수적인 것이나 형상을 지칭하고, 구체적 이름이 동일한 부수적인 것이나 형상의 기체를 지칭할 경우나 또는 그 역의 경우에 생긴다. '흼/흰〔것〕',[2] '뜨거움/뜨거운〔것〕', 그리고 피조물에 대해 말하는 '아는/앎'의 경우에 유효하며,[3] 다른 경우에 대해서 마찬가지다. 왜냐하면 그러한 모든 경우에서, 추상적 이름은 기체에 내재하는 부수적인 것을 지칭하며, 구체적 이름은 바로 그 부수적인 것의 기체를 지칭하기 때문이다. 그러나 그것은 '불/불타는'의 경우에 이와는 반대로 일어난다. 왜냐하면 '불'은 기체를 지칭하고 구체적 이름인 '불타는'은 부수적인 것을 지칭하기 때문이다. 그 이유는 우리가 열이 불탄다고 말하지만 열을 불이라고는 말하지 않는 데서 찾을 수 있다. 마찬가지로, 우리는 인식이 인간적인 것이라고 말하지만 인간은 아니라

---

2) 라틴어에서 '흰'(album)과 같은 형용사는 명사와 함께 쓰여 그 명사를 수식하는 데 사용되었을 뿐만 아니라, 단독으로 쓰여 구체적 실체를 의미하는 표현으로 사용되기도 했다. 후자의 방식으로 사용된 형용사는 '실체적 형용사'(substantive adjective)라고 부른다. 즉, '흰'의 경우, 이 형용사가 실체적 형용사로서 단독으로 사용되면 그것은 흼과 같은 속성이 아닌 흼을 지닌 실체를 의미한다. 이는 영어에서 정관사 'the'와 함께 쓰인 형용사가 명사 대신 쓰이는 것과 유사하다.

3) 오캄이 여기서 '아는/앎'의 구분을 피조물의 경우로 국한시킨 것은, 신의 경우 그의 단순성으로 인해 아는 것과 앎이 동일한 것을 의미하고 지칭하기 때문이다.

고 말한다.

그러한 이름들의 두 번째 종류는 구체적 이름이 일부분을 지칭하고 추상적 이름이 전체를 지칭하는 경우나, 또는 그 역일 경우 생긴다. 예컨대, '영혼/영혼을 가진 〔것〕'의 경우가 그러하다. 왜냐하면 인간은 영혼을 가졌지만 영혼은 아니기 때문이다. 그래서 '영혼을 가진 〔것〕'은 인간을 지칭하고, '영혼'은 인간의 일부분을 지칭한다. 그러나 "영혼은 인간적이다"와 "영혼은 인간이 아니다"에서 추상적 이름인 '인간'은 전체를 지칭하지만 '인간적'은 일부분인 영혼을 지칭한다.

하나의 구체적 이름이 때때로 다의적으로 해석된다는 점에 주목하라. 왜냐하면 때때로 그것은 두 번째 종류뿐만 아니라 첫 번째 종류에도 속하기 때문이다. 예컨대, 우리는 "인간은 영혼을 가진다"고 말하기 때문에 '영혼을 가진 〔것〕'이라는 이름은 전체를 지칭할 수 있다. 우리는 인간이라는 합성체의 일부분인 신체가 영혼을 가진다고 말하기 때문에 '영혼을 가진 〔것〕'이라는 이름은 영혼을 수용하는 기체를 지칭하기도 한다. 그리고 이런 이름의 경우에서처럼, 다의적으로 해석될 수 있는 여러 다른 것의 경우에서도 사정은 마찬가지다.

그러한 이름들의 세 번째 종류는 구체적 이름과 추상적 이름이 서로 다른 대상들을 지칭할 때 생기는데, 그 대상들 가운데 그 무엇도 기체나 나머지 것의 일부분이 아니다. 이것은 여러 방식으로 일어날 수 있다. 왜냐하면 이러저러한 〔인간의〕 행위가 인간적이지만 인간은 아니라고 말하는 것처럼, 그러한 것들은 때때로 원인과 결과로 연관된다고 우리가 말하기 때문이다. 마찬가지로, 그러한 것들은 때때로 기호(*signum*)와 〔기호의〕 의미대상(*significatum*)으로 연관되며, 인간의 종적 차이가 본질적 차이인 까닭을 그것이 본질이 아니라 본질의 일부분을 드러내는 기호라는 데 있다고 우리는 말한다. 또한 어떤 사람에 대해 말할 때 그 사람이 영국에 있는 사람이지 영국은 아니라고 말하듯이, 때때로 위치와 위치를 점하는 것으로 연관된다. 이것도 여러 다른 방식으로 일어날 수 있지만, 나는 현명한 사람들이 그것을 논의하도록 남겨 둔다.

앞선 두 가지 경우에서 어떤 구체적 이름은 일부분이나 형상을 지칭하고 추상적 이름은 전체나 기체를 지칭하며 때때로 그 역일 수 있듯이, 세 번째 경우에도 사정은 마찬가지다. 왜냐하면 때때로 구체적 이름은 결과나 〔기호로 표현되는〕 의미대상을 지칭하고, 추상적 이름은 원인이나 기호를 지칭하며, 때때로 그 역이 가능하기 때문이다. 그러므로 이런 방식 하의 나머지 경우에서도 마찬가지이다.

하나의 이름이 처음 두 가지 방식에서는 구체적 이름이더라도 다의적으로 해석될 수 있듯이, 하나의 구체적 이름은 첫 번째와 세 번째 방식에서 구체적일 수 있다. 실제로 그것은 3가지 모든 방식에서 구체적일 수 있다. 그러므로 첫 번째 주된 방식4)의 하위구분인 이 3가지 방식은 그것들 가운데 하나가 나머지 하나에 의해 보편적으로 부정되는 식으로 구별되지 않는다. 오히려 그것들 각각이 특수한 사례들에 의해 나머지 것으로부터 분리되는 방식으로 구별된다. 이것은 그러한 방식들 사이의 구별로 충분하다. 마찬가지로, 하나의 이름이 서로 다른 것에 관해 구체적 이름인 동시에 추상적 이름이 되더라도 아무런 문제가 없다.

때때로 구체적 이름은 이름의 부족으로 인해 그것에 상응하는 추상적 이름이 없다는 점을 인식해야 한다. 이것은 '열심인'(studiosus)이라는 이름이 '덕스러운'(virtuosus)이라고 해석될 때 생기는 경우다. 5)

---

4) 제5장 서두에서 설명했던 것처럼, 첫 번째 주된 방식은 구체적 이름과 추상적 이름의 대응쌍들 중 전자가 의미하거나 지칭하는 것을 의미하지도, 지칭하지도 않는 대응쌍을 가리킨다. 그리고 오캄은 제5장에서 이런 종류에 속하는 것들을 다시 3가지 하위방식들로 구분한 바 있다.

5) 추상적 이름인 '열심'(studium)은 덕(virtus)을 의미하지 않지만 구체적 이름인 '열심인'(studiosus)은 덕스러운(virtuosus)을 의미한다는 것이다.

제6장

구체적 이름과 추상적 이름은
때때로 동일한 대상을 의미한다

앞서 언급된 구체적 이름과 추상적 이름의 방식 외에도, 여러 다른 방식들이 있다. 그런 것들 가운데 하나는 구체적 이름과 추상적 이름이 때때로 동의어라는 점이다. 그러나 애매모호함을 피하기 위해 '동의어'라는 이름을 엄밀한 뜻과 넓은 뜻이라는 두 가지 뜻으로 해석한다는 점을 알아야 한다. 모든 사용자가 동일한 대상에 대해 조건 없이 사용하고자 하는 것을 엄밀한 뜻에서 동의어라고 부른다. 나는 여기서 이런 뜻으로 동의어에 대해 말하는 것은 아니다. 넓은 뜻에서 동의어는 동일한 대상을 모든 방식에서 조건 없이 의미하는 것이라고 명명된다. 그러므로 모든 사용자가 두 동의어들이 동일한 대상을 의미하는 것으로 믿지 않고 오히려 〔두 동의어 가운데〕 하나가 의미하지 않는 대상을 나머지 대상이 의미한다고 속아서 판단할지라도, 〔두 동의어 가운데〕 하나가 의미하는 대상은 나머지 동의어가 의미하는 대상과 반드시 동일하다. 이를테면 혹자는 '신' (Deus)이라는 이름이 전체를 뜻하며 '신성'(deitas)이 그것의 일부분을 뜻한다고 판단하기도 한다. 1)

나는 '동의어'라는 이름을 이 장과 여러 다른 곳에서 이와 같은 두 번째

---

1) 즉, 어떤 이가 '신성'이 신을 의미하지 않고 오로지 신의 본성만을 의미하는 것으로 여기는 경우를 말한다. 오캄은 이런 구별이 잘못된 것이며, '신과 신성'은 모든 방식에서 동일한 것을 의미한다고 주장한다.

뜻으로 사용하고자 한다. 구체적 이름과 추상적 이름은 때때로 동의어라는 것이 내 생각이다. 예컨대, 철학자의 견해에 따르면, '신'과 '신성', '인간'과 '인간성', '동물'과 '동물성', '말'과 '마성'(馬性)이 동의어인 것과 마찬가지다. 2) 이런 구체적 이름과 비슷한 것은 많이 있지만 추상적 이름과 비슷한 것이 많지 않은 것은 바로 이런 이유 때문이다. 왜냐하면 저술가들이 각각 '인간', '동물', '말'이라는 이름에 추상적 이름으로서 상응하는 '인간성'이라는 이름과 '동물성'이라는 이름을 종종 사용하고, 때때로 '마성'이라는 이름을 사용할지라도, '소성', '당나귀성', '염소성', '흼성', '검음성', '색깔성', '달콤함성'과 같은 이름들은 좀처럼 또는 결코 발견되지 않기 때문이다. 그럼에도 우리는 '소', '당나귀', '염소', '흼', '검음' '색깔', '달콤함' 등과 같은 이름들을 자주 사용한다. 고대 철학자들에게는 '열기/열성'(熱性), '냉기/냉성'(冷性)과 같은 이름들이 동의어이듯이, '말/마성', '인간/인간성' 역시 그들에게 동의어들이었다. 그것들 가운데 하나가 앞에 나온 방식들 중 첫 번째 방식에서3) 좀더 많은 음절과 추상적 이름의 형태를 지니고, 나머지 하나는 〔그런 것들이〕 없는 대신 앞에 나온 뜻들 가운데 첫 번째 방식에서 좀더 많은 구체적 이름의 형태를 좀더 지닐지라도, 그들은 그러한 경우 의미에 관해 구체적 이름과 추상적 이름 사이를 구별하는 데 애쓰지 않았다. 그들은 동의어의 경우에서처럼 단지 말을 수식하기 위해서나 다른 부수적 이유로 그러한 다양한 이름을 사용했다.

---

2) 아리스토텔레스에 따르면 '동의어'(synonyma)는 '일의어'(univocum)와 의미가 같다. 여기서 아리스토텔레스의 취지는 구체적 이름과 추상적 이름들은 결코 서로 구별되는 의미를 갖지 않음을 말하려는 것으로 보인다: "'양적인 것'과 '양'은 같은 것을 의미한다." *Cat.* 1, 1a8~12. 이 점에 대해서는 제45장에서도 다룰 것이다.

3) 제5장에서 등장한 구체적 이름과 추상적 이름의 첫 번째 주된 분류방식을 의미한다.

철학자와 주석가[4]의 견해에 따르면, 구체적 이름과 추상적 이름의 이런 방식 아래 실체의 이름들 모두와 그것들에서 형성되는 추상적 이름들이 포함된다. 그리고 그것들은 부수적인 것, 일부분, 형태상으로 구체적인 이름인 것으로 전달되는 전체나 그 전체와 전혀 공통점이 없는 무엇도 지칭하지 않는다. 그런 사람들에 따르면, '동물성', '마성' 등은 이와 같은 것들이다. 왜냐하면 '동물성'은 동물에 부수적인 것, 그 동물의 일부분, 동물을 일부분으로서 포함하는 전체나 동물과 완전히 구분되는 부수적인 것을 지칭하지 않기 때문이다.

이와 동일한 방식으로 양(量)의 범주 안에 포함되는 모든 추상적 이름과 양의 범주에 포함되는 것의 고유한 속성들인 모든 이름도 포함된다. 이 점은 양이 실체와 성질과 다른 것이 아니라고 주장하는 사람들의 견해에 따르면 참이지만,[5] 양이 실체와 성질로부터 실재적으로 구분되는 절대적인 것이라고 주장하는 사람들의 견해에 따르면 참이 아니다.[6] 따라서 전자의 견해에 따르면, '양적인'과 '양'은 동의어이고, '긴'과 '길이', '넓은'과 '넓이', '깊은'과 '깊이', '다수의'와 '다수성' 등도 마찬가지이다.

모양(figura)이 양이나 실체와 성질과 다른 것이 아니라고 주장하는 이들의 견해에 따르면, 모양에 속한 모든 구체적 이름과 추상적 이름은 이와 동일한 방식으로 설명되며, 양의 나머지 종들에 대해서도 마찬가지다. 따라서 그들은 '모양'과 '모양의', '곧은'과 '곧음', '굽어진'과 '굽어짐', '우묵한'과 '우묵함', '들창코인'과 '들창코임', '각진'과 '각'(角), '볼록한'과 '볼록함' 등은 동의어의 이름들이라고 주장해야 한다. 이 모든〔주장〕은 이런 이름들 중 어느 것도 나머지 것이 포함하지 않는 단어를 함축적으로 포함하지 않은 경우에〔유효한 것으로〕이해되어야 한다.

---

4) '주석가'(Commentator)는 아베로에스(Averroes)를 가리키는 표현이다.

5) 제44장 참조.

6) 제48장 참조.

그러한 견해를 주장하는 이들이 말해야 하듯이, 이와 같은 구체적 이름들과 추상적 이름들은 동의어들일 뿐만 아니라, 관계를 절대적인 것들과 실제로 구분되는 사물이 아니라고 주장하는 이들의 견해에 따르면, 구체적이고 추상적인 관계명사들은 동의어의 이름들이기도 하다. 7) 예컨대, '아버지'와 '아버지임', '유사한'과 '유사성', '원인'과 '원인성', '가능태'(*potentia*) 와 '가능성'(*potentialitas*), '웃을 수 있는'과 '웃을 수 있음', '적합한'과 '적합함', '적당한'과 '적당함', '능력이 있는'과 '능력', '이중적인'과 '이중적임', '가열의'와 '가열성' 등이 그런 것들이다.

그럼에도 관계에 대해 이런 견해를 주장하는 이들은 추상적인 것들이 두 가지를 동시에 지칭했다고 주장함으로써 그러한 구체적인 것들과 추상적인 것들이 같은 뜻을 지닌 이름들이 되는 것을 막을 수 있었다. 예컨대, 그 유사성은 두 가지 유사한 것들을 지칭한다. 따라서 "유사한 것은 유사성이다"(*simile est similitudo*) 는 거짓이겠지만, "유사한 것들은 유사성이다"(*similia sunt similitudo*) 는 참일 것이다.

또한 앞선 견해들을 주장하는 모든 사람은 그러한 구체적 이름들과 추상적 이름들 가운데 어떠한 것도 다음에 다룰 한 가지 방식을 통해 동의어가 아니라는 점을 주장할 수 있었다. 8) 그러한 경우에, 그들은 그러한 상황들에서 구체적인 것이 추상적인 것의 술어가 되는 것은 항상 거짓이라고 말할 수 있다.

그러나 앞의 견해를 주장하면서 다음에 말하는 방식을 채택하는 이들이 일관적으로 말하고 있다면 그러한 모든 경우에서 구체적인 것이 추상적인 것의 술어가 된다는 점과 그 역을 받아들여야 한다. 따라서 첫 번째 견해를 주장하는 이들은 "인간은 인간성이다", "동물은 동물성이다"와 같

---

7) 제 49~50장 참조.
8) 제 8장 참조.

은 서술을 받아들여야 한다. 결과적으로, 그들은 "인간성은 달린다", "동물성은 희다" 등을 받아들여야 한다.

두 번째 견해를 주장하는 이들도 "실체는 양이다", "성질은 양이다", "실체는 길이다", "성질은 넓이다"와 같은 명제들을 받아들여야 한다. 결과적으로, "양은 달린다", "길이는 논증한다", "넓이는 말한다" 등도 [마찬가지로 받아들여야 한다].

세 번째 견해를 주장하는 이들은 "실체는 모양이다", "굽음은 실체이다", "모양은 희다", "모양은 먹어 치운다"와 같은 명제들을 받아들여야 한다.

네 번째 견해를 주장하는 이들은 "관계는 실체다", "성질은 관계다", "인간은 관계다", "유사성은 달린다", "아버지임은 자식임이다", "유사성은 이중성이다" 등을 받아들여야 한다.

전자의 견해들에 대한 근거를 받아들이는 이들이 어떻게 이러한 명제들을 부정할 수 있는지에 대해서는 다음에 드러날 것이다. [9] 어떤 이들은 '결여', '그림자', '맹목' 등이 실재의 측면에서 인간, 질료 등과 같은 기체와 구분되는 어떤 것도 뜻하지 않는다는 점을 받아들일 것이라는 사실에도 불구하고, 그들은[10] "질료는 결여다", "공기는 그림자다", "인간은 맹목이다", "영혼은 원죄다", "영혼은 무지다", "인간은 부정이다", "그리스도의 몸은 죽음이다"와 같은 명제들도 그러한 방식으로 부정할 수 있었다.

---

9) 제8장 참조.
10) 이는 오캄 자신의 견해이기도 하다.

제 7 장

'인간'과 '인간성', '동물'과 '동물성'과 같은 구체적 이름과 추상적 이름이 동의어인지의 여부에 대해 논증을 통해 탐구하다

'인간'과 '인간성'이 동의어라는 점은 아리스토텔레스와 그의 주석가의 생각이라고 말했기 때문에, 1) 주된 논제에서 조금 벗어나 그것이 어떻게 참인지, 어떻게 참이 아닌지에 대해, 그리고 그것들이 실제로 동의어인지의 여부에 대해 분명하게 드러내고자 한다.

그러므로 나는 '인간성'이라는 이름에 의해 동일한 방식으로 전달되지 않는 그 무엇도 '인간'이라는 이름으로 전달된다고 상상할 수 없으며, 그 역도 마찬가지라는 것이 아리스토텔레스의 견해라고 생각한다. 왜냐하면 그는 이 세계에서 질료와 형상, 그 둘의 합성체, 또는 부수적인 것이 아닌 것은 존재하지 않는다고 주장하기 때문이다. 그러나 귀납적으로 분명해지듯이, 이러한 것들 가운데 그 무엇도 '인간성' 이상으로 '인간'에 의해 전달되는 경우는 없고, 그 역도 마찬가지다. 그리고 이 점을 전제할 경우, "지성적 영혼은 인간성이다"라는 명제는 거짓임이 분명하다.

'인간성'이 종적 본성만을 의미하지만 '인간'은 그 외에도 개별적 차이를 덧붙인다고 말하는 이들의 궤변은 타당하지 않다. 2) 왜냐하면 이 점이 거짓이고 아리스토텔레스의 견해에 상반된다는 사실이 다음에 드러날 것

---

1) 제 6장 참조.
2) 제 16장과 제 17장 참조.

이기 때문이다. 여기서는 주된 논지를 입증하기 위해 하나의 논증을 도출하는 것으로도 충분하다.

논증은 다음과 같다. '인간'과 '인간성'이 연관되듯이, '소크라테스'와 '소크라테스성'도 연관된다. 반대자들은[3] '인간'이라는 이름처럼 '소크라테스'라는 이름에서도 그러한 추상적 이름을 만듦으로써 이 점을 비슷하게 전제하기 때문이다. 그러나 이런 추상적 이름을 만드는 이들에 따르면, '소크라테스'는 '소크라테스성'이라는 이름이 의미하는 것과는 형상적으로 또는 실재적으로 구분되는 어떠한 대상도 의미하지 않으며 그 역도 마찬가지다. 따라서 '인간'은 '인간성'이라는 이름이 의미하지 않는 어떠한 대상도 의미하지 않으며 그 역도 마찬가지다. 전제는 다음과 같이 입증된다. 만일 '소크라테스'와 '소크라테스성'과 같은 그러한 이름들 가운데 하나는 나머지 하나가 의미하지 않는 대상을 의미한다면, 그것[의미대상]은 ① 종적 본성이나 ② 질료, 형상, 복합체, 혹은 부수적인 것이나 아니면 그들이 제시하는 ③ 개별적 차이일 것이다. 그런데 종적 본성은 두 가지 이름 가운데 어느 쪽에 의해서도 의미되지 않든지 둘 다에 의해 의미되든지 둘 중에 하나임은 분명하다. 또 그런 주장을 하는 이들은 그 의미대상이 질료, 형상, 복합체 혹은 부수적인 것이라는 점을 모두 부정한다. 나아가 개별적 차이는 그들이 주장할 수 없다. 그들은 소크라테스가 종적 본성에다 개별적 차이를 덧붙이듯이, 소크라테스성은 종적 본

---

3) 월터 채튼(Gualterus de Chatton)이 이런 견해를 주장했다: "이런 방식으로 말할 때, 이 종 개념은 소크라테스성이 아닌 인간성을 그것의 첫째 대상으로 갖는다. … 따라서 종 개념인 이 지향은 인간성에 속하는 것과 동등한 정도로 소크라테스성에 속하지 않는다." Gualterus de Chatton, *In I Sententiarum*, d. 3, q. 2 [ed., G. Gál, "Gualteri de Chatton et Guillemi de Ockham controversia de natura conceptus universalis", *Franciscan Studies* 27 (1967), 209] 오캄은 스코투스와 스코투스주의자들의 학설에 대해서는 제16장과 제17장에서 이와 다른 방식으로 반박한다.

성에 개별적 차이를 덧붙인다고 말한다. 그렇지 않다면 소크라테스성은 인간성과 결코 다르지 않게 될 것이다. 결과적으로 그들의 논증방식을 따르면 인간성이 플라톤에 있듯이 소크라테스성 역시 플라톤 안에 있게 된다. 따라서 그들은 실재의 측면에서 '소크라테스성'이라는 이름이 동일한 방식으로 의미하지 않는 그 무엇도 '소크라테스'라는 이름이 의미할 수 없고, 그 역도 마찬가지라고 생각한다. 결과적으로 소크라테스와 소크라테스성은 어떤 방식으로도 실재의 측면에서 구별되지 않는다. 그리고 결과적으로 그들은 "소크라테스는 소크라테스성이다"이라는 명제를 참이라고 인정해야 한다. 이것에서 소크라테스가 소크라테스성을 가리키는 이 인간성이라는 점이 귀결된다. 결과적으로 술어의 측면에서 주연(周延) 없이 하위의 것에서 상위의 것으로 나아가는 추론을 통해 "소크라테스는 인간성이다"라는 점이 따라 나온다. 그리고 "소크라테스는 인간성이다. 그러므로 인간은 인간성이다"가 귀결된다. 이것이 참이라면, '인간성'이라는 이름이 의미하지 않는 것을 '인간'이라는 이름이 의미하는 경우는 없으며, 그 역도 마찬가지다. 나는 이것이 아리스토텔레스가 의도한 바라고 생각한다. 그러므로 그는 "인간은 인간성이다"를 문자 그대로 참으로 인정하든지 아니면 어떤 공의어가 다른 이름들 가운데 하나 안에 동치적으로 포함된다는 이유로 그것을 부정하든지 둘 중에 하나를 택할 것이다.

하지만 이 점이 아리스토텔레스의 견해일지라도, 신학자들의 진리에 따른다면 그렇게 말해서는 안 된다. 왜냐하면 '인간', '인간성'과 같은 이런 이름들 가운데 그 무엇도 공의어를 동치적으로 포함하지 않는다는 점이 인정될지라도 이 이름들은 동의어가 아니기 때문이다. 오히려 그러한 이름들은 구분되는 대상을 지칭할 수 있고, 그것들 가운데 하나의 이름이 나머지 이름이 결코 의미하지 않는 어떤 대상을 의미하거나 다른 것과 함께 사용해 의미할 수 있다. 왜냐하면 '인간'이라는 이름은 성자(聖子)

를 지칭하므로 성자를 의미하거나 어떤 방식으로든 성자를 명시하는 데 반해, '흼'이라는 이름처럼 '인간성'이라는 이름은 성자를 지칭하지도 어떤 방식으로든 성자를 의미하지도 않기 때문이다. 이런 이유로 인해 "성자는 인간이다"라는 명제가 인정되어야 하는 반면, "성자는 인간성이다"라는 명제는 거짓이다. 그래서 이런 이름들 가운데 하나가 전달하는 것은 모두 나머지 이름이 동일한 방식으로 전달하지 않기 때문에 그 이름들은 동의어가 아니다.

어떻게 해서 이런 이름들이 동일한 대상을 의미하지 않는가에 대해서 그것들의 명목적 정의[4]를 탐구한다면 쉽게 드러날 수 있다. 실상 '인간성'이라는 이름은 신체와 지성적 영혼으로 이루어진 하나의 본성만을 의미할 뿐이고, 이 본성이 신의 위격과 같은 어떤 기체에 의해 유지되거나 유지되지 않는다는 점을 내포하지 않으므로 '인간성'이라는 이름은 항상 그 본성을 지칭한다. 이런 이유로 인해 성자는 그러한 본성일 수 없기 때문에 '인간성'은 성자를 결코 지칭할 수 없다. 그러나 '인간'이라는 이름은 본성을 의미하며, 그 본성이 다른 기체에 의해 유지되지 않는 자립적인 것이든 아니면 다른 것에 의해 유지되는 것이든 둘 중에 하나라는 점을 드러낸다. '인간'이라는 이름의 명목적 정의는 다음과 같이 기술될 수 있다. 인간은 신체와 지성적 영혼으로 이루어진 본성으로서 결코 기체에 의해 유지되지 않는 것이든 신체와 지성적 영혼으로 이루어진 본성을 유지하는 기체이든 둘 중에 하나다. 실상 이런 기술은 인간에 대해 둘 중의 하나에 의해 참이라고 입증된다. 왜냐하면 "소크라테스는 신체와 지성적 영혼으로 이루어진 본성이며 다른 기체에 의해 유지되지 않는 것이다"는 명제는 참이지만 "소크라테스는 그러한 본성을 유지하는 기체다"는 명제는 문자 그대로 거짓이기 때문이다. 후자의 명제가 거짓임은 분명하다.

---

4) 제8장 참조.

소크라테스가 그러한 본성을 유지하는 기체라면, 나는 '소크라테스'라는 이름이 무엇을 지칭하는가라고 질문한다. 그것이 본성을 지칭한다면, 그 본성은 그 자체를 유지시키게 되는데, 이것은 거짓이다. 왜냐하면 어떠한 것도 그 자체를 유지시키지는 않기 때문이다. 그것이 본성과 다른 어떤 것을 유지시킨다면, 그것은 불가능하다. 왜냐하면 그럴 경우 그것은 본성의 일부분을 지칭하든지, 아니면 그 본성과 분리되는 어떤 실체를 지칭하든지, 그 본성과 다른 어떤 것으로 이루어진 하나의 합성체를 지칭하든지 해야 하겠지만, 그것들 모두 거짓이기 때문이다. 다음의 설명에서 그것의 거짓임을 충분히 밝힐 것이다. 5)

소크라테스가 본성과 개별적 차이로 이루어진 하나의 합성체를 지칭하고, 그 합성체가 본성을 유지시킨다고 말하더라도 올바르지 않다. 왜냐하면 다음에 드러나겠지만, 6) 그러한 합성체는 존재하기 않기 때문이다. 마찬가지로 이 점을 인정하더라도 이러한 추론은 막을 수 없다. 왜냐하면 소크라테스가 본성을 유지시킨다면, 반드시 어떤 개별적 본성을 유지시켜야 하기 때문이다. 그러나 그는 어떠한 개별적 본성도 유지시키지 않는다. 왜냐하면 그들의 견해에 따르면 모든 개별적 본성은 그러한 차이를 포함함으로써 본성과 개별적 차이로 이루어지는 하나의 합성체가 본성과 개별적 차이로 이루어진 하나의 합성체를 유지시키게 되는데, 이것은 이치에 맞지 않기 때문이다.

"소크라테스는 인간 본성을 유지시킨다"라는 명제 안의 주어가 기체에 대한 의존성의 부정과 특수한 본성으로 이루어진 하나의 합성체를 지칭한다고 말하는 것은 올바르지 않다. 왜냐하면 그럴 경우 소크라테스는 긍정과 부정으로 이루어질 것인데, 참으로 실체적인 것은 그러한 것들로

---

5) 제8장 참조.
6) 제16장과 제17장 참조.

이루어질 수 없으므로 이것은 이치에 맞지 않기 때문이다. 또한 본성은 그러한 합성체에 의존할 수 없으므로 어떠한 합성체도 본성을 유지할 수 없다. 따라서 "소크라테스는 인간 본성을 유지시키는 기체다"는 명제는 문자 그대로 거짓이라는 점이 귀결된다. 그럼에도 "소크라테스는 어떤 것에 의해서도 유지되지 않는, 신체와 지성적 영혼으로 이루어진 본성이다"라는 명제는 참이고, 이것으로 인해 소크라테스는 인간이다. 하지만 "성자는 인간이다"에서 성자가 참인 이유는 성자가 신체와 지성적 영혼으로 이루어진 그러한 본성이기 때문이 아니라, 그러한 본성을 유지시키고 그것의 의존성을 종결시키는 기체이기 때문이다.

앞에서 한 말에서 여러 가지 결론이 도출될 수 있다. 첫째, "인간은 인간성이다"라는 명제를 참이라고 인정할지라도 "모든 인간은 인간성이다"라는 명제는 거짓이다. 오히려 "어떤 인간은 인간성이 아니다"라는 명제는 참이다. 실상 '인간', '인간성'이라는 이 명사들 가운데 어떤 것도 동치적으로 공의어를 포함하지 않는다면, 소크라테스를 가리키는 이 인간은 인간성이므로 "인간은 인간성이다"라는 명제는 참이라고 인정되어야 할 것이다. 왜냐하면 주어와 술어가 서로 다른 사물을 지칭하지 않고 동일한 사물을 지칭한다는 점은 참이라고 인정될 수 없기 때문이다. 결과적으로 공의어명사든 어떤 한정사든 동치적으로 포함되지 않는다면 명제는 참일 것이다. 하지만 이 점이 인정될지라도, "모든 인간은 인간성이다"라는 명제는 거짓일 것이다. 왜냐하면 그것에는 성자를 가리키는 "이 인간은 인간성이다"라는 명제처럼 거짓인 특수한 경우가 있을 것이기 때문이다. 그래서 "인간은 인간성이다"와 "인간은 인간성이 아니다"라는 두 명제는 상이한 개별자들을 동시에 지칭한다.

그 점을 참이라고 인정하고자 하는 이는 추상적 이름이 때때로 구체적 이름의 술어가 되고 역도 마찬가지라는 점을 말해야 한다. 그는 이 점뿐만 아니라, 추상적 이름이 특수하게 취해진 구체적 이름을 긍정하고 부정하며 그 역도 마찬가지라는 점을 말해야 한다. 하지만 그 주어가 연속적이지 않다면 보편적으로 취해지지 않는다. 또한 그러한 구체적인 것이 동일한 것을 긍정하고 계속해서 부정한다는 점이 인정되어야 한다. 따라서 여기서 이 견해에 따르면 "이 인간성은 인간이다"라는 명제는 인간성을 지시할 때 참이다. 그리고 이 인간성을 신의 말씀이 전제하거나 다른 신의 위격이 전제한다면 "이 인간성은 인간이다"라는 명제는 거짓일 것이다. 왜냐하면 '인간'이라는 이 명사는 다른 것과 결합하지 않을 때를 제외하곤 그 인간성을 지칭하듯이, 결코 그 사물을 지칭하지 않기 때문이다. 따라서 그것은 때로로 결합될 수 있고 때때로 결합될 수 없기 때문에 때때로 인간성을 지칭하고 때때로 지칭하지 않게 된다. 그러므로 구체적 이름은 때때로 추상적 이름의 술어가 되고 때때로 술어가 되지 않으며, 그 역도 마찬가지다.

앞에서 한 말에서 다음과 같은 또 다른 결론이 도출될 수 있다. 즉, 그러한 구체적 이름과 추상적 이름으로 이루어졌거나, 동사나 덧붙은 한정사로써 주어와 술어가 나타내는 대상들이 구분되도록 하는 그런 구체적 이름과 동치인 것으로 이루어지는 모든 명제는 보편적으로 해석될 경우 거짓이라는 점이다. 이 점은 그러한 본성이 전제되지 않는 경우에 유효하다. 이유인즉, 그러한 구체적 이름과 추상적 이름은 그리스도 안에 있는 인간 본성을 존속시키는 신의 위격 때문이 아니라면 서로 구별되는 사물을 지칭하지 않기 때문이다. 이 점은 명백하다. 왜냐하면 그럴 경우 이름들 가운데 하나는 일부분을 지칭하고 나머지 하나는 전체를 지칭하든, 둘이 서로 다른 두 가지 부분을 지칭하든 완전히 구분되는 두 가지 실체를 지칭하든, 하나는 실체를 지칭하고 나머지 하나는 부수적인 것을 지칭하든 할 것이다. 그러나 저마다 모두 거짓임은 분명하다. 따라서 그것들 중 하나가 신의 위격을 지칭하지 않을 때를 제외하고는 그것들은 구별되는 대상들을 지칭하지 않는다. 결과적으로 그러한 것들이 구별된다는 점을 명시하는 명제가 거짓임으로 귀결된다.

따라서 "모든 인간은 인간성을 가진다", "모든 인간성은 인간 안에 있다", "모든 동물은 동물성을 가진다" 등과 같은 모든 명제는 문자 그대로, 즉 말의 적확성을 따지자면 거짓이라는 점에 귀결한다. 왜냐하면 그 무엇도 자신을 소유하거나 자신 안에 존재하지는 않으며, 그러한 명제들을 통해 주어가 지칭하는 것은 술어가 지칭하는 것을 포함하거나, 주어가 지칭하는 것은 술어가 지칭하는 것 안에 있다는 점을 뜻하기 때문이다. 따라서 주어와 술어는 항상 동일한 것을 지칭하기 때문에 그러한 명제들이 거짓임은 분명하다. 《모놀로기온》 제 16장에 드러난 안셀무스의 입장에 따르면,[7] 신과 같은 최상의 본성이 정의(正義)를 포함한다고 말하는 것은 적절치 않으며 최상의 본성이 정의라고 말하는 것이 적절하므로, 소크라테스를 가리키는 이 인간이 인간성을 포함한다고 말하는 것은 적절치 않고 이것이 인간성이라고 말하는 것이 적절하다. 따라서 "신은 정의를 가진다", "신은 지혜, 선성, 지식을 가진다", "신 안에 지혜가 있다"라는 명제들이 성인들에 의해 참이라고 인정되고 사용된다.[8] 하지만 안셀무스에 의하면, "인간은 인간성을 가진다", "인간성은 소크라테스 안에 있다" 등과 같은 명제들은 참으로 인정되지만 말의 적절성에 의하면 참이 아니다.

이 점에서 "인간성은 고유한 기체 안에 자립한다", "인간성은 고유한 기체에 의존한다", "고유한 기체는 본성의 의존성을 한정한다"와 같은 명제들은 문자 그대로는 거짓이라는 점이 귀결된다. 하지만 인간성이 기체라는 점은 받아들일 수 있다.

그러므로 어떤 공의어가 "인간성은 기체다"라는 서술을 방해하지 않는

---

7) Anselmus, *Monologion*, c. 16(ed., F. S. Schmitt, 30).

8) 〈디모데전서〉 6장 16절과 〈골로새서〉 2장 3절 참조.

다면 그것은 단적으로 인정되어야 함을 알아야 한다. 그러나 이 점이 인정될지라도 인간성이 다른 것에 결합되지 않았을 때에만 기체일 뿐이다. 그것이 결합될 경우 곧바로 기체일 수 없게 된다. 그래서 '기체'라는 이름은 결합되지 않는 것을 내포한다. 다음은 기체라는 명사의 명목적 정의이다. 기체는 완전한 사물이고, 하나이며 여럿이 아니고, 어떠한 기체에 의해서도 보존되지 않는 것이다. 따라서 이 표현들이 의미적으로 해석될 때 '기체'라는 이름 대신에 이런 표현 전체를 넣는다고 하더라도 무방하며 그 역도 마찬가지다. 이 점이 확립된다면, 어떤 명제들이 부정되어야 하고 어떤 명제들이 참이라고 인정되어야 하는지를 살펴보는 것은 쉽다.

제 8 장
공의어나 부사적 한정사를
동치적으로 포함하는 추상적 이름

앞서 우리의 주된 관심사와는 무관하지만 필수적인 것처럼 보였던 문제들을 다루었기 때문에, 1) 우리 본래의 기획으로 돌아가 구체적 이름과 추상적 이름의 또 다른 방식에 대해 다룰 것이다. 앞에서 언급된 것들 가운데 어떤 점은 이 〔방식〕을 기초로 하여 분명해질 수 있다.

왜냐하면 〔이름들을 규약을 통해〕 만드는 이들의 뜻에 따라 공의어, 부사적 한정사나 다른 한정사들을 동치적으로 포함하는 추상적 이름들이 있거나 있을 수 있기 때문이다. 결과적으로 추상적 이름은 구체적 이름, 공의어 또는 하나 혹은 여러 단어들과 함께 취해진 또 다른 명사와 의미적으로 동치이게 된다. 왜냐하면 사용자들이 원한다면 여러 단어를 대신하여 하나의 단어를 사용할 수 있기 때문이다. 예컨대, 나는 '모든 인간'이라는 전체를 대신하여 'a'라는 단어를 사용할 수 있고, '오직 인간만'이라는 전체를 대신하여 자음 'b'를 사용할 수 있다. 사정이 이러하다면 구체적 이름과 추상적 이름은 별개의 사물을 지칭하지도 의미하지도 않을 수 있지만, 하나를 나머지 하나에 대해 서술하는 것은 거짓일 것이다. 또한, 하나에 의해 서술되지만 나머지 하나에 의해 서술되지 않는 것이 있다. 왜냐하면 '인간성'이라는 추상적 이름은 '그가 인간인 한에서 인간' 전

---

1) 앞선 제 7장에서 신학적 문제를 다룬 것을 가리킨다.

체나 '그가 인간인 점에서 인간' 전체와 의미적으로 동치라면, "그가 인간인 한에서 인간은 달린다"가 거짓인 것처럼 "인간이 달린다"는 참이고 "인간성이 달린다"는 거짓이기 때문이다. 마찬가지로, '인간성'이라는 이름은 '필연적으로 인간' 전체와 동치이므로 '인간성'이라는 단어가 '필연적으로 인간' 전체 대신에 주어졌다면, "필연적으로 인간은 인간이다"가 거짓이듯이 "인간성은 인간이다"도 거짓이 될 것이다. 왜냐하면 어떠한 인간도 필연적으로 인간이 아니라 단지 우연적으로 인간이기 때문이다. 2) 마찬가지로, "인간은 필연적으로 희다"가 거짓이듯이 "인간성은 희다"도 거짓이다. 이런 방식으로 누군가 원할 때마다 구체적 이름과 이에 상응하는 추상적 이름이 별개의 사물을 의미하지도 지칭하지도 않지만, 하나가 다른 하나를 서술하는 것이 단지 거짓이고 하나를 서술하는 것들은 반드시 나머지 하나를 서술하지 않는다는 점을 주장할 수 있다. 그래서 양이 실체나 성질과 구분되는 것이 아니지만 "실체는 양이다"와 "성질은 양이다"는 각각 거짓이라고 말할 수 있다. 3) 왜냐하면 '양'이라는 이름은 '그것이 자연세계에 머물러 있는 한 필연적으로 수량'이라는 전체 표현이나 상당어구와 의미적으로 동치라면, "실체가 자연세계에 머물러 있는 한 필연적으로 수량이다"가 거짓이듯이 심지어 앞의 견해를 주장할 때 "실체는 양이다"도 거짓이 되기 때문이다. 이 예증에 대해 말한 것은 여러 다른 것들, 즉 신적인 문제와 피조물의 경우 모두에서 적용될 수 있다.

왜냐하면 그러한 방식으로 신의 본질, 사고작용, 의지가 결코 신 안에서 구별되지 않지만 "신은 지성을 통해 사고작용을 한다"는 참이 되고 "신은 의지를 통해 사고작용을 한다"는 거짓이 될 수 있기 때문이다. 마찬가

---

2) 여기서 말하고자 하는 바는 어떤 인간이 인간이 아닌 다른 어떤 것일 수 있다는 점이 아니라, 그 인간이 존재하는 것이 필연적이지 않은 우연적인 사건이라는 점이다.

3) 제 44장 참조.

지로, 영혼은 지성과 의지와 결코 구별되지 않는다고 말할 수 있지만, "지성이 사고작용을 한다"는 참이 될 것이고 "의지가 사고작용을 한다"는 참이 되지 않을 것이라고 말할 수 있다. 그리고 다른 여러 경우에서도 마찬가지다. 따라서 그런 경우들에서는 실질적 어려움보다는 논리학에 좌우되는 언어상의 어려움이 더 크다는 것이 나의 생각이다. 이런 이유로 인해, 논리학에 대해 알지 못하는 이들은 어려움이 없는 곳에 어려움을 만들며 그들이 탐구해야 할 어려움을 저버리고 그러한 문제들에 대해 헤아릴 수 없는 책들을 쓸모없이 집필했다.

그러나 그러한 여러 단어들과 의미적으로 동치인 추상적 〔이름들〕은 일반적 말투(locutio)에서 좀처럼 또는 결코 적당한 자리를 차지하지 못할지라도, 잘 알려진 추상적 〔이름들〕이 철학자들과 성인(聖人)들의 말에서 이런 방식으로 자주 해석된다는 점에 주목하라. 따라서 아비첸나는 《형이상학》제5권에서 "마성은 단지 마성일 뿐이다.[4] 왜냐하면 그것은 자체로 하나도 여럿도 아니며, 이런 감각대상에도 영혼 안에도 존재하지 않기 때문이다"고 말할 때, 〔마성이라는 이름을〕 이런 방식으로 해석한다. 그는 말(馬)이 '하나', '여럿', '영혼 안에 있는 것' 또는 '외적 실재 안에 있는 것'으로 정의되지 않는다는 뜻으로 말했다. 따라서 이런 것들 가운데 어떠한 것도 그것의 정의 안에 존재하지 않는다. 그래서 그는 '마성'이라는 이름을 사용했을 때 여러 단어가 모두 함께 말해지거나 동사와 계사와 함께 말해지든지 상관없이 여러 단어와 의미적으로 동치가 될 것이라는 뜻으로 말했다. 따라서 그는 마성이 무언가를 의미하지 않았지만 그럼에도 이것은 실제로 하나도 여럿도 아니며, 현실적으로 영혼 밖에도 영혼 안에도 존재하지 않는다는 뜻으로 말했다. 왜냐하면 그것은 불가능하며 불합리하기 때문이다. 도리어 그는 이런 것들 중 그 어떠한 것도 마성의

---

4) Avicenna, *Metaphysica*, V, c. 1 (ed., Venetiis 1508, f. 86va).

정의 안에 존재하지 않는다는 뜻으로 말했다. 이것이 바로 그가 말하고자
했던 바임은 그의 말을 고려하는 누구에게나 충분히 분명하다. 따라서 그
는, 보편자인 "이것은 인간이나 말이기 때문에, 이 지향은 보편성의 지향
(intentio) 5)과 다르면서 그것을 넘어선 지향이며, 인간성이나 마성이다.
왜냐하면 마성의 정의는 보편성의 정의를 넘어서 있기 때문이다. 물론 보
편성도 마성의 정의 안에 포함되지 않는다. 왜냐하면 마성의 정의는 보편
성을 필요로 하지 않기 때문이다"라고 말한다. 6)

이런 언명과 간결하게 하기 위해 생략한 그 밖의 언명에서 그러한 어떠
한 것도 말(馬)이나 마성(馬性)의 정의 안에 존재하지 않는다는 점이 그
의 논지라는 것이 매우 분명하다. 따라서 그는 앞의 인용구에서 '마성'이
라는 이름이 여러 단어와 의미적으로 동치라는 뜻으로 말한다. 왜냐하면
그렇지 않을 경우, "흰〔것〕은 인간의 정의 안에 존재하지 않는다; 그러
므로 인간은 희지 않다"라는 점으로 귀결되지 않듯이, "하나와 여럿 등은
마성의 정의 안에 존재하지 않는다. 그러므로 마성은 하나가 아니다"라
는 점으로 귀결되지 않기 때문이다.

어떤 견해에 따르면, 7) 앞에서 언급한 것에서 "모든 B는 A이다; C는 B
이다; 그러므로 C는 A이다"와 같은 논증방식은 이러한 글자들이 또 다른
방식으로 구성될 때 문제가 생길 수 있듯이, 삼단논법적으로 보이는 다
음의 논증방식, 즉 "모든 절대적 사물은 실체이거나 성질이다; 양은 절대
적 사물이다; 그러므로 양은 실체이거나 성질이다"는 문제가 있을 수 있
다. 왜냐하면 'B'는 '인간'과 동일한 사물을 의미하고, 'A'는 '동물'과 동일
한 사물을 의미하고, 'C'는 웃을 수 있는 유일한 것 전체를 의미하므로 웃

---

5) 여기에서 '보편성의 지향'이란 보편성을 향한다는 것이 아니라, '보편 개념'과
　같은 뜻이다. 즉, 여기서 '지향'은 심적 개념을 가리키는 표현으로 볼 수 있다.
6) Avicenna, 같은 곳.
7) 이는 오캄 자신의 견해이기도 하다. 제44장 참조.

을 수 있는 유일한 것 전체 대신에 글자 C를 넣는 것이 항상 허용될 수 있고, 또한 그 역도 가능하다면, "모든 인간은 동물이다; 웃을 수 있는 유일한 것은 인간이다; 그러므로 웃을 수 있는 유일한 것은 동물이다"는 당연한 귀결이 되지 않듯이 "모든 B는 A이다. C는 B이다; 그러므로 C는 A이다"가 당연한 귀결이 되지 않기 때문이다. 그래서 권위 있는 저술가들의 여러 언명이 문자 그대로 거짓인 것처럼 보일지라도, 그 언명은 추상적 이름을 분석하는 이런 방식을 통해 유지될 수 있다.

추상적 명사는 이런 방식으로 여러 언명들과 의미적으로 동치일 수 있다. 또한 이런 〔특성〕은 구체적 명사와 여타의 단어들에도 속할 수 있다. 따라서 논리학에 숙련된 이들은[8] '전체'(*totus*)라는 기호가 나누어질 수 있는 것을 포함하므로, 공의어적으로 해석될 때 '어떤 부분이든지'라고 말하는 것과 동치라는 점을 인정한다. 그러므로 "전체의 소크라테스는 소크라테스보다 작다"는 "소크라테스의 어떤 부분이든지 소크라테스보다 작다"와 동치다. 마찬가지로 '무엇이든'(*quidlibet*)이라는 기호는 나누어질 수 있는 것을 포함하므로, '모든 존재'와 동치다. 왜냐하면 그렇지 않을 경우 "무엇이든 인간이거나 아니면 비인간이다"는 이해될 수 없게 되기 때문이다. 여러 동사들에 대해서도 같은 방식이 적용된다. 왜냐하면 혹자가 '*curro*'(나는 달린다)라고 말할 때, 1인칭 대명사는 함축되어 있기 때문이다. 그래서 '*curro*'라는 동사는 그 자체에 1인칭 대명사를 덧붙인 것과 동치다. 바로 이 점은 여러 다른 경우에서도 유효하다. 권위 있는 저술가들의 의도를 파악하기 위해 무엇보다도 이 점을 알아야 한다.

하나의 단어가 때때로 여러 단어와 의미적으로 동치일 뿐만 아니라, 다른 것에 덧붙일 때 결과로서 생기는 전체는 여러 단어로 구성되는 합성

---

8) Guillelmus de Shireswode(Sherwood), *Syncategoremata*, ed., J. R. O'Donnell. *Mediaeval Studies* 3(1941), 54 참조.

체와도 동치다. 〔이런 구성요소들〕 가운데 덧붙는 것은 때때로 격, 태, 또는 시제가 변화한다. 그러나 때때로 그것은 표현에 의해 전달되는 것을 분석하고 종국적으로 설명하는 과정에서 제거되어야 할 뿐이다. 따라서 누군가 "전체의 소크라테스는 소크라테스보다 작다"고 말할 때 '전체'가 공의어적으로 해석된다면, 그 명제는 "소크라테스의 어떤 부분이든 소크라테스보다 작다"와 의미적으로 동치이게 된다. 여기서 '소크라테스의'라는 사격의 형태는 '소크라테스'라는 주격 대신에 생기게 되며, '전체의'라는 단어 대신에 '어떤 부분이든'이라는 두 단어가 존재한다. 따라서 어떤 이들은[9] "형상의 생성은 순간적으로 있다"는 명제가 "형상의 어떤 부분이 다른 부분 이전에 산출되지 않고 한꺼번에 산출되는 것이다"와 동치이며, 거기서 '있다'(est)라는 계사는 제거된다고 말할 것이다. 그래서 또한 "양은 절대적 사물이다"는 "실체나 성질이 없을 경우 부분들 사이의 거리와 연장은 자연 세계 안에 있다면 절대적 사물이다"와 동치라고 말할 수 있는 사람들이 있다. 사정이 이러하다면 "모든 절대적 사물은 실체이거나 성질이다; 양은 절대적 사물이다; 그러므로 양은 실체이거나 성질이다"라는 논증은 타당하지 않을 것이라는 점이 분명해진다.

그러한 〔공의어가〕 이름들 가운데 하나에 포함된다고 말함으로써 어떠한 삼단논법이든지 막을 수 있다고 말한다면, 논증이 언제 타당한가를 알기 위해서는 단어들의 의미대상들을 전제해야 하고, 바로 이것에 따라 논증이 건전한지 아닌지를 판단해야 함을 말해야 한다. 모든 이의 사용법에 따르면, 여러 명사에 대해 이와 같은 어떤 것도 동치적으로 포함되지 않는다는 점이 분명하기 때문에 삼단논법은 전통적 규칙들에 따라 타당하거나 타당하지 않다는 점을 인정해야 한다. 그럼에도 불구하고 논리학자는 제시된 논증의 명사를 명목적 정의로 분해함으로써 그 논증이 타당한

---

9) 이는 오캄 자신의 견해이기도 하다. *SP*, Ⅳ, c.1(*OPh* Ⅵ, 85f).

지의 여부에 대해 판단할 수 있다. 사정이 이러하다면 그는 확실한 규칙을 통해 그것에 대해 주장해야 할 바를 분명하게 알 수 있다.

추상적 명사들 가운데 결여와 부정을 나타내는 것들은 모두 위에 언급한 추상적 이름의 방식으로 환원될 수 있으며, 모든 언어의 이름과 여러 다른 것들 역시 마찬가지이다. 우리는 아래에서 그것을 탐구할 것이다. "질료는 결여다", "공기는 그림자다", "영혼은 죄다" 등의 모든 명제는 이런 방식을 통해 쉽게 부정될 수 있다. 또한 "신은 죄를 만들지 않는다", "신은 죄의 장본인이 아니다" 등의 명제들은 이런 방식을 통해서도 유지될 수 있다. "이것은 악이다; 신은 이것을 만든다; 그러므로 신은 악을 만든다"와 같은 추론들이 어떻게 타당하지 않은지는 오류에 대한 논고에서 드러날 것이다.[10]

---

10) 오캄은 《논리학 대전》 제3부 제6장에서 오류에 관해 상세하게 논의한다. *SL*, III-4, c. 6.

제 9 장

단지 여럿을 함께 지칭할 뿐인 추상적 이름과
단지 하나에 대해서만 검증될 수 있는 구체적 이름

우리는 구체적 이름과 추상적 이름의 또 다른 양태에 대해서도 논의해야
한다. 따라서 구체적 이름이 단지 하나의 사물만 참이라고 서술하는 반
면, 여러 사물을 함께 지칭하기만 하는 추상적 이름이 있다. 예컨대, '평
민의'와 '평민들'과, '서민의'와 '서민들'은 이런 식으로 관련된다. 어떤 사
람이 서민적일 수 있고 평민적일 수 있을지라도 서민들이거나 평민들이
될 수는 없다. 수(數)가 세어지는 대상들과 별개의 것이 아니라고 주장
하는 이들은[1] 구체적 형태와 추상적 형태가 그러한 [이름들] 가운데 발
견될 경우 수의 모든 추상적 이름과 구체적 이름을 그러한 이름들 가운데
포함시켜야 한다. 따라서 적어도 권위자의 사용에 따라 혹시라도 그들이
다양한 이름에 관하여 앞선 장에서 언급한 방식으로 그러한 이름이 여러
단어와 의미적으로 동치라고 말함으로써 그 술어를 부정하기를 원하지
않는다면, 그러한 견해에 따라 인간들은 수이고, 여러 동물은 수이고,
각(角)들은 셋이거나 넷이라는 점을 인정해야 한다.

　아마 구체적 이름과 추상적 이름의 다른 방식들이 있을 수 있더라도,
구체적 이름과 추상적 이름에 대한 설명은 이 정도에서 충분하다고 말해
두자. 그리고 나는 모든 것들에 대해 논의하고, 그리하여 부지런한 이들

---

1) 제 44장 참조.

이 탐구할 그 어떤 것도 남겨 두지 않겠다고 약속하지는 않았기 때문에, 내가 여기에서 어떤 것을 생략하더라도 어느 누구도 나를 질책하지 못할 것이다. 오히려, 나는 순박한 이들에게 도움이 되기 위해 간단한 문제를 대충 훑어볼 것이다.

제 10 장
순전히 절대적인 이름과 내포적인 이름의 구분

우리는 구체적 이름과 추상적 이름에 대해 논의한 다음, 학자들이 종종 사용하는 이름들 사이의 또 다른 구분에 대해 말해야 한다. 따라서 순전히 절대적인 이름도 있고 내포적인 이름도 있음을 알아야 한다. 순전히 절대적인 이름은 어떤 것을 1차적으로 의미하면서 다른 어떤 것 또는 바로 [1차적으로 의미한] 그것을 2차적으로 의미하지 않는 것이다. 오히려 그 이름에 의해 의미되는 것은 모두 똑같이 1차적으로 의미된다. 예컨 대, '동물'이라는 이름이 소, 나귀, 사람 등만을 의미하고 그리고 그 밖의 동물들이 아닌 어떠한 것도 의미하지 않는다는 점은 분명하다. 어떤 것 이 주격으로 의미되고 다른 어떤 것이 사격으로 의미되는 것처럼, '동물' 이라는 이름이 하나의 동물을 1차적으로 의미하고 또 다른 동물을 2차적 으로 의미하지는 않는다. 이름이 뜻하는 것을 표현하는 정의1) 에는 서로 격이 다른 구분되는 [명사들]이나 형용사적 동사2) 가 결코 존재하지 않는 다. 실상, 정확히 말해 그러한 이름은 이름이 뜻하는 것을 표현하는 정의 를 지니지 않는다. 왜냐하면 정확히 말해 맹목적 정의를 지니는 하나의

---

1) 직역하면 '이름의 무엇임(*quid nominis*)을 표현하는 정의', 즉 명목적 정의를 뜻한다.
2) 스페이드에 따르면 'to be'(*esse*)의 형태를 제외한 모든 동사들이 형용사적 동사 이다. Spade(1995b), 25 참조.

이름에는 이름이 뜻하는 것을 설명하는 단 하나의 정의만 있기 때문이다. 즉, 그러한 이름에는 이름이 뜻하는 것을 표현하고, 한 부분을 나머지 표현의 어떤 부분이 동일한 방식으로 전달하지 않는 것을 의미하는 서로 다른 부분들이 있는 여러 가지 표현들이 없다. 그 대신에, 그러한 이름이 의미대상과 연관되는 한, 그것은 그것의 부분들에 의해 동일한 것을 의미하지 않는 여러 표현들로써 어느 정도 설명될 수 있다. 그래서 그런 표현들 가운데 그 무엇도 그 이름이 뜻하는 것을 표현하는 정의는 정확히 아니다. 예컨대, 적어도 '천사'가 역할의 이름이 아니라 단지 실체의 이름이라면 그것은 순전히 절대적인 이름이다.[3] 이 이름에는 이름이 뜻하는 것을 표현하는 하나의 정의는 없다. 왜냐하면 어떤 이는 "나는 천사를 질료로부터 추상된 실체라고 이해한다"고 말함으로써, 또 다른 이는 "천사는 지성적이고 불멸하는 실체이다"고 말함으로써, 그리고 또 다른 이는 "천사는 다른 어떤 것과의 복합체로 되지 않는 단순실체이다"라고 말함으로써 이 이름이 뜻하는 것을 설명하기 때문이다. 한 사람은 다른 사람이 하는 것처럼 그 이름이 뜻하는 것을 설명한다. 그럼에도 불구하고, 하나의 어구에 존재하는 어떤 명사는 나머지 어구의 명사가 의미하지 않는 것을 의미한다. 그러므로 정확히 말하자면 그 가운데 어떠한 것도 그 이름이 뜻하는 것을 정확히 표현하는 정의는 아니다. 그래서 엄밀히 말해 그것들 가운데 어떠한 것도 이름이 뜻하는 것을 표현하는 정의를 지니지 않는다는 점은 순전히 절대적인 이름에 대해 적용된다. 그러한 이름은 '사람', '동물', '염소', '돌', '나무', '불', '땅', '물', '하늘', '흼', '검음', '뜨거움', '달콤함', '냄새', '맛' 등과 같은 것이다.

---

3) 어원학적으로 '천사'는 전령(messenger)이라는 역할을 의미한다. 따라서 여기서 오캄의 요지는 '천사'가 전령의 역할을 의미하는 용도로 쓰이지 않고, 특정한 실체를 의미하는 용도로 쓰였을 경우에만 그것이 절대적 이름일 수 있다는 것이다.

그러나 내포적 이름은 어떤 것을 1차적으로 의미하고 또 다른 것을 2차적으로 의미하는 것이다. 그러한 이름은 이름이 뜻하는 것을 표현하는 정의를 마땅히 소유한다. 그리고 종종 그 정의에 속한 하나의 〔명사는〕 주격으로, 또 다른 〔명사는〕 사격으로 설정해야 한다. 이것은 '흰 〔것〕' (album) 4) 이라는 이름에 일어난다. 왜냐하면 '흰 〔것〕'은 그 이름이 뜻하는 것을 표현하는 정의를 지니는데, 거기서 어떤 단어는 주격으로, 또 다른 단어는 사격으로 놓기 때문이다. 따라서 '흰 〔것〕'이라는 이름이 무엇을 의미하는가라고 질문한다면, '흰 형상을 가진 것'(aliquid informatum albedine) 이나 '흼을 가진 것'(aliquid habens albedinem) 이라는 어구가 표현하는 바로 그것을 의미한다고 말할 것이다. 이 어구 가운데 하나의 부분은 주격이고 또 다른 부분은 사격인 것이 분명하다. 때때로 동사 역시 이름이 뜻하는 것을 표현하는 정의 안에 존재할 수 있다. 예컨대, '원인'이라는 이름이 무엇을 의미하는지에 대해 질문한다면, '다른 어떤 것의 존재가 따라오도록 하는 것', '다른 어떤 것을 산출할 수 있는 것', 또는 이런 종류의 어구가 의미하는 바로 그것을 의미한다고 말할 수 있다.

　이러한 내포적 이름은 제 5장에서 논의되었던 첫 번째 종류의 구체적 이름들 모두를 포함한다. 왜냐하면 그러한 구체적 이름들은 주격으로 어떤 것을 의미하면서 사격으로 다른 것을 의미하기 때문이다. 즉, 이름이 뜻하는 것을 표현하는 정의에는 하나의 사물을 의미하는 하나의 주격 이름과 또 다른 사물을 의미하는 또 다른 사격 이름이 있어야 한다. 이것이 '정의로운', '흰', '살아 있는', '인간적인' 등과 같은 모든 이름에 적용됨은 분명하다.

　그러한 내포적 이름들은 또한 모든 관계적 이름들도 포함한다. 왜냐하

---

4) 라틴어 album은 한 단어이지만, 한국어로 옮길 경우 '흰 〔것〕' 정도로 번역될 수밖에 없다.

면 관계적 이름의 정의에는 동일한 대상을 각기 상이한 방식으로 의미하거나 동일한 대상을 서로 구별되는 것들로 의미하는 상이한 것들이 항상 상정되기 때문이다. 이 점은 '유사한〔것〕'(simile)이라는 이름의 경우에 분명하다. 왜냐하면 '유사한〔것〕'을 정의한다면, "유사한 것은 다른 어떤 것의 성질과 같은 것을 갖는 것이다"처럼 설정해야 하거나 그것과 같은 어떤 다른 방식으로 정의해야 하기 때문이다. 나는 예증에 대해서는 큰 관심을 갖지 않는다.

이것으로 보아 '내포적 이름'이라는 공통적〔명사가〕'관계적 이름'이라는 공통적〔명사〕보다 상위의 것이라는 점은 분명하다. 이것은 '내포적 이름'이라는 공통적〔명사를〕가장 넓은 의미로 해석하는 것이다. 양이 실체와 성질과 다른 것이 아니라고 주장하는 이들에 따르면, 그러한〔내포적〕이름은 또한 양의 범주에도 속하는 이름 모두를 포함한다. 예컨대, 그들에 따르면 '물체'는 내포적 이름이라고 주장해야 한다. 5) 따라서 그들에 따르면 신체는 단지 '길이, 넓이, 깊이에 따라 한 부분에서 떨어진 또 다른 부분을 지니는 것'이라고 말해야 한다. 그리고 연속적이고 영속적인 양은 단지 '〔한〕부분에서 떨어진〔또 다른〕부분을 지니는 것'이므로 이것은 이름이 뜻하는 것을 표현하는 정의다. 이런 이들은 또한 '모양', '굽음', '옳음', '길이', '넓이' 등이 내포적 이름들이라고 주장해야 한다. 실제로, 모든 것이 실체이거나 성질이라고 주장하는 이들은 실체와 양 이외의 범주에 포함된 모든 것이 내포적 이름들이라고 주장해야 한다. 아래에서 드러나겠지만, 심지어 성질의 범주에 있는 어떤 이름들조차 내포적이다. 6)

---

5) 제44장 참조.

6) 같은 곳 참조. 이와 관련해 실체의 범주에 속하는 특정한 이름들 또한 내포적일 수 있다. 예를 들어 '염소-사슴', '키메라' 등과 같이 허구적인 또는 불가능한 실체들의 이름은 내포적이다.

또한 이런 [내포적] 이름들 아래 '참인 [것]', '좋은 [것]', '하나인 [것]', '가능태', '현실태', '지성', '사고될 수 있는 [것]', '의지', '바랄 수가 있는 [것]'[7]과 같은 이름들 모두가 포함되기도 한다. 따라서 '지성'의 경우 '지성은 사고할 수 있는 영혼이다'라는 이름의 뜻을 지닌다는 점을 알아야 한다. 그래서 영혼은 주격의 이름에 의해 의미되고, 사고작용은 나머지 부분에 의해 의미된다. 하지만 '사고될 수 있는 [것]'이라는 이름은 내포적 이름으로서 주격에서뿐만 아니라 사격에서도 지성을 의미한다. 왜냐하면 그것의 정의는 '사고될 수 있는 것은 지성으로 파악될 수 있는 무엇'이기 때문이다. 여기서 지성은 '무엇'이라는 이름에 의해 의미된다. 그리고 지성은 또한 '지성으로'라는 사격 형식에 의해 의미되기도 한다. '참인 [것]'과 '좋은 [것]'에 대해서 같은 점을 말해야 한다. 왜냐하면 존재자와 바꾸어 말할 수 있는 것이라고 주장되는 '참인 [것]'[8]은 '사고될 수 있는 [것]'과 동일한 것을 의미한다.[9] 존재자와 바꾸어 말할 수 있는 '좋은 [것]'[10] 역시 '옳은 이성에 따라 원하는 것이나 사랑 받을 수 있는 것'이라는 표현과 동일한 것을 의미한다.

---

7) 즉, 의지의 대상이 될 수 있는 어떤 것을 의미한다.

8) '참인 [것]'은 '초월적 명사'에 해당한다. 이것이 '초월적'이라고 불리는 이유는 범주들의 구분을 초월해서 모든 존재자들을 서술하기 때문이다. 이런 뜻에서의 참(진리)은 명제에만 속하지 않고, '참된 친구', '진짜 동전'과 같이 대상과 사물에도 속할 수 있고, 나아가 존재하는 모든 것들에 귀속될 수 있다. 따라서 오캄은 이런 뜻의 '참인 [것]'을 '존재자'와 환치 가능하다고 주장한다. 물론 오캄이 명제에만 적용되는 보다 좁은 뜻의 '참인 [것]'에 대해서도 인지했다는 점 또한 간과해서는 안 된다.

9) 이런 주장은 거슬러 올라가 보면 파르메니데스에게서도 발견되는 전통적 주장이다.

10) '좋은' 역시 앞서 말한 '참인 [것]'과 같이 초월적 명사에 해당한다.

제 11 장
규약을 통해 의미를 드러내는 이름들인
제 1명명의 이름과 제 2명명의 이름의 구분

우리는 자연적으로 의미를 드러내는 명사와 규약을 통해 만들어지는 명사 모두에 속할 수 있는 구분에 대해 설명했기 때문에, 규약을 통해 만들어진 명사에만 속하는 구분에 대해서 말해야 한다.

첫 번째 그러한 구분은 다음과 같다. 규약을 통해 의미를 드러내는 이름들 가운데, 제 1명명(命名, impositio)의 이름도 있고 제 2명명의 이름도 있다. 제 2명명의 이름은 규약을 통해 만들어진 기호와 그러한 기호에 속한 성질을 의미하는 데 부과되는 이름인데 단지 기호로서 기능하는 한에서만 그러하다.

그럼에도 '제 2명명의 이름'이라는 공통적 명사는 두 가지 뜻으로 해석될 수 있다. 첫 번째, 넓은 뜻으로 해석될 때 단지 규약을 통해 만들어지는 음성들을 의미하는 것은 모두 제 2명명의 이름이다. 이때 그 이름이 또한 자연적 기호들인 영혼의 지향(intentio)들에 공통적이든 아니든 상관없다. '명사'(名詞, noun), '대명사', '접속사', '동사', '격', '수', '태', '시제' 등과 같은 이름들은 문법학자가 사용하는 방식으로 해석될 때 제 2명명의 이름이다. 이런 이름들은 품사가 의미를 나타내는 한에서, 그리고 품사만을 의미하는 데 부과되기 때문에 '이름에 대한 이름'이라고 불린다.

한편, 의미를 나타내는 음성 못지않게 의미를 나타내지 않는 음성들을 서술하는 이름들은 제 2명명의 이름이라고 하지 않는다. 그러므로 '음질', [1] '발음된 〔것〕', '음성' 등과 같은 이름들은 규약을 통해 만들어지는 음성들을 의미하며 그 음성들을 참으로 서술할지라도, 마치 지금처럼 의미가 없는 그만큼 그것들을 의미할 것이기 때문에 제 2명명의 이름들이 아니다. 그러나 '명사'는 제 2명명의 이름이다. 왜냐하면 '인간'이라는 음성이나 어떤 다른 음성은 의미를 나타내는 데 사용되기 전에 이름이 아니었기 때문이다. 마찬가지로, '인간의'는 의미를 드러내도록 명명되기 전에 어떤 격도 갖지 않는다. [2]

그러나 엄밀한 뜻에서 '제 2명명의 이름'은 규약을 통해 만들어지는 기호만을 의미하고, 자연적 기호인 영혼의 지향에 적용될 수 없는 것이다. '어형변화', '동사변화' 등은 이와 같은 것들이다.

이런 것들이 아닌 모든 이름, 즉 전자의 뜻이든 아니면 후자의 뜻에서든, 제 2명명의 이름이 아닌 것은 '제 1명명의 이름'이라고 불린다.

그럼에도 '제 1명명의 이름'은 두 가지 뜻으로 해석될 수 있다. 첫 번째, 넓은 뜻으로 해석될 경우 제 2명명의 이름이 아닌 이름은 모두 제 1명명의 이름이다. 이런 뜻에서 '모든', '어떤 … 도 아님', [3] '어떤', '어느' 등과 같은 공의어 기호들은 제 1명명의 이름이다. 이와는 달리 엄밀한 뜻으로도 해석될 수 있는데, 제 2명명의 이름이 아닌 단의어 이름만이 제 1명명의 이름으로 불리고, 공의어 이름은 그렇지 않다.

'제 1명명의 이름'을 엄밀한 뜻으로 해석할 때, 그것은 제 1지향의 이름과 제 2지향의 이름이라는 두 종류로 나뉜다. 영혼의 지향, 정확하게는

---

1) 여기서 등장한 라틴어 '*qualitas*'는 문맥상으로 볼 때 성질들 중에서도 음성과 관련된 성질, 즉 음질을 가리키는 것으로 보인다.
2) 라틴어에서 '인간'(*homo*)은 주격(nominative case), '인간의'(*hominis*)는 속격(genitive case)에 해당한다.
3) 보편 부정 양화사에 해당하는 '어떤 … 도 아님'(*nullus*)을 말한다.

자연적 기호와 규약을 통해 만들어지는 다른 기호나 그러한 기호에 속한 특징을 정확하게 의미하는 데 부과되는 이름은 '제2지향의 이름'으로 불린다. '유', '종', '보편자', '가능술어'[4] 등과 같은 모든 이름은 그러한 이름이다. 왜냐하면 이런 이름은 자연적 기호들인 영혼의 지향 또는 규약에 의해 만들어지는 기호를 의미하기 때문이다.

따라서 '제2지향의 이름'이라는 공통적 명사는 엄밀한 뜻과 넓은 뜻으로 해석되는 것이 둘 다 가능하다고 말할 수 있다. 넓은 뜻에서, 자연적 기호인 영혼의 지향을 의미하는 것은 단지 그것이 기호인 한에서 규약을 통해 만들어진 기호를 의미하든 그렇지 않든 상관없이 '제2지향의 이름'이라고 불린다. 이런 뜻에서, 제2지향과 제1명명의 이름은 제2명명의 이름이기도 하다. 그러나 엄밀한 뜻에서, 자연적 기호인 영혼의 지향을 정확하게 의미하는 것만이 '제2지향의 이름'으로 불린다. 그러한 뜻으로 해석된 제2지향의 이름은 제2명명의 이름이 아니다.

언급된 것들이 아닌 다른 모든 이름은 '제1지향의 이름', 즉 기호나 그러한 기호에 속한 성질이 아닌 대상들을 의미한다. '인간', '동물', '소크라테스', '플라톤', '흼', '흰〔것〕', '존재자', '참인〔것〕', '좋은〔것〕' 등과 같은 모든 것은 이런 종류다. 이런 종류 가운데 다른 사물을 지칭하기에 적합한 기호가 아닌 사물들을 정확히 의미하는 것도 있고, 그러한 기호들을 의미하는 동시에 다른 사물들도 의미하는 것도 있다.

이 모든 구분을 통해서 볼 때, 규약을 통해 만들어지는 기호들이 기호들로 기능하는 동안에만 그 기호들을 정확히 의미하는 이름들도 있지만, 자연적 기호들뿐만 아니라 규약에 의해 만들어진 것들을 정확히 의미하는 이름들도 있다. 하지만 그러한 기호가 아니라 명제의 부분들인 것들을 정확히 의미하는 이름들도 있다. 한편, 명제의 부분이나 품사가 아닌

---

4) 포르피리오스가 《이사고게》에서 제시한 5가지 가능술어들에 해당한다.

것을 무차별적으로 의미하면서 그러한 기호 또한 의미하는 이름들도 있다. '사물', '존재', '무엇' 등의 이름이 이와 같다.

제 12 장
제 1지향과 제 2지향이 무엇인지와
그것들이 서로 어떻게 구별되는지에 대하여

앞선 장에서 제 1지향의 이름과 제 2지향의 이름이 있다는 점을 말했기 때문에, 그리고 이런 용어들의 의미를 모를 경우 여러 사람에게 오류가 일어날 수 있기 때문에, 제 1지향이 무엇이고 제 2지향이 무엇이며 그것들이 어떻게 구별되는지에 대해 살펴보아야 한다.

첫째, 영혼의 지향이라고 불리는 것은 영혼 안에 있는 어떤 것으로서, 다른 어떤 것을 의미할 수 있다는 점을 알아야 한다. 따라서 앞서 언급된 것처럼 규약에 의해 만들어지는 모든 기호 가운데 음성이 으뜸가는 것이기 때문에 문자가 음성에 대해 2차적 기호이듯이, [1] 음성은 으뜸가는 기호인 영혼의 지향에 종속되는 2차적 기호다. 이 점으로 인해 아리스토텔레스는 음성을 '영혼 안에 있는 수용의 징표'라고 말한다. [2] 음성명제가 음성으로 구성되듯이 심적 명제를 구성하는 요소이면서 영혼 안에 존재하며 사물의 기호인 것은 때로는 영혼의 지향, 때로는 영혼의 개념, 때로는 영혼의 수용, 때로는 사물의 유사성이라고 불린다. 보에티우스는《명제론 주해》에서 그것을 지성으로 부른다. [3] 따라서 그는 실재적으로 심

---

1) 제 3장 참조.

2) *DI*, 1, 16a3~4.

3) Boethius, *In librum De interpretatione*, ed., 1a, I, cap. *De signis* (PL 64, cols. 297f) ; ed., 2a, cap. *De signis* (PL 64, col. 407). 여기서 지성

적 명제가 지성으로 이루어진다고 주장하는데, 여기서 그것은 실재적으로는 지성적 영혼이 아니라 다른 것들을 의미하는 영혼 안에 있는 어떤 기호이면서 심적 명제들을 구성하는 지성을 뜻한다. 따라서 여러 사람들이 언어의 부족 때문에 어떻게 표현할지 모르는 명제를 정신 안에 자주 만드는 정도로, 누군가 음성명제를 말할 때마다 어떠한 언어에도 속하지 않는 심적 명제를 정신 안에 먼저 만든다. 그러한 심적 명제들의 부분들을 개념, 지향, 유사성, 지성이라고 부른다.

그러나 영혼 안에 있는 그러한 기호란 무엇인가?

이 점에 대해 다양한 견해가 있다는 것을 말해야 한다. 그것을 영혼이 만들어 낸 것이라고 말하는 이들도 있고, 4) 사고작용과 구분되며 영혼 안에 주체적으로 존재하는 성질이라고 말하는 이들도 있다. 5) 또한 그것을 사고작용이라고 말하는 이들도 있다. "소수의 것을 통해 얻을 수 있는 것을 여러 가지 것을 통해 얻는 것은 헛되다"라는 근거가 이런 마지막 이들

(*intellectum*) 은 사고능력을 가리키는 것이 아니라, 사고작용 또는 사고작용의 결과물을 가리킨다.

4) Henricus de Harclay, *Quaestiones disputatae*, q. 3 (De universali) : "당신은 '그렇다면 보편자는 만들어 낸 것인가'라고 물을 수 있다. … 이에 대해 나는 만들어 낸 것에 두 종류가 있다고 답하고자 한다: 철학자들의 만들어 낸 것과 시인들의 만들어 낸 것"(ed. , G. Gál, "Henricus de Harclay: quaestio de significato conceptus universalis", *Franciscan Studies*, 31 (1971), 225). ; 이 견해는 한동안 오캄 자신의 견해이기도 했다. *Ord.* , I, d. 2, q. 8 (*OTh* II, 271~289).

5) Richard de Campsall, *Contra ponetes naturam generis … extra intellectum*: "첫째, 영혼 안에 있는 보편적 지향들만이 … '유적 존재'(*esse in genere*) 라 불린다. … 그러므로 첫째 방식으로 유적인 모든 것들은 영혼 안에 있는 형상들, 성질들이다. 왜냐하면 지향들은 영혼 안에 주체적으로 존재하는 것들이기 때문이다. 결론적으로 그것들은 성질의 유에 속하는 것들이다"(cod. Florentiae, Bibl. Nat. conv. B. 4. 1618, f. 93v). 이 판본은 *Exp. Porph. Praed.* , *Exp. Praed.* , *Exp. Perih.* , *Exp. DSE.* 에서 제시된 오캄의 설명들을 포함하고, 그 뒤에 유의 본성과 관련된 캠샬의 설명이 이어진다.

의 편을 든다. 사고작용과 구분되는 것을 설정함으로써 얻을 수 있는 것은 모두 그러한 구분 없이도 얻을 수 있다. 왜냐하면 어떤 것을 지칭하고 다른 어떤 것을 의미하는 것은 다른 기호에 속할 수 있는 것처럼 사고작용에 속할 수 있기 때문이다. 그러므로 사고작용을 제외한 다른 어떤 것을 설정할 필요가 없다.

다음에서 우리는 이런 견해에 대해 탐구할 것이다.[6] 따라서 여기서는 지향이 영혼 안에 있는 어떤 것이며, 지칭할 수 있는 어떤 대상을 자연적으로 의미하는 기호나 심적 명제의 부분일 수 있는 것이라고만 말해 두자.

그러한 기호에는 두 가지 종류가 있다. 첫째 종류는 기호 자체가 아닌 어떤 사물의 기호다. 이때 그 사물과 함께 그러한 기호를 의미하든 그렇지 않든 상관없이 이것을 제 1지향이라고 부른다. 여기에 속하는 것은 모든 인간을 서술하는 영혼의 지향과 모든 흼과 검음 등을 서술하는 지향이다.

그러나 '제 1지향'이 엄밀한 뜻과 넓은 뜻이라는 두 가지 뜻으로 해석된다는 점을 알아야 한다. 넓은 뜻에서 그것은 지향이나 기호를 정확히 의미하지 않는, 영혼 안에 존재하는 모든 지향적 기호를 말한다. 이때 '기호'를 두고 명제 안에서 의미대상을 지칭할 수 있는 것으로 엄밀하게 해석하든지 아니면 공의어가 의미한다고 말할 때와 같이 넓게 해석하든지 상관없다. 이런 뜻에서 심적 동사, 심적 공의어, 접속사 등은 제 1지향이라고 말할 수 있다. 그러나 엄밀한 뜻에서는 의미대상을 지칭할 수 있는 심적 이름을 제 1지향이라고 부른다.

'제 2지향'은 그러한 제 1지향의 기호이다. 이를테면, '유'(類), '종'(種), 등과 같은 지향들이 그것이다. "이 사람은 사람이다", "저 사람은 사람이다" 등과 같이 말함으로써 모든 사람에게 공통된 하나의 지향이 모든 사람을 서술하듯이, 사물을 의미하고 지칭하는 모든 지향에 공통된

---

6) 이 문제는 제 14장, 제 15장, 제 40장에서 다시 다룬다.

하나의 지향은 "이 종은 종이다", "저 종은 종이다" 등과 같이 말함으로써 그 사물을 서술한다. 마찬가지로, "사람은 이름이다", "나귀는 이름이다", "흼은 이름이다"에서 하나의 이름이 상이한 이름을 서술하듯이 "돌은 유(類) 다", "동물은 유다", "색깔은 유다" 등과 같이 말함으로써 하나의 지향은 여러 지향들을 서술한다. 그러므로 제 2명명의 이름이 규약에 의해 제 1명명의 이름들을 의미하듯이, 제 2지향은 자연적으로 제 1지향을 의미한다. 그리고 제 1명명의 이름이 이름들이 아닌 다른 것들을 의미하듯이, 제 1지향은 지향이 아닌 것들을 의미한다.

또한 엄밀한 뜻에서 '제 2지향'이 정확히 제 1지향을 의미하는 지향으로 해석될 수 있는 반면, 넓은 뜻에서 그러한 지향이 있다면 지향과 규약에 의해 만들어진 기호를 의미하는 지향으로 해석될 수 있다.

제 13 장

다의적(多義的), 일의적(一義的), 파생적(派生的) 이름과
명사의 구분과 다의적 명사가 무엇이며
얼마나 많은 방식으로 언급되는가에 대하여

다음으로 규약에 의해 만들어진 명사를 다의적, 일의적, 파생적 명사로 구분하는 것에 대해 다룰 것이다. 아리스토텔레스는 《범주론》에서 다의적, 일의적, 파생적 명사에 대해 다루지만, 1) 파생적 명사는 앞에서 논의했기 때문에 여기서는 일의적 명사와 다의적 명사만을 다루겠다. 2)

첫째, 음성이나 규약에 의해 만들어지는 또 다른 기호만이 다의적이거나 일의적이라는 점을 알아야 한다. 따라서 정확히 말해 영혼의 지향이나 개념은 다의적이지도 일의적이지도 않다.

음성은 여러 사물을 의미하고 영혼의 한 개념이 아니라 여러 개념이나 지향에 종속되는 기호일 경우 다의적이다. 이 점은 아리스토텔레스가 공통되는 이름은 같지만 실체적 정의는 다르다고 말할 때 뜻하는 바다. 3) 즉, 기술(記述), 정의, 단순 개념처럼 영혼의 개념이나 지향은 여럿이지만, 음성은 하나인 경우다. 이 점은 상이한 언어들에 속한 단어의 경우에 분명하게 드러난다. 왜냐하면 한 단어는 어떤 언어에서 하나의 개념이

---

1) *Praed.*, 1, 1a1~15; *Exp. Praed.*, cc. 1~2 (*OPh* Ⅱ, 138~144).

2) 파생적 명사는 제 5~10장에서 논의된 바 있다. 파생적 명사는 이 장에서 다루지 않겠다는 언급과 달리, 오캄은 이 장 말미에서 파생적 명사에 대해서 간략하게나마 논의한다.

3) *Praed.*, 1, 1a1~2.

의미하는 것과 동일한 대상을 의미하는 데 부과되지만, 다른 언어에서는 또 다른 개념이 의미하는 것과 동일한 대상을 의미하는 데 부과된다. 그래서 그것은 의미를 드러내는 과정에서 영혼의 여러 개념이나 수용에 종속된다.

다의적 명사는 두 가지 종류다.[4] 첫째 종류는 우연적으로 다의적인 명사다. 이 경우 하나의 음성이 여러 개념에 종속되지만 이런 개념들 가운데 마치 하나에는 종속되지 않는 것처럼 다른 하나에는 종속되고, 하나를 의미하지 않는 것처럼 다른 하나를 의미하게 된다. 이를테면, 여러 사람에게 부과되는 '소크라테스'라는 이름이 그런 경우다. 나머지 하나는 관습적으로 다의적인 명사다. 이때 음성은 먼저 하나의 사물이나 여러 사물에 부과되고 하나의 개념에 종속되고, 그 이후에 그 명사가 최초에 의미했던 대상이 다른 어떤 것과 유사하기 때문에 또는 다른 이유 때문에 다른 사물에 부과되는 것이다. 그것이 먼저 전자에 부과되지 않았다면 후자에도 부과되지 않을 것이다. 이를테면, '인간'이라는 이름과 같은 것이다. 이 이름은 '이성적 동물'이라는 개념 안에 포함되는 모든 것, 즉 이성적 동물 전체를 의미하는 데 먼저 사용된다. 그러나 그 이후, 그러한 사용자들은 인간과 그 인간의 모상(模相) 사이의 유사성을 관찰하면서 때때로 그러한 모상에 '인간'이라는 이름을 사용하기도 한다. 그래서 '인간'이라는 이름을 먼저 인간들에게 사용하지 않았다면 그러한 모상을 의미하거나 나타내는 데 '인간'이라는 이름을 사용하거나 명명하지 않았을 것이다. 이런 이유로 인해 그것을 '관습적으로 다의적인 명사'라고 부른다.

하나의 개념에 종속되는 것은 모두 그것이 여럿을 의미하든 그렇지 않든 상관없이 '일의적'이라고 불린다. 하지만 정확히 말해 그것이 여럿을 똑같이 1차적으로 의미하지 않거나 의미할 수 없다면 '일의적'이라고 불

---

4) Boethius, *In Categorias Aristotelis*, I (PL 64, 166B).

리지 않는다. 그것이 여럿을 의미하는 까닭은 영혼의 하나의 지향이 여럿을 의미하는 것이고, 그것이 의미과정에서 영혼의 지향이나 개념인 하나의 자연적 기호에 종속되기 때문이다.

한편, 이런 구분은 명사(名詞) 뿐만 아니라 동사에도 속하며, 모든 품사에 통틀어서 속한다. 실상, 명사뿐만 아니라 동사일 수 있거나, 명사뿐만 아니라 분사 또는 부사일 수 있듯이 서로 다른 품사에 속할 수 있는 것은 다의적일 수 있다.

명사를 다의적인 것과 일의적인 것으로 구분하는 것이 '어떤 다의적인 명사는 일의적이다'가 전적으로 거짓이도록 하는 방식으로 정반대의 것들로 구분하는 것이 아니라는 점을 이해해야 한다. 실제로 그것은 참이다. 왜냐하면 동일한 음성이 정말로 다의적이면서 동시에 일의적이지만 동일한 사물들에 대해서는 그렇지 않기 때문이다. 이를테면, 한 사람이 아버지인 동시에 아들이지만 동일한 개별자에 관해서는 아닌 것과 마찬가지로, 하나의 사물이 유사하고 동시에 유사하지 않을 수 있지만 동일한 사물의 동일한 측면에 대해서는 아니다. 따라서 어떤 단어가 상이한 언어들에 속한다면 그것이 저마다의 언어에서 일의적일 수 있음은 분명하다. 그러므로 단지 하나의 언어만을 알았던 이는 그 단어가 발견되는 명제를 구별할 필요가 없을 것이다. 그러나 저마다의 언어 모두를 아는 이에게 그것은 다의적이다. 따라서 저마다의 언어 모두를 아는 이들은 여러 경우에서 그러한 단어가 발견되는 명제들을 구별할 것이다. 그래서 동일한 명사가 일의적인 경우도 있고 다의적일 수도 있다.

앞에서 한 말을 통해 볼 때 일의적 명사에 항상 하나의 정의만 있는 것은 아니라는 점을 추론할 수 있다. 왜냐하면 그것은 항상 적절하게 정의되지는 않기 때문이다. 그러므로 아리스토텔레스가 "일의적 명사들은 이름이 공통적이고 실체적인 정의가 동일한 것들이다"5) 고 말할 때는, '정의'를 음성이 종속되는 1차적 기호로서의 영혼의 지향이라는 뜻으로 사용한다.

'일의적'은 두 가지 뜻으로 해석된다는 점을 알아야 한다. 넓은 뜻에서 규약에 의해 만들어지고 하나의 개념에 상응하는 모든 음성이나 기호를 일의적이라고 부른다. 한편, 엄밀한 뜻에서는 일의적으로 관계 맺는 어떤 것이나 그것을 가리키는 대명사를 '그 자체로' 서술할 수 있는 명사를 일의적이라고 부른다. 이 경우 '그 자체로'란 첫 번째 방식으로 사용된 것이다. 6)

그러나 '파생적 명사'는 여기서 두 가지로 해석될 수 있다. 엄밀한 뜻으로 해석될 수 있는 파생적 명사는 추상명사처럼 같은 어두로 시작하지만 어미는 같지 않으며, 부수적인 것을 의미한다. 예컨대, '강함'에서 '강한', '정의로움'에서 '정의로운'이 파생된다. 또 다른 뜻에서, 추상명사와 어두는 비슷하지만 어미는 비슷하지 않은 명사는 부수적인 것을 의미하든 그렇지 않든 넓은 뜻에서 '파생적 명사'라고 불린다. 예컨대, '영혼이 있는'은 '영혼'에서 파생된다.

명사의 구분에 대해 이 정도만 말하면 충분하다. 앞에서 빠진 것은 아래에서 보충할 것이다. 7)

---

5) *Praed.*, 1, 1a6~7.

6) '그 자체로'(*per se*)의 다양한 방식들에 대한 논의는 아리스토텔레스의 《분석론 후서》,《형이상학》 등에서 그 기원을 찾는다. 중세에 쓰인 '그 자체로'의 다양한 방식들 중 첫째 방식의 '그 자체로'는 "인간은 동물이다", "철은 화학 원소이다"와 같은 명제에서처럼 술어가 주어의 실재적 정의이거나 또는 일부분으로 실재적 정의에 포함되는 경우에 술어가 주어를 서술하는 방식을 일컫는다. 중세에 쓰인 '그 자체로'의 다양한 방식들을 정리해 놓은 문헌으로는 Longeway (2007)가 있다.

7) 《논리학 대전》의 제3부에서 보충 논의가 이루어진다. *SL Pars* III-4, cc. 2~4.

제 14 장
'보편자'라는 공통적 명사와
그것과 상반되는 '개별자'에 대하여

논리학자는 명사에 대해 일반적 지식[1]만을 아는 것으로는 충분치 않기 때문에 명사에 대해 좀더 상세하게 알아야 한다. 따라서 명사의 일반적 구분에 대해 논한 다음 이 구분들 아래 포함된 주제들을 다루어야 할 것이다.

우리는 먼저 제 2지향의 명사를 다루고, 다음으로 제 1지향의 명사에 대해 다루어야 한다. 제 2지향의 명사가 '보편자', '유', '종' 등과 같은 것이라고 말한 바 있다.[2] 따라서 5가지 보편자로 설정되는 제 2지향의 명사를 다루어야 한다.[3] 그러나 우리는 먼저 모든 보편자를 서술하는 '보편자'라는 공통적 명사와 그것과 상반되는 '개별자'에 대해 말해야 한다.[4]

우선, '개별자'는 두 가지 뜻으로 해석된다는 점을 알아야 한다. 첫째, '개별자'라는 이름은 여럿이 아니라 하나인 모든 것을 의미한다. 이런 뜻에서 보편자가 여럿을 서술할 수 있는 정신의 어떤 성질이지만 그 자체가 아니라 여럿에 대한 성질이라고 주장하는 이들은 모든 보편자가 정말로

---

1) 《논리학 대전》 제 1부의 이전 장까지의 논의를 일컫는다.
2) 오캄은 제 11장과 제 12장에서 이 점을 언급했다.
3) 포르피리오스의 《이사고게》에서 다루어진 5가지 가능술어를 일컫는다.
4) 오캄은 이 장 외의 다른 저술에서도 보편자에 대해 다룬다. *Ord.*, I, d. 2, qq. 4~8(*OTh* II, 99~292) ; *Exp. Porph.*, §2(*OPh* II, 9~16).

특수자라고 말해야 한다. 음성이 규약에 의해 아무리 공통적이 된다고 할지라도 여럿이 아니라 하나이기 때문에 정말로 개별자이며 수적으로 하나이듯이, 정신 바깥의 여러 사물들을 의미하는 영혼의 지향은 여러 사물을 의미할지라도 여럿이 아니라 하나이므로 정말로 특수자이며 수적으로 하나이다.

또 다른 뜻에서 '개별자'라는 이름은 여럿이 아니라 하나이며 본성상 여럿의 기호도 될 수 없는 모든 것이라고 해석된다. '개별자'를 이런 뜻으로 해석할 때 어떠한 보편자도 개별자가 되지 않는다. 왜냐하면 모든 보편자는 본성상 여럿의 기호이고 여럿을 서술할 수 있기 때문이다. 따라서 많은 사람들이 '보편자'에 귀속시키는 뜻을 받아들여,[5] 보편자를 수적으로 하나가 아닌 것으로 부른다면, 나는 보편자란 존재하지 않는다고 생각한다. 물론, 그 어휘를 오용하여 '대중'이란 하나가 아니라 여럿이기 때문에 보편자라고 말할 수도 있지만, 그것은 유치할 것이다.

그러므로 모든 보편자가 하나의 개별적 사물이라는 점과 그것이 여럿의 기호인 까닭에 단지 의미적으로만 보편자일 뿐이라는 점을 말해야 한다. 이 점이 바로 아비첸나가 《형이상학》 제5권에서 "지성 안에 있는 하나의 형상은 다수와 연관되며, 이런 측면에서 그것은 보편자다. 왜냐하면 그것은 지성 안에 있는 지향으로, 수용하는 것이 무엇이든지 그것과 변하지 않는 관계에 있기 때문이다"[6] 라고 말하는 것이다. 그는 계속해서 "이런 형상은 개별자와 연관해서 볼 때 보편자일지라도, 그것이 위치한 개별적 영혼과 연관해서 볼 때 개별자다. 왜냐하면 그것은 지성 안에 존재하는 형상들 가운데 하나이기 때문이다"라고 말한다. 그는 보편자가 개별적 영혼의 지향으로서 본성상 여럿을 서술할 수 있는 것이며, 그것이

---

5) Duns Scotus, *Opus Oxoniense*, II, d. 3, q. 1, n. 8 (ed., Wadding, VI, 360f).

6) Avicenna, *Metaphysica*, V, c. 1 (ed., cit., f. 87rb).

본성상 여럿을 서술할 수 있기에, 즉 그 자체가 아니라 여럿에 대한 것이기에 보편자라고 불린다. 그러나 그것은 지성 안에 실재적으로 존재하는 하나의 형상인 한에서 개별자라고 부른다. 따라서 '개별자'는 첫째 뜻에서는 보편자를 서술하지만 둘째 뜻에서는 그렇지 않다. 마찬가지로 우리는 태양이 보편적 원인이라고 말하지만, 다른 한편으로 참으로 특수하면서 개별적인 사물이라고 말하기도 하며, 이런 결과로 참으로 개별적이고 특수한 원인이라고 말한다. 왜냐하면 태양은 여럿, 즉 하위의 생성하고 소멸하는 모든 사물의 원인이므로 보편적 원인이라고 말해지지만, 여러 원인이 아니라 하나의 원인이므로 개별적 원인이라고 말해지기도 하기 때문이다. 따라서 영혼의 지향은 여럿에 대해 서술될 수 있는 기호이기 때문에 보편자라고 말해지기도 하고, 여럿이 아니라 하나의 사물이기 때문에 개별자라고도 말해진다.

　　그러나 두 가지 종류의 보편자가 있음을 알아야 한다. 첫째 종류는 자연적으로 보편자인 것이다. 즉, 연기가 자연적으로 불의 기호이고, 신음이 고통의 기호이고, 웃음이 내적 기쁨의 기호인 것처럼, 보편자는 자연적으로 여럿에 대해 서술될 수 있는 기호이다. 그러한 보편자는 영혼의 지향일 뿐이므로 영혼 외부의 실체나 부수적인 것은 결코 보편자가 아니다. 다음 장들에서 그러한 보편자에 대해 말할 것이다. 또 다른 종류는 규약에 의해 보편자인 것이다. 따라서 수적으로 하나의 성질인 발화된 음성은 여럿을 의미하기 위해 규약에 의해 만들어지는 기호이므로 보편자다. 따라서 음성을 '공통적'이라고 말하듯이, 그것을 보편자라고 말할 수 있다. 하지만 이런 호칭은 사물의 본성이 아니라 단지 규약에 의해 적용된다.

제 15 장
보편자는 영혼 외부에 존재하는
어떤 사물이 아니다

이 주장들이 명백한 논거를 통해 입증되지 않는다면 그것들에 대해 말하기에 충분치 않기 때문에, 앞에서 말한 주장들을 위해 다른 논거들을 도입할 뿐만 아니라 전거들을 통해 확증하겠다. 1)

어떠한 보편자도 영혼 외부에 존재하는 실체가 아니라는 점은 명백하게 입증될 수 있다. 우선, 어떠한 보편자도 수적으로 하나인 개별적 실체가 아니다. 만일 그렇다고 말한다면, 소크라테스는 보편자가 될 것이기 때문이다. 이것 외에는 하나의 보편자가 다른 어떤 것이 아닌 하나의 개별적 실체가 되어야 하는 더 큰 이유는 없다. 그러므로 어떠한 개별적 실체도 결코 보편자가 아니며, 모든 실체는 수적으로 하나이고 개별자다. 왜냐하면 모든 실체는 ⓐ 여럿이 아니라 하나의 사물이든지, 아니면 ⓑ 여러 사물이기 때문이다. 만일 그것이 여럿이 아니고 하나라면 수적으로 하나가 된다. 왜냐하면 모든 사람은 이것을 수적으로 하나라고 부르기 때문이다. 그러나 어떤 실체가 여러 사물이라면, 그것은 ㉠ 여러 개별적 사물이거나, 아니면 ㉡ 여러 보편적 사물이다. 첫째 대안 ㉠을 받아들인

---

1) 이 장에서 제시되는 논변과 유사한 것들이 헨리쿠스 하클레이〔G. Gál, "Henricus de Harclay"(cit., 186~234)〕와 리차드 캠샬〔Richardus de Campsall, *Contra ponentes naturam generis ··· extra intellectum*(cod. cit., f. 93v)〕에게서도 발견된다.

다면, 어떤 실체는 여러 개별적 실체가 되므로 결과적으로 동일한 추론에 의해 그 실체는 여러 인간이 될 것이다. 그 경우 보편자는 하나의 개별자와 구별될지라도 개별자들과는 구별되지는 않을 것이다. 그러나 ⓛ 실체가 여러 보편적 사물이라면, 그러한 보편적 사물들 가운데 하나를 택해 그것이 ① 여러 사물인지, 아니면 ② 여럿이 아니라 하나인지 질문한다. 만일 대안 ②를 따른다면, 그것은 개별자가 된다. 만일 대안 ①이 선택된다면, 다시 나는 그것이 여러 개별적 사물인지 여러 보편적 사물인지 질문한다. 따라서 무한퇴행이 일어나거나 어떠한 실체도 개별자가 아닌 그런 방식으로 보편자가 아니라는 사실이 성립할 것이다. 따라서 어떠한 실체도 보편자가 아니라는 점이 귀결된다.

또한, 어떤 보편자가 개별적 실체들 안에 존재하지만 그것들과 구별되는 하나의 실체라면, 그것은 실체들 없이 존재할 수 있을 것이다. 왜냐하면 다른 것보다 본성적으로 앞서는 것은 모두 신의 능력에 의해 그 다른 것 없이도 존재할 수 있기 때문이다. 그러나 그 후건은 불합리하다.

또한, 이 견해가 참일 경우[2] 어떤 개별자가 앞서 존재한다면 다른 어떠한 개별자도 창조될 수 없을 것이다. 왜냐하면 개별자 안에 있는 보편자가 다른 어떤 것 안에 이미 있었다면, 개별자는 그 존재 전체를 무로부터 가지지 않을 것이기 때문이다. 같은 이유로 인해 신은 나머지 개별자를 파괴하지 않고서 하나의 개별적 실체를 없앨 수 없을 것이다. 왜냐하면 신이 어떤 개별자를 없앤다면 개별자의 본질에 속한 전체를 파괴하는 것이 되므로 그 개별자 안과 나머지 개별자들 안에 있는 보편자를 파괴하는 것이 되기 때문이다. 결과적으로 보편자처럼 나머지 개별자들은 그것들의 부분 없이는 계속적으로 존재할 수 없기 때문에 남지 않게 될 것이다.

---

2) 여기서 말하는 이 견해란 앞 단락의 전건, 즉 "보편자가 개별 실체 안에 존재하면서 그것과 구별되는 실체다"를 일컫는다.

또한, 그러한 보편자는 전적으로 개별자의 본질 외부에 있는 것으로 설정될 수 없다. 따라서 그것은 개별자의 본질에 속할 것이다. 결과적으로 개별자는 보편자로 이루어질 것이므로 개별자는 보편자가 아닌 것처럼 개별자도 아니다.

또한, 이 견해가 참이라면 그리스도의 본질에 속한 어떤 것이 불행하고 저주받는다는 점에 귀결된다. 그리스도와 저주받는 자 안에 실재적으로 존재하는 공통 본성은 저주받을 것이기 때문이다. 그 이유는 그 공통 본성이 가룟 유다 안에도 있기 때문이다. 그러나 이것은 불합리하다.

여러 다른 논거들이 도입될 수 있지만, 간결하게 하기 위해 그것들을 다루지 않겠다. 여기서는 전거를 통해 동일한 결론을 확증하겠다.

첫째, 아리스토텔레스는 이런 의도로 보편자가 실체인지의 여부를 다루는 《형이상학》제7권에서 어떠한 보편자도 실체가 아니라는 점을 입증한다. 3) 따라서 그는 "실체가 보편적으로 서술되는 어떤 것이 되는 것은 불가능하다"고 말한다.

또한, 그는 《형이상학》제10권에서 "따라서 실체와 존재자에 대한 논의에서 언급했듯이, 4) 보편자들 가운데 어떠한 것도 실체일 수 없고, 이것 자체5) 가 여럿이 아닌 하나라는 뜻에서 실체일 수 없다면"이라고 말한다.

이런 구절로 미루어 볼 때 보편자는 실체들을 지칭할 수 있을지라도 결코 실체일 수 없다는 것이 아리스토텔레스의 견해라는 점은 분명하다.

또한, 주석가는 《형이상학》제7권, 44번 주해에서 "개별자 안에서 실체는 개별자를 이루는 특수한 형상과 질료일 뿐이다"라고 말한다. 6)

---

3) *Metaph.* , Ⅶ, 13, 1038b8~9.

4) *Ibid.* , X. 2, 1053b17~19.

5) 스페이드는 '이것 자체'(*hoc ipsum*)에서 '자체'의 의미를 '존재'(being)로 풀이한다. Spade(1995a), 147 참조.

6) Averroes, *In Aristotelis Metaphysicam*, Ⅶ, t. 44(ed. , Iuntina, Ⅷ, f. 92vb).

또한, 그는 45번 주해에서 "그러므로 보편자가 사물의 실체를 표현할지라도 보편자라고 불리는 것은 모두 어떤 것의 실체일 리가 없다고 말해보자"라고 말한다. 7)

또한, 그는 47번 주해에서 "보편자가 스스로 존재하는 실체들의 일부일 리가 없다"라고 말한다. 8)

또한, 그는 《형이상학》 제 8권 2번 주해에서 "보편자는 실체도 유도 아니다"라고 말한다. 9)

또한, 그는 《형이상학》 제 10권 6번 주해에서 "보편자는 실체가 아니기 때문에 공통 존재자는 영혼 외부에 존재하는 실체가 아님이 분명하다"라고 말한다. 10)

어떤 방식으로 고려하든지 상관없이 앞서 언급된 권위 있는 전거들과 여러 다른 것들을 통해서 볼 때 보편자는 결코 실체가 아니라는 점이 도출될 수 있다. 그러므로 명사의 의미가 '실체'라는 이름이 이름 자체가 아니라 사물 자체를 서술하도록 하기도 하고 서술하지 않도록 하기도 하지만, 지성의 고려가 어떤 것을 실체로 만들거나 실체가 아닌 것으로 만들지는 않는다. 예컨대, "개는 동물이다"라는 명제에서 '개'라는 명사가 짖을 수 있는 동물을 나타낸다면, 그 명제는 참이다. 그러나 그 이름이 하늘에 있는 별11)을 나타낸다면 거짓이다. 그럼에도 동일한 사물이 어떻게 고려할 때는 실체이고 또 다르게 고려할 때 실체가 아닐 수는 없다.

---

7) *Ibid.*, t. 45 (f. 93ra).

8) *Ibid.*, t. 47 (f. 93va). 원문에서는 오캄의 인용과 달리 '스스로 존재하는 실체들의 일부'가 아니라 '실체의 스스로 존재하는 일부'로 서술되어 있다.

9) *Ibid.*, Ⅷ, t. 2 (f. 99ra).

10) *Ibid.*, Ⅹ, t. 6 (f. 120rb).

11) 여기서 오캄이 말하고자 하는 바는 "개는 동물이다"라는 명제의 주어인 '개'가 큰개자리 (*Canis Major*) 에 해당하는 별자리를 가리킨다면 그 명제는 거짓이 된다는 것이다.

그러므로 어떤 방식으로 고려하든지 상관없이 보편자는 결코 실체가 아니라는 점을 단적으로 인정해야 한다. 하지만 모든 보편자는 영혼의 지향이며, 개연성 있는 견해에 따르자면 지성의 작용과 다르지 않은 것이다. 12) 그러므로 그들은 신음이 아픔, 슬픔이나 고통의 자연적 기호이듯이, 나로 하여금 인간에 대해 생각하도록 하는 사고작용이 인간들의 자연적 기호라고 말한다. 음성이 발화된 명제 안의 사물을 나타낼 수 있듯이, 사고작용은 심적 명제 안에 인간들을 나타낼 수 있는 자연적 기호다. 13)

아비첸나는 보편자가 영혼의 지향이라는 점을 "그러므로 보편자는 3가지 뜻으로 말해진다는 것이 내 생각이다. 왜냐하면 '인간'처럼 여럿을 현실적으로 서술하는 것을 보편자라고 말하며, 여럿에 대해 서술될 수 있는 지향을 보편자라고 말하기 때문이다"라고 설명하는 《형이상학》 5권에서 충분히 표현했다. 14) 그리고 그는 "지향이 여럿을 서술한다고 생각하는 데 아무런 문제가 없다면 그 지향을 보편자라고 부른다"고 말한다.

이런 구절들과 여러 다른 구절들을 통해서 볼 때 보편자가 본성상 여럿을 서술할 수 있는 영혼의 지향이라는 점은 분명하다.

또한 그 주장은 논거에 의해 확증될 수 있다. 왜냐하면 모든 사람에 따르면 모든 보편자가 여럿을 서술할 수 있지만 단지 실체가 아니라 영혼의 지향이나 규약적 기호만이 본성상 서술될 수 있기 때문이다. 그러므로 영혼의 지향이나 규약적 기호만이 보편자다. 그러나 나는 여기서 '보편자'를 규약적 기호가 아니라 자연적으로 보편적인 기호에 대해서만 사용한다.

실상 실체가 본성상 서술되지 않음은 분명하다. 왜냐하면 그럴 경우 명제가 특수한 실체들로 구성되므로 결과적으로 주어는 로마에 있고 술어는 영국에 있게 될 것인데 그것은 불합리하기 때문이다.

---

12) 이 견해는 앞서 제12장에서 제시된 바 있다.
13) 이는 오캄 자신의 견해이기도 하다. 이에 대해서는 제12장 참조.
14) Avicenna, *Metaphysica*, V, c. 1 (ed., cit, f. 86va).

또한, 명제는 단지 정신, 음성 또는 문자 안에만 있다. 따라서 명제의 부분들은 단지 정신, 음성 또는 문자 안에만 있다. 그러나 특수한 실체들은 이와 같지 않다. 그러므로 어떠한 명제도 실체들로 구성될 수 없다. 그러나 명제는 보편자들로 구성된다. 그러므로 보편자는 결코 실체일 수가 없다.

제16장
보편적 존재에 관한 견해에 대하여:
그것은 영혼 외부에 어떻게 존재하는가?
스코투스에 대한 반론

보편자가 개별자와 실재적으로 구별되지만 개별자 안에 존재하는 영혼 외부의 실체가 아니라는 점은 여러 사람에게 분명하다. 그럼에도 어떤 이들에게는 보편자가 어떤 점에서는 개별자와 실재적으로 구별되지 않지만 형상적으로만 구별되는, 영혼 외부의 개별자 안에 존재하는 것으로 보일 수 있다.[1] 따라서 그들의 주장에 따르면, 소크라테스 안에는 인간 본성이 있는데, 그것이 본성과 실재적으로 구별되지 않고 단지 형상적으로 구별되는 개별적 차이를 통해 소크라테스에게 수축된다. 그러므로 인간 본성과 개별적 차이는 서로 구별되는 두 가지 사물이 아니지만 형상적으로는 같지 않다.

이 견해는 나에게 개연성이 매우 낮은 것으로 보인다. 그 이유들 가운

---

1) 보편 개념, 공통 본성, 그리고 개별화의 원리와 관련된 스코투스의 학설에 대해서는 특히 다음을 참조. Duns Scotus, *Opus Oxoniense*, Ⅱ, d. 3, 1~6(ed., Wadding, Ⅵ, 334~421) ; 스코투스의 학설에 대해 이 장보다 더 많은 비판을 담은 오캄의 문헌으로는 다음을 참조. *Ord.*, Ⅰ, d. 2, 6(*OTh* Ⅱ, 160~224) ; 이 장은 위-리차드 캠살이 《오캄에 반대하는 논리학》에서 인용하고 비판한다. Pseudo Richardus de Campsall, *Logica contra Ockham* ; 여기서 말한 저술의 일부는 사이난(E. A. Synan)이 편집해 다음 문헌에 수록했다. "The Universal and Supposition in a *Logica* Attribute to Richard of Campsall", *Nine Mediaeval Thinkers*, ed., E. A. Synan(Toronto : PIMS, 1955), 183~232.

데 첫째는 영혼 외부에 구별되는 사물들을 제외하고는 피조물들 사이에 어떠한 종류의 구별도 없기 때문이다. 그러므로 이런 본성과 차이 사이에 어떤 종류의 구별이 있다면, 그것들은 반드시 실재적으로 구별되는 사물들이어야 한다. 나는 전제를 삼단논법의 형식으로 다음과 같이 입증한다. 이 본성은 이 본성과 형상적으로 구별되지 않는다. 이 개별적 차이는 이 본성과 형상적으로 구별된다. 그러므로 이 개별적 차이는 이 본성이 아니다.

또한, 동일한 사물이 공통적이면서 동시에 고유하지는 않다. 그러나 그들에 따르면 개별적 차이는 고유하지만 보편자는 공통적이다. 그러므로 어떠한 보편자도 개별적 차이와 동일한 사물이 아니다.

또한, 상반되는 것들은 동일한 피조물에 속할 수 없다. 그러나 '공통적인 것'과 '고유한 것'은 상반되는 것이다. 그러므로 동일한 하나의 사물은 공통적이면서 동시에 고유하지 않다. 그럼에도 개별적 차이와 공통 본성이 동일한 사물이라면 이런 결론[공통적이면서 동시에 고유하지 않다]이 도출될 것이다.

또한, 공통 본성이 개별적 차이와 실재적으로 동일하다면, 개별적 차이가 있는 만큼 실재적으로도 공통 본성이 있을 것이다. 결과적으로 그러한 본성 가운데 어떠한 것도 공통적이지 않고, 저마다의 본성은 그 본성과 실재적으로 동일한 차이의 고유한 것이 될 것이다.

또한, 하나의 사물이 또 다른 사물과 구별될 때마다 자체적으로 구별되든지 아니면 자체에 내재된 어떤 것에 의해 구별되든지 둘 중에 하나다. 소크라테스의 인간성은 플라톤의 인간성과 다른 것이다. 따라서 그것들은 자체적으로 구별된다. 그러므로 그것들은 부가된 차이에 의해 구별되지 않는다.

또한, 아리스토텔레스의 견해에 따르면,[2] 종적으로 다른 것들은 모두 수적으로 다르다. 그런데 자체적으로 인간의 본성과 나귀의 본성은 종적으로 구별된다. 따라서 자체적으로 그것들은 수적으로 구별된다. 그러므로 자체적으로 저마다의 본성은 수적으로 하나다.

또한, 어떠한 능력을 통해서도 여럿에 속할 수 없는 것은 어떠한 능력을 통해서도 여럿을 서술하게 할 수 없다. 그러나 그러한 본성이 개별적 차이와 실재적으로 동일하다면 어떠한 능력을 통해서도 여럿에 속할 수 없다. 왜냐하면 그러한 본성은 결코 또 다른 개별자에 속할 수 없기 때문이다. 그러므로 그것은 어떠한 능력을 통해서도 여럿을 서술할 수 없고, 결과적으로 어떠한 능력을 통해서도 보편자가 될 수 없다.

또한, 나는 개별적 차이와 그 차이가 수축하는 본성을 거론하여 다음과 같이 질문한다. 이 두 가지 것 사이의 구별은 두 개별자 사이의 구별보다 더 큰가 아니면 작은가? 그 구별은 더 크지는 않다. 왜냐하면 개별적 차이와 본성은 실재적으로 다르지 않지만 개별자들은 실재적으로 다르기 때문이다. 그렇다고 그 구별이 더 작지도 않다. 왜냐하면 그 경우 두 개별자가 동일한 종류이듯이, 개별적 차이와 본성도 동일한 종류이기 때문이다. 결과적으로 그것들 가운데 하나가 자체적으로 수적으로 하나라면, 나머지 하나도 마찬가지로 그러할 것이다.

또한, 나는 본성이 개별적 차이인지 아닌지에 대해 질문한다. 만일 그것이 개별적 차이라면, 다음과 같이 삼단논법의 형식으로 논증한다. 이 개별적 차이는 고유하지만 공통적이지는 않다. 이 개별적 차이는 본성이다. 그러므로 본성은 고유하지만 공통적이지는 않다. 이것이 내가 말하고자 한 바다. 마찬가지로, 나는 삼단논법의 형식으로 다음과 같이 논증한다. 이 개별적 차이가 개별적 차이와 형상적으로 구별되지 않는다. 이 개별적 차이는 본성이다. 그러므로 본성은 그 개별적 차이와 형상적으로 구별되지 않는다. 하지만 이 개별적 차이가 본성이 아니라는 점이 인정

---

2) *Metaph.*, Ⅴ, 9, 1018a12~15; Ⅹ, 3, 1054b27~1055a2.

된다면, 내 주장이 일리가 있게 된다. 왜냐하면 "개별적 차이가 본성이 아니다. 그러므로 개별적 차이는 실재적으로 본성이 아니다"라는 점에 귀결되고, "개별적 차이는 실재적으로 본성이다. 그러므로 개별적 차이는 본성이다"와 같이 후건의 반대에서 전건의 반대가 따라 나오기 때문이다. 이 추론은 타당하다. 왜냐하면 〔한정될 수 있는 것을〕 제거하거나 줄이지 않는 한정사와 함께 고려되는 한정될 수 있는 것에서 자체적으로 고려되는 한정될 수 있는 것을 추론하는 것은 타당하기 때문이다. 그런데 '실재적으로'는 제거하거나 줄이지 못하는 한정사다. 그러므로 다음에 귀결된다. "개별적 차이가 실재적으로 본성이다. 그러므로 개별적 차이는 본성이다."

그러므로 피조물 안에 그러한 형상적 구별이란 없다고 말해야 한다. 오히려 피조물 가운데 구별되는 것은 모두 실재적으로 구별되고, 각각의 것들이 정말로 사물이라면 그것들은 구별되는 것들이다. 그러므로 피조물 안에서 "이것은 a다. 이것은 b다. 그러므로 b는 a다"와 "이것은 a가 아니다. 이것은 b다. 그러므로 b는 a가 아니다"라는 논증방식을 부정할 수 없듯이, 피조물 안에서 모순이 어떤 것들에 대해 참이라고 서술될 때마다 그것들이 구별되는 것이라는 점을 결코 부정할 수 없다. 단 하나의 예외는 한정사나 공의어명사가 그러한 참된 서술의 원인이 되는 경우인데, 이것은 앞선 경우에 적용되어서는 안 된다. 그러므로 우리는 철학자들이 말하는 것처럼 특수한 실체 안에 특수한 형상과 특수한 질료, 또는 그 둘의 합성체 외에는 어떠한 실체적인 것도 없다고 말해야 한다. 따라서 어느 누구도 소크라테스 안에 소크라테스와 어떤 식으로든 구별되는 인간성이나 인간 본성이 있으며, 그것에 그 본성을 수축하는 개별적 차이가 덧붙는 것이라고 생각해서는 안 된다. 소크라테스 안에 존재한다고 생각할 수 있는 실체적인 것이라고는 특수한 질료, 특수한 형상, 또는 그 둘의 합성체뿐이다. 그러므로 소요학파의 가르침에 따르면 모든 본질과 무엇임, 그리고 실체에 속하는 것은 (만일 그것이 영혼 외부에 실재적으로 존재한다면) 모두 단적으로 그리고 무조건적으로 질료, 형상, 또는 그 둘의 합성체이거나 비물질적이면서 추상적인 실체다.

제 17 장
앞서 말한 것에 반해 제기될 수 있는
의문점들의 해결[1]

의문점들의 해결은 진리의 발로(發露)이기 때문에 그것들을 해결하기 위해 앞서 말한 견해에 대한 반론들이 제기되어야 한다. 적지 않은 권위를 지닌 여러 사람들은 이 보편자가 어떤 방식으로든 영혼 외부에 존재하며 특수한 실체들의 본질에 속한다고 주장하는 듯하다. 그들은 이 점을 입증하기 위해 몇 가지 논증과 전거를 제시한다.

① 따라서 실재적으로 일치하는 동시에 실재적으로 다른 사물들이 있을 경우 그것들로 하여금 일치하도록 하는 것과 다르도록 하는 것은 별개라는 것이 그들의 주장이다.[2] 그런데 소크라테스와 플라톤은 실재적으로 일치하는 동시에 실재적으로 다르다. 그러므로 그들은 구별되는 것들을 통해 일치하는 동시에 다르게 된다. 하지만 그들은 인간성에서 일치하고 또 질료와 형상에서 일치한다. 그러므로 그들은 저마다 이런 것들 외에도 서로 다르게 하는 어떤 것을 포함한다. 그들은 이것을 '개별적 차이'라고 부른다.

② 또한, 소크라테스와 플라톤은 소크라테스와 나귀가 일치하는 것 이

---

1) 라틴어 판본의 편집자가 이 장에 붙인 제목은 '앞서 말한 것에 반해 제기될 수 있는 의문점들의 해결'이지만, 이보다는 '앞서 말한 것에 반해 제기될 수 있는 반론을 통한 의문점들의 해결'이 보다 알맞은 제목으로 보인다.

2) Scotus, *Ordinatio*, I, d. 2, 2, 1~4, n. 398(ed., Vaticana, II, 354f).

상으로 일치한다. 그러므로 소크라테스와 플라톤은 소크라테스와 나귀가 일치하지 않는 것에서 일치한다. 그런데 소크라테스와 플라톤은 수적으로 하나인 것에서 일치하지 않는다. 따라서 그들을 일치하게 하는 것은 수적으로 하나가 아니다. 그러므로 그들을 일치하게 하는 것은 공통적인 어떤 것이다.

③ 또한, 아리스토텔레스는 《형이상학》 제 10권에서 모든 유에는 그 유에 속하는 다른 모든 것의 척도가 되는 으뜸가는 하나가 있다고 말한다. [3] 그러나 어떠한 특수자도 다른 모든 것의 척도는 아니다. 그것은 동일한 종에 속한 모든 개별자의 척도가 아니기 때문이다. 그러므로 개별자 외에 어떤 것이 있다.

④ 또한, 모든 상위의 것은 그보다 하위의 것의 본질에 속한다. 그러므로 보편자는 실체의 본질에 속한다. 그러나 비실체(*non-substantia*)는 실체의 본질에 속하지 않는다. 그러므로 어떤 보편자는 실체다.

⑤ 또한, 어떠한 보편자도 실체가 아니라면 모든 보편자는 우유(偶有)일 것이다. 결과적으로 모든 범주는 우유일 것이다. 따라서 실체의 범주는 우유가 될 것이다. 결과적으로 어떤 우유는 그 자체로 실체보다 더 상위에 있게 될 것이다. 실상 동일한 존재자가 그 자신보다 상위의 것이 되는 결과를 낳을 것이다. 왜냐하면 보편자들이 우유들이라면, 그것들은 오직 성질의 유에만 위치할 수밖에 없으며, 결과적으로 성질의 범주는 모든 보편자에 공통적이게 되기 때문이다. 따라서 성질의 범주인 것은 보편자에 공통적이 될 것이다.

이 견해를 위해 수많은 다른 논증들과 전거들이 도출되지만, 간결하게 하기 위해 여기서는 그것들을 생략하겠다. 그러나 이후에 여러 곳에서 그것들을 다루겠다. [4]

---

3) *Metaph.*, X, 1, 1052b31~32.

나는 제기된 반론들에 대해 다음과 같이 답변한다. 첫 번째 논증 ①에 대해, 나는 소크라테스와 플라톤이 실재적으로 일치하는 동시에 실재적으로 다르다는 점을 인정한다. 그 이유는 그들이 종적 측면에서 실재적으로 일치하고 수적 측면에서 실재적으로 다르기 때문이다. 그리고 다른 사람들은[5] 동일한 것을 통해 개별적 차이와 본성이 실재적으로 같고 형상적으로는 다르다고 주장해야 하듯이, 동일한 것을 통해 소크라테스와 플라톤은 종적으로 일치하고 수적으로는 다르다.

누군가 동일한 것이 일치와 차이 둘 다의 원인은 아니라고 말한다면, 동일한 것이 일치와 그 일치에 상반되는 차이의 원인이 아니라는 주장은 참이라고 말해야 한다. 하지만 그것은 여기에 해당하지 않는다. 이유인즉, 종적 일치와 수적 차이 사이에는 상반성이 없기 때문이다. 따라서 동일한 것을 통해 소크라테스와 플라톤이 종적으로 일치하고 수적으로 다르게 된다는 점을 인정해야 한다.

또한 둘째 논증 ②도 성공적이지 않다. 왜냐하면 "소크라테스와 플라톤은 소크라테스와 나귀가 일치하는 것 이상으로 일치한다. 그러므로 소크라테스와 플라톤은 어떤 것에서 더 일치한다"는 점이 도출되지는 않기 때문이다. 오히려 소크라테스와 플라톤이 자체적으로 더 일치한다는 점으로도 충분하다. 그러므로 소크라테스는 자신의 지성적 영혼을 통해 나귀보다는 플라톤과 더 일치하며, 또한 그 자신 전체를 통해 나귀보다는 플라톤과 더 일치한다는 것이 나의 주장이다. 따라서 문자 그대로 말한다면 소크라테스와 플라톤은 그들의 본질에 속한 어떤 것에 의해 일치한다고 말해서는 안 되고, 어떤 것들에서 일치한다는 점을 인정해야 한다. 왜냐하면 그들은 형상들에 의해 그리고 자체적으로 일치하기 때문이다. 그

---

4) *SL* pars Ⅱ, c. 2.
5) 여기서 '다른 사람들'은 스코투스주의자들을 가리킨다.

럼에도 신이 어리석다고 (모순적으로) 말한다면 그는 세계를 잘못 다스리게 될 것이라고 말하듯이, 그들에게 하나의 본성이 존재한다고 (모순적으로) 말한다면 그들은 그것에서도 일치할 것이다.

또 다른 논증 ③에 대해, 하나의 개별자가 동일한 종이나 동일한 가장 특수한 종에 속한 모든 개별자에 대한 척도가 아니더라도, 동일한 개별자가 또 다른 종의 개별자나 동일한 종의 여러 개별자의 척도일 수 있다고 말해야 한다. 이것으로도 아리스토텔레스의 의도를 밝히는 데 충분하다.

또 다른 논증 ④에 대해, 문자 그대로 말하면 그리고 말의 적확성을 따르자면 어떠한 보편자도 실체의 본질에 속하지 않는다는 점을 인정해야 한다고 말해야 한다. 이유인즉, 모든 보편자는 영혼의 지향이거나 규약을 통해 만들어진 기호이기 때문이다. 그러나 그러한 것은 그 무엇도 실체의 본질에 속하지 않는다. 그러므로 어떠한 유, 종, 보편자도 결코 실체의 본질에 속하지 않는다. 하지만 좀더 정확히 말하자면 보편자는 실체의 본성, 즉 실체라는 본성을 드러내거나 밝힌다고 말해야 한다. 그리고 이 점은 주석가가 《형이상학 주해서》 제 7권에서 "보편자가 사물의 실체를 드러낼지라도 보편자라고 말해지는 것들 가운데 어떤 것이 사물의 실체가 되는 것은 불가능하다"[6]고 말하는 바다. 따라서 보편자가 실체의 본질에 속하거나 실체 안에 있거나 실체의 일부라고 주장하는 모든 전거는 보편자가 사물의 실체를 가리키고, 드러내고, 밝히고, 전달하고, 의미한다는 취지로 말한 것으로 이해해야 한다.

그리고 다음과 같은 반론을 제기할 수 있다. '인간', '동물'과 같은 공통적 이름들은, 실체적 사물을 의미하지만 특수한 실체를 의미하지는 않는다. 특수한 실체를 의미할 경우 '인간'은 모든 인간을 의미할 것인데, 이것은 거짓인 것처럼 보이기 때문이다. 따라서 그러한 이름들은 특수한

---

6) Averroes, In *Aristotelis Metaphysicam*, Ⅶ, t. 45 (ed. , Iuntina, Ⅷ, f. 93ra).

실체를 제외한 다른 실체들을 의미한다.

〔이 반론에 대해〕그러한 명사들이 정확히 개별자들만을 의미한다는 점을 말해야 한다. 따라서 '인간'이라는 이름은 개별적 인간을 제외한 어떠한 것도 의미하지 않는다. 그러므로 그것은 개별적 인간만을 지칭할 때를 제외하고는 결코 실체를 지칭하지 않는다. 그러므로 '인간'이라는 이 이름은 1차적으로 모든 개별적 인간을 동등하게 의미한다. 그렇다고 해서 이것 때문에 '인간'이라는 이름이 다의적 음성이름이라는 점으로 귀결되지는 않는다. 그 이유는, 그것이 1차적으로 여러 가지 것들을 동등하게 의미하더라도 하나의 명명(命名)을 통해 그것들을 의미하며, 여러 가지 것들을 의미하는 과정에서 여럿이 아니라 하나의 개념에만 종속되기 때문이다. 이런 이유로 인해 그것은 여러 가지 것들에 대해 일의적으로 서술된다.

마지막 논증 ⑤에 대해, 영혼의 지향이 정신의 성질이라고 주장하는 이들은 모든 보편자가 우유라고 말해야 한다. 그럼에도 모든 보편자가 우유의 기호는 아니며, 단지 실체의 기호일 뿐인 보편자들도 있다. 실체의 기호들일 뿐인 것들은 실체의 범주를 이루고, 다른 것들〔우유의 기호인 것들〕은 다른 범주를 이룬다. 그러므로 실체의 범주가 우유가 아니라 실체를 드러내더라도 그것이 우유라는 점을 인정해야 한다. 따라서 어떤 우유, 즉 실체의 기호일 뿐인 우유는 그 자체로 실체보다 상위의 것이라는 점을 인정해야 한다. 그러나 이 점은 어떤 음성이름이 여러 실체들의 이름이라는 주장보다 더 문제가 되지는 않는다.

그러나 동일한 사물이 그 자신보다 상위에 있게 된다는 말인가? 그렇지 않다고 대답할 수 있다. 이유인즉, 어떤 것이 다른 어떤 것보다 상위에 있기 위해서는 그들 사이에 구별이 필요하기 때문이다. 따라서 모든 보편자가 성질이라고 하더라도 모든 보편자가 그 자체로는 '성질'이라는 공통적 명사보다 하위에 있는 것은 아니라고 말할 수 있다. '성질'이라는 이 공통적 명사는 성질이지만 그 자체보다 하위에 있는 것이 아니라 단지 그 자체이기 때문이다.

또한 동일한 것이 상이한 범주들을 서술하지 않으므로 성질이 상이한 범주에 대해 공통적이지 않다는 반론을 제기할 수 있다. 이 반론에 대해 상이한 범주가 의미적으로 기능할 때 그 동일한 것이 그 범주들을 서술하든지 그렇지 않든지 하겠지만 그 범주들이 의미적으로 기능하지도 지칭하지도 않을 경우에는 동일한 것이 상이한 범주들을 서술하는 것이 부적절하지는 않다고 말해야 한다. 그래서 "실체는 성질이다"라는 명제에서 주어가 지향을 질료적으로 지칭하거나 단순하게 지칭한다면, 그 명제는 참이다. 마찬가지로, "양은 성질이다"라는 명제에서 '양'이 의미적으로 기능하지 않는다면 그 명제는 참이다. 동일한 사물이 상이한 범주에 대해 서술된다는 것은 바로 이런 방식에서다. 마찬가지로, "실체는 음성이다"와 "양은 음성이다"라는 명제들에서 그 주어가 의미적이 아니라 질료적으로 지칭할 경우 그 명제들은 모두 참이다.

또한 영적 성질은 여러 범주들을 서술하는 한, 다른 범주보다 상위에 있다는 반론을 제기할 수 있다. 왜냐하면 그것은 모든 범주를 서술하는데, 어떤 범주도 모든 범주를 서술하지 않기 때문이다.

영적 성질은 의미적으로 고려될 경우 모든 범주를 서술하지 않고 단지 기호로 고려될 경우에만 모든 범주를 서술한다고 말해야 한다. 이런 이유로 인해 영적 성질이 다른 범주보다 상위에 있다는 점이 도출되지는 않는다. 이유인즉, 어떤 것들 사이에서 상위와 하위의 관계는 의미적으로 고려되는 하나의 명사가 의미적으로 고려되는 다른 명사보다 더 많은 것들을 서술한다는 점으로부터 설명할 수 있기 때문이다. 따라서 그러한 어려움은 '단어'(dictio)라는 이름에도 생기는 것과 같다. 왜냐하면 '단어'라는 이름은 이름 아래 포함된 것이기 때문이다. '단어'라는 이 이름은 이름이지만, 모든 이름이 '단어'라는 이름은 아니다. 그럼에도 '단어'라는 이 이름은 어떤 점에서 모든 이름보다 상위에 있으며, '이름'이라는 이름보다 상위에 있다. 이유인즉, 모든 이름은 단어지만 모든 단어는 이름이 아니기 때문이다.

따라서 동일한 대상이 그 동일한 대상에 대해 상위에 있는 동시에 하위에 있는 것처럼 보인다. 이 〔어려움〕은 결론이 입증되는 모든 명제에서 명사들이 한결같이 지칭한다면 논증이 종결된다고 말함으로써 풀린다. 그러나 이 경우는 사정이 다르다. 그럼에도 대상$_1$이 어떤 식으로든 지칭할 때 대상$_2$가 대상$_1$보다 많은 것들을 서술할 수 있는 경우, 대상$_1$이 대상$_2$보다 "하위에 있다"고 말할 수 있다. 하지만 하위의 것이 다른 방식으로 지칭할 경우 상위의 것은 보편적으로 고려되는 하위의 것을 서술하지 않을 수도 있다. 이럴 경우 동일한 대상이 동일한 측면에서 다른 대상보다 상위에 있는 동시에 하위에 있다고 인정할 수 있지만, 이 경우 "상위에 있다"와 "하위에 있다"는 반대되는 것이 아니라 근본적으로 다른 개념이다.

제18장
5가지 보편자와 그것들의 충분성에 대하여

보편자가 무엇인지 보였으므로 보편자의 종이 몇 가지가 있는지 살펴보아야 한다. [1] 보편자에는 5가지가 있는데, 그것들이 5가지로 충분하다는 점은 다음과 같이 파악될 수 있다. 모든 보편자는 여럿을 서술할 수 있다. 그러므로 그것은 '무엇임'을 묻는 물음에서 여럿을 서술하거나 혹은 서술하지 않는 것이다. 만일 그것이 '무엇임'을 묻는 물음에서 서술한다면, 그것을 통해 어떤 것이 '무엇인가'를 묻는 물음에 대해 적절하게 대답할 수 있게 된다. 이것은 두 가지 방식으로 일어난다. 첫째, 하나가 동등하게 유사한 여럿으로 구성되는 경우를 제외하고는 보편자가 서술하는 여럿이 모두 유사하므로 그 모든 것이 본질적으로 일치하는 방식이다. 가장 특수한 종이 그러한 예다. 둘째, 앞선 방식으로 보편자를 서술하는 것 모두가 일치하지는 않고, 그것들 중에 전체적으로, 그리고 (부분이 있다면) 부분적으로 유사하지 않은 두 가지 것이 발견될 수 있는 방식이다. '동물'이 그러한 예다. '동물'은 인간과 나귀 모두의 술어이며, 인간과 나귀 사이보다 두 인간 사이에 더 많은 실체적 유사성이 있다. 흼과 검음에

---

1) 5가지 보편자 또는 가능술어들과 관련된 오캄의 입장에 대해서는 *Exp. Praed.* (ed. , E. A. Moody)를 참조. 이 문헌의 영역본으로는 다음을 참조. W. Kluge, "William of Ockham's Commentary on Porphyry: Introduction and English Translation", *Franciscan Studies*, 33(1973), 171~382.

대해서 '색깔'의 경우도 마찬가지다. 이 검음이나 이 검음의 부분도 하나의 휨과 다른 휨이 일치하는 것만큼 이 휨이나 이 휨의 부분과 일치하지 않기 때문이다. 이런 이유로 인해 휨과 검음을 서술할 수 있는 지향은 가장 특수한 종이 아니라 유(類)다. 하지만 휨은 휨에 대해서 가장 특수한 종이다. 동등하게 밝은 두 가지 휨이 밝은 휨과 덜 밝은 휨 사이 이상으로 일치하는 것처럼 보이듯이, 때때로 하나의 휨이 또 다른 휨보다 제3의 휨과 더 일치하더라도, 어떤 두 휨이 서로 일치하는 것만큼 두 휨 가운데 하나는 나머지 하나의 어떤 부분과 언제나 일치한다. 이런 이유로 인해, 이 '휨'은 휨에 대하여 가장 특수한 종이지만 유(類)가 아니다.

그럼에도 '유'와 '종' 모두 두 가지 뜻, 즉 넓은 뜻과 엄밀한 뜻으로 파악된다는 점을 알아야 한다. 엄밀한 뜻에서 어떤 사물을 지시하는 대명사를 통해 그 사물의 '무엇임'을 물음에 적합한 대답으로 제시되는 것을 유라고 부른다.[2] 예컨대, 우리는 소크라테스를 지시하면서 "이것은 무엇인가"라고 물을 때 "그는 동물이다", "그는 인간이다"라고 말하면서 적합하게 대답하는데, 다른 유도 마찬가지다. 종에 대해서도 사정은 마찬가지다.

그러나 넓은 뜻으로는, 순전히 절대적이 아닌 내포적인 이름을 통해 어떤 것이 "무엇인가"라는 물음에 적합한 대답으로 제시되는 것은 모두 유나 종이라고 부른다. 예컨대, "흰 〔것〕은 무엇인가"라는 물음에 대해 "색깔을 지닌 것"이라는 것이 적절한 대답이다. 그러나 지시대명사를 통해 "〔그것은〕 무엇인가"라는 물음을 던진다면 "색깔을 지닌 것"이라고 대답하는 것은 결코 적절치 못하다. 왜냐하면 "이것은 무엇인가"라고 물음을 던질 때 '이것'이라는 대명사를 통해 지시하는 것이 무엇이든 "색깔을

---

2) 정확히 말하자면 답변이 아니라 무엇임을 묻는 질문이 대명사를 통해 이루어진다고 해야 한다.

지닌 것"이라고 대답하는 것은 결코 적절치 못하기 때문이다. 그 물음을 던지면서 흼의 기체를 지시할 경우 그런 방식은 적절한 대답이 되지 않는다는 것이 분명하다. 또는 흼을 지시할 경우, "색깔을 지닌 것"이라 말하는 것은 적절한 대답이 되지 않는다는 것도 분명하다. 왜냐하면 흼 자체는 색깔을 지니는 것이 아니기 때문이다. 또는 하나의 집합체를 지시한다면, 또 다시 "색깔을 지닌 것"이라는 대답은 부적절하다. 왜냐하면 나중에 드러나겠지만,[3] 그 집합체는 색깔을 지니지 않기 때문이다. 또는 그 명사를 지시한다면, 이 명사도 색깔을 지니는 것이 아니다. 따라서 우리는 "흰 것은 무엇인가"라는 물음에 대해 "색깔을 지닌 것"이라고 말함으로써 적합하게 대답할 수 있으므로, '유'를 넓은 뜻에서 고려할 경우 "색깔을 지닌 것"은 유라고 불릴 수 있다. 그럼에도 지시대명사를 통해 만들어진 "[그것은] 무엇인가?"라는 물음에 대해 "색깔을 지닌 것"이라는 대답은 적합하지 않기에, '유'를 엄밀한 뜻에서 고려할 경우 그것은 유가 아니다. 마찬가지로 종의 경우에도 같은 종류의 설명이 성립한다.

그리고 그 구별은 필수적이다. 왜냐하면 그것을 통해서만 아리스토텔레스와 다른 저술가들의 여러 전거들이 모순 없이 보존될 수 있기 때문이다. 그것들은 이 구별을 통해 설명되어야 한다. 왜냐하면 유와 종에 대한 많은 규칙들이 앞서 언급된 첫째 뜻으로 이해되기 때문이다. 이 점은 차차 더 분명해질 것이다.

그러나 그러한 가능술어가 '무엇임'을 묻는 물음에서 서술되지 않는다면, 한편으로 그것은 외재적인 어떠한 것도 나타내지 않으면서 사물의 한 부분을 나타내지만 다른 부분은 나타내지 않는데, 이것은 차이성이다. 예를 들어, '이성적임'이 인간의 차이성이라면, 그것은 인간의 일부, 즉 형상을 나타낼 뿐, 질료를 나타내지는 않는다. 다른 한편으로, 그것은 사

---

3) 제20장 참조.

물의 일부가 아닌 어떤 것을 나타내거나 전달한다. 그럴 경우 그것은 우연적으로 서술되거나 필연적으로 서술된다. 그것이 우연적으로 서술된다면 우유라고 부르고, 필연적으로 서술된다면 고유성이라고 부른다.

그럼에도 때때로 전달되는 외재적인 것이 하나의 명제일 수 있는데, 그 명제가 참이 아니라면 어떤 것의 존재를 서술할 수 없게 된다는 점에 주목해야 한다. 예컨대, 양이 실체와 성질과 구별되는 어떤 것이 아니라고[4] 말하는 이들은 '양'이라는 이름이 어떤 것을 서술할 때 "이것은 부분과 떨어져 있는 부분을 지닌다"라는 명제가 참이라는 점을 전달한다고 주장한다.

다수의 견해에 따르면, '유'라는 이름을 넓은 뜻으로 해석할 경우 동일한 사물이 어떤 것들에 대해서 '유'일 수 있지만 다른 것들에 대해서는 고유성이거나 우유라는 점도 알아야 한다. 예컨대, 양은 어떤 것들에 대해서는, 즉 물체, 선, 면과 같은 것들에 대해서는 '유'다. 그럼에도 양이 실체와 성질과 구별되는 어떤 것이 아니라고 주장하는 견해에 따르면 양은 실체와 성질에 대해서 우유나 고유성이다. 그러나 우리가 '유'라는 이름을 엄밀한 뜻으로 파악할 때 이것은 유에 대해 불가능하다. 그리고 이와 같은 점을 '종'에 대해서도 적용해야 한다.

'존재자'와 '하나'는 보편자이지만 그것들이 유는 아니라는 반론을 첫 번째로 제기할 수도 있다.

마찬가지로 '보편자'라는 공통적인 명사가 보편자이지만 유도 종도 아니라고 두 번째 반론을 제기할 수도 있다.

이것들 가운데 첫째 반론에 대해, 이것은 모든 것을 서술하지 않는 보편자들의 구분이지만 '존재자'는 모든 것을 서술한다고 말할 수 있다. 그러나 '하나'에 대해서는 또 다른 이유가 있다. 왜냐하면 '하나'는 우유나

---

4) 제44장 참조.

고유성일 수 있기 때문이다.

둘째 반론에 대해, '보편자'라는 공통적인 명사는 유이므로 유가 종을 서술하는데, 이 경우 유는 그 자체가 아니라 종을 나타낸다.

제19장
모든 보편자 아래 포함되는 개별자에 대하여

보편자에 대한 이런 예비논의 다음으로 5가지 보편자에 대해 상세히 논의해야 한다. 하지만 먼저 모든 보편자 아래 포함되는 개별자에 대해 논의해야 한다.

우선, 신학자들 사이에는 '개별자'와 '기체'가 환치 가능하지 않더라도, 논리학자들 사이에서는 '개별자', '특수자', '기체'와 같은 이름들이 환치 가능하다는 점을 알아야 한다. 왜냐하면 신학자들에 따르면 실체만이 기체지만 우유는 개별자이기 때문이다. 그러나 이 장에서는 그 이름들을 논리학자들의 방식처럼 사용해야 한다.

논리학에서는 '개별자'가 3가지 방식으로 사용된다. 첫째, 수적으로 하나이고 여럿이 아닌 것을 개별자라고 말한다. 따라서 보편자는 모두 개별자라고 용인될 수 있다. 둘째, 하나이고 여럿이 아니면서 어떤 것의 기호도 아닌 영혼의 외부에 있는 사물을 개별자라고 말한다. 따라서 실체는 모두 개별자다. 셋째, 하나의 사물의 고유한 기호를 개별자라고 말하는데, 그것을 개별명사(*terminus discretus*)[1]라고 부른다. 따라서 포르

---

[1] 중세 논리학에서 개별명사는 위격적으로 지칭할 때 개별적인 의미대상을 지칭할 수 있는 명사들로, 그 예로는 '소크라테스', '플라톤'과 같은 고유명, '이것', '저것'과 같은 지시대명사, 그리고 '이 사람', '저 동물'과 같은 복합 표현 등이 있다. 개별명사에 대한 설명으로는 다음을 참조. Spade (2002), 278.

피리오스는 개별자가 오직 한 사물만을 서술하는 것이라고 말한다.[2] 그러나 이 정의를 소크라테스나 플라톤처럼 영혼 외부에 존재하는 사물에 대한 것이라고 이해할 수는 없다. 왜냐하면 그런 사물은 하나를 서술하지도 다수를 서술하지도 않기 때문이다. 이런 이유로 인해 그것은 하나만을 서술할 수 있는, 한 사물에 고유한 기호로 이해되어야 한다. 개별자는 동일한 명제 내에서 여럿을 지칭할 수 있는 것과 환치해서 서술되지는 않는다.

하지만 그러한 개별자는 3가지 방식으로 설명할 수 있다. 첫째, 개별자는 때때로 '소크라테스'라는 이름과 '플라톤'이라는 이름과 같이 어떤 것의 고유한 이름이다. 둘째, 개별자는 때때로 소크라테스를 지시하는 "이것은 사람이다"라는 명제에서 '이것'과 같은 지시대명사다. 셋째, 개별자는 때때로 '이 인간', '이 동물', '저 돌'처럼 공통적 명사와 함께 사용되는 지시대명사다.

그리고 '개별자'라는 이런 이름의 뜻들이 구별되듯이, '특수자'라는 이름과 '기체'라는 이름의 뜻도 구별할 수 있다. 어린 시절 배웠던 것처럼 고대 철학자들에 따르면,[3] 어떤 공통적 명사의 기체는 두 가지, 즉 본질적인(per se) 것과 우유적인(per accidens) 것이 있다. '흰 것'이라는 이 명사의 본질적 기체는 '이 흰 〔것〕'과 '저 흰 〔것〕'이듯이, 우유적 기체는 '소크라테스', '플라톤', 그리고 '저 당나귀'다. 이 구별은 '기체'라는 이름을 사물의 기호인 개별자를 나타내는 것이라고 해석하지 않는다면 이해될 수 없다. 왜냐하면 어떤 것의 기호가 아니면서 사물의 일부분인 '기체'에 대해 말한다고 할 때 어떤 것들은 어떤 명사의 본질적 기체들이고 다른

---

2) Porphyrius, *Isagoge*, cap. *De specie*. trans. Boethius, *Aristoteles Latinus* I, 6~7(Bruges-Paris 1966).

3) *APr.*, I, 22, 83a1~2 참조. 여기서 아리스토텔레스는 "선(*lignum*)이 희다"는 본질적 서술이고 "흰 〔것〕은 선이다"는 우유적 서술이라고 말한다.

것들은 우유적 기체들이라는 것은 불가능하기 때문이다. 그러나 공통적인 어떤 것이 그것을 서술하지만, 그 자체가 아니라 그 의미대상을 나타내기 때문에 '기체'를 또 다른 방식으로, 즉 한 사물에 고유한 명사를 나타내는 것으로 사용한다면, 그것들은 지시대명사와 함께 사용된 어떤 공통적 명사의 '본질적 기체'라고 불린다. 하지만 고유명사들과 지시대명사들은 동일한 명사의 '우유적 기체들'이라고 불린다. 그리고 이런 '개별자들'이나 '기체들'과 나머지 종류 사이에는 큰 차이가 있다. 왜냐하면 '이흰 〔것〕은 검다'가 불가능하듯이 상반되는 것들 중 하나가 다른 하나의 본질적 기체를 서술하는 것은 불가능하기 때문이다. 그러나 상반되는 것들 중 하나의 우유적 기체에 대해 다른 하나는 비록 그 안에서 그것이 기체일 때가 아니더라도 서술할 수 있다. 예컨대, '소크라테스'가 '흼'의 기체라면, "소크라테스가 검다"도 여전히 가능한데, 왜냐하면 비록 동시에는 그렇지 않더라도 동일한 사물이 연속적으로 두 가지 상반되는 것들의 우유적 기체가 될 수 있기 때문이다.

제 20 장
유(類)에 대하여: 유는 무엇인가

다음으로 5가지 보편자에 대해 말해야 한다. 우선, 포르피리오스를 따라 유에 대해 논의해야 한다.

유는 철학자[아리스토텔레스][1]와 포르피리오스[2]에 의해 다음과 같이 정의된다. "유는 종적으로 다른 여럿에 대해 '무엇임'을 묻는 물음에서 서술되는 것이다."

첫째, 이 정의에 대해 유는 영혼 외부의 어떤 사물이 아니고, 그것의 주어가 되는 여러 사물들의 본질에 속하지 않고, 여럿을 서술하면서 그 자신이 아닌 의미대상들을 나타내는 영혼의 지향이라는 점을 알아야 한다. 따라서 내가 "인간은 동물이다"라는 명제를 발화할 때 한 단어가 다른 단어를 서술하지만 우리가 서술하는 한 단어는 다른 단어를 나타내지는 않는다. 왜냐하면 우리는 그 단어를 그 자체가 아니라 그 의미대상을 나타내는 데 사용하고자 하며, 따라서 그것은 사물을 서술하기 때문이다. 유의 지향에 대해서도 마찬가지다. 왜냐하면 그것은 서술될 때 그 자체가 아니라 그 의미대상을 나타내기 때문이다. 그러므로 유가 종의 술어일 때 주어가 술어임을 뜻하지 않고 술어가 실재적 존재로 주어에 실재적

---

1) *Topica*, I, 5, 102a31~32.
2) Porphyrius, *Isagoge*, cap. *De genere*(ed., cit., 6f).

으로 속한다는 점을 뜻하지도 않는다. 오히려 주어가 전달하는 것이 바로 술어에 의해 전달된다는 것을 뜻한다.

그러나 유(類)인 지향은 영혼 외부의 사물들을 서술하지 않는다. 왜냐하면 그 사물들은 주어가 될 수 없기 때문이다. 하지만 그 지향은 그런 사물들의 기호를 서술한다. 그럼에도 유는 그 사물들의 본질에 속하지 않는다. 이는 영혼의 지향이 외적 사물의 본질에 속할 수 없는 것과 마찬가지다.

이로부터 유는 종의 일부가 아니라는 점이 도출된다. 이뿐만 아니라 유는 종의 일부를 전달하지 않고 오히려 전체를 전달한다. 왜냐하면 "[의미를] 전달하다"와 "의미하다"를 정확하게 사용할 경우, 그 지향은 형상보다 질료를 더 많이 전달하지 않으며 그 역도 마찬가지이기 때문이다. 그러나 그 어휘들을 에둘러 사용할 경우, 유는 때때로 질료를 전달하며 형상을 전달하지는 않는다고 말할 수 있다. 그러나 이 말뜻은 그러한 유를 통해 의미되는 사물 안에 동일한 정의를 지닌 질료는 발견되지만 동일한 정의를 지닌 형상은 발견되지 않는다는 것이다.

하지만 심지어 이렇게 에둘러 사용되더라도 모든 유가 사물의 질료를 의미하지는 않는다. 왜냐하면 유는 질료와 형상의 합성이 결여된 단순한 것들에 공통되기 때문이다. 예를 들어, 색깔은 색깔들에 공통되지만, 색깔들은 질료와 형상으로 합성되지는 않는다. 따라서 철학자의 전거들이[3] 유가 사물의 일부라거나 사물의 질료나 이와 같은 어떤 것이라고 말할 때, 이는 유를 사물의 일부나 질료적 요소라고 말하는 것이라고 해석해야 한다. 왜냐하면 그것은 말하자면 질료적 정의나 기술의 일부이기 때문이다. 자연적 사물들에서 질료는 형상에 의해 전제되고, 형상은 그 자체에 들어가듯이, 어떤 사물이 정의되어야만 한다면 먼저 유를 설정한

---

3) *Metaph.*, V, 28, 1024a29~1024b16.

다음에 본질적 차이나 우유적 차이가 추가되어야 한다. 따라서 유는 정의의 일부이고, 질료가 합성체 안에서 1차적인 것처럼 유도 정의 안에서 1차적이다. 바로 이런 이유로 인해 전거들은 유가 질료이며 사물의 일부라고 말한다.

유가 정의의 일부이며 정의는 피정의항과 실재적으로 동일하므로 유가 피정의항의 일부라고 반론한다면, 문자 그대로 말해 "정의가 피정의항과 실재적으로 동일하다"라는 명제가 단적으로 거짓이지만, "정의와 피정의항이 동일한 것을 의미한다"라는 명제는 단적으로 참이라고 대답해야 한다. 바로 이것이 전거들이 뜻하는 바다.

둘째, 유(類)가 종과 개별자 모두를 서술한다는 점에 주목해야 한다. 하지만 유가 엄밀한 뜻과 넓은 뜻으로 이해되어야 한다. 엄밀한 뜻에서 모든 유는 구별되고 유사하지 않은 사물들을 필요로 하는데, 그것들은 유가 서술한 명사들이 지칭하는 것들이다. 그러나 유를 넓은 뜻으로 사용한다면 그렇지 않다. 실제로 유를 서술하는 명사와 다른 것들을 지칭하는 명사는 공통적이며 서로를 배제한다. 예컨대, 오직 인간만이 실체적 존재자일 수 있더라도 당연히 실체에 속하는 '수'나 '다수'를 유라고 설정할 수 있다. 왜냐하면 '여럿'이나 '다수'는 '둘', '셋', '넷' 등과 같은 공통적인 것들을 서술하는데, 그중 어느 것도 다른 것을 서술하지 않기 때문이다. 그러나 많은 전거들이 유를 이러한 뜻으로 보지 않는다.

제 21 장
종(種)에 대하여

철학자들은 유사한 방식으로 종을 정의한다. 그들은 "종은 수적으로 다른 여럿에 대해 '무엇임'을 묻는 물음에서 서술되는 것이다"라고 말한다.[1]

유와 마찬가지로 종은 영혼의 지향이며, 개별자들을 서술할 수 있을지라도 개별자들의 본질에는 속하지 않는다고 말해야 한다.

그 지향과 유인 지향의 차이는 전체와 부분의 차이와 같지 않다. 왜냐하면 실재적이고 정확하게 말한다면 유는 종의 일부도 아니고, 종도 유의 일부가 아니기 때문이다. 오히려 그 둘은, 종이 그것의 유보다 더 적은 것들에 공통적이므로 유는 더 많은 사물들의 기호이고 종은 더 적은 사물들의 기호가 된다는 점에서 다르다. 따라서 '동물'이라는 이름은 모든 동물을 의미하기 때문에 더 많은 것들을 의미하지만 '인간'이라는 이름은 단지 인간들만을 의미하기 때문에 더 적은 것들을 의미하듯이, 유와 종도 마찬가지다. 따라서 종은 유의 주체적 부분이다. 즉, 종은 유보다 적은 것들을 의미한다. 그래서 '인간'이라는 단어는 '동물'이라는 단어의 일부라고 말할 수 있다. 다시 말해, '인간'은 '동물'보다 더 적은 것들을 의미한다. 이것이 '주체적 부분'이라는 명사를 사용하는 올바른 방식이다.

---

[1] Porphyrius, *Isagoge*, cap. *De specie*(ed., cit., 9)；*Praed.*, 5, 3a37~39.

마찬가지로 유가 종을 서술할 때 그 자체가 아니라 의미대상들을 나타내는 것처럼, 종이 여럿을 서술할 때 그 자체가 아니라 사물들을 나타낸다. 비록 종이 여럿을 서술하더라도 종 자체는 여럿이 아니기 때문이다. 더욱이 종은 개별자 안에 실재적으로 있지 않다. 왜냐하면 그럴 경우 그것은 개별자의 일부가 될 것이기 때문이다. 이것은 명백히 거짓이다. 그 이유는 종은 질료도 형상도 아니며, 어떤 사물들은 부분을 지니지 않는 개별자들이기 때문이다. 결과적으로 종은 개별자의 부분이 아니라 개별자의 기호다. 그 기호는 그것 아래 포함되는 모든 개별적 사물을 의미한다.

그러나 유와 종인 지향들에 관하여 어떤 것들은 가장 일반적인 유이고, 어떤 것들은 하위의 유와 종이고, 또 다른 것들은 가장 특수한 종이라는 데 주목해야 한다.

가장 일반적인 유는 그것 위에 어떤 유도 갖지 않는 유다. 즉, 가장 일반적인 유는 보편적으로 해석될 때 또 다른 유가 그것을 서술하지 않고 동시에 다른 것에 속하지 않는 것이다. 그러나 어떤 견해에 따르면 어떤 다른 유가 특수한 방식으로 가장 일반적인 유를 서술할 수도 있다. 따라서 어떤 이들은[2] "실체는 양이다"라는 명제가 참이라고 생각한다. 그럼에도 그들은 "모든 실체는 양이다"라는 명제가 참이라고 생각하지 않으므로 실체가 가장 일반적인 유라고 주장할 수 있다. 그들은 또한 다른 방식으로, 즉 가장 일반적인 유가 보편적으로 해석될 때 또 다른 유가 그것이 '무엇임'을 묻는 물음에서 술어가 되지 않는다고 주장함으로써 이런 견해를 유지할 수 있다. 또한 그들은 "실체는 양이다"라는 명제가 참이라고 말하더라도 양이 보편적으로 해석되는 실체에 대해 '무엇임'을 묻는 물음에서 술어가 된다고는 말하지 않을 것이다.

그러나 가장 특수한 종은 여러 개별자에 대해 '무엇임'을 묻는 물음에

---

2) 제44장 참조.

서 술어가 될 수 있을지라도 그것 아래 종을 갖지 않는 지향이다. 즉, 가장 특수한 종은 공통적인 어떠한 것에 대해서도 '무엇임'을 묻는 물음에서 술어가 되지 않는다. 한편, 가장 일반적인 유와 가장 특수한 종 사이에 놓이는 중간의 것들을 하위의 유와 종이라고 부른다.

제 22 장
종과 유의 비교에 대하여

유와 종이 무엇인지를 살펴보았으므로 우리는 공통점과 차이점에 따라 그런 지향들을 서로 비교해야 한다. 1)

유는 종의 술어인 데 반해, 종은 유의 술어가 아니라는 점에서 그것들은 차이점이 있다. 이런 차이점이 종이 결코 유의 술어가 아니라는 뜻으로 이해돼서는 안 된다. 이것은 불가능하다. 환위를 통해 "인간은 동물이다. 그러므로 동물은 인간이다"라는 점으로 귀결되듯이, 유는 종의 술어이므로 결과적으로 종은 유의 술어이기 때문이다. 따라서 유가 종의 술어라면 종이 유의 술어가 된다는 점이 필연적으로 따라 나온다. 그러므로 이 차이점은 다음과 같이 이해돼야 한다. 유가 그것 아래 상이한 종에 속하는 상이한 개별자들을 현실적으로 포함할 때, 그 유는 보편적으로 사용되는 종들을 참으로 서술한다. 그러나 종은 개별적으로 사용되는 유를 서술할 수 있을지라도 보편적으로 사용되는 유를 서술하지는 않는다. 따라서 "동물은 인간이다"는 참이고 이로부터 부정대명사를 더한 표현으로 환치한 "어떤 동물은 인간이다"라는 개별 명제는 참이더라도, "모든 인간은 동물이다"는 참이지만 "모든 동물은 인간이다"는 거짓이다.

---

1) Porphyrius, *Isagoge*, cap. *De communibus generis et speciei*; cap. *De propriis generis et speciei* (ed. , cit. , 23f).

그럼에도 자연세계의 사물들 가운데 인간 외에 어떠한 동물도 없다면 "인간은 동물이다"는 "모든 동물은 인간이다"처럼 참이 될 것이다. 따라서 종은 특수하게 사용되는 유뿐만 아니라 보편적으로 사용되는 유도 서술할 수 있다. 그러나 상이한 종에 속한 상이한 개별자들이 자연세계의 사물들 가운데 있을 때는 그럴 수 없다.

또한 유가 종을 서술할지라도 "인간은 동물이다"라는 명제가 필연적이지 않듯이 그런 서술은 언제나 필연적이지 않다는 점에 주목해야 한다. 왜냐하면 어떠한 인간도 존재하지 않았다면, 그 명제는 거짓일 것이기 때문이다. 마찬가지로 거짓인 함축 때문에 "육체와 지성적 영혼의 어떤 합성체는 동물이다"는 거짓이 된다. 그러나 비록 "인간은 동물이다"가 우연적일지라도 "만일 인간이 있다면, 동물이 있다"라는 조건문은 필연적이다.

또 다른 차이점은 유가 종을 포함하지만 종은 유를 포함하지 않는다는 것이다. 이 점은 다음과 같이 이해해야 한다. 유가 여럿을 서술할 수 있는 (이것이 여기서 '포함한다'가 뜻하는 바다) 반면, 종은 그것의 유보다 더 많은 것을 서술할 수 없다.

또 다른 차이점은 유가 본성적으로 종에 우선한다는 것이다. 이 점은 유인 지향이 본성적으로 종인 지향에 우선한다는 뜻으로 이해되어서는 안 된다. 왜냐하면 유인 지향이 종인 지향 없이 영혼 안에 있을 수 있듯이, 그 역도 마찬가지이기 때문이다. 따라서 누군가가 "소크라테스는 인간이다"라는 명제를 구성할 때, 그는 영혼 안에 소크라테스에 대해 유가 되는 모든 지향을 가져야 함을 말하는 것은 아니다. 저술가들은 "유는 본성적으로 종에 우선한다"라는 명제를 통해 유가 종보다 더 공통적이라는 뜻으로 말할 뿐이다. 따라서 '있다'가 유를 서술하지만 그것이 그 유에 포함된 모든 종을 서술할 필요는 없다. '있다'가 유를 참으로 서술할지라도 그것은 어떤 종에 대해서는 진실로 부정된다. 하지만 그 역은 불가능하다. 그리고 이것은 단지 "인간이 있다. 그러므로 동물이 있다"와 "돌이 있다. 그러므로 실체가 있다"와 같은 추론들이 타당하다고 말하는 것일 뿐이다. 그러나 이 추론들의 역은 타당하지 않다.

또 다른 차이점은 유가 전적으로 파괴되면 종도 전적으로 파괴된다는 것이다. 이 점은 실재적 파괴로 생각해서 유가 소멸되면 종도 실재적으로 소멸되지만 그 역은 성립하지 않는다고 이해해서는 안 된다. 그것은 거짓이다. 비록 인간과 나귀 모두를 서술할 수 있는 유인 '동물'이라는 지향이 내 영혼 안에 더 이상 존재하지 않으므로 소멸하게 될지라도 종인 '인간'이라는 지향도 더 이상 내 영혼 안에 존재하지 않는다고 할 수 없기 때문이다. 앞서 말한 차이점은 논리적 파괴에 대한 것으로 이해해야 한다. 즉, 유의 부정에서 종의 부정으로의 추론은 타당하다. "동물은 존재하지 않는다. 그러므로 인간은 존재하지 않는다"는 타당한 추론이지만, 그 역은 아니다. 마찬가지로, "a는 동물이 아니다. 그러므로 a는 인간이 아니다"는 타당한 추론이지만, 그 역은 아니다. 마찬가지로, "어떠한 동물도 달리지 않는다. 그러므로 어떠한 인간도 달리지 않는다"는 타당한 추론이지만, 그 역은 아니다.

그 밖에도 많은 다른 차이점들이 있다. 이것들에 대해서는 다른 곳에서 논의했으므로, [2] 그리고 그것들에 대한 이해는 내가 말한 바와 말할 바에서 도출할 수 있으므로 다루지 않겠다.

한편, 유와 종은 모두 여럿을 서술할 수 있다는 점에서 일치한다. 이 점은 신학의 진리에 따르면 참이다. 비록 하나의 태양만이 있더라도 신의 권능에 의해 여러 개가 생길 수 있기 때문이다. 마찬가지로 설사 하나의 종에 속한 천사가 하나만 있다고 하더라도 신은 원한다면 하나의 종에 속하는 여러 천사를 만들 수 있기 때문이다. 하지만 철학자[아리스토텔레

---

2) *Exp. Porph. Praed.*, c. 9 (ed., E. A. Moody, 114~119).

스)는 이것을 부정했다.

유와 종 각각은 그것을 서술하는 것에 우선한다는 점에서 또 다른 일치점이 있다. 이 점을 유와 종 모두 자연세계의 사물에서 개별자들에 우선한다는 뜻으로 이해해서는 안 된다. 그것은 거짓이다. 왜냐하면 개별자는 영혼 없이도 존재할 수 있지만 종과 유는 영혼 없이는 존재할 수 없기 때문이다. 그러므로 개별자에서 종과 유로의 추론은 타당한 반면, 그 역은 성립하지 않는다는 점에서 종과 유를 우선적이라고 말한다.

세 번째 일치점은 유와 종이 일종의 전체라는 것이다. '전체'라는 명사는 여기서 '더 공통적인 〔것〕'을 뜻하는 것으로 이해해야 한다.

제 23 장
차이성에 대하여

보편자의 세 번째 종은 차이성이다. 그것에 대해 좀더 완벽하게 알기 위해 포르피리오스가 말하듯이, [1] 차이성이라는 이 이름이 3가지 방식, 즉 공통적으로, 고유하게, 매우 고유하게 사용된다는 점을 알아야 한다.

공통적 방식으로 사용되는 차이성은 어떤 것에 대해 '무엇임'을 묻는 물음에서 그것을 서술하지는 않지만, 어떤 것을 서술하고 다른 것은 부정하는 것 모두를 말한다. 공통적으로 사용되는 차이성은 매우 고유하게 사용되는 차이성뿐만 아니라 속성과 우유에도 공통된 것이다. 따라서 그것은 보편자의 3가지 종, 즉 차이성, 고유성, 우유에 공통된 것이다.

고유하게 사용되는 차이성은 하나에 대해서는 고유하지만 다른 것에는 속할 수 없는 것을 말한다. 또는 포르피리오스에 따르면, 차이성은 어떤 것에 속하지만 그것에 계속적으로는 속할 수도 없고 속하지도 않은 것이다. 이것은 다음에 논의할 '분리될 수 없는 우유'라고 부른다. [2]

매우 고유하게 사용되는 차이성은 종차다.

앞선 구분과 상충하지 않는 차이의 또 다른 구분이 가능한데, '차이성'이라는 단어는 4가지로, 즉 엄밀하게, 넓게, 좀더 넓게, 가장 넓게 이해될

---

1) Porphyrius, *Isagoge*, cap. *De differentia*(ed. , cit. , 14).
2) 우유에 대해 다루고 있는 제25장을 가리킨다.

수 있다.

엄밀한 뜻에서 차이성은 어떤 것을 그 자체의 첫째 방식에서 서술하지만, 그것이 지칭하고 서술하는 사물에 외재적인 것을 가리키지 않는 것이다. 따라서 그것은 이 장에서 논의해야 하는 5가지 보편자 가운데 하나다.

넓은 뜻에서 차이성은 어떤 것을 필연적으로 서술하지만 모든 사물에는 속할 수 없는 것이다. 따라서 '웃을 수 있는'은 인간의 차이성이라고 말할 수 있다. 왜냐하면 "인간은 웃을 수 있다"라는 명제는 필연적이기 때문이다.

좀더 넓은 뜻에서 차이성은 어떤 것을 서술하지만 존재하는 동안 본성적으로 그것을 잇따라 참이라고 긍정하고 거짓이라고 부정할 수 없는 것이다. 그러한 것을 '분리될 수 없는 우유'라고 부른다.

가장 넓은 뜻에서 차이성은 하나를 서술하지만 모든 것을 서술하지 않는 모든 것이다. 그리고 이런 뜻에서는 분리될 수 있는 우유도 차이라고 부른다. 예를 들어, 소크라테스가 희고 플라톤이 검으면, '흰'은 소크라테스의 차이성이라고 말할 수 있다. 왜냐하면 소크라테스는 흰 반면 플라톤은 그렇지 않기 때문이다.

여기서 마지막 3가지 요소들은 제쳐 두고, 첫 번째 것〔엄밀한 뜻에서의 차이성〕에 대해 말해야 한다.

차이성은 사물의 본질에 속하지 않고 그것에 포함되는 것들을 서술할 수 있지만 '무엇임'을 묻는 물음에서는 서술할 수 없는 영혼의 지향이라는 점을 이해해야 한다. 따라서 이 지향을 차이성이라고 부르는 까닭은, 그것이 '무엇임'을 묻는 물음에서 서술되지는 않지만, 차이성을 지닌 어떤 것이 다른 어떤 것과 다르다고 결론짓는 논증 안에서 중명사로 기능할 수 있기 때문이다. 이를테면, '이성적임'이 인간이 아닌 나귀와 다른 것들에 대한 부정명제를 도출하는 데 중명사로 기능하듯이, "모든 인간은 이성적이다. 어떠한 당나귀도 이성적이지 않다. 그러므로 어떠한 당나귀도 인간이 아니다"라고 논증된다.

따라서 차이성이 하나의 종을 다른 종과 구별되도록 하는, 종에 내재적인 어떤 것이라고 생각해서는 안 된다. 왜냐하면 그럴 경우 차이성은 보편자가 아니게 될 것이고, 질료나 형상, 또는 질료와 형상으로 합성된 전체가 될 것이기 때문이다. 그러나 차이성은 하나의 종에 고유하지만 또 다른 종에는 속하지 않는 가능술어다. 또한 차이성은 사물의 본질에 속하기 때문이 아니라, 사물의 본질의 일부를 나타내고 그 사물에 외재하는 어떠한 것도 나타내지 않기 때문에 본질적 차이성이라고 부른다. 그러므로 여기서 논의하는 차이성은 사물의 일부를 항상 나타내는데, 질료적 부분을 나타내는 차이성들도 있고 형상적 부분을 나타내는 차이성들도 있다. 예컨대, '흰'이 흼을 나타내고 '영혼을 지닌'이 영혼을 나타내는 방식으로 '이성적임'이라는 차이성은 지성적 영혼을 나타낸다. 그러나 '영혼을 지닌'이 영혼을 나타내는 방식과 동일한 방식에 부응하여 '질료적'이란 차이성은 질료를 나타낸다. 차이성도 마찬가지다. 그러므로 차이성이 오직 형상에서 취해질 뿐 질료에서 취해지진 않는다고 말하는 최근의 여러 저술가들의[3] 견해는 문자 그대로 거짓이다. 왜냐하면 차이성은 형상에서 취해지는 것과 마찬가지로 질료에서 취해지기 때문이다.

질료에서 취해지는 차이성도 있고 형상에서 취해지는 차이성도 있을지라도, 모든 차이성은 정의 안에 주어질 때 형상으로 동화된다. 왜냐하면 형상이 질료 쪽으로 오고 질료를 전제하듯이 정의 안에 있는 모든 차이성은 유 쪽으로 오기 때문이다. 차이성이 질료에 따라 이해되든 형상에 따라 이해되든 간에, 유가 첫째로 설정되고, 차이성이 둘째로 설정된다. 따라서 물체를 정의해야 한다면, "물체는 질료적 실체다"라고 정의해

---

3) 토마스 아퀴나스(Thomas Aquinas)가 이런 입장을 취했다: "반대로, 아리스토텔레스의 《형이상학》 8권에 따르면(1043a 2~19), 종차는 사물의 형상으로부터 취해진다"(*Summa Theologiae*, I, q. 76, a. 1).

야 하고, 거기서 유처럼 '실체'가 첫째로 설정되고, 차이성처럼 '질료적'
이 둘째로 설정된다. 그럼에도 물체는 질료에서 취해지고 질료를 주로
전달한다.

앞선 언명에서 질료와 형상의 합성이 결여된 단순한 것들에만 공통적
인 종은 결코 본질적 차이성이 없다는 점이 도출된다. 왜냐하면 이 경우
종이 많은 우유적 차이성을 포함할 수 있더라도 부분들을 포함하지는 않
기 때문이다. 나아가 이로부터, 단순한 것들에만 공통적인 종은 부가로
인해 주어지는 정의에 의해 정의될 수 있을지라도, 실체의 유 안에 있든
다른 범주 안에 있든 상관없이 고유한 뜻으로 사용될 경우 결코 정의될
수 없다는 점이 도출된다. 그러므로 모든 유는 그것의 차이성들에 의해
나누어지며, 종은 구성적 차이성을 지닌다는 주장 등의 모든 전거는 두
가지 방식으로 해석될 수 있다. 첫째, 전거들은 그런 차이성을 지니는 유
와 종들에 대해서만 말한 것이므로 "모든 유가 그것의 차이성들에 의해
나누어진다"라는 말뜻은 "그런 종차를 지니는 모든 유가 그것들에 의해
나누어진다"라는 것으로 해석될 수 있다. 둘째, 그러한 저술가들의 모든
명제는 차이성이 엄밀한 뜻으로 사용되든 좀더 넓은 뜻으로 사용되든 상
관없이 그것을 본질적 차이성과 우유적 차이성에 대해 무차별적으로 사
용한다고 해석될 수 있다.

더욱이, "차이성은 종으로 하여금 유에서 나오게 하는 것이다", "차이
성은 종의 구성요소다", "차이성은 유를 그것의 종으로 나눈다", "차이성
은 개별자들로 하여금 구별되도록 하는 것이다", 그리고 "차이성은 종의
일부다"와 같은 명제들을 통해, 저술가들이[4] 차이성을 종 안에 있는 실
재적인 어떤 것으로 이해하지 않았으며, 어떤 것에 고유하며 그것의 정

---

4) Porphyrius, *Isagoge*, cap. *De differentia* (ed. , cit. , 14~19) ; cap. *De
communibus* (*et propriis*) *generis et differentiae* (ed. , cit. , 14~19, 21ff).

의의 일부이어야 하는 가능술어로 이해했다는 점을 알아야 한다. 그러므로 "차이성은 종으로 하여금 유에서 나오게 하는 것이다"라는 명제는 차이성이 종의 정의 안에는 속하지만 유의 정의 안에는 속하지 않는다는 것을 뜻한다. 마찬가지로 "차이성은 종의 구성요소다"는 차이성이 종의 정의를 완성한다는 것을 뜻한다. 마찬가지로 "차이성은 개별자들로 하여금 구별되도록 하는 것이다"는 차이성이 서술을 통해 한 사물에 고유하지만 다른 것에 대해 그렇지 않다는 것, 그리고 하나의 사물이 다른 것과 다르다고 결론짓는 논증에서 중명사로 기능할 수 있다는 것을 뜻한다. 또, "차이성은 종의 일부다"는 차이성이 종에 의해 의미되는 것의 일부를 나타내거나 종과 동일한 것을 의미하는 정의의 일부라는 것을 뜻한다. 또 포르피리오스가[5] 차이성이 유 안에 가능적으로 있다고 말할 때, 그는 차이성이 보편적으로가 아니라 오직 개별적으로 사용되는 유를 서술한다는 뜻으로 말했다.

그러므로 차이성은 영혼의 지향인데, 그것은 사물의 한정된 부분을 나타내고, 그것과 환치 가능한 종을 '무엇임'을 묻는 물음에서 서술하는 동일한 것들에 대해 '어떠함'을 묻는 물음에서 서술될 수 있는 것이다. 하지만 차이성이 영혼의 지향이라는 점은 그것이 일종의 보편자라는 사실에서 분명하다. 한편 앞서 보였듯이,[6] 규약에 의해 만들어진 기호를 보편자라고 부르지 않을 경우 보편자는 영혼의 지향일 뿐이다. 여기서 나는 규약에 의해 만들어진 보편자가 아니라 본성상 보편자인 것들에 대해서 말하고 있다.

차이성이 사물의 일부를 나타낸다는 점은 분명하다. 왜냐하면 차이성은 사물의 측면에서 어떤 것을 의미해야 하기 때문이다. 그것은 정확하

---

5) Porphyrius, *Ibid.*, 23.
6) 제15~17장 참조.

게는 전체를 의미하지는 않는다. 왜냐하면 그럴 경우 그것은 결코 종과 구별되지 않을 것이기 때문이다. 그러므로 그것은 사물의 일부를 의미하거나 사물에 외재적인 어떤 것을 의미한다. 그러나 그것은 사물에 외재적인 어떠한 것도 의미하지 않는다. 왜냐하면 그럴 경우 그것은 고유성이거나 우유가 될 것이기 때문이다. 따라서 그것은 사물의 일부를 의미한다는 점만 남는다. 그렇다면 '흰'이 흼을 나타내듯이 차이성은 항상 사물의 일부를 나타낸다. 그러므로 차이성은 항상 구체명사가 되거나 구체명사이어야 하고, '흼'이 '흰 [것]'에 상응하듯이 사물의 일부를 정확하게 의미하는 추상명사가 상응해야 한다. 그리고 항상 추상명사는 일부를 지칭해야 하지만, 구체명사는 그 부분과 다른 부분으로 이루어지는 전체를 지칭해야 한다.

한편 차이성이 '어떠함'을 묻는 물음에서 술어가 된다는 점은 분명하다. 왜냐하면 차이성을 통해 어떤 것이 "무엇인가"라는 물음에 답하는 것이 아니라 "어떠한가"라는 물음에 답하기 때문이다. "인간이 어떠한가"를 묻는다면, 적절한 대답은 인간이 이성적이라거나 물질적이라는 것이 될 것이다. 따라서 차이성은 '어떠함'을 묻는 물음에서 술어가 되고, 종이 술어가 되는 것과 동일한 것들을 서술한다. 왜냐하면 그것은 종과 환치 가능하기 때문이다. 따라서 우리는 '영혼'이 신체의 차이성이라고 인정해서는 안 되고, 오히려 '영혼을 지님'이 신체의 차이성이라고 인정해야 한다는 점이 분명해진다. 마찬가지로 인간의 차이성은 '이성'이 아니라 '이성적임'이다.

제 24 장
고유성(proprium)에 대하여

우리는 차이성을 다룬 다음에 고유성에 대해 살펴볼 것인데, [1] 그것은 4 가지 방식으로 사용된다.

첫째, 고유성은 하나의 종이나 유(類)에 속하지만 그 종이나 유 아래 포함되는 모든 것에 속할 필요가 없는 것이다. 예컨대, '문법적임'이라는 공통적 명사는 인간들에게만 속하기 때문에 인간의 '고유성'이라고 부른다. 그러나 그것이 모든 인간에게 속하지는 않는다. 인간이 모두 문법적이지는 않기 때문이다. 마찬가지로 '전진 운동에 의한 움직임'은 동물의 고유성이라고 부른다. 그것은 동물들에게만 속하지만 모든 동물에게 속하지는 않기 때문이다.

둘째, 고유성은 어떤 종에 속한 모든 개별자에게 속하지만 그 종에만 속하지는 않는 것이다. 이를테면, '두 발 달림'은 인간의 고유성이라고 말할 수 있다.

셋째, 고유성은 보편적으로 사용되는 어떤 것에 속하지만 항상 속하지는 않는 것이다. 그것은 모든 개별자에 속할 때도 있지만 속하지 않을 때도 있다. 예컨대, 모든 인간이 나이가 들어 백발이 된다면, 이런 셋째 방식에서 '백발이 됨'은 인간의 고유성이 될 것이다.

---

1) Porphyrius, *Isagoge*, cap. *De proprio*(ed., cit., 19f).

넷째, 고유성은 보편적으로 사용되는 어떤 공통적 명사에 속하지만 다른 어떠한 명사에도 속하지 않고, 그 공통적 명사 아래 포함되는 모든 것에 속한다. 그러므로 최소한 '있다'가 그것의 술어가 되기만 한다면 공통적 명사와 환치 가능하고, 공통적 명사를 필연적으로 서술할 수 있는 것이다. 이런 방식으로 사용되는 고유성은 5가지 보편자들 중 하나지만, 나머지는 '우유' 아래 포함된다. 따라서 '웃을 수 있음'은 인간의 고유성이다. 왜냐하면 그것은 모든 인간에, 그리고 오직 인간들에게만, 그리고 항상 인간들에게 속하기 때문이다. 신은 인간을 웃을 수 있도록 하지 않은 채로 존재하도록 할 수는 없었을 것이다. 왜냐하면 인간은 정말 웃을 수 있을 것이기 때문이다. 따라서 인간이 웃는 것은 어떠한 모순도 없다. 결과적으로 인간은 웃을 수 있다. 이것은 '웃을 수 있음'이 뜻하는 바이기 때문이다. 그렇다면 '웃을 수 있음'은 인간의 고유성이지만, '웃음'은 인간의 고유성이 아니라 우유다. 그러므로 '웃음'과 '웃을 수 있음'이라는 두 가능술어는 동일한 것이 아니다. 어떤 것에 대해 하나는 긍정되고 다른 하나는 부정된다는 점에서 그것들은 다르다.

이런 넷째 방식 안에 상위의 것들뿐만 아니라 하위의 것들에 속하는 개념들[2]이 포함된다. 따라서 모든 고유성은 어떤 것의 고유성이지만 모든 것의 고유성이지는 않다. 그러므로 유에 속하는 개념은 종을 서술하지만 종의 고유성이 아니다.

하지만 고유성이 고유성의 주체에 실재적으로 내속(內屬)하는 어떤 것이 아니라는 데 주목해야 한다. 왜냐하면 그럴 경우 그것은 보편자가 아닐 것이고, 보편적으로 사용되는 어떤 공통적인 것에 속하지도 않을 것이며, 여럿을 서술하지 않을 것이기 때문이다. 하지만 고유성은 그것

---

2) 원문에서 'passio'에 해당하는 것을 '개념'으로 옮겼다. 이는 문맥상 'passio'가 심적 언어상의 개념 또는 지향과 같은 것을 가리키는 표현으로 오캄이 자주 사용하는 영혼의 수용(passio animae)에 해당한다고 본 것이다.

의 기체에 항상 내속하지는 않는다고 주장해야 할 뿐만 아니라 속성이 기체에 의해 전달되는 것에 내속하는 절대적 사물을 항상 전달하지도 않는다고 주장해야 한다. 때때로 그것은 기체에 의해 전달되는 것과 구별되고 그것에 외재적인 사물을 전달한다. 그것은 때때로 이 사물을 긍정적으로 전달하기도 하고, 때때로 부정적으로 전달하기도 한다. 예컨대, 외재적 사물을 긍정적으로 전달하는 고유성은 '발열함', '창조적임'과 같은 것들이다. 따라서 '발열함'은 발열하는 것에 내속하는 어떤 것을 전달하지 않고 그것에 의해 산출될 수 있는 어떤 것을 전달한다. 여기서 나는 '발열하는'의 첫째 기체를 말하고 있다. 마찬가지로, '창조적임'은 신에 내속하는 어떤 것을 전달하지 않고 신에 의해 산출될 수 있는 어떤 것을 전달한다. 부정적 수용은 '불사적임', '불멸적임', '비물질적임' 등의 것들이다. 그럼에도 때때로 속성들은 기체에 의해 전달되는 것에 내속하거나 내속할 수 있는 것들을 전달한다. 이를테면 '희게 될 수 있음', '변경될 수 있음', '가열될 수 있음', '축복받을 수 있음' 등과 같은 것들이 이런 종류의 개념들이다.

둘째, 부정명제와 동치가 아니고 고유성을 술어로 지니는 모든 긍정명제는 가능성을 드러내는 양상명제와 동치라는 데 주목해야 한다. 만일 그것이 가능성을 드러내는 양상명제와 동치가 아니라면, 그 명제는 신의 권능에 의해 거짓이 될 수 있는 데 반해 존재가 주어를 서술하는 명제는 참일 수 있게 되기 때문이다. 그러므로 "실체는 양적인 〔것〕이다", "모든 불은 뜨겁다", "인간은 웃는다"와 같은 모든 명제는 우연적이다. 하지만 "모든 인간은 배울 수 있다", "모든 물체는 움직일 수 있다", "모든 인간은 웃을 수 있다"와 같은 명제들은 필연적이므로 거짓일 수 없는 반면, '있다'가 주어를 서술하는 명제는 참이다. 그것들은 가능성을 드러내는 양상명제와 동치다. 이를테면, "모든 인간은 웃을 수 있다"(omnis homo est risibilis) 와 "모든 인간은 웃는 것이 가능하다"(omnis homo potest ridere) 는 동치다. 둘째 명제에서 가능성을 드러내는 양상명제의 주어는 존재하는 것에 대해 사용된다. 그런 방식으로 유치한 반론이 제거될 수 있다.

다른 명제들이 우연적이므로 그것들이 거짓일 수 있는 동시에 존재가 주어를 서술하는 명제가 참인 이유는 신이 다른 어떤 것 없이도 모든 사물을 창조할 수 있거나 적어도 신은 후행하는 것 없이도 선행하는 것을 만들 수 있기 때문이다.

그러므로 요약건대 고유성은 다른 보편자들과 구별되는 보편자라는 용어 사용법에 따를 경우 어떤 것을 적절하게 서술할 수 있고, '어떠함'을 묻는 물음에서 그것과 환치 가능한 지향이며, 주어에 의해 전달되는 것에 외재적인 어떤 것을 긍정적으로 또는 부정적으로 내포하는 것이라는 점을 말해야 한다. 그러나 그 외재적인 것이 자연세계의 사물 안에 실재적으로 존재하는 영혼 외부의 어떤 것일 필요는 없다. 아마 때때로 그것은 자연세계의 사물들 안에 가능한 어떤 것이거나 정신 안에 존재하거나 존재할 수 있는 명제일 수 있는 것으로 충분하다. 주어에 대해 그 자체의 둘째 방식에서 그 자체로 서술되는 개념도 마찬가지라고 말해야 한다. 왜냐하면 그것은 영혼 외부의 사물에 내속하는 것이 아니기 때문이다. 만일 내속한다면 개념은 어떤 것을 서술할 수 없고, 보편자도 아니게 되며 증명의 결론에서 술어도 될 수 없으며 증명의 원리[3]일 수도 없게 된다. 하지만 이 모든 것이 개념에 속한다. 따라서 개념은 영혼의 지향이다.

---

3) 증명의 원리 (*principium*) 는 전제 (들) 와 결론으로 이루어진 증명의 출발점, 즉 증명의 첫 번째 전제에 해당한다.

제 25 장
우유(偶有)에 대하여

우유(*accidens*) [1]는 보편자에 포함되는 다섯 번째 것이다. 철학자들은 우유를 다음과 같이 정의한다. [2] "우유는 기체의 소멸 없이도 존재하거나 존재하지 않는 것이다."

이 정의를 분명하게 이해하기 위해서는 우유가 4가지 뜻으로 사용될 수 있다는 점을 알아야 한다. 첫째, 우유는 열이 실재적으로 불에 내속하고 휨이 벽에 실재적으로 내속하는 방식으로 실체에 실재적으로 내속하는 어떤 것이다. '우유'를 이런 뜻으로 사용할 경우 앞선 정의는 참이 된다. 왜냐하면 신의 권능을 통해서도 기체의 소멸 없이는 제거될 수 없을 정도로 우유가 기체 안에 있지는 않기 때문이다. 그러나 '우유'를 영혼 외부의 어떤 것으로 사용할 경우 다섯 번째 보편자는 상정되지 않는다. 왜냐하면 5가지 보편자 가운데 하나인 우유는 여럿을 서술할 수 있는 반면, 규약에 의해 만들어진 음성[3]이나 기호 이외에는 영혼 외부의 어떠한 우유도 다수를 서술할 수 없기 때문이다.

둘째, 우유는 다른 어떤 것을 우연적으로 서술할 수 있는 모든 것이다. 따라서 '있다'가 주어를 서술하는 명제는 참인 데 반해, 우유는 그 주어를

---

1) 이는 '우유' 외에 '부수적인 것'이라는 표현으로도 사용된다.
2) Porphyrius, *Isagoge*, cap. *De accidente* (ed. , cit. , 20).
3) 즉, 심적 명사와 동일한 것을 의미하도록 명명된 음성명사들을 가리킨다.

서술할 수도 있고 서술하지 않을 수도 있다. 이렇게 일반적으로 우유를 사용할 경우, 신에게 어떤 우유를 귀속해도 모순적이지는 않다. 기실 《모놀로기온》 제24장에서 드러나듯이, 안셀무스는 신에게 그러한 우유를 귀속시킨다. 4) 그럼에도 안셀무스가 같은 장에서 천명하듯이 신은 자신에 실재적으로 내속하는 그런 우유를 받아들이지 않는다. 왜냐하면 이런 뜻으로 사용되는 우유는 어떤 것을 우연적으로 서술할 수 있는 가능술어일 뿐이기 때문이다. 그렇다면 우유의 정의에서 '존재함과 존재하지 않음'은 실재적으로 생겨나고 사라진다는 뜻으로 사용되지 않고, 서술을 통해 생겨나고 사라진다는 뜻으로 사용된다. 그것은 때때로 서술되고, 때때로 서술되지 않는다.

셋째, 우유는 어떤 것을 우연적으로 서술하는 가능술어이고, 기체에 의해 전달되는 것에 고유한 변화뿐만 아니라 다른 어떤 것에 속한 변화를 통해서 그 어떤 것에 대해 연속적으로 긍정되고 부정될 수 있다. 따라서 안셀무스에 따르면, 다수의 관계들이 이 뜻에서 우유들이다. 왜냐하면 그것들은 생겨날 수 있고 사라질 수 있는 것, 즉 기체에 의해 전달되는 것의 변화와 다른 어떤 것 안의 변화를 통해서 서술될 수도 부정될 수도 있기 때문이다.

넷째, 우유는 실체에 내속하는 어떤 절대적인 것을 전달하지 않지만 오직 기체에 의해 전달되는 것의 변화를 통해서만 어떤 것을 우연적으로 서술할 수 있는 가능술어다. 따라서 양이 실체와 성질과 구별되는 것이 아니라고 주장하는 이들은5) 양이 우유라고 주장한다. 왜냐하면 그것은 기체에 의해 전달되는 것의 장소 변화를 통하지 않고서는 기체에 대해 계속적으로 긍정되고 부정될 수 없기 때문이다. 그러므로 그들은 단지 어

---

4) Anselmus, *Monologion*, c. 25 (ed., F. S. Schmitt, 43).
5) 아래 제44장 참조.

떤 것의 부분들이 이전보다 지금 더 서로 떨어져 있다는 이유로 그 어떤 것이 이전보다 지금 더 양이 크다고 말할 것이고, 이것은 부분들의 장소 운동을 통해서만 일어날 수 있다고 주장할 것이다.

그럼에도 〔신학적〕 진리에 따르면 신의 권능을 통해서 실체가 존속하는 동안 그 실체에서 제거될 수 있는 그 무엇도 우유가 아니라 할지라도 철학자〔아리스토텔레스〕가 이를 부정하리라는 점을 알아야 한다. 따라서 그는 결코 천체들 안에는 제거될 수 없는 여럿의 우유가 있다고 말할 것이다.

한편, 우유는 분리될 수 있는 우유와 분리될 수 없는 우유로 구분된다. 분리될 수 있는 우유는 본성적으로 기체의 소멸 없이 기체에서 제거될 수 있는 것이다. 하지만 분리될 수 없는 우유는 신의 권능에 의해서 제거될 수 있다고 하더라도, 본성적으로 기체의 소멸 없이는 제거될 수 없는 것이다.

하지만 분리될 수 없는 우유는 고유성과 다르다. 왜냐하면 분리될 수 없는 우유가 본성적으로 그것의 기체들에서 제거될 수 없다 하더라도, 유사한 우유가 또 다른 기체의 소멸 없이 그 기체에서 제거될 수 있기 때문이다. 예컨대, 까마귀의 검음이 까마귀의 소멸 없이 본성적으로 까마귀로부터 제거될 수 없다 하더라도 검음은 소크라테스의 소멸 없이 본성적으로 소크라테스에서 제거될 수 있다. 그러나 고유성은 사물의 소멸 없이는 어떤 것에서도 제거될 수 없으므로 사물의 소멸 없이는 기체들 가운데 하나에서 분리될 수 없는 것과 마찬가지로 다른 하나에서도 분리될 수 없다.

보편자들에 대해 언급된 몇 가지 논점들을 요약하자면, 모든 보편자는 여럿을 의미하며 의미되는 여러 대상을 지칭할 수 있는 영혼의 지향이라고 말해야 한다. 따라서 하나의 지향은 그것과 구별되는 어떤 지향을 서술하는데, 물론 그 지향 자체가 아니라 그것이 의미하는 사물을 나타낸다.

그러므로 하나의 지향이 다른 지향을 서술하는 명제들은 하나의 지향이 다른 지향이라는 점을 나타내지 않고 하나의 지향에 의해 전달되는 것이 다른 지향에 의해 전달된다는 점을 나타낸다.

이런 종류의 보편자들은 영혼 외부의 사물들이 아니다. 이런 이유로 인해 그것들은 사물들의 본질에 속하지도 않고 외적 사물의 일부도 아니다. 이러한 보편자들은 서로 구별되고 영혼 외부의 사물과도 구별되는 영혼 안에 있는 존재자들이다. 그것들 가운데는 외부사물들의 기호들도 있고, 그 기호들의 기호들도 있다. '보편자'라는 이런 이름은 모든 보편자에 공통적이며, 결과적으로 그것은 자신 이외의 모든 보편자의 기호다. 그러므로 모든 단어를 서술할 수 있는 단어가 이름이지만 동사도 분사도 접속사도 다른 품사도 아니듯이, 5가지 보편자를 서술할 수 있지만 그 자신이 아니라 보편자들을 나타내는 보편자는 보편자들의 유(類)라는 점을 인정할 수 있다.

보편자들에 대한 논의는 이 정도로 충분하다. 보편자들과 그것들의 특성에 대해 좀더 자세하게 알고자 하는 이들은 나의 포르피리오스 주해서를 읽어 보기 바란다. 거기서 나는 이 주제를 더 상세하게 다루었으므로[6] 여기서 생략한 점들은 그곳에서 찾아볼 수 있을 것이다.

---

6) *Exp. Art.* ; *Exp. Porph. Praed.*

제 26 장

정의(定義)에 대하여:
얼마나 많은 방식으로 말해지는가?

논리학자들은 앞선 제 2지향의 단어들뿐만 아니라 다른 여러 가지 제 2지향의 명사들도 사용하고, 또한 제 2명명의 명사들도 빈번하게 사용하기 때문에, 학생들이 그것들의 의미에 무지함으로 인해 진리 탐구가 지지부진해지는 일이 없도록 그중 몇 가지를 초보자들을 가르치기 위해 간략하게 다루고자 한다.

　논리학자들이 사용하는 명사들 가운데에는 모든 보편자에 공통되는 명사도 있고 어떤 보편자들에 고유한 명사도 있다. 또한 그런 명사들 가운데에는 함께 사용될 경우에만 어떤 보편자들에 속하는 것들도 있고, 또 다른 것에 대해 하나의 보편자에 속하는 것들도 있다. 함께 사용되는 여러 보편자들에 속하는 명사들에는 '정의'와 '기술'(記述)이 있다.

　한편, '정의'는 두 가지 뜻으로 사용된다. 첫째, 사물의 무엇임을 표현하는 정의〔실재적 정의〕이고 둘째, 이름의 무엇임을 표현하는 정의〔명목적 정의〕이다. 실재적 정의는 두 가지 뜻으로 사용된다. 넓은 뜻의 '실재적 정의'는 엄밀한 뜻의 정의뿐만 아니라 기술적 정의를 포괄한다. 엄밀한 뜻의 '실재적 정의'라는 이름은 정의되는 대상에 외재적인 어떤 것도 밝히지 않은 채 사물의 본성 전체를 드러내는 간결한 표현이다.

　이것은 두 가지 방식으로 만들어질 수 있다. "인간은 신체와 지성적 영혼으로 이루어지는 실체이다"라고 말함으로써 인간을 정의하듯이, 때때로 그런 표현에서 사물의 본질적 부분들을 드러내는 사격들이 있다. 왜냐하면 '신체와 지성적 영혼'의 사격 형태[1]는 사물의 일부들을 드러내기 때문이다. 이런 종류의 정의를 '자연학적 정의'라고 부를 수 있다.

나머지 하나는 어떠한 사격도 생기지 않는 정의인데, '흰 〔것〕'이 흼을 드러내는 방식과 같이 유가 주격으로 놓이며 정의대상의 일부들을 나타내는 차이성 또는 차이성들도 마찬가지로 주격인 경우다. 그러므로 '흰 〔것〕'이 흼을 드러내더라도 흼을 지칭하지는 않고 오히려 흼의 기체를 지칭하는 것처럼, 차이성들이 사물의 일부들을 드러냄에도 불구하고 그것들은 사물의 일부들을 지칭하는 것이 아니라 그 부분들로 이루어지는 전체를 지칭한다. '이성적 동물' 또는 '이성적이고 감각능력을 갖춘 영혼을 지니는 실체'라는 정의에서 '영혼을 지님', '감각능력을 갖춤', '이성적임'이라는 차이성들이 인간을 지칭하는 경우가 바로 그런 경우다. 왜냐하면 인간은 이성적이고 영혼을 지니고 감각능력을 갖추었기 때문이다. 그럼에도 이 차이성들에 상응하는 추상명사들이 똑같은 방식으로는 아니지만 인간의 일부 또는 부분들을 전달하듯이, 그 차이성들도 인간의 일부를 전달한다. 이런 종류의 정의를 형이상학적 정의라 부른다. 왜냐하면 형이상학자가 인간을 이런 방식으로 정의하기 때문이다.

아마도 정의의 각각의 부분들이 정의되는 대상 이상이며 전체가 정의되는 대상과 대등한 경우를 제외한다면, 이 두 가지 이외에 다른 종류의 정의는 있을 수 없다.[2] 그러므로 어떤 이들이 인간에 대한 정의 가운데 논리학적인 것도 있고 자연학적인 것도 있고 형이상학적인 것도 있다고 말하는 것은 우스꽝스럽다. 왜냐하면 논리학자들은 기호가 아닌 실재 사

---

1) 앞서 설명한 것처럼 사격은 주격 외의 다른 모든 격을 가리킨다. 그리고 오캄이 제시한 인간의 자연학적 정의인 '신체와 지성적 영혼으로 이루어지는 실체'에서 '신체와 지성적 영혼'(corpore et anima intellectiva)은 사격으로 표현된다.

2) 이에 관하여 APr., Ⅱ, 13, 96a24~b14.

물을 다루지 않는다는 점에서 인간들을 다루지는 않으므로 인간을 정의할 필요가 없기 때문이다. 오히려 그들은 인간을 다루는 다른 학문들이 어떤 방식으로 인간을 정의해야 하는지를 가르쳐야 한다. 그러므로 논리학자들은 아마도 예증을 드는 방식을 제외하고서는 어떠한 인간의 정의도 제시해서는 안 된다. 그럴 경우 예증을 드는 방식에 의해 설정된 정의는 자연학적 정의이거나 아니면 형이상학적 정의이어야 한다.

자연학적 정의도 있고, 형이상학적 정의도 있으며, 논리학적 정의도 있다고 말하는 것이 근거가 없듯이, 자연학적 인간도 있고 형이상학적 인간도 있으며, 논리학적 인간도 있다고 말하는 것 또한 근거가 없다.

마찬가지로, 이런 표현들의 부분들이 서로 다르기 때문에 인간에 대한 자연학적 정의도 있고 형이상학적 정의도 있다고 말할 수 있을지라도, 자연학적 인간도 있고 형이상학적 인간도 있다고 말하는 것은 전적으로 불합리하고 거짓이다. 왜냐하면 만일 자연학적 인간도 있고 형이상학적 인간도 있다면, 영혼 외부에 존재하는 것이자 참된 실체인 자연학적 인간도 있고 참된 실체인 형이상학적 인간도 있다는 뜻으로 이해되든지, 아니면 정신의 하나의 개념이나 음성이 자연학적 인간이고 정신의 또 다른 개념이나 음성이 형이상학적 인간이라는 뜻으로 이해될 것이다. 첫째 선택지는 용인될 수 없다. 왜냐하면 나는 다음과 같이 물을 수 있기 때문이다. 실체들인 그 인간들은 어떤 방식으로 구별되는가? 첫째, 하나가 나머지 하나의 부분이거나, 둘째, 그것들 자체가 전적으로 구분되는 전체들이거나, 셋째, 비록 하나의 부분 모두가 나머지 것의 부분은 아니더라도 어떤 것이 양자 모두의 부분일 것이다. 분명하게 드러나듯이, 첫째와 둘째 대안은 용인될 수 없다. 셋째 대안도 용인될 수 없다. 왜냐하면 자연학적 인간이 오직 질료와 형상으로 구성되므로 질료든 형상이든 그 인간들의 나머지 부분이 되지 않아야 하며, 그럴 경우 그중 하나인 형이상학적 인간이나 자연학적 인간이 오로지 질료이거나 오로지 형상일 것인데, 이는 터무니없기 때문이다.

형이상학자가 인간을 고찰하는 방식과 자연학자가 인간을 고찰하는 방식이 별개이며, 이런 이유로 인해 형이상학자에 의해 고찰된 인간이 자연학자에 의해 고찰된 인간과 구별된다고 말하는 것도 타당하지 않다. 왜냐하면 만일 그렇다고 하더라도 이로부터 어떤 인간은 형이상학적 인간이며 또 다른 인간은 자연학적 인간이라는 점으로 귀결되지는 않기 때문이다. 오히려 동일한 인간에 대한 다양한 고찰들만이 있다는 점에 귀결될 것이다. 예를 들어, 만일 소르테스(Sortes)[3]는 플라톤을 분명히 보는 반면 소크라테스(Socrates)는 플라톤을 불분명하게 본다면, 보는 행위는 서로 다르지만 보이는 플라톤은 다르지 않다. 따라서 인간에 대한 자연학자의 고찰과 형이상학자의 고찰은 다르지만, 고찰되는 인간은 다르지 않다. 그렇다면 자연학적 인간과 형이상학적 인간은 서로 다른 것이 아니다.

개념이나 음성이 서로 다르다고 말할 수도 없다. 왜냐하면 개념은 첫째, 정의이거나, 둘째, 정의의 부분이거나, 셋째, 인간을 서술할 수 있는 어떤 것이기 때문이다. 이 대안들 중 어떤 것을 말하든지 논점을 벗어난다는 것이 분명하다.

이 모든 것을 통해 볼 때, 정의대상은 동일하더라도 정의들은 구별될 수 있다는 점이 명백해진다. 그러나 정의들이 구별된다 하더라도 그것들은 동일한 것을 의미한다. 또한 그 부분들이 의미방식에서 다를지라도, 하나 또는 하나의 일부에 의해 의미되는 것은 무엇이든지 다른 하나 또는 다른 하나의 일부에 의해 의미된다. 왜냐하면 한 정의의 어떤 부분은 다른 정의의 상응하는 부분과는 다른 격을 취하기 때문이다.

---

3) 라틴어 'Sortes'는 중세 라틴어에서 통상적으로 소크라테스를 가리키는 표현으로 쓰인다. 하지만 이 단락에서는 'Socrates'라는 이름 또한 등장한다. 따라서 두 이름을 서로 다른 두 사람의 이름으로 파악해야만 문맥상으로 이해가 된다.

의미적으로 해석되는 정의가 의미적으로 해석되는 정의대상을 서술하고 그 역도 성립한다고 하더라도, 그리고 정의와 정의대상으로 이루어진 가언명제나 심지어 가능적인 것에 대한 명제 (*propositio de possibili*) 나 그런 명제와 동치인 명제가 필연적일지라도 — 예를 들어, "만일 그것이 인간이면, 그것은 이성적 동물이다"와 그 역은 필연적이고, 마찬가지로 주어를 인간일 수 있는 것으로 받아들이는 "모든 인간은 이성적 동물일 수 있다"라는 명제와 그 역은 필연적이다 — 단지 내재와 현재에 관한 긍정명제는 결코 필연적이지 않다. 따라서 "인간은 신체와 지성적 영혼으로 이루어지는 실체다"라는 명제와 마찬가지로, "인간은 이성적 동물이다"라는 명제는 단적으로 우연적일 뿐이다. 왜냐하면 만일 어떠한 인간도 존재하지 않았다면, 그러한 명제들은 모두 거짓일 것이기 때문이다. 그럼에도 "인간은 동물이다"와 "당나귀는 동물이다"와 같은 명제들이 필연적이라고 주장하는 아리스토텔레스는 그런 명제들이 필연적이라고 주장할 것이다. 4)

앞서 말한 것들을 통해 볼 때, 정의가 정의대상과 동일하지 않다는 점을 알 수 있다. 왜냐하면, 모두의 말에 따르면 정의는 심적이거나 음성적이거나 문자적 표현이므로, 결과적으로 사물이나 하나의 단어와 실재적으로 동일하지 않기 때문이다. 그럼에도 정의와 정의대상은 동일한 것을 의미한다. 따라서 이런 정의와 정의대상이 실재적으로 동일하다고 주장하는 이들은 그 주장을 이런 뜻, 즉 그것들이 동일한 것을 의미한다는 뜻으로 이해한다.

이제 이렇게 정의를 엄밀한 뜻으로 사용할 경우, 정의에 의해 나타내는 것으로서의 실체에 대한 정의를 제외하고는 어떠한 것의 정의도 없음을 알아야 한다. 그러므로 '정의대상'을 '정의'와 환치 가능한 이름으로 사

---

4) *APr.*, I, 15, 34b16~17: "필연적으로 인간은 동물이다."

용할 때 오직 이름들에 대한 정의만 있을 뿐 동사들이나 다른 품사들에 대한 정의는 없다.

한편, 이름의 무엇임을 드러내는 정의는 하나의 단어에 의해 전달되는 것을 명백하게 밝히는 표현이다. 예를 들어, 누군가 '흰 [것]'이라는 이름이 무엇을 의미하는지 다른 누구에게 가르치기를 원할 때, 그는 그것이 '흼을 지니는 어떤 것'이라는 표현과 동일한 것을 의미한다고 말한다. 그런 정의는 '있다'가 자연세계의 사물들에 대해 참으로 긍정될 수 있는 것들의 이름들뿐만 아니라 그런 서술이 불가능한 것들에 대한 이름들에도 속할 수 있다. 따라서 '비어 있는 [것]', '비-존재자', '불가능한 [것]', '무한한 [것]', 그리고 '염소-사슴'과 같은 것들도 정의를 지닌다. 즉, 이 단어들과 동일한 것을 의미하는 어떤 표현들이 이런 이름들에 대응한다.

정의를 이런 뜻으로 사용할 경우, 그리고 [정의와 정의대상] 모두 의미적으로 사용할 경우, 이로부터 동사 '이다'를 통해 정의대상에 대한 정의를 서술하는 것은 때때로 불가능하다는 점이 도출된다. 예를 들어, "키메라라는 염소와 황소로 이루어지는 동물이다"가 키메라의 정의라면 이런 서술은 불가능하다. 왜냐하면 염소와 황소로 이루어진다는 어떤 것이 존재한다는 함축은 불가능한 함축이기 때문이다. 그럼에도 명사들이 질료지칭을 지니는 "'키메라'와 '염소와 황소로 이루어지는 동물'은 동일한 것을 의미한다"라는 명제는 참이다. 그리고 정확히 말해 첫째 명제와 둘째 명제는 서로 다른 것일지라도 사람들은 일반적으로 첫째 명제로 둘째 명제를 이해한다. 그러므로 프리스키아누스가 《구조》의 제1권에서 예시하듯이, 흔히 한 단어가 다른 단어 대신 사용되듯 하나의 표현이 다른 표현 대신에 사용되는 일도 흔하다. 5) 그럼에도 그런 정의대상과 정의로 이루

---

5) Priscianus, *Institutiones grammaticae*, XVII, c. 23, nn. 168~172 (ed., A. Krehl, II, 89~94).

어지는 조건명제는 참이다. 왜냐하면 "만일 어떤 것이 키메라면, 그것은 인간과 사자로 이루어진 합성체다"라는 명제와 그 역은 참이기 때문이다.

이름들뿐만 아니라 동사와 접속사 등의 모든 품사는 그러한 정의를 통해 정의될 수 있다. 예를 들어, '어디에', '언제', 그리고 '얼마나 많은' 같은 부사들과 접속사 등도 그렇게 정의될 수 있다. 이런 경우〔정의와 정의대상〕모두 의미적으로 고려될 때 정의는 '이다' 동사를 통해 정의대상을 서술해서는 안 된다. 오히려 "동일한 것을 의미한다"라는 표현 전체나 그와 유사한 것이 질료적으로 해석되는 명사들〔정의와 정의대상〕에 대해 참임을 서술해야 한다. 아니면 또 다른 어구가 질료적으로 사용되는 정의대상에 대해 참임을 서술해야 한다. 따라서 "'어디'는 장소 의문부사이다" 또는 "'언제'는 시간 의문부사이다" 등을 말할 수 있다.

제 27 장
'기술'(記述)이라는 이름에 대하여

기술은 우유들과 고유성들로 이루어진 간결한 표현이다. 따라서 다마쉐누스는 자신의 《논리학》 제 14장에서 다음과 같이 말한다. 1) "기술은 우유들, 즉 고유성들과 우유들로 이루어진다. 예컨대, '인간은 웃을 수 있고, 직립보행하고, 넓은 손톱을 지닌다'. 이런 기술의 모든 요소가 우유적이기 때문이다. 이로 인해 기술은 주어의 실체적 존재를 감추고 분명하게 드러내지 않지만, 그 귀결들을 분명하게 드러내는 것이라고 부른다."

이 전거에서 기술 안에 포함되는 어떠한 것도 '무엇임'을 묻는 물음이나 그 자체의 첫째 방식에서 기술대상을 서술해서는 안 된다는 점을 분명하게 이해할 수 있다. 이 점에서 기술은 정의와 다르다.

둘째, 앞서 지적했듯이, 인용된 전거에서 우유가 다른 것에 내속하는 어떤 사물뿐만 아니라 다른 것에 대해 우연적으로 서술될 수 있는 어떤 것에 대해서도 사용된다는 점이 도출된다. 2) 왜냐하면, 언급된 박사(다마쉐누스)에 따르면, 기술은 주어의 우유들로 이루어지고, 또 기술은 주어를 서술할 수 있는 것들로만 이루어지므로 기술대상을 서술할 수 있는

---

1) Damascenus, *Dialectica*, c. 8 (J. P. Migne, ed., *Patrologia Graeco* (이하 PG로 약칭) 94, col. 554B) ; trans. Robertus Grosseteste, c. 14 (ed., cit., 16).

2) 제 25장 참조.

것들을 우유들이라고 불러야 하기 때문이다. 이것들은 오로지 개념, 음성이나 문자일 수 있다.

셋째, 앞서 말한 바에서 기술과 기술대상은 항상 환치 가능하지는 않다는 점이 도출된다. 왜냐하면, 우유들은 어떤 것에 대해 오직 우연적으로 서술되므로 비록 기술이 어떤 것을 서술하지 않더라도 기술대상은 그것을 서술할 수 있다. 그럼에도 이것이 일어나는 까닭은 오로지 기술대상에 의해 서술되는 것이 불완전하다는 데 있다. 따라서 인간은 다음과 같이 기술될 수 있다. "인간은 두 손을 지닌 두 발 달린 것이다." 물론 그 기술에 인간에만 속하는 다른 어떤 것들을 추가할 수 있다. 그러나 그렇다고 하더라도 그 기술은 손이 없는 어떤 사람에게서 부정될 수 있지만 기술대상은 그 사람을 서술한다. 왜냐하면 그 개별자가 완전하지 않기 때문이다.

한편, 기술은 두 가지 뜻으로 사용될 수 있다고 말할 수 있다. 그 박사는 기술에 대해 넓은 뜻으로 말한다. 기술은 엄밀한 뜻으로 사용될 수도 있다. 이런 뜻의 기술은 우유들이 아니라 고유성들로 이루어진다. 따라서 이런 뜻의 기술과 기술대상은 항상 환치 가능하다.

제 28 장
기술적 정의에 대하여

기술적 정의는 실체적인 것들과 우유적인 것들의 혼합물이다. 예컨대, 앞서처럼 다마쉐누스에 따르면 "인간은 직립보행하고 넓은 손톱을 지닌 이성적 동물이다"[1] 가 기술적 정의이다. 이로부터 하나의 표현이 그 자체의 첫째 방식에서 서술될 수 있는 명사들로 이루어진다는 점이 도출되는데, 그것이 정의이다. 또 다른 표현은 그 자체의 첫째 방식에서 서술될 수 없는 것들로 이루어지는데, 그것은 때때로 기술이다. 또 다른 표현은 양자 모두로 이루어지는데, 그것이 기술적 정의이다. 그러나 모든 정의, 모든 기술, 그리고 모든 기술적 정의는 표현이므로 설사 그것들이 동일한 것을 의미할지라도 그 어떤 것도 정의대상이나 기술대상과 실재적으로 동일하지는 않다.

---

1) Damascenus, *Dialectica*, c. 8 (PG 94, col. 554B) ; trans. Robertus Grosseteste, c. 14 (ed. , cit. , 16) .

제 29 장
'정의대상'과 '기술대상'이라는 명사에 대하여

정의가 무엇이고 기술이 무엇인지 밝혔으므로, 이제 정의대상이 무엇이고 기술대상이 무엇인지를 살펴보아야 한다. '정의대상'은 두 가지 뜻으로 사용된다는 점을 알아야 한다. 첫째, 정의대상은 그것의 부분들 또는 본질이 정의에 의해 드러나는 것이고, 따라서 그 정의는 그런 개별적 실체들의 정의이다. 이를테면, '이성적 동물'이라는 정의는 모든 인간의 정의다. 왜냐하면 모든 인간의 본질이 그 정의에 의해 전달되기 때문이다. 그러므로 그 정의를 통해 개별적 인간을 제외한 어떠한 사물의 본질도 전달되지 않는다. 왜냐하면 이 인간, 저 인간 등과 같은 개별적 인간을 제외한 그 어떠한 사물도 이성적 동물이 아니기 때문이다. 정의대상을 이런 뜻으로 사용한다면 개별 실체가 정의대상이라는 점을 인정해야 한다.

'정의대상'은 또 다른 뜻으로는 정의와 환치 가능하고, 정의가 적절하게 서술하는 어떤 것이다. 따라서 '정의대상'은 정의와 동일한 것을 의미하는, 정의와 환치 가능한 하나의 표현이다. '정의대상'을 이 뜻으로 사용한다면 개별자들은 정의되지 않으며, 엄밀하게 오직 종들만이 정의된다. 왜냐하면 오로지 종만이 정의와 환치 가능하고, 개별자는 그렇지 않기 때문이다.

'정의대상'의 이 구별을 통해 아리스토텔레스[1]와 주석가[2]의 여러 전거들이 설명될 수 있다. 이 전거들 가운데 정의란 개별자들에 대한 것이라고 말하는 전거들도 있는 반면, 정의란 오로지 종에 대한 것들이라고 말하는 전거들도 있다.

'정의대상'에 대해 말한 것처럼 '기술대상'에 대해서도 구별해야 한다. '기술대상'은 그 자체가 아니라 사물을 나타내면서 기술이 그것을 우선적으로 서술하는 표현이라는 뜻으로 사용되거나, 그 이름과 그 기술에 의해 전달되는 사물의 뜻으로 사용될 수 있다.

---

1) *Metaph.*, Ⅶ, 4, 1030b4~14; 15, 1039b20~1040a10.
2) Averroes, In *Aristotelis metaphysicam*, Ⅶ, tt. 16 and 53 (ed., Iuntina, Ⅷ, ff. 78r, 95r).

제 30 장
'주어'라는 명사에 대하여

우리는 '정의'와 '기술'처럼 하나의 보편적 명사에 속하지 않는 명사들에 대해 논의했다. 왜냐하면 정의나 기술은 하나의 보편적 명사가 아니라 여러 보편적 명사로 이루어져 있기 때문이다. 이제 우리는 '주어'나 '술어'처럼 모든 보편적 명사에서 귀결되는 명사들에 대해 논의해야 한다.

　다마쉐누스가 자신의 《논리학》 제 8장에서 말하듯이, 주어에 대해서는 우선 다음과 같은 점을 알아야 한다. [1] "'주어'는 두 가지 뜻, 즉 존재에 관한 주어와 서술에 관한 주어로 사용된다. 존재에 대해서는 실체가 우유들의 주어다. 왜냐하면 그것들은 오직 실체 안에만 존재를 지닐 수 있고 실체 외부에서는 자립할 수 없기 때문이다. 그러나 서술에 대해서 주어는 개별자다. " 이 점을 통해서 볼 때, 어떤 것이 '주어'라고 불리는 까닭은 그것에 내속하고 실재적으로 들어맞는 어떤 다른 것을 실재적으로 담아 두기 때문이다. 이런 방식으로 사용되는 주어는 두 가지 뜻으로 이해된다. 엄밀한 뜻에서 주어는 자신에 실재적으로 내속하는 우유들에 대해 '주어'라고 말하는데, 이 주어는 우유들 없이도 자립할 수 있다. 그러나 넓은 뜻에서 주어는 담아 둔 사물이 실재적으로 내속하는 우유든 그것

---

1) Damascenus, *Dialectica*, c. 16 (PG 94, 582A) ; trans. Robertus Grosseteste, c. 8 (ed. , cit. , 10).

에 형상을 부여하는 실체적 형상이든 상관없이, 다른 어떤 것을 담고 있는 모두를 말한다. 이 뜻에서는 질료도 실체적 형상들에 대해서 주체라고 말한다.

그러나 주어는 또 다른 뜻으로 말해지기도 한다. 이때 주어는 어떤 것을 서술하는, 계사에 선행하는 명제의 부분이다.[2] 이를테면 "인간은 동물이다"라는 명제에서 '인간'은 주어이다. 왜냐하면 '동물'이 '인간'을 서술하기 때문이다. 그러나 이렇게 사용되는 주어도 여러 가지 뜻으로 이해될 수 있다. 첫째, 넓은 뜻에서 참이든 거짓이든 명제에서 주어의 위치에 있을 수 있는 것은 모두 주어라고 말한다. 따라서 "모든 동물은 나귀다"와 "모든 흼이 까마귀다"와 같은 명제들에서 드러나듯이, 어떤 보편자든 다른 어떤 것에 대해 주어일 수 있다.

둘째, 주어는 엄밀한 뜻으로 사용될 수 있다. 이러한 뜻에서 주어는 직접적 서술이 포함된 참인 명제에서 주어의 위치에 놓이는 것이다. 이러한 뜻에서 '인간'은 '동물'에 대해서는 주어지만, 그 역은 성립하지 않는다.

셋째, 좀더 엄밀한 뜻에서 증명의 결론 안에서 주어의 위치에 있고, 정확히 학문이라고 불리는 것에 의해 알려지거나 알려질 수 있는 것을 '주어'[3] 라고 부른다. 주어를 이런 뜻으로 사용한다면 주어가 서로 다른 결론들이 있는 것만큼 학문의 집합체에도 여러 가지 주어가 있게 된다. 따라서 논리학에서와 마찬가지로 형이상학과 자연철학에서도 다수의 주어가 있다.

넷째, 매우 엄밀하게 사용될 경우, 그러한 [셋째 뜻의] 주어들 가운데 어떤 우선성에서 첫째가는 것을 주어라고 부른다. 따라서 때때로 그런 주어들 중 가장 공통적인 것을 '주어'라고 부르기도 하고, 때때로 더 완전

---

2) Boethius, *De syllogismo categorico*, I(PL 64, col. 797ff).
3) 여기서 '주어'에 해당하는 라틴어는 *'subiectum'*이지만, 우리말로는 '주제'가 더 정확할 수 있다.

한 것을 '주어'라고 부르기도 하며, 우선성의 여러 다른 방식에 대해서도
마찬가지다. 그럼에도 그것들 각각이 서술에 의해 주어가 된다는 점은
이 모든 주어의 공통되는 특징이다.

제 31 장
'술어'라는 명사에 대하여

계사에 선행하는 명제의 일부를 '주어'라고 부르듯이, 계사에 후행하는 명제의 일부를 '술어'라고 부른다.

그럼에도 술어가 계사와 그 계사에 후행하는 것을 합친 것이라고 말하기를 원하는 이들이 있다. 그러나 이 논쟁은 '술어'라는 단어의 의미에 달려 있고, 이는 사용자들이 만든 규약의 문제이기 때문에 나는 지금 당장은 무시하겠다.

'술어'를 무엇이라고 말하든 간에, 이는 여러 가지 뜻으로 사용된다. 첫째, 명제의 양 끝 가운데 하나이지만 주어가 아닌 것은 모두 술어라고 부른다. 이런 뜻에서 참이거나 거짓인 명제에서 서술될 수 있는 명사는 모두 술어일 수 있다. 둘째, 술어는 직접적 서술이 포함된 참인 명제에서 서술되는 것으로 사용된다. 이런 뜻에서 '동물'은 '인간'에 대해 술어이지만, '돌'에 대해서는 아니다. 셋째, 술어는 직접적 서술로 어떤 주어를 서술하는 것인데, 그것에 대해 정확히 학문이라고 부르는 것이 있을 수 있다. 따라서 철학자〔아리스토텔레스〕는 유(類), 정의, 고유성, 그리고 우유라는 4가지 술어를 구별하고 유 아래 차이성을 포함시키는 《변증론》의 제1권에서 '술어'를 이런 뜻으로 사용한다. [1] 여기서 종은 열거되지 않는

---

1) *Top.*, I, 5~6, 101b38~103a5.

다. 왜냐하면 종이 개별자를 서술하더라도 개별자는 정확히 말해 학문이라고 부르는 것에 의해 인식되는 명제의 주어가 될 수 없기 때문이다. 그러므로 종은 그런 술어들 중 하나로 열거되지 않는 것이다.

한편, 술어를 주어와 연결하는 동사는 '계사'라고 부른다.

제 32 장
술어는 어떤 방식으로 주어에 내재한다고 말하는가?

술어가 주어를 서술하듯이, 우리는 술어가 주어 안에 있고, 주어에 속하고 주어에 내재한다고 말한다. 이런 언명은 흼이 벽에 내재하는 것처럼 술어가 주어에 실재적으로 내재한다는 뜻으로 이해해서는 안 된다. 이 모든 것은 '서술된다'와 동일한 것을 의미하며, 그것 외에는 다른 어떠한 것으로도 해석해서는 안 된다. 따라서 9가지 범주인 모든 우유는 주어 안에 있는 것처럼 실체 안에 있다고 말할 수 있다. 하지만 다수의 의견처럼 우유는 실재적 내속을 통해 실체 안에 있는 것이 아니라 참된 서술을 통해 실체 안에 있다. 어떤 이들의 의견을 따르면[1] 이런 방식으로 양은 우유며 실체 안에 있다. 왜냐하면 그것이 항상 실체 자체에 내속하기 때문이 아니라 실체를 우연적으로 서술하기 때문이다. 그래서 어떤 이들에 따르면, 실체가 존재할 경우 '실체는 양이다'라는 명제는 참이지만, 실체가 존재하더라도 그 명제는 거짓일 수 있다.

마찬가지로 '생기다', '떠나다', '오다', '있다' 그리고 '없다'와 같은 단어들도 '서술되다' 대신에 자주 사용된다. 존경할 만한 안셀무스는 그의 《모놀로기온》에서 이렇게 말한다. "우유라고 부르는 것들 가운데 모든 색깔처럼 우유의 기체 안에서 변화가 일어날 때에만 있을 수 있거나 없을

---

1) 제 44장 참조.

수 있다고 말해지는 것들이 있는 데 반해, 어떤 관계들처럼 그것들이 서술하는 것에 변화가 없이도 생기거나 없어진다고 알려지는 것들도 있다."[2] 여기서 안셀무스는 '있다', '없다', '오다', '떠나다'를 '[~의] 술어가 되다'로 여긴다. 마찬가지로 논리학자들 사이에서는 '참여하다'가 '[~의] 주어가 되다'로 여겨진다.[3]

---

2) Anselmus, *Monologion*, c. 25 (ed., F. S. Schmitt, 43).
3) *Top.*, Ⅳ, 1, 121a10~19.

제 33 장
'의미하다'라는 명사에 대하여

논리학자들 사이에서 '의미하다'는 여러 가지 뜻으로 사용된다. 첫째, 기호는 어떤 것을 지칭하거나 지칭할 수 있을 때 바로 그것을 의미한다고 말한다. 즉, 이름은 '이다'라는 동사를 통해 그것을 가리키는 대명사를 서술한다. 따라서 '흰 〔것〕'은 소크라테스를 의미한다. 왜냐하면 소크라테스를 가리키는 "그는 희다"라는 명제는 참이기 때문이다. 따라서 '이성적인'은 사람을 의미한다. 왜냐하면 사람을 가리키는 "그는 이성적이다"라는 명제는 참이기 때문이다. 여러 다른 구체명사들에서도 마찬가지다.

둘째, 기호가 과거, 미래, 또는 현재에 대한 명제 안이거나 참인 양상 명제 안에서 그 의미대상을 지칭할 수 있을 때 '의미하다'는 다른 뜻으로 사용된다. 이런 뜻에서 '흰'은 지금 흰 것을 의미할 뿐만 아니라 희게 될 수 있는 것도 의미한다. 왜냐하면 "흰 〔것〕은 달릴 수 있다"라는 명제에서 주어를 존재할 수 있는 것으로 해석할 경우 주어는 희게 될 수 있는 것들을 지칭하기 때문이다. '의미하다'와 그것에 상응하는 '의미대상'을 첫째 뜻으로 사용한다면, 음성과 심지어 개념조차도 자주 실재 사물의 변화만을 통해서 그 의미대상을 잃어버린다. 즉, 이전에 의미되던 것이 더 이상 의미되지 않는다. 하지만 '의미하다'와 그것에 상응하는 '의미대상'을 둘째 뜻으로 사용한다면 음성이나 개념은 외적 사물의 변화만을 통해 의미대상을 잃어버리지는 않는다.

셋째, '의미하다'는 음성이 부과된 어떤 것이 의미된다고 말할 때, 또는 첫째 뜻에서 으뜸가는 개념이나 으뜸가는 음성[1]에 의해 의미될 때 다른 뜻으로 사용된다. 따라서 우리는 '흰'은 힘을 의미한다고 말한다. 왜냐하면 '힘'은 힘을 의미하기 때문이다. 그럼에도 '흰'이라는 기호는 이런 힘을 지칭하지는 않는다. 마찬가지로 '이성적임'이 차이성이라면 지성적 영혼을 의미한다.

또 다른 뜻에서 '의미하다'는 명제의 일부이거나 명제 전체이거나 표현이 될 수 있는 기호가 1차적으로든 2차적으로든, 주격이든 사격이든, 깨닫게 하는 내포하든, 긍정적으로 의미하든 부정적으로 의미하든, 어떤 것을 전달할 때 가장 일반적인 뜻으로 사용된다. 이런 뜻에서 '눈먼'이라는 이름이 시각을 의미한다. 왜냐하면 그것이 부정적으로 [시각을] 의미하기 때문이다. 마찬가지로 '비물질적인'은 질료를 부정적으로 의미하고, '무'나 '비존재'라는 이름은 어떤 것을 의미하기는 하지만 부정적으로 의미한다는 것을 안다. 안셀무스는 《악마의 타락》에서 이런 의미방식에 대해 논의한다. [2]

그러므로 '의미하다'의 어떤 뜻에 의하면 모든 보편자는 의미한다고 말할 수 있다. 왜냐하면 다마쉐누스는 《논리학》 제48장에서 "보편자는 '인간'과 '동물'처럼 여럿을 의미하는 것이다"라고 말하기 때문이다. [3] 모든 보편자는 첫째나 둘째 뜻에서 여럿을 의미한다. 왜냐하면 모든 보편자는 내재와 현재에 관한 명제나 과거, 현재, 또는 미래명제나 양상명제 안에서 여럿을 서술하기 때문이다. 그렇다면 이로부터 '인간'이라는 단어가

---

1) 스페이드는 여기서 사용된 '으뜸가는'(prinicipalis)이라는 표현이 '절대적'(absolutus)이라는 표현과 유사한 의미로 쓰였다고 해석한다. Spade(1995b), 45 참조.

2) Anselmus, *De casu diaboli*, c.11(ed., F. S. Schmitt, 248~251).

3) Damascenus, *Dialectica*, c.65(PG 94, 659A); trans. Robertus Grosseteste, c.48(ed., cit., 50).

모든 인간을 의미하지는 않는다고 말하는 이들은 오류를 범하고 있다는 것이 분명해진다. 왜냐하면 앞서 언급한 박사에 따르면 '인간'이라는 보편자는 여럿을 의미하지만 인간들이 아닌 여럿을 의미하지는 않으므로 그것은 여러 인간을 의미해야 하기 때문이다. 이 점이 인정되어야 하는 까닭은 인간을 제외하고 아무것도 '인간'에 의해 의미되지 않고, 한 인간이 다른 인간보다 더 많이 의미되지도 않기 때문이다.

그러므로 모든 보편자는 여럿을 의미한다. 그러나 어떤 것을 지시하는 대명사를 서술하는 유와 종과 같은 보편자는 '의미하다'의 첫째나 둘째 뜻이 아니고는 여럿을 의미하지 않는다. 한편, 나머지 보편자들은 어떤 것을 첫째 또는 둘째 뜻으로 의미하며, 〔그중 어떤 것들은〕 셋째나 넷째 뜻으로도 의미한다. 왜냐하면 다른 모든 보편자는 주격으로 어떤 것을 의미하는 반면, 또한 사격으로도 어떤 것을 의미하기 때문이다. 이 점은 '이성적인', '웃을 수 있는', '흼'과 같은 보편자들에서 분명하게 나타난다.

제 34 장
'구분되다'라는 명사에 대하여

보편자는 여럿을 의미할 뿐만 아니라 여럿으로 구분되기도 한다.

하지만 '구분되다'는 여러 가지 뜻으로 사용된다. 전체의 실재적 분할에 의해 한 부분이 다른 부분에서 분리될 때 어떤 것이 구분된다고 말한다. 예컨대, 목수가 목재를 구분하고, 석공이 돌을 구분하고, 대장장이가 철을 구분한다. 그러나 다른 뜻에서 어떤 것의 한 부분이 다른 부분에서 분리되지 않고서도 여럿이 그 어떤 것에 포함될 경우 '구분되다'가 사용된다. 예컨대, 나는 "어떤 개는 짖는 동물이고, 어떤 개는 하늘의 별이다"라고 말하면서 '개'라는 단어를 그것의 의미대상들로 구분할 때, 그 단어의 한 부분을 다른 부분에서 분리하지는 않는다. 오히려 나는 그 단어가 공통적으로 속하는 여럿을 취해 상이한 공통적인 것 아래로 분리한다. 논리학자들은 바로 이런 방식의 구분을 말하는 것이다. [1]

다마쉐누스는 《논리학》제 12장에서 이렇게 말한다. [2] "사물들을 구분하는 8가지 방식이 있다. ① 동물이 이성적인 것과 비이성적인 것으로 구분되듯이 유는 종들로 구분될 수 있다. ② '인간'이 베드로와 바울 등으로 구분되듯이, 종은 개별자들로 구분될 수 있다. ③ 전체는 부분들로 구분

---

1) 보에티우스의 《구분론》(PL 64, cols. 875~892) 참조.
2) Damascenus, *Dialectica*, c. 6(PG 94, 550s) ; trans. Robertus Grosseteste, c. 12(ed., cit., 14).

될 수 있는데, 이것은 두 가지 방식, 유사한 부분들로 구분되거나 유사하지 않은 부분들로 구분된다. 살(肉)을 다수의 살로 구분하며, 살의 각 부분은 살이라고 부르고, 살의 정의를 취하듯이, 부분들이 서로 전체의 이름과 정의를 취할 경우 그것들은 유사한 부분들이다. 반면에, 소크라테스를 그의 머리, 그의 손, 그의 발로 구분하듯이, 부분들이 서로 전체의 이름이나 정의를 취하지 않을 경우 그것들은 유사하지 않은 부분들이다. 왜냐하면 머리도, 손도, 발도 서로 소크라테스의 정의나 이름을 취하지 않기 때문이다. ④ 다의적 음성을 다양한 의미대상으로 구분할 수 있는데, 이 구분에는 전체로서 구분되거나 부분으로서 구분되는 두 가지 방식으로 있다." 다마쉐누스는 같은 곳에서 예증을 제시한다. ⑤ "내가 '어떤 인간들은 희고 어떤 인간들은 검다'고 말하듯이 실체는 그것의 우유들로 구분될 수 있다. ⑥ '흰 것들은 영혼을 지니고 어떤 것들은 영혼을 지니지 않는다'라고 말할 경우처럼 우유가 그것의 실체들로 구분될 수 있다. ⑦ '어떤 차가운 것들은 건조하고 다른 어떤 차가운 것들은 축축하다'라고 말할 때처럼 우유가 우유들로 구분될 수 있다. ⑧ 어떤 것들을 또 다른 것으로부터 구분할 수 있거나 또 다른 것으로 구분할 수 있다. 예컨대, 전자의 경우 '의술의'로부터 '의술서적'과 '의술도구'가 구분되고, 후자의 경우 건강식품과 건강음료가 건강으로 구분된다."[3]

한편, 앞에 말한 구분의 방식들에서 하나가 취해지고, 그것 아래 한 부분이 다른 부분들로부터의 실재적 구분이나 실재적 분리 없이 여러 개로 취해지더라도, 어떤 방식의 구분에서는 구분되는 것이 구분의 항목들에 의해 전달되는 것들로 실재적으로 구분될 수 있는 것을 전달한다는 점에 주목해야 한다. 셋째와 넷째 방식의 구분이 그 예들이다. 다른 방식들에

---

3) 로베르투스 그로스테스테의 번역에서는 건강식품과 건강음료가 건강(sanativum)이 아닌 건강 약(sanativum pharmacum)으로 구분된다고 쓰여 있다.

서는 그렇지 않다. 왜냐하면 "어떤 사람들은 희고 어떤 사람들은 검다"라고 말할 때 어떤 전체가 그것의 실재적 부분들로 구분되고, 그 부분들이 서로 실재적으로 분리되는 경우는 일어나지 않기 때문이다.

또한 실체가 우유들로, 또는 우유가 실체들로, 또는 우유가 우유들로 구분되는 경우, '우유'라는 이름이 어떤 것, 즉 자연세계의 사물들 안에 영속하는 주어가 전달하는 것을 우연적으로 서술할 수 있는 것으로 사용된다는 점을 주목해야 한다. 그리고 전거들에서 자주 '우유'가 실체에 실재적으로 내속하는 어떤 우유적인 것이 아니라 실체를 우연적으로 서술할 수 있는 것으로 사용된다는 것은 분명하다. 만일 앞에서 언급한 저술가가 '우유'를 다른 것에 실재적으로 내속하는 사물로 사용했다면, 그는 인간이 흰 (인간)과 검은 (인간)으로 구분된다고 말하지 않고 인간이 흼과 검음으로 구분된다고 말했어야 한다. 그리고 다른 경우들에서도 마찬가지다.

제 35 장
'전체'라는 명사에 대하여

'전체'는 여러 가지 뜻으로 사용된다. 첫째, 여러 부분들을 포괄하는 것
은 '전체'라고 부르는데, 이때 그 부분들이 없이는 전체가 자연세계의 사
물들 안에 있을 수 없다. 예컨대, 인간이 이성적 영혼과 신체 없이 존재
하는 것은 불가능하다. 마찬가지로 질료와 형상이 존재하지 않는다면 공
기가 존재하는 것이 불가능하며, 이 나무가 이 부분 없이는 존재하는 것
이 불가능하다. 항상 부분은 전체의 본질에 속하지만, 그 역은 성립하지
않는다. 둘째, 다수의 것에 공통되는 어떤 것을 '전체'라고 부른다. 이런
뜻에서 유(類)는 그것의 종들에 대해서 전체이며, 종은 그것의 개별자들
에 대해서 전체라고 말한다. 여기서 '전체'는 '공통적인 것'과 같은 것이
다. 논리학자들은 일반적으로 '전체'를 이런 뜻으로 사용한다. 1)

'전체'가 여러 가지 뜻으로 사용되는 만큼 이에 상응하여 '부분'도 여러
가지 뜻으로 사용된다. 따라서 어떤 부분은 전체의 본질에 속하는 반면,
또 어떤 부분은 그 부분을 지니는 것보다 덜 공통적이라는 이유로 부분이
라고 불리기도 한다. 이것은 '주체적 부분'(pars subiectiva)이라고 이름 붙
인다. 그것이 전체의 본질에 속하지 않은 것은 전체가 그 본질에 속하지

---

1) *Metaph.*, V, 26, 1023b26~1024a10 참조; '부분'과 관련된 논의로는 V,
25, 1023b12~25); Boethius, *De divisione*(PL 64, 887f) 참조.

않는 것과 같다. 그리고 그런 부분이 전체 없이도 존재할 수 있듯이 전체
도 그 부분 없이 존재할 수 있다.

비록 '부분'과 '전체'가 이외에도 몇 가지 다른 뜻으로 사용되지만, 지금
은 이 정도로 충분할 것이다.

제 36 장
'대립하는 것들'이라는 명사에 대하여

다음으로 우리는 '대립하는 것들'에 대해 고찰해야 한다. [1] '대립하는 것들'이라는 이름이 영혼 외부에 있는 사물과 영혼 내부에 있는 사물뿐만 아니라 사물의 기호도 의미한다는 점을 알아야 한다. 그러나 기호가 아닌 영혼 외부의 대립하는 모든 사물은 그것이 반대되는 것들일 경우에만 대립한다. 또는 어떤 견해에 따르면, 어떤 것들은 상대적으로 대립한다. 이 점은 분명하다. 왜냐하면 대립하는 모든 사물은 절대적이거나 상대적이다. 전자의 경우, 귀납을 통해 드러나듯 그것들이 반대되는 것들이 아니라면 그것들 사이에 대립이 생길 수 없다. 후자의 경우, 그것들은 반대적으로 또는 상대적으로만 대립할 수 있다. 대립하는 것들 가운데 하나가 절대적인 것이고 다른 하나가 상대적인 것일 경우 그 둘은 대립하지 않는다. 따라서 어떤 사물들이 절대적 형상이고 동일한 기체 안에 동시에 존재할 수 없으며 연속적으로 존재할 수 있는 방식으로 관계될 때 비로소 그것들은 반대되는 것들이다. 그럼에도, 나중에 밝히겠지만 그러한 반대에는 정도가 있다.

한편, 우리가 개념, 음성, 문자 등과 같은 사물의 기호들 사이의 대립

---

1) *Praed.*, 10, 11b16~11, 14a25; Boethius, *In Categorias Aristotelis*, IV, cap. *De oppositis*(PL 64, 263~283) 참조.

에 대해 말한다면, 소요학파들에 따라 '대립하는 것들'이라는 이름은 복합명사와 비복합명사 양자 모두를 서술한다. [2]

　복합명사들이 대립할 수 있는 방식은 3가지가 있다. 첫째, 어떤 것들은 모순되는 것들로 대립한다. 이때 어떤 명제들은 동일한 주어와 동일한 술어를 갖지만, 그 가운데 하나는 긍정명제이고 다른 하나는 부정명제이다. 그러나 이것만으로는 설명이 충분하지 않다. 명제들 중 하나는 전칭이고 다른 하나는 특칭 또는 불확정적이거나, 양자 모두 단칭이어야 한다. 예를 들어, "모든 인간은 동물이다"와 "어떤 인간은 동물이 아니다"라는 명제들은 모순적인 것들로 대립한다. "모든 인간은 동물이다"와 "인간은 동물이 아니다"도 마찬가지다. 이 경우 모순관계를 지니는 이유는 주어가 의미적으로 해석될 때 불확정명제는 언제나 특칭명제와 환치 가능하기 때문이다. 따라서 전칭명제는 불확정명제뿐만 아니라 특칭명제와도 모순된다. 마찬가지로 "어떠한 인간도 동물이 아니다"와 "어떤 인간은 동물이다"도 모순이다. "소크라테스는 동물이다"와 "소크라테스는 동물이 아니다"도 모순이다.

　한편, 어떤 명제들은 반대로서 대립한다. 전칭 긍정명제와 전칭 부정명제가 그 예다. 이 명제들은 주어들이 의미적으로 해석될 때 참이다. 의미적으로 해석되지 않은 경우 반드시 참은 아니다. 예컨대, "'모든 인간'은 전칭기호와 결합하는 일반명사다"와 "'어떠한 인간도'는 전칭기호와 결합되는 일반명사다"는 반대로서 대립하지 않는다.

　대립의 셋째 방식에 붙은 이름은 없다. 하지만 그런 방식의 대립은 모순도 반대도 아닌 명제들이 모순되는 명제들을 함축하거나 하나가 다른 하나의 모순을 함축할 경우 일어난다. 이 때문에 이런 방식의 명제들은 결코 동시에 참일 수가 없다. 예컨대, "어떠한 동물도 달리지 않는다"와

---

2) Boethius, *Introductio ad syllogismos categoricos*(PL 64, cols. 761~794) 참조.

"어떤 인간은 달린다"는 대립하지만 주어가 동일하지 않으므로 반대도 모순도 아니다. 하지만 그것들은 "어떤 인간은 달린다"가 "어떠한 동물도 달리지 않는다"의 모순 명제를 함축하기 때문에 대립한다. 왜냐하면 "어떤 인간이 달린다. 그러므로 어떤 동물은 달린다"라는 추론이 성립하기 때문이다.

앞선 논의를 통해 볼 때 대소대당(大小對當)으로 관계되거나 소반대대당(小反對對當) 관계에 있는 명제들은 대립하지 않는다는 것이 분명하다. 왜냐하면 그것들은 동시에 참일 수 있기 때문이다.

비복합명사들 가운데는 4가지 방식의 대립이 있다. 첫째, 어떤 비복합명사들이 반대되는 경우 대립이 일어난다. 즉, 이런 명사들은 부정적이 아니라 긍정적으로 그리고 단정적으로 모든 것을 의미한다. 다시 말해, 명목적 정의 안에 어떠한 부정이나 부정과 동치인 그 무엇도 있어서는 안 되고, 이와 더불어 그 명사들이 동일한 것에 대해 동시적으로가 아니라 연속적으로만 참임을 서술해야 한다. 둘째, 그것들이 동일한 것에 대해 동시적이거나 연속적으로 참임을 서술할 수 없을지라도 동일한 것 안에 동시적이 아니라 연속적으로 내재할 수 있는 사물을 의미한다면 대립이 일어난다. '흰'과 '검은'이 첫째 방식의 예들이다. 이 명사들은 아무것도 부정적으로는 의미하지 않지만, 의미적으로 해석될 때 동일한 것에 대해 동시적이 아니라 연속적으로 참임을 서술할 수 있기 때문이다. 하지만 나중에 지적하겠지만 이런 방식의 대립에는 정도가 있다. 둘째 방식의 예로는 '흼'과 '검음'이 있다. 이 명사들은 그러한 사물들을 의미하지만 명사들 자체는 동시적으로도 연속적으로도 동일한 것에 대해 참임을 서술할 수는 없다. 첫째 방식처럼 이 방식에도 정도가 있다.

셋째, 어떤 비복합명사들은 결여와 소유로서 대립한다. 그중 하나는 그것이 의미하는 것이 무엇이든 긍정적으로 의미하고, 나머지 하나는 어떤 것을 긍정적으로 의미하지만 그것의 반대가 긍정적으로 의미하는 것을 부정적으로 의미한다. 이 점은 그 이름의 명목적 정의 안에서 분명하게 드러날 수 있다. 왜냐하면 그 정의에서 부정은 그것에 반대되는 소유에 선행하기 때문이다. '봄'은 그것이 의미하는 것이 무엇이든 긍정적으로 의미하므로 '봄'(*visus*)과 '눈멂'(*caecitas*)은 이런 방식으로 연관된다. 왜냐하면 그것의 명목적 정의에는 어떠한 부정도 있어서는 안 되기 때문이다. 하지만 '눈멂'이나 '눈먼'은 어떤 것을 긍정적으로 그리고 어떤 것을 부정적으로 의미한다. 왜냐하면 '눈먼〔자〕'는 "본성상 가질 수 있는 봄을 가지지 못한 자다"라고 정의되기 때문이다. 여기서 어떤 것이 부정어에 선행하고 그것의 의미대상은 '눈먼'에 의해 긍정적으로 전달되기도 하고, 또 어떤 것은 부정에 후행하고 그것의 의미대상은 '눈먼'에 의해 부정적으로 전달되기도 한다. 그 동일한 것이 후행하는 단칭명사3) 때문에 긍정적으로 전달된다고 말하더라도 상관없다. 왜냐하면 그것이 부정적으로 전달된다고 말하는 것으로 충분하기 때문이다. 동일한 것이 동일한 것에 의해 긍정적으로 그리고 부정적으로 모두 전달된다는 사실에는 아무런 문제가 없다. 앞서 말한 것처럼, 동일한 것은 동일한 것에 의해 주격은 물론 사격으로도 의미될 수 있다.

안셀무스는 《악마의 타락》 제11장에서 어떤 것을 긍정적으로 의미하는 것과 부정적으로 의미하는 것 사이의 구별을 암시한다. 4) 여기서 그는 "'무'라는 단어는 의미상으로 '어떤 것이 아님'과 결코 다르지 않다는 점은 분명하다. 나아가 '어떤 것이 아님'이라는 단어는 그것의 의미를 통해 모든 사물과 지성 안에 있는 모든 것을 온전히 제거하며 어떠한 사물도, 또는 지성 안에 있는 어떠한 것도 온전히 보존하지 않는다. 그러나 어떤 사

---

3) '눈먼〔자〕는 본성상 가질 수 있는 봄을 가지지 못한 자다'(*caecus est ille qui non habet visum quem natus est habere*)에서 '자'(*ille*)에 해당하는 단칭명사를 가리킨다.

4) Anselmus, *De casu diaboli*, c. 11 (ed., F. S. Schmitt, 249f).

물의 제거는 그것의 제거가 의미하는 것의 의미를 통하지 않고서는 결코 의미될 수 없다. 왜냐하면 아무도 '인간'이 무엇인지를 이해하지 않고서는 '인간이 아님'이 무엇을 의미하는지는 이해하지 못하기 때문이다. 따라서 '어떤 것이 아님'이라는 이 단어는 어떤 것을 제거함으로써 어떤 것을 의미해야 한다. " 그리고 그는 "그 단어는 제거를 통해 어떤 것을 의미하고, 구성을 통해 어떤 것을 의미하지는 않는다"라고 말한다. 그는 계속해서 "따라서 이러한 방식으로 그것이 아무런 사물도 구성되지 않는 것처럼 파괴를 통해 어떤 것을 의미한다면, 악이 어떠한 것도 아니라는 점과 '악'이라는 이름이 의미적이라는 점은 모순되지 않는다"라고 말한다.

이런 말과 같은 곳에서 안셀무스가 기록한 다른 여러 가지 다른 말로 볼 때, 어떤 비복합명사는 제거와 파괴, 그리고 부정을 통해 어떤 것을 의미하며, 또 어떤 비복합명사는 구성과 긍정을 통해 어떤 것을 의미한다는 것은 명백하다.

이로부터 '눈멂'은 사물의 측면에서는 눈 안에 있지 않듯이, 결여는 긍정적인 것과 결코 구분되지 않는, 영혼 외부의 사물에 속하는 어떤 것이 아니라는 점이 따라 나온다. 앞에서 안셀무스가 말하듯이, [5] "많은 것들이 실재 사물에 대응하지 않는 형식으로 서술된다. 이를테면 '두려워하다'는 실재 사물의 측면에서는 수동태이지만, 말의 형태로는 능동태이다. 마찬가지로, '눈멂'은 실재 사물의 측면에서는 어떤 것이 아니지만, 말의 형식에 따르면 어떤 것이다. 우리가 어떤 것이 봄을 지녔고 봄이 그 안에 있다고 말하듯이, 우리는 어떤 것이 눈멂을 지녔고 눈멂이 그 안에 있다고 말한다. 눈멂은 어떤 것(aliquid)이 아니라 오히려 어떤 것이 아님(non-aliquid)이고, 어떤 것을 지니는 것이 아니라 어떤 것을 결여한다. 이유인즉, '눈멂'은 봄이 마땅히 있어야 할 곳에 봄이 없음이나 봄이 부재

---

5) *Ibid.*, c. 11 (ed., F. S. Schmitt, 250f).

함과 다름없기 때문이다. 그러나 봄의 없음이나 봄의 부재는 봄이 있어서는 안 되는 곳이라기보다는 봄이 있어야 할 곳에서 존재하는 어떤 것이 아니다. 바로 눈 안에 봄이 있어야 하기 때문에 봄이 있어서는 안 되는 돌이 아니라 눈 안에 눈멂이 있다는 점이 따라 나오지 않는다."

이 전거로 볼 때, 눈멂이 실재 사물의 측면에서 눈 안에 존재하는 어떤 것이 아니라는 점, 그리고 결과적으로 실재 사물의 측면에서는 어디에도 존재하지 않는다는 점은 분명하다. 따라서 영혼 외부에 있는 것들은 결여된 것으로서 대립하지 않는다. 오히려 사물들의 기호들 중 하나는 어떤 것을 긍정적으로 의미하고 나머지 하나는 긍정적으로 의미된 것을 부정적으로 의미할 때 이 둘이 결여된 것으로 대립한다.

한편, 동일한 것의 측면에서 동일한 것에 대해 참임을 서술할 수 있는 상대적 이름들은 상대적으로 대립한다. 이것은 영혼 외부의 사물들이 상대적으로 대립하는지 여부와 상관없이 참이다. 하지만 그것은 내가 '상대적 이름'이 영혼 외부에 있다는 점을 부정하기 때문은 아니다. 왜냐하면 '상대적인 것'이 사물의 이름뿐만 아니라 사물에 관해서도 말할 수 있기 때문이다. 한편, 어떤 이름들은 관계적이라는 점은 관계적 이름을 이름의 한 종으로 설정하는 문법가들을 통해 분명하게 드러난다. 6)

넷째, 비복합명사들은 그중 하나가 어떤 것이나 어떤 것들을 긍정적으로 의미하고 다른 하나가 어떤 것도 긍정적으로 의미하지 않은 채 그 어떤 것이나 어떤 것들을 부정적으로 의미할 때 모순으로 대립한다. 예를 들어, '인간'은 모든 인간을 긍정적으로 의미하고, '비-인간'(non-homo)은 확정적이거나 한정적인 방식으로 아무것도 긍정적으로 의미하지 않은 채 그 동일한 모든 인간을 부정적으로 의미한다. 내가 이 말을 부언하는

---

6) Priscianus, *Institutiones grammaticae*, II, c. 5, n. 27 (ed., A. Krehl, I, 74).

까닭은 '비-인간'이 당나귀를 의미하고 이로부터 '당나귀는 비-인간이다' 에서 '비-인간'이 당나귀를 지칭한다고 말하는 궤변가 때문이다.

모든 대립하는 것들은 그 자체로는 긍정적이고 절대적인 존재자들이 라는 점, 그리고 그것들이 자신들을 지칭할 때 '실재적 존재자'라는 표현 은 그것들에 대해 참임을 서술할 수 있다는 점을 알아야 한다. 따라서 만 일 "비존재자는 존재자다"라는 명제에서 주어가 그 자신을 지칭한다면, 그 명제는 참이다. 왜냐하면 그 주어는 참으로 하나의 존재자이기 때문 이다. 그것은 주어이면서 명제의 일부이고 어떠한 명제도 비존재자로 이 루어지지 않는다.

그럴 경우 혹자는 대립하는 것들 가운데 하나가 나머지 것을 서술한다 는 반론을 제기할 수 있다. 이에 대립하는 것들 가운데 하나가 나머지 하 나를 서술할 경우, 후자가 의미적으로 지칭하지 않고 단순하게 또는 질료 적으로 지칭한다면 아무런 문제가 없다고 답변해야 한다. 따라서 "'비-표 현'은 표현이다", "'비-단순'은 단순이다", 그리고 "'비-부분'은 부분이다" 와 같은 명제들은 참이다. 마찬가지로, "'비-단어'는 단어이다"라는 명제 는 참이다. 만일 주어가 자신을 지칭한다면, 그것이 단어라는 점은 확실 하다. '비-단어'라고 말할 때 이 단어는 단어이기 때문이다.

대립하는 것들에 대해 이 정도로 충분하다. 내가 여기서 생략한 많은 논점은 《범주론 주해》에서 설명했다.

제 37 장
'수용'(passio)[1]이라는 명사에 대하여

이제 논리학자들이 증명을 다루면서 빈번하게 사용하는 '수용'이라는 어휘를 논의해야 한다.

《범주론 주해》에서 내가 말했듯이,[2] 이 어휘는 다양한 뜻으로 사용될 수 있지만, 논리학자들의 사용방식을 따르면 '수용'은 수용의 주어에 내속하는, 영혼 외부의 어떤 사물이 아니라 수용의 주어에 대해 둘째 방식의 그 자체로 서술될 수 있는, 심적, 음성, 문자 가능술어다. 정확하게 그리고 엄밀하게 말해 수용은 음성 가능술어도 문자 가능술어도 아니라 심적 가능술어일 뿐이다. 그러나 "모든 인간은 웃을 수 있다"라는 음성명제에서 수용이 그것의 주어를 서술한다고 말하는 것처럼, 부차적으로 그리고 넓은 뜻에서는 음성이나 문자도 수용이라고 말할 수 있다.

한편, 수용은 서술할 수 있는 기호가 아닌 영혼 외부의 사물일 수 없다는 점이 분명하다. 철학자들에 따르면 수용은 그것의 주어를 둘째 방식의 그 자체로 서술하지만,[3] 오직 개념, 음성, 문자만이 서술한다. 왜냐하

---

1) *passio*에 적합한 우리말을 찾기가 쉽지 않다. 능동(*actio*)과 대비되는 뜻으로 사용될 경우 *passio*는 수동으로 번역될 수 있지만, 여기서는 질적 변이를 수용함으로써 일정한 속성이나 양태를 갖게 되는 뜻으로 사용되기에 '수용'으로 옮긴다.

2) *Exp. Praed.*, c.14.

3) *APo.*, I, 4, 73a37~73b5 참조.

면 명제는 이것들로만 이루어질 뿐 영혼 외부의 실재 사물들로 이루어지지 않기 때문이다. 따라서 수용은 영혼 외부의 사물이 아니다.

또한, 존재자에 대해서도 수용들이 있다. 그러나 그것들이 공통적인 것에 내속하지 않는다는 점은 분명하다. 그러므로 수용은 영혼 외부의 사물이 아니다.

또한 철학자들에 따르면, 모든 수용은 우선적으로 어떤 보편자에 속한다. 그러나 외부의 어떠한 사물도 우선적으로 어떤 보편자에 내속하지 않는다. 그러므로 수용은 영혼 외부의 사물이 아니다.

또한, 신에게 고유한 수용들이 신을 서술한다. 그러나 어떠한 다른 사물도 신에 내속하지 않는다. 그러므로 수용은 그것의 주어에 내속하는 사물이 아니다.

그렇다면 수용은 그것의 주어를 둘째 방식의 그 자체로 서술할 수 있는 어떤 것일 뿐이므로 모든 수용은 명제의 부분일 수 있고, 결과적으로 수용이 영혼 외부의 사물이 아니라고 결론 내려야 한다. 이로부터 주어가 그것의 수용 없이 자연세계의 사물들 안에 존재하는 것은 불가능하지 않다는 점과 수용이 그것의 주어 없이 존재하는 것은 불가능하다는 점이 따라 나온다. 따라서 주어는 그것의 수용 없이 존재할 수 없다고 말하는 권위 있는 저술가들의 주장[4] 은 특히 '존재하다'가 그 주어를 서술하기만 한다면 수용은 부정명제를 통해 그것의 주어에서 제거될 수 없다는 뜻으로 이해해야 한다. 그러므로 "신은 창조적이지 않다"라는 명제는 불가능하다. 그럼에도 술어가 자연세계의 사물들 안에 있지 않을 때에도 신은 있을 수 있고 있기도 했다.

수용은 어떤 점에서는, 즉 주격 또는 사격으로, 긍정적으로 또는 부정

---

4) Scotus, *Ordinatio*, I, d. 3, pars 2, q. 1, n. 326 (ed., Vaticana, III, 196f) 참조.

적으로 그 주어와 다른 어떤 것을 의미할지라도, 언제나 주어가 지칭하는 것과 동일한 것을 지칭한다는 점도 알아야 한다. 따라서 긍정적이라고 부르는 수용도 있고 부정적이라고 부르는 수용도 있다.

앞의 논의에서 볼 때, 어떻게 '하나'가 존재자의 수용이며 수용을 지니는 그 존재자, 즉 그 공통적인 것과 실재적으로 구별되지만 그 공통적인 것이 의미하는 것과 동일한 것을 의미하는지 분명해질 수 있다. 하지만 명목적 정의에서 분명해지듯이, 그것은 다른 방식으로 의미한다. 그러므로 기체와 수용이 동일한 것을 지칭하고 하나가 나머지 하나에 대해 서술하는 것이 필연적이라고 할지라도 그것들은 실재적으로 동일하지 않다는 점은 일반적으로 참이다.

제 38 장
'존재자'라는 명사에 대하여

제 2지향의 명사와 제 2명명의 명사를 논의했으므로, 이제 범주라고 규정되는 제 1지향의 명사를 살펴보아야 한다. 그러나 먼저 우리는 기호가 아닌 것과 기호인 것 모두를 포함하여 모든 사물에 공통되는 어떤 것들에 관해 말해야 한다. '존재자'와 '하나'가 이런 종류의 명사들이다.

'존재자'라는 명사는 두 가지 방식으로 사용된다는 점을 알아야 한다. 첫째, 초월 범주 명사가 그것의 '무엇임'을 묻는 물음에서 술어가 될 수 있는 방식과 같이, '존재자'라는 이름은 '무엇임'을 묻는 물음에서 모든 사물을 서술할 수 있는, 모든 사물에 공통되는 하나의 개념에 상응하는 것으로 사용된다.[1]

모든 것을 서술할 수 있는 하나의 공통 개념이 있다는 점은 다음과 같이 입증될 수 있다. 만일 그런 공통 개념이 없다면 서로 다른 사물들에 공통적인 서로 다른 개념들이 있게 된다. 그것들을 a와 b라고 하자. 이 가정에 따라 a와 b보다 더 공통적인 어떤 개념이 c와 같은 어떤 것을 서술할 수 있다는 점을 다음과 같이 보일 수 있다: "c는 b이다", "c는 a이다", 그리고 "c는 어떤 것이다"와 같은 음성명제들이 만들어질 수 있듯이, 그러

---

1) 존재자 개념의 일성과 관련한 보다 광범위한 오캄의 논의는 *Ord.*, I, d. 2, q. 9(*OTh* II, 292~336) 참조.

한 3가지 명제를 마음 안에 만들 수 있다. 이 중 처음 두 명제는 불확실하지만 셋째 명제는 확실하다. 왜냐하면 어떤 이는 "c는 b이다"와 "c는 a이다" 둘 다에 대해 잘 알지 못하지만, "c는 어떤 것이다"는 알기 때문이다. 만일 이 점이 인정된다면, 나는 다음과 같이 논증한다. 이 명제들 중 둘은 불확실하지만 나머지 하나는 확실하다. 그 3가지 명제들의 주어는 모두 동일하다. 그러므로 그것들의 술어는 서로 다르다. 그렇지 않다면, 동일한 명제가 확실한 동시에 불확실하게 될 것이며, 그것에서 나오는 두 명제가 여기서는 불확실하다. 그것들의 술어가 서로 다르다면, "c는 어떤 것이다"의 술어는 "c는 b이다"와 "c는 a이다"의 술어가 아니다. 전자의 술어는 후자의 술어들과 다르다. 하지만 그 술어가 다른 술어들보다 덜 공통적이지는 않고, 그것들과 환치 가능하지도 않다는 점은 분명하다. 그러므로 그것은 다른 술어들보다 더 공통적이다. 열등한 것들과 다른 어떤 정신의 개념이 모든 존재자에 공통된다는 점이 우리가 설명하고자 했던 것이다. 이 점을 인정해야만 한다. 왜냐하면 하나의 단어가 모든 것을 서술할 수 있듯이, 정신의 어떤 하나의 개념이 모든 존재자나 존재자를 가리키는 모든 대명사를 서술할 수 있기 때문이다.

그러나 모든 존재자에 공통되는 단 하나의 개념이 있음에도 '존재자'라는 이름은 다의적이다. 왜냐하면 내가 포르피리오스의 주해서에서 밝혔듯이, 존재자가 의미적으로 해석될 때 하나의 개념을 따라 종속되는 모든 것을 서술하지 않고 그 개념에 대응하는 서로 다른 개념들을 서술하기 때문이다.[2]

더욱이 철학자[아리스토텔레스]가 《형이상학》 제 5권에서 말하듯이[3] " '존재자'는 우유적으로 사용될 때도 있고 그 자체로 사용될 때도 있다"는

---

2) *Exp. Porph. Praed.*, c. 3, §10(ed., E. A. Moody, 44~47).
3) *Metaph.*, V, 7, 1017a7~8.

점을 알아야 한다. 이 구별이 존재자가 그 자체로도 있고 우유적으로 있다는 뜻으로 이해돼서는 안 된다. 오히려 그는 거기서 하나가 '이다'(*est*) 동사의 매개를 통해 다른 것을 서술할 수 있는 서로 다른 방식들을 보여준다. 이 점은 철학자〔아리스토텔레스〕가 사용하는 예에서 분명히 드러난다.[4] 왜냐하면 우리가 "음악적인 것은 우유적으로 정의롭다"와 "음악적인 것은 우유적으로 인간이다", "음악적인 것이 우유적으로 〔집을〕 짓는다"라고 말한다는 것이 그의 주장이기 때문이다. 이 예들로부터 그는 어떤 것이 다른 어떤 것을 서술하는 서로 다른 방식들을 말하고 있을 뿐이라는 점이 명백하다. 왜냐하면 어떤 것은 다른 어떤 것을 그 자체로 서술하고 어떤 것은 다른 어떤 것을 우유적으로 서술하기 때문이다.

어떤 것은 그 자체의 존재자가 아니고 또 어떤 것은 우유적 존재자라는 점이 명백하다. 왜냐하면 어떠한 것도 실체가 아니면 우유이기 때문이다. 실체뿐 아니라 우유도 그 자체의 존재자다. 그러므로 존재자라는 이름은 다의적이다.

하지만 이 점은 어떤 것이 다른 어떤 것을 그 자체로 서술하기도 하고 우유적으로 서술하기도 하더라도 유효하다.

마찬가지로, 존재자는 가능적 존재자와 현실적 존재자로 구분된다. 이 점을 자연세계의 사물들 안에 있지는 않지만 있을 가능성을 지닌 존재자와 자연세계의 사물들 안에 현실적으로 있는 존재자가 있다는 뜻으로 이해해서는 안 된다. 오히려 아리스토텔레스는 《형이상학》 제5권에서 존재자를 가능태와 현실태로 구분함으로써 '존재자'라는 이름이 가능적인 것에 대한 명제들과 동치가 아닌, 단지 내재에 관한 명제들에서 '이다'라는 동사의 매개에 의해 어떤 것을 서술한다는 점을 보이고자 했다.[5]

---

4) *Ibid.*, V, 7, 1017a8~10.
5) *Ibid.*, V, 7, 1017a35~1017b9.

따라서 그는 "소크라테스는 존재자다"와 "흼은 존재자다"라고 말한다. 그러나 존재자는 가능적인 것에 대한 명제나 그것과 동치인 명제에서만 서술될 뿐이라는 점을 보여 주고자 했다. 따라서 그는 "적(敵) 그리스도가 존재자일 수 있다"와 "적그리스도는 가능적 존재자다"라고 말한다. 그러므로 그는 같은 곳에서 앎과 쉼과 같은 존재자는 가능적으로도 현실적으로도 서술될 수 있지만 현실적으로 알거나 쉬지 않는 그 무엇도 알거나 쉬는 것이 아니라고 말하고자 한다.

존재자의 다른 구분들에 대해서는 다른 곳에서 분명해질 것이다. 6) 간결하게 하기 위해 여기서는 이 정도로 충분할 것이다.

---

6) 여기서 오캄은 아리스토텔레스의 《형이상학》 주해서를 염두에 두었을 수 있다. 이 저술은 완성되지 못했다. 존재자의 구분과 관련해서는 제 40장 참조.

제 39 장
'하나'라는 명사에 대하여

'하나'는 존재자를 둘째 방식의 그 자체로 서술할 수 있기 때문에 존재자의 수용이다. 왜냐하면 '하나'가 '존재자'와 동일한 것을 의미하더라도 그 둘의 의미방식은 다르기 때문이다. '존재자'는 무엇이든 긍정적으로 의미한다. 하지만 '하나'는 '존재자'가 의미하는 모든 것을 긍정적으로 그리고 부정적으로도 의미한다. 이는 그것의 명목적 정의에서 분명해진다.

'하나'에는 여러 가지 뜻이 있다. 왜냐하면 철학자〔아리스토텔레스〕의 《형이상학》제5권에 따르면, "그 자체로 하나라고 말해지는 것도 있고, 우연적으로 하나라고 말해지는 것도 있기" 때문이다. [1] 이것은 '하나'라는 이름이 어떤 것들을 우연적으로 서술하므로 그런 명제가 우연적이라는 뜻으로 이해해야 한다. "코리스쿠스와 음악적인 자는 하나다"가 우연적 명제이듯이, "정의로운 것과 음악적인 것은 하나다"도 우연적 명제다. 그럼에도 "음악적인 것과 정의로운 것은 그 자체로 하나다"와 "음악적인 자와 코리스쿠스는 그 자체로 하나다"라는 명제들은 참이다. 그리고 만일 전거들에서[2] "음악적인 것과 흰 것은 우연적으로 하나다" 또는 "음악적인 자는 코리스쿠스와 우연적으로 하나다"와 같은 명제들을 발견한다면 그것들은

---

1) *Metaph.*, Ⅴ, 6, 1015b16~17.
2) *Ibid.*, Ⅴ, 6, 1015b17~36.

"'음악적인 것과 흰 것은 하나'라는 명제는 우연적이다"와 "'음악적인 자와 코리스쿠스는 하나'라는 명제는 우연적이다"라는 뜻으로 이해해야 한다. 어떻게 이 명제들이 동치가 아니고 서로 구별되는지에 대해서는 다음에 드러날 것이다.

그 자체로 하나는 '하나'를 우연적으로가 아니라 그 자체로 서술하는 것(들)에 대해 술어가 되는 것이다. 비록 철학자[아리스토텔레스]가 《형이상학》 제5권에서[3] 그 자체로 하나의 여러 양태를 설정하더라도, 지금은 단지 논리학자들이 빈번하게 사용하는 3가지 양태를 고찰하는 것으로 충분하다.

첫째, 어떤 것들은 수적으로 하나라고 말한다. 즉, '수적으로 하나'라는 가능술어는 동일한 것을 지칭하는 명사들에 대해 참임을 서술한다. "저 인간과 소크라테스는 수적으로 하나다"와 "마르쿠스와 툴리우스는 수적으로 하나다"가 그런 예다. 따라서 아리스토텔레스가 《형이상학》 제5권에서[4] "수적으로 하나인 것은 질료에서 하나인 것이다"라고 말할 때 그것은 단지 질료나 형상에서 구별되지 않을 때 수적으로 하나라는 뜻으로 이해해야 한다.

둘째, 어떤 것들이 동일한 종에 속할 경우 '종적으로 하나'라고 말한다. 따라서 종적으로 하나인 것은 모두 수적으로 여럿이거나 수적으로 하나다. 아리스토텔레스는 《변증론》 제1권에서 "종적으로 같은 것들은 여럿이면서 (여기에 "수적으로 하나가 아니라면"을 보충하라) 동일한 종 아래 포함되는 것들이다"[5] 라고 말한다.

셋째, 동일한 유 아래 포함되는 것들은 '유적(類的)으로 하나'다. 따라서 유적으로 하나인 것은 모두 종적으로나 수적으로도 여럿이거나 종적

3) *Ibid.*, Ⅴ, 6, 1015b16~1017a6.
4) *Ibid.*, Ⅴ, 6, 1016b32~33.
5) *Top.*, Ⅰ, 7, 103a10~11.

으로 하나다. 아리스토텔레스는 다음과 같이 말한다. "수적으로 하나인 것은 모두 종적으로 하나다. 그러나 종적으로 하나인 것은 모두 수적으로 하나가 아니다. 종적으로 하나인 것은 모두 유적으로 하나지만, 종적으로 하나인 것은 모두 종적으로 하나는 아니다."6)

이로부터 수적으로 하나이거나 여럿이 아니라면 종적으로 하나가 되지 않는다는 점이 따라 나온다. 결론적으로 종적으로 하나이면서 수적으로는 하나도 여럿도 아닌 본성은 결코 있을 수 없다. 마찬가지로 어떤 본성이 종적으로 하나이거나 여럿이 아니라면 유적으로 하나일 수 없다. 그러므로 여러 개별자들이 종적으로 하나이며, 한 개별자와 다른 개별자가 종적으로 하나라고 말해야 한다.

마찬가지로, 서로 다른 종에 속하는 여러 개별자들은 유적으로 하나고, 하나의 종에 속하는 하나의 개별자는 다른 종에 속한 다른 개별자와 유적으로 하나다. 이를테면 소크라테스와 이 당나귀는 유적으로 하나다. 즉, 하나의 유가 소크라테스와 이 당나귀에 서술될 수 있다. 마찬가지로, 소크라테스와 플라톤은 종적으로 하나다. 즉, 소크라테스와 플라톤은 하나의 종 아래 포함되거나 양자 모두에 공통되는 하나의 종을 추상할 수 있는 것들이다.

소크라테스와 플라톤이 실재적으로 하나가 아니라고 말한다면 '하나'를 종적으로 하나인 것들을 서술할 수 있는 것으로 이해함으로써 그들이 실재적으로 하나라고 대답해야 한다. 왜냐하면 실재적으로 소크라테스와 플라톤에서 하나의 종을 추상할 수 있기 때문이다. 따라서 수적 일성보다 덜한 일성이 있다는 점을 인정해야 한다. 7) 하지만 '하나'를 그런 뜻

---

6) *Metaph.*, Ⅴ, 6, 1016b36~1017a2.
7) Scotus, *Opus Oxon.*, Ⅱ, d. 3, q. 1, n. 7 참조: " … 어떤 것은 모든 지성의 작용 없이도 사물 안에 있는 실재적 일성으로, 수적 일성 또는 개별자에 고유한 일성보다 덜한 일성이다"(ed., Wadding, Ⅵ, 357).

으로 이해할 경우 그러한 개별자들 자체는 실재적으로 하나이므로 개별
자나 개별자들과 구별되는 그 무엇도 하나가 될 수 없다.

제 40 장
'범주'라는 명사에 대하여

앞서 논의한 것 다음으로 '존재자'보다 하위에 있는 10가지 범주에 대해 말하겠다. [1]

'범주'라는 이름이 서술하는 것들은 제 1지향의 비복합 이름들이라고 할지라도, 그 이름은 '유'라는 이름처럼 제 2지향의 이름이라는 점을 알아야 한다.

하지만 범주는 두 가지 뜻으로 사용된다. 첫째, 그것은 상위의 것과 하위의 것에 따라 질서가 부여되는 것들의 질서 전체라는 뜻으로 사용된다. 둘째, 범주는 그 질서 안에서 으뜸가고 가장 공통적인 것이라는 뜻으로 사용된다. 범주를 둘째 뜻으로 사용할 경우, 모든 범주는 제 1지향의 비복합 이름이다. 왜냐하면 그것은 기호가 아닌 실재 사물을 의미하기 때문이다. 하지만 범주를 첫째 뜻으로 사용할 경우, 그러한 질서 안에는 제 1지향의 비복합 이름이 있을 뿐만 아니라 제 2지향의 비복합 이름도 있다고 말할 수 있다. 달리 말하자면, 제 1지향에 대한 범주도 있고 제 2지향에 대한 범주도 있다. 따라서 지향이나 개념을 정신 안에 주체적으로 존재하는 성질로 이해하는 견해에 따르면, [2] '유'라는 이런 공통적 명사는

---

1) 오캄은 《아리스토텔레스 범주론 주해서》(*Exp. Praed.*)에서 범주와 관련해 보다 풍부하게 논의한다.
2) 이러한 견해는 앞서 제 12장에서 등장했다.

성질이나 관계의 범주에 속한다. 이유인즉, 그 견해에 따르면 모든 유는 성질이기 때문이다. '유'라는 이런 공통적 명사는 제2지향이거나 제2지향의 이름이지만, '색깔'이라는 공통적 명사는 제1지향이다. 다른 많은 것들도 마찬가지로 말할 수 있다.

누군가 제1지향이 제2지향보다 상위에 있지 않다는 반론을 제기할 수 있다.

마찬가지로, 제1지향이 제2지향을 서술할 수 없거나 그 역도 마찬가지라는 반론을 제기할 수 있다.

마찬가지로, 다음과 같이 반론을 제기할 수 있다: 이성의 존재자가 실재의 범주에 속할 수 없지만 제2지향은 이성의 존재자다. 그러므로 그것은 실재의 범주에 속하지 않는다.

첫째 반론에 대해, '존재자'가 제1지향이지만 제2지향보다 상위의 것이듯이, 제1지향도 제2지향보다 상위에 있다고 말해야 한다. 모든 제2지향은 존재자이지만, 그 역은 참이 아니기 때문이다.

둘째 반론에는 다음과 같이 말해야 한다. 제1지향과 제2지향 모두 그 자체를 지칭할 경우 전자는 후자를 서술하지 않는다. 사정이 그러하다면 제1지향과 제2지향은 동일하게 될 것이라는 점을 인정해야 하기 때문이다. 물론 그것은 거짓이다. 그럼에도 그 자체가 아니라 제2지향을 지칭하는 제1지향은 제2지향을 서술할 수 있다. 따라서 "실체의 유는 성질이다"라는 명제는 참이다. 그럼에도 '성질'이라는 이 범주는 그 자체에 대해서는 아니지만 유인 제2지향에 대해서 참임을 서술한다. '이름은 성질이다'라는 음성명제에서 제1명명의 이름은 제2명명의 이름을 서술한다. 즉, 그것은 그 자체가 아니라 서술되는 제2명명의 이름을 지칭한다. 그러나 어떠한 제2명명의 이름도 제1명명의 이름은 아니다.

셋째 반론에 대해, '범주에 속함'이라는 명사는 두 가지 뜻으로 사용된다는 점을 말해야 한다. 첫째, 의미적으로 해석될 때 그 범주 안에 있는 첫 번째 명사[3]가 그 대상을 지시하는 대명사를 서술할 때를 '범주에 속함'이라고 말한다. '범주에 속함'을 이런 뜻으로 사용할 경우 오직 특수한 실체만이 실체의 유에 속한다. 특수한 실체를 제외한 실체란 존재하지 않기 때문이다. '범주에 속함'을 이런 뜻으로 사용할 경우, 실체만을 전달하는 모든 보편자조차 성질의 범주에 속한다. 모든 보편자는 성질이기 때문이다. 둘째, '범주에 속함'은 의미적으로 해석될 때 의미적으로 해석되는 그 범주 안에 있는 첫 번째 명사를 술어로 취한다는 뜻으로 사용된다. 이런 뜻에서 어떤 보편자들은 실체의 유에 속한다. '실체'가 의미적으로 해석될 경우 의미적으로 해석되는 어떤 보편자들을 서술하기 때문이다. 따라서 "모든 사람은 실체다", "모든 동물은 실체다", "모든 돌은 실체다" 등과 같이 말한다. 이런 뜻에서 어떤 보편자들은 성질의 범주에 속하며, 나머지 범주에 대해서도 마찬가지다. 따라서 "이성의 존재자는 실재의 범주에 속할 수 없다"는 명제는 '범주에 속함'을 첫째 뜻으로 해석하든 둘째 뜻으로 해석하든 상관없이 거짓이다.

그럼에도 지향, 개념, 또는 영혼의 수용을 정신의 성질이라고 주장하는 견해에 의하면,[4] 그것이 자연세계의 사물들 안에 존재하는 참된 사물이 아니기 때문에 '이성의 존재자'라고 부르지 않는다는 점을 알아야 한다. '이성의 존재자'라고 부르는 이유는 그것이 단지 이성 안에만 존재하고, 정신의 이러저러한 목적을 위해 사용되기 때문이다. 따라서 모든 명제, 추론, 심적 명사는 이성의 존재자들이다. 그럼에도 그것들은 자연세계의 사물들 안에 실재적으로 존재하고, 물질적 성질보다 더 완전하고 더 실재적인 존재자들이다. 그러므로 주석가[아베로에스][5]와 철학자[아리

---

3) 범주와 가장 근접한 것들, 즉 그 범주로 묶이는 여러 개별자들을 의미하는 명사들을 일컫는다.

4) 이 견해 역시 앞서 제12장에서 언급되었다.

5) Averroes, In *Aristotelis metaphysicam*, VI, t. 8 (ed., Iuntuna, VIII, f. 72r).

스토텔레스]6)가 존재자를 먼저 실재적 존재자와 이성의 존재자, 또는 영혼 안에 있는 존재자와 영혼 밖에 있는 존재자로 구분하고, 그다음에 실재적 존재자를 10가지 범주로 구분할 때, 그 구분은 동물이 이성적 동물과 비이성적 동물로 구분되는 것처럼 단적으로 대립하는 것들에 의한 구분이 아니다. 그보다는 아리스토텔레스가 《분석론 전서》 제1권에서7) 우연적인 것을 필연적으로 우연적인 것(contingens necessarium), 둘 중에 하나(ad utrumlibet), 가능적인 것 일반(possibile commune)으로 구분하는 것처럼 단어를 의미로 구분하는 것이다. 따라서 "필연적으로 우연적인 것은 가능하다"와 "둘 중에 하나는 가능하다"가 참이기에 3가지 구성요소 가운데 하나는 나머지들을 서술하듯이, 존재자의 구분에도 불구하고 '실재적 존재자'를 자연세계의 사물에 존재하는 참된 성질인 것으로 해석하는 경우, "이성의 존재자는 실재적 존재자다"라는 명제가 참이다. 그러나 '실재적 존재자'나 '영혼의 외부'가 영혼 안에 있지 않은 것만을 나타낸다면, 존재자를 10가지 범주로 구분하는 것은 그 자체로 공통적인 것을 하위의 것으로 구분하는 것이 아니다. 오히려 그런 구분은 반대로 "이 범주에 의해 전달되는 영혼 외부의 실재적 존재자도 있고, 저 범주에 의해 전달되는 존재자도 있다" 또는 "영혼 외부의 모든 실재적 존재자는 이런 범주에 속하든 아니면 저런 범주에 속한다"라는 구분과 유사하며 의미적으로 동치이다. 그럼에도 이와 더불어 영혼 외부에 있는 존재자들이 아닌 많은 것들도 이런 범주들에 속한다는 점을 인정해야 한다.

---

6) Metaph., VI, 4, 1027b17~1028b6.
7) APr., I, 3, 25a27~41; 13, 32b4~13.

제 41 장
범주의 수에 대하여

이제 범주의 수에 대해 살펴보아야 한다. 모든 저술가는 10가지 범주가 있다고 주장한다. 그러나 최근의 여러 저술가들은 범주의 설정방식에서 고대 저술가들과 의견을 달리하는 것처럼 보인다. 이유인즉, 여러 저술가들은 모든 범주 안에 상위의 것과 하위의 것에 따라 질서가 부여되는 것들이 많으므로, "모든 a는 b다"와 같은 서술처럼 상위의 것은 임의의 하위의 것을 첫째 방식의 그 자체로 서술하고, 주격으로도 서술한다고 주장한다. 따라서 그러한 서술 형태를 위해, 부사에 추상적 이름을 만든다. 예컨대, 부사인 '언제'(quando)에서 '언제임'(quandalitas)과 같은 추상적 이름을 만들고, '어디에'(ubi)에서 '어디임'(ubitas)이라는 추상적 이름을 만든다.

하지만 고대인들이 모든 범주에 이런 체계를 상정하지는 않은 것처럼 보인다. 그래서 그들은 '범주' 등과 같은 이름들과 '유'와 '종' 등과 같은 이름들을 최근의 여러 저술가보다 넓은 뜻으로 사용했다. 따라서 고대인들이 상위의 것이 하위의 것을 항상 서술하고 모든 범주가 그 아래 종을 포함한다고 주장했을 때, 우리가 "사람이 걷는다"는 명제에서 '걷는다'가 '사람'을 서술하고, "그 사람은 신을 신고 있다"와 "그 사람은 무장했다"는 명제의 술어에 대해 말할 때 그러하듯이 그들은 '서술한다'라는 동사를 동사에 적용하는 방식으로 확장해서 사용했다. 그들은 또한 〔이날은〕오늘이다"(*iste est hodie*), 1) "[그날은] 어제였다", "그는 집에 있다", "그는 도시에 있다"와 같은 명제에서처럼, 술어를 부사와 격변화하는 목적어를 동반하는 전치사의 술어를 포함하는 것으로 확장해서 사용했다. 그러한 서술들 중 어떤 것은 이런 방식으로 모든 범주에서 발견된다. 그럼에도 주격의 명사만을 포함하는 고유한 술어가 항상 있을 필요는 없다. 따라서 서술을 엄밀한 뜻으로 사용할 경우 상위와 하위의 모든 체계가 서술에 따라 형성되는 것은 아니고, 서술을 넓은 뜻으로 사용할 경우 어떤 체계는 추론과정과 서술과정에 있다.

고대인들의 생각이 나에게 좀더 합리적으로 보이기에, 앞으로 그들의 생각을 먼저 밝힐 것이다. 우선 이것은 범주를 열거하는 아리스토텔레스에 의해 입증될 수 있다. 그는 "결합에 따라 말해지지 않는 단어들은 실체, 성질, 양, 관계, 장소, 시간, 자세, 소유, 능동 또는 수동을 의미한다"고 설명한다. 2) 그다음에 그는 예를 들어 "어느 곳에서와 같은 장소, 어제와 같은 시간, 앉아 있다와 누워 있다와 같은 자세, [신을] 신고 있다와 무장하고 있다와 같은 소유, 자름과 태움과 같은 능동"을 말한다. 그는 능동과 수동에 대한 장에서도 동일한 설명을 한다. 3)

또한, 다마쉐누스는 《논리학》 제32장에서 말한다:4) "10가지 모든 범주, 즉 모든 비복합 단어가 속하는 가장 일반적인 10가지 유가 있다는 점을 알아야 한다. 그것들에는 돌과 같은 실체, 둘과 셋과 같은 양, 아버지와 아들 같은 관계, 흰과 검은과 같은 성질, 튀루스5)에 있다와 다마스쿠

---

1) 영어로는 "*This is today*"와 같은 표현이다.
2) *Praed.* 4, 1b25~2a4.
3) *Ibid.*, 9, 11b8~14.
4) Damascenus, *Dialectica*, c. 48(PG 94, col. 622C). trans. Robertus Grosseteste, c. 32(ed., cit., 29).
5) 옛 페니키아의 항구도시.

스⁶⁾에 있다와 같이 곳을 드러내는 장소, 어제와 내일과 같이 때를 표현하는 시간, 옷을 입고 있다와 같은 소유, 서 있다와 앉아 있다와 같은 자세, 태움과 같은 능동, 태워짐과 같은 수동이다."

한 사람은 성인(聖人)이고, 다른 한 사람은 철학자인 이 두 저술가는 범주가 영혼의 지향 또는 다양한 단어들을 포함하는 비복합 이름과 다름 없다는 뜻으로 사용하지만 그것들을 고유한 서술에 의해 그리고 주격으로 서술하지는 않는다는 점을 충분히 보여 준다.

이 점을 분명하게 하기 위해 고대인들의 생각에 따르면 범주 안에는 비복합 이름들만 존재하고, 그것들로부터 긍정과 부정, 즉 긍정명제와 부정명제가 구성될 수 있다는 점을 알아야 한다. 이런 이유 때문에 아리스토텔레스는 동일한 곳에서 "따라서 말해진 것들 가운데 어느 것도 그 자체로는 긍정〔명제〕의 형태로 말해지지 않으며, 그것들이 서로 결합되어 긍정〔명제〕가 생겨난다"고 말한다.⁷⁾

마찬가지로, 언급된 것처럼 다마쉐누스는 10가지 범주 아래 "모든 비복합 단어가", 즉 긍정도 부정도 아닌 모든 단의어적 단어가 "포함된다"고 말한다. 범주 아래 포함되는 명사들이 명제를 구성할 수 있는 비복합 명사라는 점이 그들의 생각이다. 이 점은 비복합 음성명사뿐만 아니라 심적 명사에도 유효하다. 그럼에도 앞에서 언급했듯이,⁸⁾ 심적 명사가 보다 앞선 것이다.

주석가〔아베로에스〕가 《형이상학 주해서》 제 7권에 지적하듯이,⁹⁾ 범주들 사이의 구별은 실체나 개별적 실체에 대한 의문사들 사이의 구별에

---

6) 시리아의 수도.

7) *Praed.* 4, 2a4~7.

8) Damascenus, *Dialectica*, c. 48 (PG 94, col. 622C). trans. Robertus Grosseteste, c. 32 (ed. , cit. , 29).

9) Averroes, In *Aristotelis metaphysicam*, Ⅶ, t. 14 (ed. , Iuntina, Ⅷ, f. 77v).

서 도출된다. 실체에 제기되는 상이한 질문은 상이한 비복합 이름에 의해 대답되고, 이것에 따라 상이한 이름들이 상이한 범주 안에 자리 잡는다. 따라서 개별적 실체에 제기된 "그것이 무엇인가?"라는 질문에 적절하게 대답할 수 있게 하는 비복합 이름 모두는 실체의 범주에 속한다. '사람', '동물', '돌', '물체', '땅', '불', '태양', '달'이 그 예다. 실체에 제기된 "그것은 어떠한가?"라는 질문에 적절하게 대답할 수 있게 하는 것들은 성질의 범주에 속한다. '희다', '따뜻하다', '안다', '정사각형이다', '길다', '넓다' 등이 그 예다. 한편, '2큐빗이다', '3큐빗이다' 등과 같이 실체에 제기된 "얼마만큼인가?"라는 질문에 적절하게 대답하게 하는 것들은 양의 범주에 속한다. 그러나 "누구[무엇]에 속하는가?"라는 질문과 이와 비슷한 질문(이유인즉, 이에 해당하는 일반적 의문사가 우리에게 없기 때문이다)에 적절하게 대답할 수 있는 것들은 관계의 범주에 있다. '어디에 있는가?'라는 질문에 적절하게 대답할 수 있는 것들은 장소의 범주에 있다. 그러나 부사와 격변화하는 목적어를 동반하는 전치사를 통하지 않고서는 이 질문에 대답할 수 없다. 따라서 "소크라테스는 어디에 있는가?"라고 묻는다면, 적절한 대답은 "여기에 있든지 거기에 있든지, 튀루스에 있든지 다마스쿠스에 있든지, 바다에 있든지 육지에 있다"이다. 따라서 긍정도 부정도 포함되지 않는 비복합적 이름들이 장소의 범주에 있다. 마찬가지로, "언제인가"라는 질문에는 부사와 격변화하는 목적을 동반하는 전치사를 통해서만 대답할 수 있다. 따라서 "소크라테스는 언제 있었는가?"라고 묻는다면, "어제 있었다" 또는 "그날 있었다"라고 말함으로써 대답할 수 있다. 시간의 범주에 속하는 것은 정확히 그러한 것들이다. 마찬가지로, "소크라테스는 무엇을 하는가?"라는 질문에는 [몸을] "따뜻하게 한다" 또는 "걷고 있다"와 같이 동사로 적절하게 대답할 수 있다. 따라서 그러한 것들은 능동의 범주에 있다. 우리 언어의 빈곤으로 인해 모든 범주에 적절한 공통적 의문사가 없더라도 동일한 설명이 나머지 범주에 유효하다.

　이로부터 '흰', '검은', '따뜻한', '쓴'과 같은 구체적 이름들은 추상적 이름보다 성질의 범주에 좀더 직접적으로 속한다는 결론이 도출된다. 이런 이유 때문에 철학자〔아리스토텔레스〕는 《범주론》에서 성질의 범주에 속한 것들의 예를 들면서 "'희다'와 같은 성질"이라고 말한다. 10) 그럼에도 성질의 범주를 전적으로 실체를 제외한 것이라고 해석한다면, 구체적 이름이 아니라 추상적 이름만이 그 범주에 속한다. 이 점은 내가 추상적 이름은 범주에 그 자체로 속하고, 구체적 이름은 환원에 의해 속한다고 말할 때 뜻하는 바다. 하지만 그러한 문제에 대한 어려움은 단지 실재적이기보다는 말뿐인 것이다. 따라서 이 문제를 다루지 않을 것이다.

　실체에 제기된 질문에 대답하게 하는 모든 비복합 이름이 범주에 속한다는 점을 아는 정도로 충분하다. 그것이 부사이건, 동사이건, 명사이건, 격변화를 하는 전치사이건 상관없다. 그러나 범주에 속하지 않는 비복합 이름들도 있다. 따라서 접속사와 공의어적 명사는 어느 범주에 속하지 않는다. 이유인즉, '만일 … 라면'(si), '그리고', '모든', '아무도〔… 아니다〕'라는 명사를 통해서는 개별적 실체에 제기될 수 있는 질문에 어떠한 대답도 할 수 없다. 하지만 이런 것들이 모든 질문은 아니더라도 어떤 식으로든 정해진 몇몇 질문에 대답될 수 있다는 점이 드러난다면, 그러한 이름들은 범주에 속할 수 있다.

---

10) *Praed.* 4, 1b29.

제 42 장
실체라는 범주에 대하여

범주에 대해 다른 많은 것들을 말할 수 있더라도, 일반적 사항들을 설명했기에 각각의 범주에 대해 상세하게 말해야 한다. 먼저 실체를 다룰 것이다.

먼저 실체는 여러 가지 뜻으로 사용된다는 점에 주목해야 한다. 첫째, 다른 사물들과는 구별되는 어떤 것을 실체라고 말한다. 예컨대, 저술가들은 '힘의 실체', '색깔의 실체' 등과 같은 것들에 대해 자주 말한다.[1] 둘째, 좀더 엄밀한 뜻에서 다른 것에 실재적으로 내속하는 우유가 아닌 것 모두를 실체라고 부른다. 따라서 질료와 형상을 실체라고 부를 뿐만 아니라 그 둘의 합성체도 실체라고 부른다. 셋째, 가장 엄밀한 뜻에서 우유와 더불어 합성체를 이루지만, 다른 것에 내속하는 우유도 아니고 어떤 것의 본질적 부분도 아닌 것을 실체라고 부른다. 이런 뜻에서 실체는 가장 일반적인 유(類)로 설정된다.

아리스토텔레스에 의하면, 실체는 제 1실체와 제 2실체로 구분된다.[2] 그러나 그것이, 스스로를 구분하는 것들이나 구분하는 것들에 대한 지시

---

1) Thomas Aquinas, *Scriptum in I Sententiarum*, d. 25, a. 1, q. 1 ad 7의 다음 구절 참조: "첫 번째 방식에서 실체는 본질과 동일하다. … 그리고 이는 다음과 같은 물음을 통해 의미되는 것이다: 힘이 무엇인가? 〔그것은〕색〔이다〕."

2) *Praed.*, 5, 2a11~17.

대명사들에 대해 서술될 수 있는 어떤 공통적인 것의 구분이라고 이해해 서는 안 된다. 왜냐하면 제 2실체를 지시하는 "이것은 실체다"라는 명제 는 거짓이기 때문이다. 따라서 앞선 설명에서 분명해질 수 있듯이,[3] "어 떠한 제 2실체도 실체가 아니다"라는 명제는 참이다. 어떠한 보편자도 실 체가 아니라는 점은 이미 입증되었기 때문이다. 그러나 모든 제 2실체는 보편자다. 왜냐하면 아리스토텔레스에 따르면 제 2실체는 유나 종 가운 데 하나이기 때문이다. 그러므로 어떠한 제 2실체도 실체가 아니다.

마찬가지로 아리스토텔레스의 이론에 따르면,[4] 어떤 공통명사 아래 직접적으로 포함되는 모든 것을 보편적으로 부정하는 것은 무엇이든지 그 공통명사를 보편적으로 부정한다. 하지만 제 2실체는 실체 아래 직접 적으로 포함되는 모든 것을 부정한다. 따라서 그것은 실체를 보편적으로 부정한다. 그러므로 "어떠한 실체도 제 2실체가 아니다"라는 명제는 참이 다. 결과적으로 어떠한 제 2실체도 실체가 아니다. 여기서 전제는 분명 하다. 왜냐하면 "어떠한 물질적 실체도 제 2실체가 아니다"라는 명제는 참이고, 마찬가지로 "어떠한 비물질적 실체도 제 2실체가 아니다"라는 명 제도 참이기 때문이다. 그리고 이것들 가운데 첫 번째 것은 참이고, 같은 이유로 두 번째 것 역시 동일한 규칙을 통해 참이다. 왜냐하면 "혼이 있는 어떠한 신체도 제 2실체가 아니다"라는 명제는 참이고 마찬가지로 "혼이 없는 어떠한 신체도 제 2실체가 아니다"라는 명제도 참이기 때문이다. 이 것들 가운데 첫 번째 것은 참이고, 두 번째 것도 역시 동일한 규칙을 통해 입증될 수 있다. 왜냐하면 "감각작용을 할 수 있는 혼이 있는 어떠한 신체 도 제 2실체가 아니다"라는 명제가 참이고 마찬가지로 "감각작용을 할 수 없는 혼이 있는 어떠한 신체도 제 2실체가 아니다"라는 명제도 참이기 때

---

3) 제 15~17장에서 제시된 바 있다.
4) *Praed.*, 5, 2a35~2b6.

문이다. 이것들 가운데 첫 번째 것은 참인 것처럼 보인다. 왜냐하면 "감각작용을 할 수 있고 이성적인 혼이 있는 신체는 어떠한 것도 제 2실체가 아니다"라는 명제는 참이고, 마찬가지로 "감각작용을 할 수 있지만 비이성적인 혼이 있는 신체는 어떠한 것도 제 2실체가 아니다"는 명제도 참이기 때문이다. 이들 가운데 첫 번째는 참인 것처럼 보인다. 이는 "어떠한 인간도 제 2실체가 아니다"라는 참인 명제와 환치 가능하기 때문이다. 이 점은 개별적인 것 각각이 참이라는 사실로 보아 명백한 것처럼 보인다. 따라서 아리스토텔레스의 이론에 따르면, "어떠한 실체도 제 2실체가 아니다"라는 명제는 단적으로 참이라는 점으로 귀결된다. 그러므로 가장 일반적인 것보다 하위에 있는 제 2실체를 지시하는 "이것은 실체다"라는 명제는 단적으로 거짓이다.

따라서 그 구분이 하나의 공통적 이름을 덜 공통적인 이름들로 나눌 경우에 생기는 것이라는 점을 알아야 한다. 이를테면, 다음과 같은 구분과 동등하다. 영혼 외부의 실체들을 전달하거나 의미하는 이름들 가운데 하나의 실체에 고유한 이름들이 있는데, 그 이름들은 여기서 제 1실체라고 부른다. 한편, 여러 실체에 공통적인 이름들도 있는데, 이 이름들은 제 2실체라고 부른다. 이 이름들은 이후에 더 구분된다. 왜냐하면 어떤 이름들은 유인 반면, 종인 것들도 있기 때문이다. 하지만 모든 〔제 2실체〕는 참으로 성질일 뿐이다. 따라서 '범주에 속함'을 '성질'이 제 2실체를 지시하는 대명사를 서술하는 것과 마찬가지로 해석할 때, 제 2실체라고 부르는 공통적 이름은 모두 성질의 범주에 속한다. 하지만 '범주에 속함'을 의미적으로 해석되는 '실체'를 서술하는 것의 뜻으로 사용할 경우 모든 제 2실체는 실체의 범주 안에 있다. 그러므로 "인간은 동물이다"나 "인간은 실체다"와 같은 명제에서 '인간'은 그 자체를 지칭하지 않고 의미대상을 지칭한다. 왜냐하면 그것이 그 자체를 지칭한다면, "인간은 실체다"라는 명제는 거짓이 되고, "인간은 성질이다"라는 명제가 참이 될 것이기 때문이다. 이를테면, '인간'이라는 단어가 그 자체를 지칭한다면, "인간은 실체다"라는 명제는 거짓이고, "인간은 단어고 성질이다"라는 명제가 참이다. 따라서 제 2실체는 실체를 정확하게 의미하는 이름과 성질일 뿐이며, 다른 것이 아니라 바로 이런 이유로 인해 실체의 범주 안에 있다고 말한다.

그리고 이것이 저술가들의 주장과 일치한다는 것은 분명하다. 왜냐하면 철학자〔아리스토텔레스〕는 《범주론》에서 "제 1실체는 이 어떤 것 (*hoc aliquid*) 을 의미하는 것처럼 보인다. [5] 그리고 이 어떤 것이 의미하는 것이 제 1실체에 속한다는 점은 의심의 여지가 없으며 참이다"라고 말하기 때문이다. 이로부터 아리스토텔레스는 제 1실체가 이 어떤 것을 의미하지만 영혼 외부에 존재하는 특수한 실체는 이 어떤 것을 의미하는 것이 아니라 의미되는 것이라고 주장한다는 점은 분명하다. 그러므로 여기서 아리스토텔레스는 영혼 외부에 존재하는 개별적 실체의 이름을 제 1실체라고 부른다. 그리고 동일한 이유로, 그리고 더욱 유력한 이유로 그는 바로 이런 이름을 제 2실체라고 불러야만 한다.

또한, 보에티우스는 《범주론 주해》의 여러 곳에서 철학자〔아리스토텔레스〕가 《범주론》에서 단어를 다루고 결과적으로 단어 자체를 제 1실체와 제 2실체라고 부른다고 말한다. [6]

마찬가지로 아리스토텔레스는 제 1실체와 제 2실체가 실체의 범주 안에 있다고 말한다. [7] 그리고 같은 책에서 실체의 범주 가운데에 명제를 이루는 비복합적 이름이 있다고 규정한다. [8] 그러나 명제는 영혼 외부에 존재하는 실체로 이루어지지 않는다. 제 2실체는 실체만을 의미하는 이

---

5) *Ibid.*, 5, 3b10~12.

6) Boethius, *In Categorias Aristotelis*, I (PL 64, 159C, cols. 161ff).

7) *Praed.*, 5, 2a11~17.

8) *Ibid.*, 2, 1a16~19.

름과 성질일 뿐이다.

또한, 다마쉐누스는 단어가 실체의 범주 가운데 자리 잡는 것으로 설정한다. 9) 그러므로 아리스토텔레스가 실체의 공통적 이름을 제 2실체로 불렀다고 말하는 것이 고대인의 말과 일치하지 않는 것은 아니다.

아리스토텔레스가 유보다 오히려 종이 실체라고 말하는 것은 앞선 저술가들의 언명과 상반되지 않는다. 10) 왜냐하면 그는 그러한 명제를 통해 유보다는 종을 통해 지시되는 실체가 "그것은 무엇인가"라는 질문에 좀더 적절한 대답이라는 점을 의미하고자 할 뿐이었기 때문이다. 따라서 "유보다 오히려 종이 실체이다"와 같은 명제는 문자 그대로는 거짓이지만, 그것에 대한 철학자의 생각에 따르면 참이다.

그러므로 요약해 보면, 그러한 구분은 이름들 사이의 구분이다. 그것들 가운데는 고유한 이름도 있고 공통적인 이름도 있다. 고유한 이름은 제 1실체라고 부르며, 공통적 이름은 제 2실체라고 일컫는다.

그럼에도 철학자[아리스토텔레스]가 《범주론》에서 '제 1실체'라는 명사(名辭)를 다의적으로 사용함에 주목해야 한다. 왜냐하면 그는 때때로 이것을 영혼 외부에 존재하는 실체의 이름들에 사용하기 때문이다. 11) 이를테면, "제 1실체는 이 어떤 것을 의미한다"고 말한다. 하지만 그는 때때로 그것을 영혼 외부에 존재하는 실체들 자체에 사용하기도 한다. 예컨대, "실체는 고유하게 그리고 으뜸가게 있는 것이다"라고 말한다. 12) 따라서 철학자는 "다른 모든 것은 으뜸가는 기체들에 대해 말하는 것이든지 아니면 기체로서의 실체 안에 있다"고 말할 때, 기체라는 용어를 실재적으로 다른 것의 바탕이 되는 것이 아니라 명제의 주어로 사용했다. 그러

---

9) Damascenus, *Dialectica*, c. 46 (PG 94, col. 618A).

10) *Praed.*, 5, 2b7~8.

11) *Ibid.*, 3b10~12.

12) *Ibid.*, 2a11~12.

므로 다마쉐누스가 《논리학》 제 8장에서 말하듯이, 주어(subiectum) 13)
는 두 가지 뜻으로 사용된다. 존재의 측면에서 사용될 경우, 영혼 외부에
존재하는 개별적 실체는 우유의 주어다. 14) 서술의 측면에서 사용될 경
우, 개별자는 그것보다 좀더 보편적인 것의 주어다. 철학자는 제 2실체
가 주어를 서술한다고 말할 때 주어를 두 번째 뜻으로 사용한다. 따라서
제 1실체는 제 2실체에 실재적으로 존재하는 주어가 아니라 서술을 통해
서만 주어이다. 이로부터 철학자가 때때로 영혼 외부에 존재하는 실체의
이름과 기호를 제 1실체라고 부른다는 점이 분명해진다. 왜냐하면 그는
제 2실체가 주어로서의 제 1실체에 대해 서술된다고 말하기 때문이다.
이것은 서술의 방식을 통해서만 가능하다. 그러므로 제 1실체는 서술상
에서 주어이고 제 2실체는 그것의 술어다. 하지만 어떠한 명제도 영혼 외
부에 존재하는 실체로 이루어지지 않는다. 그러므로 명제의 주어인 제 1
실체는 제 2실체와 관련해서 볼 때 영혼 외부에 존재하는 실체가 아니다.

　이런 이유로 아리스토텔레스는 제 1실체가 파괴된다면 다른 어떠한 것
도 남는 것이 불가능할 것이라고 말할 때, 15) 실재적 파괴나 실재적 존립
을 말하지 않는다. 오히려 그는 부정명제에 의한 파괴를 뜻한다. 따라서
그는 존재한다는 것이 공통적 이름 아래 포함된 것을 서술하지 않을 때,
공통적 이름과 그 이름의 고유성과 우유를 부정한다고 말한다. 그는 다
음과 같은 추론만이 타당함을 뜻한다: 이 인간은 존재하지 않는다. 저 인
간은 존재하지 않는다. 개별적 인간에 대해서도 그렇다. 그러므로 어떠
한 인간도 존재하지 않는다. 그러므로 어떠한 것도 웃을 수 없다. 그러므

---

13) 명제와 연관될 경우, 즉 서술의 측면에서 'subiectum'은 '주어'로 번역될 수 있
　　지만, 실재의 측면에서 논의되는 우유의 담지자인 'subiectum'는 '주어'보다 '기
　　체'라는 용어로 번역되는 것이 일반적이다.
14) Damascenus, *Dialectica*, c. 16 (PG 94, col. 582A) ; trans. Robertus
　　Grosseteste, c. 8 (ed cit. , 10).
15) *Praed.*, 5, 2b5～6.

로 어떠한 것도 문법적이지 않다. 그러므로 문법학은 없다. 그러므로 논리학은 없다. 만일 그가 실재적 파괴를 생각했다면, 그의 말은 거짓일 것이다. 왜냐하면 돌이 없을지라도, '돌'이라는 유는 여전히 존재할 수 있기 때문이다. 즉, 돌이 없을지라도 누군가 "어떠한 인간도 돌이 아니다"와 "어떠한 돌도 당나귀가 아니다"라는 명제를 만드는 것은 가능하기 때문이다. 명제들의 부분들이 없었다면, 이 가운데 어떠한 것도 만들어질 수 없다. 결과적으로 '돌'이라는 유는 존재할 것이다. 하지만 그럴 경우 단지 내재와 현재에 대한 명제 안에서 그것〔'돌'〕은 그 무엇도 긍정적으로 서술하지 않게 될 것이다.

제 43 장
실체의 특성에 대하여

실체의 범주에 속하는 것들에 대해 알아보았기에, 다음으로 실체의 특성들을 살펴보아야 한다.

아리스토텔레스는 《범주론》에서 그가 말한 실체의 특성, 즉 실체가 다른 기체 안에 있지 않은 것이 제 1실체와 제 2실체를 포함한 모든 실체에 공통적이라고 주장한다.[1] 그러한 특성이 영혼 외부에 존재하는 실체에 적용되는 것으로 이해한다면, 그 주장의 의미가 명백해진다. 왜냐하면 그러한 것들 가운데 그 무엇도 기체 안에 있지 않기 때문이다. 한편, 그것이 영혼 외부에 존재하는 실체들의 이름인 제 1실체와 제 2실체에 적용되는 것으로 이해한다면, "실체는 기체 안에 있지 않다"라는 명제는 "기체 안에 있음이란 의미적으로 해석되는 실체의 고유한 이름이나 공통적 이름을 서술하는 것이 아니라 의미적으로 해석되는 모든 이름을 부정한다"라는 명제와 같은 의미활동으로 이해해야 한다. 따라서 "인간은 기체 안에 있지 않다", "동물은 기체 안에 있지 않다", "소크라테스는 기체 안에 있지 않다" 등과 같은 명제는 참이다. 그럼에도 그러한 명사들이 그 자체들을 지칭하고 그 의미대상을 지칭하지 않는다면, 그것들은 명제의 일부이므로, 결과적으로 정신의 개념이나 음성명사, 또는 문자명사라고

---

1) *Praed.*, 5, 3a7~10.

말하듯이, 기체 안에 있다고도 말할 수 있다.

그러나 아리스토텔레스는 이에 반대하는 것처럼 보인다.[2] 왜냐하면 그는 제 2실체가 기체에 대해 진술한다는 점을 인정하면서 그것이 기체 안에 있다는 점을 부정하기 때문이다. 그러나 제 2실체를 한결같이 사용할 경우, 이 두 가지 특성 모두 적용되지 않는다.

철학자가 그 명사를 한결같이 사용하지 않을뿐더러 반드시 그럴 필요도 없다는 점을 말해야 한다. 그리고 간결하게 하기 위해 동일한 명사를 한결같지 않게 다루는 것이 자주 유용하기도 하다. 그러므로 그는 그 명제를 실체의 공통적 이름들이 기체들을 서술한다는 뜻으로만 이해한다. 그럼에도 그렇게 수행되는 작용들에서 지칭하는 것과 동일한 방식으로 지칭하는 동일한 이름들을 '기체 안에 있음'은 참으로 서술하지는 않는다. 따라서 "소크라테스는 동물이다"라는 명제는 참이며, '기체 안에 있음'은 "소크라테스는 동물이다"라는 명제 안에서 지칭하는 것과 동일한 방식으로 지칭하는 동물을 참으로 서술하지는 않는다. 왜냐하면 '동물'을 이런 식으로 지칭한다면, "동물은 기체 안에 있다"라는 명제는 거짓이기 때문이다.

실체의 또 다른 특성은 모든 제 2실체에 속하는 것인데, 일의적으로 서술된다는 점이다.[3] 하지만 이는 제 2실체에만이 아니라 차이성에도 속한다. 그렇다고 해서 이 특성이 제 1실체에 속하지는 않는다.

정확히 말해, 여럿에 공통적인 것, 즉 여럿을 의미하거나 여럿을 의미할 수 있는 것을 제외하고는 아무것도 일의적으로 서술되지 않는다는 점을 알아야 한다. 따라서 제 1실체는 저마다 고유하며 여럿을 의미하지 않기 때문에 일의적으로 서술되지 않는다. 하지만 제 2실체는 여럿을 의미

---

[2] *Ibid.*, 5, 3a7~15.
[3] *Ibid.*, 5, 3a33~3b9.

한다. 왜냐하면 많은 사람들이 잘못 생각하듯이, 4) '인간'이라는 이름은 우선적으로 모든 인간에 공통된 본성을 의미하는 것이 아니라, 앞서 다마쉐누스의 문헌에서 밝혔듯이, 5) 우선 모든 개별적 인간을 의미하기 때문이다. 개별적 인간을 보면서 '인간'이라는 이런 단어를 최초로 만든 자는 그 인간, 그리고 인간과 같은 모든 실체를 의미하기 위해 이런 단어를 만들었다. 그러므로 그러한 공통본성이란 존재하지 않기 때문에 그것에 대해 생각할 필요가 없다. 그러나 '인간'이라는 단어는 우선적으로 여럿을 의미할지라도 다의적이지는 않다. 왜냐하면 그것은 1차적으로 여러 인간을 똑같이 의미할 때 여럿이 아니라 하나의 개념에 종속되는 기호이기 때문이다.

실체의 세 번째 특성은 제1실체가 이 어떤 것(hoc aliquid)을 의미하지만 제2실체는 이것의 어떠함(quale quid)을 의미한다는 점이다. 6) 이런 특성을 통해 볼 때, 이 어떤 것이 의미한다거나 이것의 어떠함을 의미한다는 것은 영혼 외부에 존재하는 실체에 속하는 것이 아니라 그러한 실체의 기호에 속하는 것이기 때문에, 제1실체와 제2실체를 영혼 외부에 존재하는 실체의 고유하고 공통적인 기호라고 부른다는 점이 분명해진다. 이 점은 옳다고 받아들여야 한다.

그럼에도 이 어떤 것을 의미한다는 것은 여럿이 아니라 하나를 의미할 뿐이지만, 이것의 어떠함을 의미한다는 것은 하나가 아니라 여럿을 의미할 수 있다는 점에 주목해야 한다. 따라서 아리스토텔레스는 제2실체가 이것의 어떠함을 의미한다고 말할 때, 어떤 성질이나 실재적으로 개별자

4) 제16장 참조.

5) 앞서 제33장에서 언급된 다음 부분을 말한다. Damasceneus, *Dialectica*, c. 65(PG 94, col. 659A); trans. Robertus Grosseteste, c. 48(ed., cit., 50).

6) *Praed.*, 5, 3b10~23.

에 현존하는 어떤 것을 의미한다는 점을 의도하지 않는다. 왜냐하면 앞선 말에서 분명하듯이 이것은 단적으로 거짓이기 때문이다. 오히려 제 2 실체가 단지 하나가 아니라 여럿을 의미한다는 점이 그가 의도한 바다. 이 점은 《범주론》의 구절로부터 명백하게 입증되는데, 그 책에 대해 내가 쓴 주해서에서 드러난다. 7)

실체의 네 번째 특성은 실체에 상반되는 것은 아무것도 없다는 점이다. 8) 이때, 상반성은 두 가지 방식으로 해석된다는 점을 알아야 한다. 첫째, 우리는 '흰'과 '검은'은 서로 반대되는 것이라고 말하듯이, 상반성은 명사의 어떤 특성으로 해석된다. 왜냐하면 이 두 가지 명사가 동일한 대상을 지칭하면서 그 대상을 동시에 참으로 서술하는 것은 불가능하기 때문이다. 둘째, 상반성은 사물에 적합한 어떤 특성으로 이해된다. 여기서 이것은 3가지 뜻, 즉 엄밀한 뜻, 넓은 뜻, 그리고 매우 넓은 뜻으로 사용될 수 있다. 엄밀한 뜻으로는 동일한 기체 안에서 서로를 배척하고 적어도 본성적으로는 동일한 기체 안에 덧붙거나 덧붙을 수 있는 사물들을 서로 반대되는 것들이라고 말한다. 그리고 이러한 뜻에서 어떠한 실체도 다른 실체에 반대되지 않는다. 넓은 뜻으로는, 본성적으로 동일한 제 1 기체 안에서 부분적으로 덧붙을 수 없더라도 동일한 기체 안에 서로 배척하는 사물들을 반대되는 것들이라고 부른다. 이런 뜻에서 실체적 형상들은 반대되는 것들이다. 왜냐하면 그것들은 동일한 질료 안에 서로를 배척하기 때문이다. 매우 넓은 뜻으로는, 그러한〔넓은 뜻의〕반대되는 것들로 이루어진 것들을, 반대되는 것들이라고 부른다. 이런 뜻에 따르면 공기와 불은 '반대되는 것들'이다. 왜냐하면 그것은 넓은 뜻에서 '반대되는 것들'인 반대되는 실체적 형상들로 이루어져 있기 때문이다. 첫째 뜻에

---

7) *Exp. Praed.* c. 9 (ed. , cit.)

8) *Praed.* , 5, 3b24~32.

서, 아무것도 실체에 반대되지 않는다. 하지만 둘째와 셋째 뜻에서, 실체는 실체에 반대된다. 철학자는 《범주론》에서 반대되는 것들을 첫째 뜻으로 사용하며, [9] 다른 곳에서는 나머지 뜻들로 사용한다. [10]

실체의 다섯 번째 특성은 실체가 더함과 덜함을 받아들이지 않는다는 점이다. [11] 이 점은 다음과 같이 이해해야 한다. 실체의 유 가운데 공통적 명사는 먼저 '보다 많게'(크게) 라는 부사와 함께, 다음에는 '보다 적게'(작게) 라는 부사와 함께 수적으로 하나인 어떠한 실체에 대해서도 서술되지 않으며, 그 역도 마찬가지다. 따라서 "소크라테스는 이전보다 지금 더 인간이거나 전보다 지금 더 동물이다"와 "소크라테스는 전보다 지금 덜 인간이거나 덜 동물이다"라는 두 명제나 이와 유사한 명제들은 잇따라 참으로 서술될 수 없다. 그러므로 "이것은 전보다 더 인간이고 더 동물이다"와 "이것은 전보다 지금 덜 인간이고 덜 동물이다"와 같은 서술들은 실체를 지칭하는 어떠한 명사도 참으로 서술할 수 없다. 그런데 수적으로 동일한 실체에 대해서는 "이것은 전보다 지금 더 흰 것이다"라고 말할 수 있다.

실체의 여섯 번째 특성은, 수적으로 하나이면서 동일한 실체가 잇따라 반대되는 것들을 수용한다는 점이다. 예를 들어, 수적으로 하나이며 동일한 인간은 처음에 검고 나중에 흴 수 있다. 아리스토텔레스가 《범주론》에서 말하듯이 이 특성은 실체에만 속할 뿐 다른 것에는 속하지 않는다. 그러므로 그는 같은 곳에서 다음과 같이 말한다: [12] "수적으로 하나이고 동일하면서 반대되는 것들을 수용할 수 있다는 점은 실체의 매우 고유한 특성인 것처럼 보인다. 다른 경우에도 수적으로 하나이고 동일하면서

---

9) *Ibid.*, 10, 11b16~11, 14a25.
10) *Metaph.*, V, 10, 1018a25~31.
11) *Praed.*, 5, 3b33~4a9.
12) *Ibid.*, 5, 4a10~22.

반대되는 것들을 수용할 수 있는 것 가운데 실체가 아닌 것을 제시할 수가 없을 것이다. 그리고 수적으로 하나이면서 동일한 색깔은 희면서 동시에 검지는 않다. 또한 수적으로 하나이면서 동일한 어떤 행위가 악하고 동시에 선하지 않을 것이다. 실체가 아닌 것들에 대해서도 마찬가지다. 수적으로 하나이면서 동일한 실체는 반대되는 것들을 수용할 수 있다. 예컨대, 수적으로 하나이면서 동일한 어떤 인간이 때때로 검기도 하고 때때로 희기도 하며, 차갑기도 하고 따뜻하기도 하며, 악하기도 하고 착하기도 하다. 다른 것들에서는 그러한 점이 보이지 않는다." 이로부터 반대되는 것들을 실재적으로 잇따라 수용하는 것이 실체에만 속하는 특성이므로, 실체와 다른 어떤 것이 반대되는 것을 실재적으로 수용하는 것은 불가능하다는 점이 아리스토텔레스의 의도라는 사실이 분명해진다.

　서두와 같이, 이로부터 거짓이든 참이든 상관없이 아리스토텔레스가 두 가지 견해를 주장한다는 점으로 귀결된다. 첫째, 양이 실체와 실재적으로 구분되지만 그 안에서 물질적 성질의 기체로서 실재적으로 존재하는 우유라는 점은 아리스토텔레스의 견해가 아니다.[13] 이를테면, 최근 많은 이들이 양을 실체 안에 존재하고 실재적으로 성질의 기체가 되는 우유라고 주장한다. 이것이 참일 경우 실체가 아닌 어떤 것이 수적으로 동일하지만 적절한 변화를 통해 반대되는 것들을 수용할 것이라는 점이 필연적으로 따라 나올 것이다. 왜냐하면 양은 먼저 하나의 반대되는 성질을 수용하고 나중에 그것과 다른 성질을 수용하기 때문이다. 한편, 양은 반대되는 것들을 실체보다 더 직접적으로, 더 이전에 수용한다. 왜냐하면 그들에 따르면 실체는 반대되는 성질들의 직접적 기체가 아니라 매개된 기체일 뿐이므로 결과적으로 그것은 양의 매개를 통해서만 반대되는 성질을 수용할 것이기 때문이다.

---

13) 뒤에 논의될 제44장을 참조.

또한 어떠한 우유도 다른 우유, 적어도 반대되는 것들을 지닌 우유의 기체가 아니라는 것이 아리스토텔레스의 견해라는 점이 따라 나온다. 만일 우유가 다른 우유의 기체라면, 실체가 아닌 어떤 것이 반대되는 것들을 잇따라서 수용하게 될 것이다.

이로부터 지성과 의지란 동일한 지성적 영혼의 우유이고, 지성작용, 의지작용, 그리고 그러한 작용과 습성을 우선적으로 수용하는 것이라고 주장함은 아리스토텔레스의 견해와 상반된다는 점이 따라 나온다.[14] 마찬가지로, 그에 따르면 감각 능력은 다른 우유를 수용하는 우유가 아니다. 또한 그에 따르면 관계가 실체 안에 실재적으로 존재하는 우유인 양과 성질 안에 주체적으로 존재하는, 실체와 실재적으로 구분되는 것이 아니라는 점이 귀결된다.

따라서 모든 우유는 실체 안에 직접적으로 존재하므로, 기체의 역할을 하는 그 무엇도 실체와 우유 사이의 관계를 매개하지 않는다는 점이 아리스토텔레스의 생각이다. 그러므로 아리스토텔레스는 의심을 제거함으로써 자신의 생각을 밝히기 위해, 표현과 생각을 통해 반론을 제기한다. 표현과 생각은 실체가 아니지만 반대되는 것을 인정하는 것처럼 보인다. 왜냐하면 동일한 표현은 처음에는 참이지만 나중에 거짓이기 때문이다. 그는 이 문제를 해결하면서 다음과 같이 말한다.[15] "그러나 만일 이 점을 인정하더라도 인정하는 방식에서 다르다. 왜냐하면 실체는 스스로 변화하면서 반대되는 것들을 받아들일 수 있기 때문이다. 따라서 변화를 통해 따뜻한 것에서 차가운 것이 된다. 그것은 다른 상태가 된다. 흰 것에서 검은 것이 되고, 착한 사람에서 못된 사람이 된다. 마찬가지로 다른 경우에도 변화를 수용하는 것은 반대되는 것들을 수용할 수 있다. 그러나 표

---

14) Thomas Aquinas, *Summa Theologiae*, I, q. 54, a. 3; q. 77, a. 1; q. 79, a. 1 참조.

14) Thomas Aquinas, *Summa Theologiae*, I, q. 54, a. 3; q. 77, a. 1; q. 79, a. 1 참조.

15) *Praed.*, 5, 4a28~4b4.

현과 생각은 모든 점에서 변화하지 않은 채로 남아 있다. 사물이 변화됨으로써 그것과 반대되는 것들이 생긴다. "누군가 앉아 있다"라는 표현은 동일한 것으로 남아 있지만 사물이 변화하기 때문에 표현은 때로는 참이고 때로는 거짓이다. 이 점은 생각의 경우에도 마찬가지다. 이런 이유로 인해 변화로써 반대되는 것들을 수용할 수 있는 점은 실체의 특성이다. "

이런 해결책을 봤을 때, 오직 실체만이 반대되는 것들 가운데 하나에서 다른 하나로 변화할 수 있다는 것이 그의 생각이라는 점은 분명해진다. 그러나 양이 성질의 직접적 기체이더라도 실체와 실재적으로 다른 것일 경우 이 점은 거짓이 될 것이다. 그러므로 표현이 때로는 참이지만 때로는 거짓이라는 사실은 표현 자체가 변화하므로 진리를 때로는 실재적으로 수용하고 때로는 거짓을 수용한다는 점에서 기인하지는 않는다. 오히려 이 사실은 어떤 실체의 변화, 적어도 공간적 변화로 인한 것이다.

따라서 이 해결책을 명확하게 하기 위해 '수용하다'라는 동사뿐만 아니라 '반대되는 것들'이라는 이름이 다의적으로 사용된다는 점을 알아야 한다. 왜냐하면 앞서 언급했듯이, '반대되는 것들'이라는 이름은 여기서 두 가지 뜻으로 사용되기 때문이다. 첫째, 반대되는 것들은 〔정신〕밖의 사물인데, 그 이름은 어떤 것들을 참으로 서술한다. 이를테면, 우리는 흼과 검음을 반대되는 것들이라고 말한다. 둘째, 그것은 명사를 참으로 서술한다. 이를테면, 우리는 '흰'과 '검은'이라는 명사들이 반대되는 것들이라고 말한다. 그러므로 "사람은 희다"와 "사람은 검다"처럼 반대되는 것들이 개별적으로 해석되는 동일한 것을 참으로 서술할 수 있다고 말할 경우, 이 점은 단지 명사를 참으로 서술할 수 있을 뿐이다. 이런 뜻으로 서술되는 반대되는 것들은 두 가지 뜻으로 사용될 수 있다. 엄밀한 뜻으로는 반대되는 것들은 반대되는 사물을 의미하기 때문에 반대되는 것들이라고 부른다. '반대되는 것들'이라는 단어는 넓은 뜻으로도 사용될 수 있는데, 이 경우 동일한 것을 지칭하면서 그 동일한 것을 동시에 참으로 서술할 수는 없지만 잇따라 서술될 수 있는 것들을 반대되는 것들이라고 부른다.

한편, '수용하다'는 실재적 내재와 서술이라는 두 가지 뜻으로 사용된다. '수용하다'를 첫 번째 뜻으로 사용할 경우, 표현은 결코 반대되는 것들을 수용하지 않는다. 그러나 두 번째 뜻에서 '반대되는 것들'을 명사를 나타내는 것으로 사용할 경우, 넓은 뜻에서 표현은 반대되는 것들을 수용한다. 즉, 표현은 반대되는 것들을 기체에 내재하는 우유의 형태로 수용하지는 않는다. 오히려 반대되는 것들은 표현을 잇따라 서술한다. 물론 그것들은 서로를 배척하는 반대되는 것들이 아니라 동일한 것을 지칭하면서 그 동일한 것을 동시에 참으로 서술할 수는 없고 잇따라 참으로 서술할 수 있는 명사들이다. 하지만 실체는 반대되는 것들을 내재를 통해 기체 안에 있는 우유의 형태로 자기 자신 안에 실재적으로 수용한다.

아리스토텔레스는 다음과 같이 덧붙인다.[16] 실재적 내재를 통해 "만일 누군가가 생각과 표현이 반대되는 것들을 수용할 수 있다는 이 주장을 인정한다면, 이는 참이 아니다." 왜냐하면 표현은 반대되는 것들을 실재적으로 수용하지 않기 때문이다. 그리고 그는 다음과 같이 덧붙인다: "표현과 생각은 반대되는 것들을 수용한다고들 한다." 즉, 표현과 생각은 서술을 통해 반대되는 것들을 수용한다. 그 이유는 "그것들 스스로가" 실재적 내재를 통해 "반대되는 것들을 수용한다는 데 있는 것이 아니라 어떤 변화가 다른 어떤 것 안에 일어나기 때문이다. 표현이 참이거나 거짓이라고 말하는 까닭은 사물이 존재하거나 아니면 존재하지 않기 때문이지 반대되는 것들을 수용할 수 있기 때문은 아니다. 단적으로 말해, 표현과 생각은 그 무엇을 통해서도 변화될 수 없다."

아리스토텔레스는 수적으로 하나인 "너는 앉아 있다"라는 표현이 처음

---

16) *Praed.*, 5, 4b4~11.

에는 참이지만 나중에는 거짓이듯이, '참'과 '거짓'이라는 반대되는 것들이 동일한 표현을 잇따라 참으로 서술할지라도, 이 표현이 반대되는 것들을 실재적으로 수용하지는 않는다는 점을 말했다. 왜냐하면 표현이 이전에 참이었다가 나중에 거짓이 된다는 사실을 통해 볼 때, 이전이 아니라 지금은 이 표현 가운데 실재적으로는 있는 것이 아무것도 없기 때문이다. 하지만 이전에 참이고 지금 거짓이라고 말하는 이유는 그 표현이 지금은 실재적으로 존재하는 방식과 다르게 의미하는 데 반해, 과거에는 실재적으로 존재했던 방식과 동일하게 의미했기 때문이다. 따라서 그것은 지금 네가 앉아 있다는 사실을 의미하지만, 너는 앉아 있지 않으므로 거짓이다. 그 표현이 의미했던 것처럼, 이전에는 네가 앉아 있었기 때문에 이전에는 참이었다. 그럼에도 그 표현은 자체에 아무것도 수용하지 않고 어떤 것으로 변화하지도 않는다. 이런 이유로 인해 아리스토텔레스는 "따라서 그것들은 반대되는 것들을 수용할 수 없다. 그것들 안에 어떠한 변화도 생기지 않기 때문이다"라고 덧붙인다. [17]

이러한 과정에서 명제의 참과 거짓이 명제에 내속하는 명제의 성질이라는 점이 아리스토텔레스의 생각이 아님은 분명한 듯하다. 그것들이 명제의 성질이라면 참일 때도 있고 거짓일 때도 있는 명제는 반대되는 것들을 실재적으로 수용할 것이기 때문이다. 또한 어떤 것이 나의 외부에서 움직이지만 나중에는 정지하는 경우는 언제나 새로운 성질은 "이것이 움직인다"는 명제를 말하는 자의 영혼에 존재하고, 또 다른 성질은 없어질 것이다. 심지어 문자명제는 파리가 난다는 사실을 통해 변화할 것이라는 점이 따라 나온다. 이것은 모두 불합리하고 단적으로 거짓이다.

더욱이, 이는 신학에서 명백한 이단으로 귀결될 것처럼 보인다. 흼과 검음이 물체의 성질이듯이 명제의 참과 거짓이 명제의 성질이라면, 어떤

---

17) *Praed.*, 5, 4b11~13.

흼이 존재하는 경우에는 언제나 "이 흼은 존재한다"라는 명제가 참인 것처럼, 어떤 참이 존재하는 경우에는 언제나 "이 참은 존재한다"라는 명제가 참이기 때문이다. 거짓의 경우도 마찬가지다. 그렇다면 내가 "신은 어떤 것을 새롭게 창조한다"라는 명제를 거짓으로 받아들일 경우(이것은 그 생각을 통해 그 명제에 내속하는 명제의 성질이고, 결과적으로 신이 아닌 사물이다), 나는 그 사물이 신에 의해 창조될 수 있는지 그렇지 않은지를 질문한다. 그것이 창조될 수 없다면, 신에 의해 창조될 수 없는, 신이 아닌 다른 어떤 것이다. 하지만 이 점은 "모든 것이 그분에 의해 만들어지고 그분 없이는 아무것도 만들어지지 않았다"는 복음서의 구절과 모순된다. 한편, 그것이 신에 의해 새롭게 창조될 수 있다면, 그것이 현실적으로 존재한다고 가정해 보자. 그럴 경우 "이 거짓은 신에 의해 새롭게 창조된다"라는 명제는 참이 된다.[18] 따라서 "이 거짓은 신에 의해 새롭게 창조된다. 그러므로 어떤 것은 새롭게 창조된다"라는 점에 귀결된다. 나아가 "그러므로 어떤 것이 신에 의해 새롭게 창조된다는 점은 참이다"로 귀결되며, 결과적으로 그것은 거짓이 아니다. 더욱이 "그러므로 이 명제의 거짓은 존재하지 않는다"와 "그러므로 그것은 신에 의해 새롭게 창조되지 않는다"로도 귀결된다. 따라서 거짓이 명제의 성질이 아님은 분명하다.

그렇다면 참과 거짓은 무엇인가? 아리스토텔레스는 참과 거짓이 참인 명제와 거짓인 명제와 실재적으로 구분되지 않는다고 말했다는 것이 나의 생각이다. 따라서 '참'과 '거짓'이라는 추상적 이름이 공의어명사나 이와 동치인 표현을 포함하지 않는다면, "참은 참인 명제고, 거짓은 거짓인 명제다"라는 명제를 옳다고 인정해야 한다.

그러나 앞선 논증이 참과 거짓을 설정한 이 방식에 위배되는가? 그렇지 않다고 대답해야 한다. "참은 참인 명제고, 거짓은 거짓인 명제다"라

---

18) 〈요한복음서〉 1장 3절.

는 명제가 참이라고 전제된다면, "이 거짓이 존재하는 경우는 언제나 '이 거짓은 존재한다'가 참이 될 것이다"라는 명제가 거짓이기 때문이다. 그러므로 "신은 어떤 것을 새롭게 창조한다"라는 명제의 거짓이 신에 의해 새롭게 창조될 수 있다는 점을 옳다고 인정해야 한다. 그럼에도 "이 거짓은 신에 의해 창조된다"라는 명제는 불가능하다. 이를테면, "흰 것이 검은 것이 될 수 있다"라는 명제가 참인 반면, "흰 것은 검은 것이다"라는 명제는 불가능하다.

이 견해가 유지될 수 있지만 앞선 견해가 유지될 수 없는 이유는 다음과 같다. 이 견해에 따르면, '참'과 '거짓'은 단적으로 절대적인 이름이 아니라 내포적 이름이기 때문이다. 하지만 앞선 견해에 따르면, 그것들은 '흼', '검음', '차가움', '뜨거움'과 같은 절대적 이름이다.

두 번째 견해는 아리스토텔레스의 생각에 속한다. 이를테면, 오직 실체를 제외하고는 어떠한 것도 내속을 통해 모든 반대되는 우유를 수용하지 않는다는 것이 그의 견해다. 따라서 실체에 대한 장의 마지막 부분에서 그는 다음과 같이 결론 내린다. [19] "그러므로 수적으로 하나이면서 동일한 것이 그것의 변화에 따라 반대되는 것을 수용할 수 있다는 점은 실체에 고유한 것이다. 실체에 대해서는 이 정도로 말하자."

---

19) *Praed.*, 5, 4b17~19.

제 44 장
양이라는 범주에 대하여

이제 양의 범주에 대해 논의하겠다.

먼저, '양'이라는 공통적 명사는 보다 상위의 것과 보다 하위의 것으로 질서 지어지는 여러 가지 것들을 그 아래 포함하는, 영혼의 지향이라는 점을 알아야 한다. 최근 저술가들은 모든 양이 실체 및 성질과는 실재적으로 그리고 전적으로 구별되는 것이라고 일반적으로 주장한다. 이런 이유로 인해 그들은 연속적 양이 실체와 성질 사이를 매개하는 하나의 우유이고, 실체 안에 주체적으로 존재하며 성질의 기체라고 주장한다. 마찬가지로, 그들은 불연속적인 양이 실체와는 실재적으로 구별되는 어떤 것이라고 주장하며, 장소와 시간에 대해서도 같은 점을 주장한다. 따라서 그들의 견해를 탐구해야 한다.

첫째, 나는 이 견해가 아리스토텔레스의 생각과 상반된다는 점을 보여주고자 한다. 둘째, 나는 그 견해에 반대하는 이유를 제시할 것이다. 셋째, 참이건 거짓이건, 가톨릭 교리에 부합되건 이단적이건, 나에게 아리스토텔레스의 생각인 것처럼 보이는, 〔그 견해에〕 반대되는 견해를 설명할 것이다.

이 견해가 아리스토텔레스의 생각에 상반된다는 점은 앞선 장에서 드러났다.[1] 왜냐하면 그곳에서 언급했듯이 그에 의하면 실체와는 실재적으로 구별되는 어떠한 우유도 그 자신의 변화를 통해 반대되는 것들을 수용하지 않기 때문이다. 만일 양이 우유이며 성질의 기체라면, 그것이 성질을 받아들이면서 변화할 것이므로 그 변화를 통해 그 자신 안에 반대되는 것들을 받아들일 것이 분명한데, 이 점은 아리스토텔레스의 생각과 상반된다.

또한 《자연학》제 4권에서도 드러나듯이, 공기가 모든 성질이나 일부 성질에서의 변화 없이도 압축될 수 있는 것이라는 점이 아리스토텔레스의 생각이다.[2] 따라서 공기가 압축될 때 그것이 성질을 잃어버릴 필요가 없거나 적어도 이전의 성질 모두를 잃어버릴 필요는 없다. 이로부터 나는 다음과 같이 주장한다. 공기가 압축될 때 이전에 그곳에 있었던 양 전체가 남든지 아니면 남지 않게 된다. 만일 그것이 남는다면, 양의 부분들이 이전보다 지금 더 가깝게 놓여 있다는 이유만으로 동일한 양이 이전보다 지금의 경우 적을 것이다. 그러므로 실체의 부분들이 동일한 방식으로 이전보다 지금 더 가깝게 놓여 있으며, 어떤 다른 이유로 인해 양의 존재를 상정하지 않기 때문에, 양은 불필요한 것처럼 보일 것이다. 그러나 이전에 그것에 있었던 양 전체가 남지 않는다면, 어떤 부분은 없어진다. 우유는 그것의 직접적 기체가 소멸할 때 소멸하기 때문에 모든 성질이 남지 않게 되는데, 이 점은 아리스토텔레스의 견해와 상반된다.

또한, 모든 우유는 어떤 기체 안에 1차적으로 있으므로, 우유가 부분을 가진다면 그 한 부분은 기체의 한 부분 안에 있고, 우유의 또 다른 부분은 기체의 또 다른 부분 안에 있다는 것이 아리스토텔레스의 생각이다.[3] 이를테면, 흼 전체는 물체 전체 안에 있고, 흼의 부분은 물체의 부분 안에 있다. 만일 우유가 나누어질 수 없다면, 그것은 나누어질 수 없는 기체 안에 1차적으로 있게 된다. 이로부터 나는 아리스토텔레스에 따

---

1) 앞의 제 43장 참조.
2) *Phys.*, Ⅳ, 9, 217a21~217b12.
3) *Metaph.*, Ⅶ, 1, 1028a18~29.

르면 점(點)이 선(線)과는 다른 것이 아니고, 선이 면과는 다른 것이 아니며, 면이 물체와는 다른 것이 아니고, 동일한 이유로 인해 물체가 실체 및 양과는 구분되는 것이 아니라고 주장한다.

　나는 앞서 언급한 원리에서 점이 선과는 다른 것이 아니라는 사실이 귀결된다는 것을 다음과 같이 입증한다. 만일 점이 실체와는 구별되는 절대적 우유라면, 그것은 기체 안에 1차적으로 존재한다. 그렇다면 나는 그것이 실체 안에 있는지 선 안에 있는지를 질문한다. 그것은 실체 안에는 있지 않다. 왜냐하면 그렇다면 그것은 나누어질 수 있는 실체 안에 있든지 나누어질 수 없는 실체 안에 있게 될 것인데, 두 가지 경우 모두 불가능하기 때문이다. 전자의 경우, 부분이 부분 안에 있으므로 점은 나누어질 수 있는 우유가 되는데, 그들은 이것을 부정하기 때문이다. 한편, 아리스토텔레스에 따르면,[4] 단지 질료, 형상 그리고 그 합성체만이 실체의 유에 속하며, 이 모든 것은 나누어질 수 있는 것이기 때문에 후자의 경우도 불가능하다. 따라서 점은 제1기체로서의 실체 안에 직접적으로 그리고 주체적으로 존재하는 나누어질 수 없는 우유가 아니다. 또한, 그것은 제1기체로서의 선 안에도 선의 부분 안에도 있지 않다. 왜냐하면 선이나 선의 모든 부분은 나누어질 수 있으므로 나누어질 수 없는 우유의 제1기체가 아니기 때문이다. 그러므로 점이 나누어질 수 없는 우유가 아니라는 주장이 아리스토텔레스의 생각이라는 것은 분명해진다. 동일한 이유 때문에, 선은 면과 실재적으로 구별되는 넓이의 측면에서 나누어질 수 없는 우유가 아니다. 동일한 이유 때문에, 면은 물체와 실재적으로 그리고 전체적으로 구별되는 깊이의 측면에서 나누어질 수 없는 우유가 아니다. 아리스토텔레스는 선과 면이 물체와 구별되지 않는 것처럼 양인 물체가 실체와 실재적으로 구별되지 않는다고 주장한다.

---

4) *Metaph.*, Ⅷ, 1, 1042a27~31.

이런 이유 때문에 아리스토텔레스는 연속적인 양이 물체와 실재적으로 그리고 전체적으로 구별되는 절대적인 것이 아니라고 주장한 것처럼 보인다.

그러므로 나는 최근 저술가들의 일반적 견해에 반대하여 논증을 제시할 작정이다. 또한 나는 신학적 논거들도 제시하고자 하는데, 이는 결정적이든 아니든 상관없이 타당할 수 있는 만큼만 타당할 것이다. 첫째, 나는 다음과 같이 주장한다. 신은 다른 것들보다 앞서 생긴 모든 절대적 사물을 그것의 장소 변화 없이 보존할 수 있고, 그것보다는 다음에 생기는 사물을 파괴할 수 있다. 그러므로 일반적 견해에 의하면, 이 목재는 부분들을 가지는 어떤 실체인데, 그 부분들 가운데 하나는 전체에 내재하는 양의 부분에 속하고, 그 실체의 또 다른 부분은 양의 다른 부분에 속한다. 그리고 실체적 사물은 그 자체에 내재하는 양보다 본성적으로 앞선다. 그렇다면 신은 그 실체의 장소 변화 없이 그것을 보존할 수 있고, 그 양을 파괴할 수 있다. 만일 이것이 가능하다면, 실제로 일어난다고 가정해 보자. 그럴 경우 나는 그 실체가 하나의 부분과 떨어진 또 하나의 부분을 가지는지 아닌지를 질문한다. 만일 가진다면 그것은 더해진 양이 없는 양적인 것이 된다. 따라서 양은 불필요하게 된다. 만일 그것이 하나의 부분과 떨어진 또 다른 부분을 가지지 않고 그 부분들이 이전에 서로 떨어져 있었다면, 그것들은 장소 변화를 겪게 된다. 하지만 이것은 앞서 그들이 설정한 가정과 상충된다.

또한, 전체가 전체에 현존하고 부분들이 부분들에 현존하는 방식으로 그 자체와 내재적 부분들을 통해 양적인 것에 현존하는 것은 모두 그 자체와 내재적인 부분들을 통해 서로 떨어진 부분을 가진다. 그러나 그런 종류의 것은 모두 그 자체와 부분들을 통해 양적인 것이다. 그런데 물질적 실체는 그 자체와 부분들을 통해 양적인 것 전체 안에, (즉 그것을 형성하는 양과 같은 것이 있을 경우 적어도 그것을 형성하는 그 양 안에) 현존한다. 그것은 그 자체와 부분들을 통해 한 부분과 장소적으로 구별되는 다른 부분을 가진다. 그러므로 그것은 그 자체와 부분들을 통해 양적인 것이다.

또한, 양이 실체와 성질 사이를 매개하고 성질의 주체인 우유가 아니라는 점은 제대(祭臺)의 성사[성체성사]를 통해 입증된다. 만일 양이 그러한 것이라면, 성체성사 안에 남아 있는 성질은 양 안에 주체적으로 있을 것이기 때문이다. 후건은 여러 사람에게 거짓인 것처럼 보인다. 따라서 전건도 마찬가지다. 나는 다음과 같이 후건이 거짓임을 입증한다. 첫째, 후건이 참일 경우 성질은 자립적이지 않게 되기 때문이다. 하지만 이점은 색깔, 맛, 무게 등의 성질에 대해 논의하는 《명제집》제 4권에서 그러한 우유가 성체 안에서 자립적이라고 말하는 대가(大家) [페트루스 롬바르두스]의 견해에 반대된다. 5)

마찬가지로, 양이 그러한 성질의 주체라면 그 양은 실제로 무겁고, 희고 맛을 가질 것이다. 그러나 후건은 《성변화(聖變化)에 관하여》라는 해설서의 제 2부에서 "만일 부주의에 의해서라면"이라고 시작되는 장에 반대된다. 6) 그 주해에 따르면, "무게는 다른 우유들과 함께 그곳에 남아 있음에도 불구하고 어떠한 것도 무게를 가지지는 않는다."

이 논증들은 길고, 넓고, 깊은 양이 실체 및 성질과는 구별되는 것이 아니라는 점을 입증한다.

한편, 나는 선이 면과는 구별되는 것이 아니라는 점을 다음과 같이 입증한다. 선이 어떤 다른 것이고 면들을 서로 이어지도록 하는 것이라면, 그 면을 나누어 보자. 그것이 나누어진다면 나는 새로운 선이 생기는지

---

5) Petrus Lombardus, *Liber Sententiarum*, Ⅳ, d. 12, c. 1 (ed., Quaracchi 1916, 808).

6) *Decretum Gratiani cum Glossis*, Ⅲ, *De consecrationibus*, d. 2, c. 27 (ed., Lugduni 1609, 1884).

아니면 앞서 존재한 선만이 남는지 질문한다. 그것이 새로운 선이라면 무한히 많은 새로운 선이 있게 될 것이다. 이유인즉, 물체가 나누어진다면, 새로운 선을 가지는 무한히 많은 면이 있을 것이기 때문이다. 이를테면, 면이 나누어진다면, 무한히 많은 선을 한정하는 무한히 많은 점이 있을 것이다. 한편, 새로운 선이 있지 않다면, 앞서 있던 선이 남을 것이고 그것이 면의 한 부분에 있는 만큼 다른 부분에 더 있지는 않다. 그러므로 그것은 그 자체로 남든지 아니면 두 면과 서로 다른 장소에 남을 것이다. 하지만 이 두 대안 모두 불합리하다. 그러므로 이로부터 귀결되는 것도 불합리하다.

또한, 선이 면과는 다른 것이고 점이 선과는 다른 것이라면, 신은 선을 보존할 수 있는 동시에 점을 없앨 수 있을 것이다. 이렇게 될 경우, 나는 선이 유한한지 아니면 무한한지를 질문한다. 그것이 무한하지는 않음은 분명하다. 따라서 그것은 유한하다. 그럼에도 그것은 점 없이도 유한하다. 그러므로 선을 한정하는 점이 상정되는 것은 무의미하다.

마찬가지로, 신은 모든 점을 없애면서 선을 보존할 수 있다. 이렇게 될 경우, 선은 선으로 남으며, 결과적으로 양으로 남게 된다. 그러나 그것은 불연속적 양이 아니다. 따라서 그것은 연속적 양이다. 그것은 연속적 양이지만, 부분들을 서로 결합시키는 선의 부분들과는 다른 어떤 것이 있지는 않을 것이다. 따라서 선과는 구별되는 점을 설정하는 것은 무의미하다. 동일한 이유로 인해 면과는 구별되는 선을 설정하는 것도 무의미하며, 물체와 구별되는 면을 설정하는 것도 무의미하다.

그러므로 양에 대한 또 다른 견해가 있다. [7] 그것은 이단적이건 가톨릭

---

7) 아비첸나의 《형이상학》(*Metaphysica*), Ⅲ, c. 1의 다음 구절 참조: "… 양의 범주에 대해서는 많은 이들이 선, 면, 그리고 물체의 부피가 실체의 범주에 놓인다는 점을 보인 바 있다. 이뿐만 아니라, 그들은 이것이 실체의 원리라고 보았다"(ed., cit., f. 78ra).

교리에 부합되건 상관없이 나에게 아리스토텔레스의 생각인 것처럼 보인다. 나는 그것이 나의 견해라고 주장할 생각은 없다. 내가 이 견해를 개진하며 철학자[아리스토텔레스]의 견해를 주해할 때[8] 나는 그것을 내 것인 것처럼 쓰지 않고 내가 주해하는 아리스토텔레스의 견해를 나에게 보이는 대로 쓸 뿐이다. 마찬가지로 나는 그것을 나의 견해로 주장하지 않은 채 설명하기만 할 것이다.

한편, 신학자들이 지금도 주장하고, 과거부터 계속 주장한 견해, 즉 어떠한 양도 실체 및 성질과는 실재적으로 구별되지 않는다는 견해가 있다.[9] 그들은 "실체는 양이다", "성질은 양이다"와 같은 명제들이 옳다고 인정되건 되지 않건 상관없이 이 견해를 주장한다. 그리고 그들은 영속하는 연속적 양에 대해서도 이런 방식으로 말한다. 즉, 영속하는 연속적 양은 한 부분과 공간적으로 떨어진 또 다른 부분을 가지는 하나의 사물일 뿐이므로, '영속하는 연속적 양'과 '한 부분과 떨어진 또 다른 부분을 가지는 하나의 사물'이라는 두 가지 표현은 의미적으로 동치다. 그 둘 중의 하나에 포함되는 공의어적 표현이나 그와 동치인 한정사가 다른 것과의 환치 가능성과 서술을 방해하지 않는다면, 그 두 표현은 환치 가능한 명사들이다. 따라서 실체와 성질이 연장적으로 구별되는 부분들을 가지므로 실체와는 다르지 않은 양도 있고, 성질과는 다르지 않은 양도 있을 것이다.

신이 실체의 부분들에 어떤 절대적 사물을 이어지게 하지 않는다면, 그것들을 공간적으로 떨어뜨릴 수 없다고 말하는 것은 신학에 부합하지

---

8) *Exp. Praed.*, c. 10 (ed., cit).
9) 피터 올리비의 《명제집 II권에 관한 문제들》(*Quaestiones in II Sententiarum*) 58문의 다음 구절 참조: "이에 대해 동일한 이의 또 다른 견해는 양 또는 연장이 그 부분들의 일성, 소유, 자세 외에 양적 질료 또는 연장되고 양적인 형상과 다른 어떤 것도 그 안에 실재적으로 더하지 않는다고 주장한다"(ed., cit., V, 440); *Tractatus de quantitate*(ed., cum Quolibet, Venetiis 1509, ff. 49vb~53ra).

않는 것처럼 보인다. 신이 그것을 할 수 있다면, 그 실체는 부분들에 덧붙는 절대적 사물 없이도 공간적으로 분리되는 부분들을 가질 것이며, 결과적으로 절대적 사물 없이도 양적인 게 될 것이다. 동일한 논증이 성질에 대해서도 적용될 수 있다. 따라서 실체와 성질은 그것들과는 다른 양 없이도 양적인 것이 될 수 있으므로 실체와 성질 사이의 매개로서의 양은 전적으로 불필요한 것처럼 보인다.

이런 이유로 그들은 어떠한 양도 실체 및 성질과는 다른 것이 아니라고 주장한다. 이를테면, 실체와 성질을 제외한 그 무엇도 서로 공간적으로 떨어진 부분들이 없다. 따라서 성체성사에 대해 그들은 앞서 존재하던 양이 그리스도의 몸의 성변화 이후에는 빵의 실체와 실재적으로 동일하게 되고 더 이상 남아 있지 않지만 그것을 넘어 성질과 동일한 양이 남는다고 주장한다. 그럼에도 어떤 성질도 그 양 안에 주체적으로 있지는 않지만, 성변화 이후에 남는 모든 우유는 어떤 기체 없이도 그리스도의 몸과 함께 남는다. 그러므로 그들은 연속적 양에 대해서도 이런 방식으로 말한다.

그러나 불연속적 양에 대해서, 그들은 수가 셀 수 있는 것들과 다름없다고 주장한다.[10] 따라서 그들은 사물의 일성이 하나인 그 사물에 첨가되는 우유가 아니듯이 수도 셀 수 있는 사물에 첨가되는 우유가 아니라고 주장한다.

일성이 하나인 사물에 첨가되는 우유가 아니라는 점은 다음과 같이 입

---

10) Olivi, *Quodlibeta*, III, q. 4: "그러므로 이 문제와 관련해 발생하는 오류의 주요 원인 중 하나는 일성이 그 스스로, 또는 그 자신에 따르면 하나인 어떤 것에 실재적으로 어떤 다른 것들을 더한다고 생각하는 것이다. 마찬가지로 다수성이 다수의 것들에 실재적으로 어떤 것을 더한다는 것 또한 오류의 근원이다. 그리고 내가 다른 곳에서 충분히 보인 바 있듯이, 이는 불가능하다"(ed., cit., f. 21 ra); *Tractatus de quantitate*, ad XVII(ed., cit., f. 52va); *Quaestiones in II sententiarum*, q. 14(ed., cit., IV, 256~272).

증될 수 있다. 그것이 우유라면 모든 이에게 그것은 상대적인 것이든 절대적인 것이든 둘 중에 하나가 되어야 한다. 그런데 그것은 상대적인 것이 아니다. 왜냐하면 그것은 어떠한 실재적 명사를 가질 수 없기 때문이다. 따라서 어떤 것이 하나가 되기 위해서는 어떤 것의 하나도 아니며, 어떤 것에 대해 하나가 되어서도 안 되며, 어떤 것이 다른 어떤 것에 연관된다고 말하는 다른 모든 경우에도 마찬가지다. 한편, 그것은 절대적 우유도 아니다. 왜냐하면 그럴 경우 그것은 성질이 되는데, 이 점은 분명 거짓이다. 그렇지 않다면 그것은 양이 되는데, 그 경우 연속적이거나 불연속적인 것이 된다. 하지만 두 경우 모두 분명 거짓이다. 따라서 일성이 하나인 것과 실재적으로 구별되고 그것에 첨가되는 우유가 아니라는 선택지만 남는다. 그리고 같은 이유로 인해 수는 셀 수 있는 것에 첨가되는 우유가 아니다.

그들은 장소와 시간도 실체 및 성질과 구별되는 것이 아니라고 주장한다. 하지만 이 견해는 《자연학》에 대한 나의 책에서 논의되었다.[11]

한편, 그들은 표현도 발화된 단어들뿐이라고 말한다.

결과적으로 사정이 이러하다면 앞서 논의한 견해의 주장자들은 점, 선, 면, 물체, 수가 상호 간에뿐만 아니라 실체 및 성질과도 전적으로나 실재적으로 구별되는 것이 아니라고 주장해야 한다.

그럼에도 그들은 이 모든 것에 의해 전달되는 것들의 동일성을 주장하지만 그 가능술어들(praedicabilia)이 구별되고 양의 구별되는 종이라고 주장한다. 왜냐하면 때로는 가능술어들의 의미대상들이 동일하지만 서로 구별되므로 하나가 다른 하나를 서술하는 것이 불가능하기 때문이다. 따라서 '인간'과 '인간들'이라는 명사들은 동일한 대상을 의미하지만 "인간은 인간들이다"라는 명제는 불가능하다. 따라서 그러한 모든 명사는

---

11) Exp. Phys., Ⅳ, c. 6.

동일한 대상을 의미할지라도 서로 다른 종과 가능술어들이라는 점이 앞서 말한 데서 드러난다.

제 45 장
앞선 견해에 대한 반론들

앞선 견해를 주장한 이들의 의도를 좀더 분명히 하기 위해, 그 견해가 아리스토텔레스와 그 추종자들의 생각과는 반대라는 점을 드러내는 듯한 몇 가지 반론을 다루어야 한다.

첫째, 그는 《범주론》에서 앞선 견해와 반대되는 것을 말하는 듯하다.[1] 거기서 그는 큰 흰 것이 우연적으로만 양적인 것이라고 주장한다. 하지만 양이 성질이라면, 흰 것은 그 자체로 양적인 것이 될 것이다. 실제로 그것은 그 자체로 양이 될 것이다.

둘째, 그는 《형이상학》제 5권에서도 다음과 같이 말한다. "우연적으로 양적인 것이라고 부르는 것들 가운데, 음악적인 것과 흰 것이 양적인 것 안에 내재함을 통해 양적인 것이 된다고 말하는 것과 같은 방식으로 양적인 것이라고 부르는 것들이 있다."[2] 이로부터 흰 것은 그 자체로 양적인 것 안에 내재한다는 사실을 통해서만 양적인 것이 되므로 흼은 양이 아니라는 점이 귀결된다.

셋째, 그는 같은 곳에서 다음과 같이 말한다. "그 자체로 양적인 것이라고 부르는 것들도 있고, 우연적으로만 양적인 것이라고 부르는 것들도

---

1) *Praed.*, 6, 5b1~2.
2) *Metaph.*, V, 13, 1020a26~28.

있다. 예컨대, 선(線)은 그 자체로 양적인 것인 반면, 음악적인 것은 우연적으로 그렇다."3)

넷째, 아리스토텔레스는 《범주론》에서 어떤 공통적 경계에 연결된 부분들을 가지는 양들이 있다고 주장한다.4) 이를테면, 선의 부분들은 점과 연결되고, 면의 부분들은 선과 연결된다. 그런데 어떤 것의 부분들은 동일한 전체의 또 다른 부분과 연결되지 않는다. 그러므로 점은 선과 구별되어야 하고, 선은 면과, 면은 물체와 구별되어야 한다.

다섯째, 그는 《분석론 후서》에서 점이 나누어질 수 없고, 면에도 선에도 속하지 않는다고 말한다.5)

여섯째, 그는 일성이 나누어질 수 없으므로 물체도 선도 면도 점도 아니라고 주장하고자 한다.6) 따라서 그것은 이런 것들 이외의 어떤 것이다. 또한 일성은 수가 아니므로 수 외의 어떤 것이다. 앞에서 언급된 견해는 이런 견해와는 반대되는 점을 주장한다.

일곱째, 그는 《자연학》 제1권에서 파르메니데스와 멜리소스에 반대하여 실체와 양적인 것이 있다면 [하나가 아닌] 여럿이 있게 된다는 점을 입증한다.7) 그런데 실체가 양이라면 이런 증명은 타당하지 않게 될 것이다.

그러나 이런 반론들에도 불구하고 앞에서 말한 견해가 참이든 거짓이든 아리스토텔레스의 원리에서 따라 나오는 것처럼 보인다.

한편, 철학자[아리스토텔레스]가 여러 곳에서 '그 자체로서' (per se)8)와

---

3) *Ibid.*, 1020a14~17.
4) *Praed.*, 6, 4b20~5a6.
5) *APo.*, Ⅱ, 12, 95b5~6.
6) *Metaph.*, Ⅲ, 12, 999a2.
7) *Phys.*, Ⅰ, 2, 185a20~185b5.
8) '본질적으로'라고 옮길 수도 있다.

'우연적으로'(*per accidens*) 9) 라는 어휘를 다의적으로 사용한다는 점을 먼저 알아야 한다. 하지만 여기서는 아리스토텔레스가 언급된 곳들에서 '그 자체로서'와 '우연적으로'라는 어휘를 《분석론 후서》 제1권에서처럼 일반적으로 사용하지 않는다는 점을 말하는 것으로도 충분하다. 10) 그는 참인 동시에 주어의 의미작용과 유사한 방식으로 내포되는 것만을 내포하는 술어를 가지는 명제를 그 자체로서의 명제라고 부른다. 따라서 이런 뜻에서 그 자체로서의 명제가 거짓이면서 동시에 주어의 존재를 진술하는 명제가 참이라고 주장하는 것은 명백한 모순을 포함한다.

다른 방식으로 표현하자면, 그는 정의의 일부가 정의대상을 서술하거나 정의 전체가 정의대상을 서술하거나, 어떤 표현이 자기 자신을 서술하거나, 동의어가 동의어를 서술할 경우 그 명제를 '그 자체로서의 명제'라고 부른다. 그는 그 외의 명제들을 '우유적 명제'라고 부른다.

이 점을 통해 첫째 반론에 대한 답변은 분명하다. 철학자〔아리스토텔레스〕가 "큰 흰 것은 단지 우유적 방식으로 양적인 것이다"라고 말할 때 "흰 것은 양화된 것이다"라는 명제가 우유적인 것이라는 뜻으로 말하고 있기 때문이다. 이유인즉, '양적인 것'이라는 술어는 사물의 한 부분이 다른 부분과 떨어져 있음을 내포하거나 의미하기 때문이다. 그러나 '흰 것'이라는 주어는 그러한 것을 내포하지 않는다. 이유인즉, '양적인 것'이라는 술어는 '흰 것'의 정의의 일부가 아니며, 그 역도 마찬가지이기 때문이다. 그럼에도 이런 점은 흰 것이 정말로 양적인 것이며, 마찬가지로 그것이 참으로 양이라는 점과 양립한다. 따라서 철학자는 흰 것이 양적인 것이라는 점을 인정하지 않듯이, 흰 것이 양이라는 점도 인정하지 않는다. 그러므로 흰 것이 단지 우유적 방식으로만 참으로 그리고 실재적으로 양적인 것이듯

---

9) '부수적으로'라고 옮길 수도 있다.
10) *APo.*, I, 4, 73a34~73b24.

이, 철학자에 따르면 흰 것은 단지 우유적 방식으로만 정말로 양이다.

한편, 이것이 아리스토텔레스의 의도임은 앞서 언급된 동일한 저작에서 한 말에서 분명해진다. 따라서 그는 양의 종류들과 그것들의 차이성을 열거한 후, 다음과 같이 말한다. "정확히 말해, 우리가 말한 것들만이 양이며, 다른 모든 것은 우연적으로만 양이다. 우리는 이 점을 유념해서 다른 것들을 양이라고 부른다. 이를테면, 흰 것의 면이 크기 때문에 흰 것이 크다고 부른다." 이 점으로 보아 '양'이라는 가능술어가 거기에서 열거되는 것들과는 다른 것들을 참으로 서술한다는 점이 아리스토텔레스의 의도임을 도출할 수 있다. 따라서 정확히 말하자면 흰 것을 양이라고 하지 않고 단지 우연적으로만 양이라고 부른다. 따라서 그는 다음과 같이 말한다. "우리는 이 점을 유념해서 다른 것들을 양이라고 부른다." 즉, '양'이라는 이런 이름은 다른 것들을 그 자체로가 아니라 우연적으로 서술한다. 그러나 양은 이것들[열거되는 것들]을 그 자체로 그리고 정확하게 서술한다. 왜냐하면 '양'이라는 이 가능술어는 그것들의 정의 안에 있기 때문이다. 하지만 그것은 '흰 것', '음악적인 것', '인간'이나 '돌'의 정의 안에 있지 않다.

그러므로 철학자[아리스토텔레스][11]가 의미의 측면에서 하나는 추상적 이름이 되고 다른 하나는 구체적 이름이 되는 '양적인 것'과 '양'이라는 두 이름을 구별하지만, 하나에 대해 인정하는 것은 모두 나머지 하나에 대해서도 인정하며 그 둘을 무차별적으로 다룬다는 점을 알아야 한다. 그에게 추상적 이름이 어떤 공의어적 명사나 그 명사와 의미적으로 동치인 표현을 포함하지 않는다면 그것들은 동의어다.

동일한 방식을 통해 흰 것과 음악적인 것을 우연적으로 양적인 것이라고 부르는 둘째 전거를 다룰 수 있다. 왜냐하면 "흰 것은 양적인 것이다"

---

11) *Praed.*, 6, 5a38~5b2.

와 "음악적인 것은 양적인 것이다" 등과 같은 명제들은 그것들 안에서 정의의 일부가 정의대상을 서술하는 것처럼 그 자체로서의 명제들이 아니기 때문이다. 그리고 그것들이 내재된 것을 통해 그것들을 양적이라고 말할 때 그는 '내재함'을 실재적 내재가 아니라 서술의 뜻으로 이해한다. 그러므로 "흰 것이 양적인 것이다"라는 이 명제는 흰 것에 대해 서술되는 면이 양적인 것이기 때문에 참이다. 왜냐하면 "면이 양적인 것이다"라는 이 명제는 1차적으로 참이기 때문이다. 따라서 흰 것은 면을 서술하고 그 역도 참이기 때문에 "흰 것은 양적인 것이다"라는 이 명제는 참이다.

동일한 방식을 통해 그가 선, 물체와 같은 어떤 것들이 그 자체로 양적인 것이라고 말하는 셋째 반론을 다룰 수 있다. 왜냐하면 "선은 양이다", "물체는 양이다"와 같은 명제들은 그 자체로서의 명제들이기 때문이다. 한편, 우연적 명제들도 있다. 왜냐하면 "흰 것은 양이다", "음악적인 것은 양이다"와 같은 명제들은 우연적 명제들이기 때문이다.

《범주론》과 연관된 넷째 반론에 대해서, 위치를 가지는 양들이 그 부분들과 전체적으로 구별되는 어떤 사물과 결합된 부분들을 가진다는 점은 아리스토텔레스의 의도가 아니라고 말해야 한다. 왜냐하면 그에 따르면 어떠한 주어도 그러한 사물에 속할 수 없기 때문이다. 또한 그것은 그 자체로 유 안에 있어야만 한다. 왜냐하면 그것은 유 안에 존재하는 어떤 것의 부분이 될 수 없기 때문이다. 따라서 그것은 양이든지 실체든지 성질 등과 같은 것이어야 하지만, 그것들 모두는 거짓이다. 그러나 하나의 부분이 다른 부분으로 연장되므로 부분들 사이를 매개하는 것은 결코 없다는 점이 아리스토텔레스의 생각이다. 그 부분들은 상호 연장되므로 하나가 다른 하나에 연장되지 않는다면 하나의 연속체가 그것들 가운데서 나오지 않을 것이라는 점이 영속적 연속체의 본성에 속한다.

아리스토텔레스에 따르면 이것이 연속적 양과 불연속적 양의 차이다. 왜냐하면 불연속적 양을 구성하는 것이 다른 위치와 장소에 있는지 없는지, 또한 그것들 사이에 매개가 있는지 없는지의 여부는 불연속적 양과 아무런 상관이 없기 때문이다. 그러므로 두 사람 사이에 매개가 있는지 없는지의 여부는 두 사람이 둘이라는 사실과 아무런 상관이 없다. 왜냐하면 그들이 100리그[12] 떨어져 있을 때처럼 그들 간에 매개가 없을 때 둘이기 때문이다. 또한 이 사람들에 대해 '둘'이라는 술어를 서술하는 것은 그 둘이 가깝거나 떨어져 있음으로 인해 변화하지도 않는다. 반대로 그들이 동일한 장소에 동시에 있는 경우, 동일한 장소에 있지 않는 경우처럼 그들은 둘이다. 그러나 연속체의 부분들의 경우에는 사정이 다르다. 왜냐하면 그것들이 연속적이 되기 위해서는 그것들 간에 어떠한 매개도 없어야 하고, 하나는 다른 하나에 연장되지만 다른 장소에 있어야 하고 수적으로 하나를 만들어야만 하기 때문이다. 그 이유는 그렇지 않을 경우 그것들이 연속적이지도 않다는 데 있다. 그러나 이런 것들 가운데 그 무엇도 불연속적 양에는 요구되지는 않는다. 이 점으로 인해 아리스토텔레스는 부분들이 공통적 경계에 이어진다고 말한다. 즉, 그것들은 서로 연장되며 동일한 장소에 있지 않으므로 나누어질 수 없는 것이 있다면 둘다를 한정하게 될 것이다. 불연속적 양의 경우는 사정이 다르다. 왜냐하면 그 부분들은 필연적으로 상호 연장되지는 않기 때문이다. 오히려 그것들 사이에 아무것도 매개되지 않을 경우처럼 어떤 것이 매개될 경우 그것들은 양을 구성하게 된다.

그리고 동일한 이유로 인해 그는 연속적 양의 부분들이 위치를 가진다고 말한다. 왜냐하면 연속적 양의 부분들이 되기 위해서는 서로 장소적으로 구별되어야 하므로, 한 부분이 여기에 있고 또 다른 부분이 저기에 있고, 제3의 것이 다른 곳에 있다고 말할 수 있기 때문이다. 하지만 이미 언급했다시피 그러한 장소적 구별이 불연속적 양에 요구되지 않는다. 따

---

12) 리그(league)는 거리의 단위로 약 3마일에 해당한다.

라서 질료와 형상은 실재적으로 두 가지 사물이 아니지만, 장소적으로 떨어져 있지는 않다.

다섯째 반론에 대하여, 철학자가 점이 나누어질 수 없다고 말할 때, 두루 알려진 견해에 따라 말하고 있거나 아니면 "점이 양과는 다른 것이라면 나누어질 수 없을 것이다"와 같이 조건적으로 말하고 있음을 알아야 한다. 또한 그는 "점은 나누어질 수 없다"라는 명제를 "연속체의 두 부분 사이를 매개하는 나누어질 수 있는 것 없이도 하나의 부분은 나머지 부분에 연장된다"라는 뜻으로 이해한다. 이를테면, 그는 "선의 부분들은 어떤 공통적인 경계선에 연결된다"라는 명제를 "선의 부분들은 그것들 사이에 놓인 제3의 것이 없어도 서로에게 연장된다"는 뜻으로 이해한다.

여섯째 반론에 대하여, 철학자는 일성을 어떠한 부분도 결여된 것이라고 말하지 않는다. 왜냐하면 그에게는 이 지상 세계 안에 그러한 것은 있을 수 없기 때문이다. 그는 "일성은 나누어질 수 없다"라는 명제를 "하나인 것은 여럿이 아니다"라는 뜻으로 이해한다. 나는 《자연학》 제2권 주해서를 통해 이것이 그의 의도라는 점을 밝힌 바 있다.[13] 따라서 간략하게 하기 위해 여기서는 그것을 다루지 않겠다.

마지막 일곱째 반론에 대하여, 철학자는 실체와 양적인 것이 있다면 〔하나가 아닌〕 여럿이 있다는 점을, 실체가 양이 아니라는 사실이 아니라, 어떤 것이 부분의 다수성을 포함하지 않는다면 그것이 양적이 되기는 불가능하다는 사실을 통해 입증하고자 한다는 점을 말해야 한다. 따라서 실체와 양적인 것이 있다면 여럿이 있어야 한다. 그 양의 부분들은 존재하기 때문이다. 철학자가 고대인들을 반박하기 위해서는 이 정도로

---

13) *Exp. Phys.*, III, 7, 207b5~7: "… 한 인간이 한 인간이고 여러 인간들이 아닌 것처럼, 하나 아래 더 작은 수가 허용되지 않는다. 왜냐하면 〔하나 외의〕 모든 수는 하나보다 더 많기 때문이다. 그러므로 그것〔하나 외의 모든 수〕은 나뉠 수 있다"(cod. cit., f. 74ra).

충분하다.

따라서 지성적 영혼 외에는 이 지상세계에 나누어질 수 없는 것은 아무 것도 없다는 것이 아리스토텔레스의 견해라고 나는 주장한다. 그는 또한 모든 사물이 실체이거나 아니면 성질이라고 주장했다. 그가 때로는 "실체는 양이 아니다" 또는 "성질은 양이 아니다"라고 주장함을 발견한다면, 그것은 "실체는 양이다"와 "성질은 양이다"라는 명제들이 그 자체로서의 명제가 아니라는 뜻으로 이해한다. 그것들이 그 자체로서의 명제가 아닌 이유는 '양'이라는 이름이 '영속적인 연속적 양'의 뜻으로 해석될 경우 하나의 부분이 다른 부분과 장소적으로 구별된다는 점을 내포하기 때문이다. 그러나 '실체'와 '성질'이라는 이름은 그러한 것을 내포하지 않는다.

그러므로 어떠한 양도 실체와 성질과는 전적으로 구별되는 것이 아니며, 점, 선, 면, 그리고 물체는 그 자체로 서로 전적으로 구별되지 않는다는 것이 아리스토텔레스와 다른 여러 저술가들의 견해라고 나는 주장한다.

그러나 최근 저술가들 사이에서 공통적 견해를 가진 이들은 점이 선과는 다른 것으로서 선의 부분들을 상호연결하고 결합시키는 것이며, 선이 면과는 다른 것으로서 면의 부분들을 상호연결하고 결합시키는 것이고, 면은 물체와는 다른 것으로서 물체의 부분들을 상호연결하고 결합시키는 것이라고 주장할 것이다. 그들의 견해에 따르면, 수도 셀 수 있는 것들과는 다른 것이고, 그것들 안에 존재하는 우유다. 마찬가지로, 표현은 발화된 단어와 그 양과는 다른 것이다. 그들은 장소와 시간에 대해서도 같은 점을 말할 것이다. 즉, 그것들은 서로 구별되며, 앞서 말한 모든 것과도 구별된다.

제 46 장
양이라는 유(類)에 속한 것들에 대하여

양이 실체 및 성질과는 다른지 같은지에 대해 여러 가지 견해를 검토했기 때문에, 양이라는 유에 속한 것들에 대해 살펴보아야 한다. 우선, 아리스토텔레스의 견해처럼 보이는 첫 번째 견해를 다룰 것이다.

따라서 그 견해에 따라 "얼마만큼인가?"를 통해 제기된 질문에 대답될 수 있는 것은 모두 양이라는 유에 속해야 한다는 것이 나의 주장이다. 여기서 나는 "얼마만큼인가"라는 의문사를 엄밀한 뜻의 '얼마만큼'과 '얼마나 많은' 모두에 적용되는 일반적 뜻으로 사용한다.

한편, 그러한 의문사를 통해 여러 가지 것에 대해 질문할 수 있으므로, 의문사는 여럿을 표현한다. 이를테면, 내가 "여기 이 안에 얼마나 많이 있는가?" 혹은 "여기에 얼마나 많은 사람이 있는가?"라고 물을 수 있다. 그때 그러한 질문에 대답할 수 있게 하는 것은 그것이 다수성을 표현할 경우 불연속적 양에 속하는 것으로 간주해야 한다. 이런 방식으로 수는 불연속적 양이다. 왜냐하면 "그 사람들은 몇 명인가?"라고 질문하고, 내가 "세 명이다"라고 대답한다면, 나의 대답은 다수를 표현하기 때문이다. 표현도 이런 식으로 불연속적인 양이다. 왜냐하면 표현이 "얼마만큼 긴 것인가?"라고 질문할 때 그 질문은 음절의 다수성과 그 양에 대한 것으로 이해해야 하기 때문이다. 만일 그렇지 않다면 하나의 철자나 음절에 대해 한결같게 질문할 수 있을 것이다. 왜냐하면 그것은 길 수도 짧을 수도 있기 때문이다.

따라서 대답은 여럿을 표현해야 한다. 이런 이유로 그것은 불연속적인 양에 들어가는 것으로 간주된다.

그러나 양의 의문사가 여럿을 표현하지 않는다면, 장소적으로 서로 떨어진 여러 부분이 있는 하나를 표현해야 한다. 그럴 경우 그 의문사는 선의 경우 길이로 거리를 표현하고, 면의 경우 넓이로 거리를 표현하며, 물체의 경우 깊이로 거리를 표현한다. 그 의문사는 장소나 시간에 대한 질문을 제기한다. 따라서 '장소'와 '시간'은 양이라는 유에 있게 된다.

이것의 단서로서 '장소'와 '시간'이라는 두 가지 명사가 다른 것들처럼 양이라는 유에 그 자체로 속하지 않는다는 점을 알아야 한다. 서로 다른 이론적 근거들이 공간과 시간에 대해 추구되어야 한다. 따라서 시간은 다른 것들처럼 양이라는 유에 그 자체로 속하지 않는다. 왜냐하면 시간은 다른 것들처럼 자연세계의 사물 안에 존재하는 사물만을 의미하지는 않기 때문이다. 따라서 선, 면, 물체, 수는 존재하는 사물만을 의미한다. 그것들은 존재하는 사물 외의 어떠한 것도 의미하거나 내포하지 않는다. 그러나 시간은 운동처럼 현실태로 존재하지도 가능태로 존재하지도 않는 사물을 내포하거나 의미한다. 따라서 그 견해에 따르면 시간은 운동과 실재적으로 구분되는 것이 아니다. 운동도 영속적 사물과 실재적으로 구분되는 것이 아니다. 이와는 대조적으로 운동은 하나의 사물이 어떤 부분을 가진 다음에 또 다른 부분을 가진다는 점, 또는 하나가 다른 것과 결합된 다음에 또 다른 것과 결합된다는 점, 또는 어떤 사물에 정지한 다른 사물이 다가올 경우 그 사물은 그것에 결합되는 다른 어떤 것을 가진다는 점만을 전달할 뿐이다. 따라서 운동은 영속적 사물과 실재적으로 구분되는 것이 아니며, 시간도 마찬가지다. 이런 이유로 시간은 단지 우유적 방식으로만 또는 영속적으로 존재하는 사물의 수용으로만 양이라는 유에 속할 뿐이다. 마찬가지로 아리스토텔레스가 《형이상학》 제5권에서 주장하듯이, 운동은 양이라는 유에 속할 수 있다. [1]

장소의 경우에 대해 또 다른 이론적 근거가 주어져야 한다. 따라서 장소는 그 자체로 양이라는 유에 속한다고 말하지 않는다. 장소는 면과 구별되는 것이 아니기 때문이다. 이것과 함께, 어떤 주어의 장소를 진술하는 명제가 참일 때, 동일한 주어에 대해 면, 선이나 물체라는 서술의 유사한 변화가 일어나지 않고서는 장소가 다양한 방식으로, 그리고 양을 내포하는 다양한 한정적 표현들로 동일한 것을 잇따라 참으로 서술할 수 없다. 이를테면, "a는 장소다"라는 명제가 참이라고 가정하자. "a는 장소다"라는 명제가 참이라면, "a는 더 큰 면이다", "a는 더 작은 면이다", "a는 더 긴 선이다", "a는 더 짧은 선이다", "a는 긴 물체거나 짧은 물체다"와 같은 명제들이 잇따라 참으로 서술되지 않을 경우, "a는 더 큰 장소다", "a는 더 작은 장소다", "a는 더 길다", "a는 더 짧다"와 같은 명제들이 잇따라 참으로 서술될 수 없다. 일반적으로 서로 모순되는 한정사들이 동시에 '선', '면', '물체' 셋 가운데 하나에 더해질 수 없다면, 어떠한 한정사도 '장소'에 더해짐으로써 장소에 대해 잇따라 참으로 서술될 수 없다.

이로부터 장소가 선, 물체, 면과는 구별되지 않듯이 후자의 셋이 서로 구별된다는 견해에도 불구하고 그것들이 장소보다는 양의 종에 그 자체로 속하는 이유가 분명해진다. 그 셋이 동일한 것을 의미하더라도 "a는 더 길다", "a는 더 짧다"라는 명제들은 잇따라 참으로 서술되는 반면, "a는 더 넓다", "a는 덜 넓다", "a는 더 깊다", "a는 덜 깊다"와 같은 명제들은 결코 참으로 서술되지 않기 때문이다.

앞서 논의한 것에서 선, 면 그리고 물체가 서로 구별되는 가능술어인 반면, 장소는 그 셋과 구별되는 가능술어가 아님이 분명해진다.

또한 앞서 논의한 것에서 양이라는 유에 있는 것들에 대한 1차적이고 좀더 본질적인 구분과 구별이 "얼마만큼인가?"를 넓은 뜻에서 해석할 때

---

1) *Metaph.*, V, 13, 1020a29~32.

"얼마만큼인가?"라는 의문문에 대답하는 데 사용되는 것이 수처럼 여럿을 표현하는 것이나 선, 면, 물체로 구분되는 '크기'의 경우처럼 여럿으로 이루어지는 하나를 표현하는 것이라는 사실에서 취해진다는 점을 도출할 수 있다. 그래서 표현, 장소, 시간 가운데 그 무엇도 이 구분에 포함되지 않지만, 이런 것들의 수용이나 우유다.

그리고 《형이상학》 제5권에서 이러한 구분방식을 사용하는 철학자[아리스토텔레스]는 그 자체로 그리고 1차적으로 양적인 것들을 열거하면서 수, 선, 면, 물체만을 언급한다.[2] 따라서 그는 먼저 '양적인 것'을 기술하면서 다음과 같이 말한다: "양적인 것은 내재하는 것들(둘 다이든 개별자든 상관없이)로 나뉠 수 있는 것을 뜻하는데, 여기서 내재하는 것들은 각각 본성적으로 하나이며 이 어떤 것이다." '내재하는 것들로 나뉠 수 있는'이라는 첫째 절을 통해 시간, 표현, 운동은 배제된다. 왜냐하면 저마다의 것은 존재하지 않는 것을 전달하거나 적어도 다른 것과의 관계에서든 아니면 단적으로든 부정적인 것을 전달하기 때문이다. 안셀무스는 《악마의 타락》에서 이러한 표현 형식을 채택하는데,[3] 그것은 수많은 난점을 다루는 데 필요하다. 따라서 이런 것들을 1차적으로 양적인 것이라고 부르지는 않는다. 둘째 절에 의해 모든 우유와 모든 형상 및 질료가 배제될 수 있다. 이 중 어떠한 것도 본성적으로 '이 어떤 것'이지 않기 때문이다. 하지만 그럴 경우 '양적인 것'은 엄밀한 뜻에서 그 자체로 존재하며 타자에 내재하지도 않고 다른 어떤 것의 일부도 우유도 아닌 것으로 해석된다.

그래서 그 견해에 따라 '양적인 것'을 엄밀한 뜻으로 해석할 경우, 질료와 형상으로 이루어지는 실체만이 (또는 아리스토텔레스의 견해를 따르자면 천체가) 양적인 것이다. 따라서 철학자는 양적인 것들을 열거한 후 "양적

---

2) *Ibid.*, V, 13, 1020a7~8.

3) Anselmus, *De casu diaboli*, c.11 (ed., F. S. Schmitt, 249ff).

인 것이 셀 수 있다면 여럿이고, 측정할 수 있다면 크기다. 4) 여럿이란 연속적이지 않은 것들로 나뉘는 가능성을 가진 것을 뜻하고, 크기란 연속적인 것들로 나뉘는 가능성을 가진 것을 뜻한다. 크기 가운데 한 차원에서 연속적인 것은 길이라고 하고, 두 차원에서 연속적인 것은 넓이라고 하며, 세 차원에서 연속적인 것은 깊이라고 한다. 이것들 가운데 여럿을 한정하는 것이 수이고, 길이가 한정하는 것이 선이며, 넓이를 한정하는 것이 면이고, 깊이가 한정하는 것이 물체다"라고 말한다.

이로부터 그가 선, 면, 물체, 수라는 4가지를 정확하게 열거한다는 점은 분명해진다. 그래서 그는 앞서 언급한 이유로 인해 시간, 표현, 장소 가운데 그 무엇도 열거하지 않는다.

앞선 언명 다음에 "얼마만큼인가?"라는 질문에 대답되는 것들이 양이라는 유에 속한 것들이라는 점을 알아야 한다. 따라서 '2큐빗', '3큐빗', '2', '3'과 같은 것들이 양이라는 유에 속한다. 하지만 그 자체로의 첫 번째 방식에서 공통적이라는 점 때문에 양이라는 유 안에서 서술되는 것들도 있다. 따라서 선, 면, 물체, 수와 같은 것들은 이런 방식으로 양이라는 유에 속한다.

---

4) *Metaph.* V, 13, 1020a8~14.

제47장
양의 특성에 대하여

앞선 견해 다음으로 양의 특성에 대해 살펴보아야 한다.

아리스토텔레스는 양에는 3가지 특성이 있다고 주장한다. [1] 이것들 가운데 첫째 특성은 양에 반대되는 것은 아무것도 없다는 점이다. 이를테면, 선은 면에 반대되는 것이 아니고, '2큐빗'은 '3큐빗'에 반대되는 것이 아니다.

하지만 이런 특성에서 양은 실체도 성질도 아니라는 점이 분명하게 도출되는 듯하다. 왜냐하면 만일 양이 성질이라면, 성질에 반대되는 어떤 것은 양에 반대될 수 있기 때문이다.

이 점에 대해 앞서 말한 바와 같이[2] '반대되는 것'이라는 명사는 여러 뜻으로 사용될 수 있다는 점을 말해야 한다. 그럼에도 철학자는 양에 반대되는 것이 있다는 점을 부정하면서 '반대되는 것'을 다른 것에 반대되는 것만을 전달하는 명사로 사용한다. 따라서 반대되는 것들이라고 부르는 이유는 그것들이 동일한 것 안에 동시적이 아니라 잇따라 존재할 수 있고, 부분적으로 획득될 수 있기 때문이다. '반대되는 것'이라는 명사를 이런 뜻으로 사용할 경우 양이라는 유에 그 자체로 속하는 것들 중에 그

---

1) *Praed.* , 6, 5b11~6a35.
2) 제43장 참조.

무엇도 다른 가능술어에 반대되는 것이 아니라는 점은 분명하다. 왜냐하면 그 유에 그 자체로 속한 것은 그 무엇도 그것의 의미대상이나 공통 의미대상이 다른 것의 의미대상이나 공통 의미대상에 반대되거나 모순되지는 않기 때문이다. 이 점은 귀납적으로 분명하다. 따라서 이 점은 '반대된다'를 "동일한 사물 안에 잇따라 실재적으로 내재하는 것을 거스르지 않지만, 동시에 실재적으로 내재하는 것을 거스른다"로 해석함으로써 "어떤 것이 양에 반대된다"라는 명제를 참이라고 생각하는 이들에 의해서도 옳다고 인정된다. 그럼에도 '반대된다'를 앞서 말한 뜻으로 해석할 때 "양이라는 유에 그 자체로 포함되는 것은 그 무엇도 반대되지 않는다"라는 명제는 참이다. 따라서 흼과 검음이 반대되는 것일지라도 '2큐빗'과 '3큐빗'이라는 명사들은 반대되는 것들이 아니다. '2'와 '3' 그리고 '선'과 '면'도 반대되는 것들이 아니다. 3큐빗의 길이를 가진 흼은 2큐빗의 길이를 가진 검음에 반대되는 것이므로, 하나의 양은 실재적으로 또 다른 양에 반대되는 것이 된다. 그럼에도 '2큐빗'과 '3큐빗'이라는 명사는 반대되는 것이 아니다. 흼이 검음에 반대되는 것이더라도 '2큐빗'은 검음을 의미하는 방식과 동일하게 흼을 의미하기 때문이다.

따라서 요약하자면, "하나의 양은 또 다른 양에 반대되는 것이다"라는 명제가 명사들이 영혼 외부의 사물들을 위격적으로 지칭하는 경우 참이라는 것이 아리스토텔레스의 생각이라고 말해야 한다. 그럼에도 "양이라는 유에 그 자체로 포함되는 명사들은 항상 반대되는 것들을 전달하는 것과 같은 방식으로 반대되지는 않는다"라는 명제도 참이다. 아리스토텔레스가 어떠한 것도 양에 반대되지 않는다고 말할 때 이것을 그 명제의 뜻으로 이해한다. [3]

둘째 특성은 양이 더함과 덜함을 허용하지 않는다는 점이다. 즉, 양이

---

3) *Praed.*, 6, 5b1.

라는 유에 포함되는 것은 그 무엇에 대해서도 때로는 '더'라는 부사와 때로는 '덜'이라는 부사와 함께 서술될 수 없다는 것이다. 이 물체가 때로는 더 희고 때로는 덜 희다고 말하는 것과 같은 방식으로 어떤 사물이 때로는 더 2큐빗이고 때로는 덜 2큐빗이라고 말하지 않듯이, 이것이 저것보다 더 희다고 말하는 것과 같은 방식으로 이 셋이 저 셋보다 더 셋이라고 말하지는 않는다.

셋째 특성은 양들이 서로 동등하거나 동등하지 않다고 말할 수 있다는 점이다. 이를테면, 면들은 서로 동등하거나 동등하지 않다고 말한다. 다른 경우에도 마찬가지다.

이런 특성으로 보아 성질이 양이거나 실체가 양이라는 점을 부정하는 것이 아리스토텔레스의 의도가 아님은 분명하다. 철학자에 따르면,[4] 이런 특성은 양에 아주 고유한 것이므로 결과적으로 양과 환치 가능한 것이기 때문이다. 따라서 양은 이 특성이 적용되는 모든 것을 서술한다. 그러나 "나무 한 조각은 또 다른 나무 조각과 동등하다", "하나의 흰 것은 또 다른 흰 것과 동등하다", "하나의 검음은 다른 검음이나 흼과 동등하다"라는 명제들은 그 자체로 참이 아니더라도, 단적으로 참이다. 그러므로 "실체는 양이다"와 "성질은 양이다"는 우연적으로 참일지라도 단적으로 참이다.

동등하거나 동등하지 않은 것을 모두 양이라고 말하는 것은 타당하지 않다. 왜냐하면 정확히 말해 양의 특성은 동등함이나 동등하지 않음이 아니라, 어떤 것을 동등하거나 동등하지 않다고 말하도록 하는 것이기 때문이다. 철학자는 양을 통해 어떤 것을 동등하거나 동등하지 않다고 부른다고 주장하지 않고, 양이 동등하거나 동등하지 않다는 점이 정확히 말해 양의 특성이라고 주장한다. 따라서 그는 다음과 같이 말한다. "양의 두드러진 특성은 그것이 동등하거나 동등하지 않다고 말한다는 점이다.

---

4) *Praed.*, 6, 6a26~27.

왜냐하면 양이라고 부르는 것들 저마다는 동등하거나 동등하지 않기 때문이다. 예컨대, 물체가 동등하거나 동등하지 않다고 말하고, 수가 동등하거나 동등하지 않다고 말하며, 시간도 동등하거나 동등하지 않다고 말한다. 마찬가지로, 양이라고 부르는 다른 것들도 동등하거나 동등하지 않다고 말한다."[5] 이 구절로 보아 그는 양 자체가 동등하거나 동등하지 않다고 말하는 것이지, 양에 의해 다른 어떤 것이 동등하거나 동등하지 않다고 말하는 것은 아니라는 점이 분명해진다.

따라서 흼과 실체가 비록 우유적일지라도 다른 것과 동등하거나 동등하지 않듯이 아리스토텔레스의 견해에 따르면 실체나 성질은 비록 우유적일지라도 양이라고 말해야 한다.

철학자가 그다음에 다른 범주들 안에 있는 어떤 것을 동등하거나 동등하지 않다고 부르는 것은 이 주장들에 대한 반론이 되지 않는다. 그는 '동등하다' 또는 '동등하지 않다'가 다른 범주들 안에 포함되는 것들을 서술한다는 점을 부정할 의도가 없고, '동등하다' 또는 '동등하지 않다'가 다른 범주들 안에 포함되는 것들을 그 자체로가 아니라 우연적으로 서술할 뿐이라는 점을 말하려고 했기 때문이다. 그는 다음과 같이 말할 때 이 점을 암시한다.[6] "'동등하다' 또는 '동등하지 않다'는 (그 자체로) 양이 아닌 다른 것들을 많이 서술하지는 않는 것처럼 보인다." 왜냐하면 '동등하다' 또는 '동등하지 않다'는 이런 것들을 그 자체로가 아니라 단지 우연적으로만 서술하기 때문이다. 그러나 이것은 동등함과 동등하지 않음이 다른 것들을 참으로 서술하고, 같은 방식으로 양이 이와 똑같은 것들을 서술한다는 점과 양립한다.

---

5) *Ibid.*, 6, 6a26~30.
6) *Ibid.*, 6, 6a31~32.

제 48 장
양이 실체 및 성질과는 구별되는
절대적 사물이라는 주장을 할 때 답변하는 방식과
아리스토텔레스의 견해를 설명하는 방식

양이 실체 및 성질과는 구별되는 절대적 사물이며, 점, 선, 면, 그리고 물체가 서로 실재적으로 구별된다는 견해에 의하면, 또 다른 방식으로 말해야 한다.

그 견해에 따르면, 부피(dimensio)가 실체를 형성하고 물질적 성질을 유지하는 것이므로, 실체는 부피가 아니라 부피의 주체고, 성질도 부피가 아니라 부피 안에 주체적으로 존재하는 것이다. 그렇다면 양은 공통적 경계에 연결되는 부분들을 가지건 가지지 않건 둘 중에 하나다. 첫째 가정을 받아들이면, 그 부분들은 모두 영속적이고 길이에 따라서만 연장되어 선이 되거나, 아니면 길이와 넓이에 따라 연장되어 면이 되거나, 아니면 길이, 넓이, 깊이에 따라 연장되어 물체가 된다.

그러나 장소가 면과 실재적으로 동일하다는 주장이 많은 이들에 의해 제시되었다.[1]

하지만 만일 모든 부분들이 영속적이지 않다면, 시간이 있게 된다. 만일 부분들이 공통적 경계를 통해 연결되지 않는다면, 그 부분들은 영속적이므로 수가 있게 되든지, 아니면 영속적이지 않으므로 표현(oratio)이

---

[1] 예를 들어 토마스 아퀴나스의 《명제집 2권 주해》(*Scriptum in II sententiarum*)의 다음 구절을 보라: "장소는 장소를 차지한 물체의 면과 본질적으로 동일하다"(d. 12, q. 1, a. 5, ad 2).

있게 된다. 따라서 선, 면, 물체, 장소, 시간, 표현은 양이라는 유(類)에 속한다.

그러나 점(點), 순간, 일성은 그 자체로 양이라는 유에 있지 않고 환원에 의해서만 양이라는 유에 있게 된다.

한편, 양은 다른 방식으로도 구분된다. 위치를 가지는 종이 있는데, 그 종에는 선, 면, 물체, 장소가 있다. 위치를 가지지 않는 종도 있는데, 이러한 종에는 시간, 수, 표현이 있다.

양의 첫째 특성은 반대되는 것을 갖지 않는다는 점이다. 이유인즉, 양 안에 주체적으로 존재하는 성질이 반대되는 것을 가지더라도 그 양 자체는 반대되는 것을 가지지 않기 때문이다. 이 점은 귀납적으로 분명하다.

둘째 특성은 양이 더함과 덜함을 허용하지 않는다는 점이다. 이유인즉, 하나의 양은 또 다른 양보다 더한 정도로 양이 아니기 때문이다.

셋째 특성은 양을 통해 어떤 것을 동등하거나 동등하지 않다고 부른다는 점이다. 따라서 그 양은 그 자체로 그리고 1차적으로 동등하거나 동등하지 않으며, 양을 수용하는 실체나 양 안에 주체적으로 존재하는 성질은 2차적으로 그리고 우연적으로 동등하거나 동등하지 않다.

양에 대해서는 이 정도로 충분하다.

제 49 장
'어떤 것에 대해'(ad aliquid)라는 범주에 대하여

아리스토텔레스가 설정한 세 번째 범주는 '어떤 것에 대해' 또는 관계라고 부른다. [1]

먼저 양에 대해 상반되는 견해들이 있듯이, '어떤 것에 대해' 또는 관계에 대해서도 상반되는 견해들이 있다는 점을 알아야 한다.

관계를 하나 혹은 여러 절대적 사물들과는 실재적으로 그리고 전체적으로 구별되는, 영혼 외부의 어떤 것이 아니라고 주장하는 이들이 있다. 이 견해가 아리스토텔레스와 그를 따르는 다른 철학자들에게 속한다는 것이 내 생각이다.

한편, 사람이 나귀가 아니듯이 관계도 절대적 사물이 아니고, 하나 혹은 여러 절대적 사물과는 실재적으로, 그리고 단적으로 구별되는 것이라고 주장하는 이들도 있다. [2] 많은 신학자들이 이 견해를 주장한다. 또한 나는 일찍이 이것을 아리스토텔레스의 견해라고 생각했지만, 지금은 그것과 상반되는 견해가 그의 원리들에서 도출되는 듯하다. 따라서 나는

---

1) *Praed.*, 7, 6a36~8b20.
2) 다음의 문헌들을 참조. Thomas Aquinas, *Summa Theologiae*, I, q. 28, art. 1~2; Scotus, *Quaestiones in Metaphysicam Aristotelis*, V, q. 11 (ed., Wadding, IV, 633~643); Thomas de Wylton, *Quodlibeta*, q. 15 (cod. Vat. Burgh. 36, ff. 90vb~94rb).

먼저 관계의 문제를 첫 번째 견해에 의거해 다루고자 하며, 다음으로 두 번째 견해에 의거해 다룰 것이다.

먼저 나는 이 문제에 대한 첫 번째 견해를 다룸으로써 관계를 설정하는 방식을 설명하고, 그 견해가 아리스토텔레스에게 속한다는 점을 드러낼 것이다. 둘째, 나는 그 견해를 다른 논증들을 통해 확증할 것이다. 셋째, 나는 그 견해에 대해 반론들을 제기하고 나에게 아리스토텔레스가 답변하는 방식처럼 보이는 것을 통해 답변할 것이다. 넷째, 그 범주 안에 있는 것들에 대해 다룰 것이다.

그 견해는 실체 및 성질과 같은 절대적 사물을 제외한 그 무엇도 현실태로도 가능태로도 존재한다고 생각할 수 없다는 것이다. 그럼에도 다양한 이름들은 동일한 대상들을 상이한 방식으로 의미한다. 왜냐하면 어떤 이름들이 그것의 의미대상을 의미할 때 어떠한 사격도 첨가하지 않고서도 어떤 것에 대해 무조건적으로 서술될 수 있기 때문이다. 예컨대, 어떤 이가 사람이지만 그 사람은 어떤 것에 속한 사람이거나 어떤 것에 대한 사람이지는 않게 되며, 다른 사격의 경우도 그렇지 않다. 하지만 어떤 이름들은 그것의 의미대상을 의미할 때 다른 단어 (*dictio*) 의 사격이 참으로 그리고 적절하게 명사들에 첨가될 경우에만 어떤 것을 서술할 수 있다. 예컨대, 어떤 이가 다른 누군가의 아버지가 아니라면 아버지가 될 수 없고, 어떤 것이 다른 무언가와 비슷하지 않다면 비슷하다고 할 수도 없다. 따라서 '아버지', '아들', '원인', '결과', '유사한'과 같은 이름들은 의미적으로 해석될 때 사격의 다른 표현이 참으로 그리고 적절하게 첨가될 수 없다면 그 무엇도 참으로 서술할 수 없다. 그리고 그러한 모든 이름을 관계적 이름이라고 부른다. 그러한 이름들이 참인 명제 안에서 지칭할 수 있는 것은 모두가 실재적 관계라고 주장하는 견해가 있다. 예컨대, '관계'는 제 2지향의 이름도 제 2명명의 이름도 아니라 제 1지향의 이름이다. 왜냐하면 그것은 의미적으로 해석될 때 기호가 아닌 사물을 지칭할 수 있기 때문이다. 이를테면, 소크라테스가 어떤 다른 사람과 닮았거나 어떤 다른 사람의 아버지라는 점에서 "사람은 관계다", "소크라테스는 관계다"라는 명제는 참이다.

신학자들의 용어 사용법에 의하면3) 명제를 형성할 수 있는 비복합적 기호가 아니라 영혼 외부의 어떤 것이 관계라는 점을 옳다고 인정해야만 하더라도, 아리스토텔레스는 심적 명제건 음성명제건 문자명제건 상관없이, 명제를 형성할 수 있는 이름만이 '관계적 명사'거나 '어떤 것에 대해' 또는 '관계'라고 주장했다는 것이 내 생각이다. 따라서 아리스토텔레스의 견해에 따르면, '관계'나 '어떤 것에 대해'나 '관계적 명사'가 제 2명명의 이름이나 제 2지향의 이름일 뿐 제 1지향의 이름이 아니라는 것이 내 생각이다. 그러므로 그의 견해에 따르면, "인간이 관계다" 또는 "흼이 관계다"라는 점을 옳다고 인정해서는 안 되고, '아버지'라는 이 이름이 관계적 명사라는 점을 옳다고 인정해야 한다. 또한 아버지인 이 사람이 관계적 명사라는 점을 옳다고 인정해서는 안 된다.

이것이 아리스토텔레스의 견해라는 점은 납득할 수 있다. 첫째 이유는 철학자(아리스토텔레스)가 《범주론》에서 '어떤 것에 대해'를 정의하면서 "다른 것들의 무엇이거나 어떤 식으로든지 다른 것에 대한 것으로 부르는 것들을 관계적이라고 일컫는다"라고 말한다는 데 있다. 4) 그리고 그는 어떤 것이 다른 것에 대해 말해지는 다양한 방식을 예증한다. 5) 왜냐하면 소유격의 형태에 있는 것도 있고 탈격(奪格)이나 여격(與格)의 형태에 있는 것도 있기 때문이다. 이것을 통해 나는 다음과 같이 논증한다. 단지

---

3) '신학자들의 용어 사용법에 의하면' 성부, 성자, 성령과 같은 신성의 관계는 신적 위격을 구성한다. 보에티우스의 《삼위일체론》(*Quomodo Trinitas unus Deus*)의 제 6장에 나오는 다음 구절을 참고할 수 있다: "… 실체는 일성을 유지하면서, 관계는 셋으로 늘어난다"(PL 64, col. 1255A).

4) *Praed.*, 7, 6a36~37.

5) *Ibid.*, 7, 6a37~7b14.

이름만이 소유격 형태의 다른 것을 서술하거나 다른 격의 형태의 어떤 것을 서술한다. 그러나 다른 어떤 것에 대해 있다고 일컬어지는 것은 모두 그러한 격의 형태에 있는 다른 어떤 것에 대해 있다고 말한다. 그러므로 어떤 것에 대해 있는 모든 것은 이름이다. 따라서 모든 주석가는 '어떤 것에 대해'가 어떤 격의 형태에 있는 다른 어떤 것을 서술한다고 말한다.[6] 그러나 이것은 단지 이름들에만 속할 수 있는 것이다. 그러므로 철학자에 따르면 '어떤 것에 대해'는 그것의 의미대상을 전달하는 이름이므로 사격의 다른 표현을 첨가할 수 있을 때를 제외하고는 그것을 적절하게 지칭할 수 없다.

철학자가 그 장의 끝부분에서[7] 이런 관계적인 것의 정의를 비판한다는 말은 타당하지 않다. 왜냐하면 철학자는 거기서 이 정의가 어떤 관계적인 것들에서 제거된다는 뜻으로 말하지는 않고, 그 정의가 모든 관계적인 것에 속함에도 불구하고 관계적인 것과 환치될 수 없고, 그 외연이 더 넓다는 뜻으로 말하기 때문이다. 이 점은 다음에 분명해질 것이다. 따라서 그에 의하면 모든 관계적인 것은 그러한 이름이다. 이 점은 바로 같은 곳에서 그가 분명히 말하는 바다. 또한 바로 같은 곳에서 그가 제1실체와 제2실체를 실체들의 이름이라고 부른다는 점이 드러난다. 이유인즉, 그는 다른 것들에 대한 것이라고 부르는 실체들이 있다고 말하기 때문이다. 하지만 그러한 것들은 다른 것들의 무엇이 아니라 실체들의 이름일 뿐이다.

또한 철학자는 《범주론》에서 모든 관계적인 것은 상관적인 것들이 적절하게 지정된다면,[8] 그 상관적인 것들에 대해 말해진다고 주장한다.

---

6) 예를 들어 다음을 보라. Boethius, *In Categorias Aristotelis*, Ⅱ, cap. *De relativis*(PL 64, 217).

7) *Praed.*, 7, 8a31~33.

8) *Ibid.*, 7, 6b28.

또한 우리에게 이름들이 부족할 때 다른 관계적인 것들을 서술할 수 있는 이름을 만들 수도 있다고 말한다. 이것을 통해 나는 다음과 같이 주장한다. 우리가 여기서 사용할 수 있는 것은 단지 이름뿐이듯이, 우리가 지정할 수 있는 것 또한 이름뿐이다. 따라서 우리가 관계적인 것들을 지정할 수 있기에, 그 이름들은 관계적인 것이 될 것이다. 더욱이, 철학자의 견해에 따르면, 우리는 다른 것들을 서술하는 것들에 대해 상관적인 것들을 만들 수 있다. 하지만 우리는 이름만을 만들 수 있다. 그러므로 그 이름은 관계적이다.

누군가는 철학자를 따라 우리가 관계적인 것을 만들지 않고 관계의 이름만을 만든다는 반론을 제기할 수 있다. 9) 따라서 철학자는 "관계적인 것에 적절하게 지정되는 이름이 없다면, 때때로 이름을 만들 필요가 있다"라고 말한다. 그러므로 우리가 관계적인 이름을 만들 수 있지만 관계적인 것 자체는 만들 수 없는 것처럼 보인다.

그러나 이것은 철학자의 의도를 적절하게 반영하는 것이 아니다. 이유인즉, 그는 우리가 관계적인 것 자체를 만든다고 생각하기 때문이다. 다른 상관적인 것에 상응하는 것을 의미하기 위해 부과되는 관계적 이름이 없을 경우 관계적 이름을 만들 수 있다. 따라서 그는 "관계적인 것에 적절하게 지정되는 이름이 없는 경우, 이름을 만들 수 있다"고 말한다. 결과적으로 관계적인 것은 만들어지는 이름에 지정된다. 그러나 그것은 단지 관계적인 것에만 지정된다. 그러므로 관계적인 것은 이름 자체다.

이 점은 같은 곳에서 분명히 드러난다. 그는 관계적인 것이 어떻게 상관적인 것에 대해 말해지는지의 예증을 든 후, "다른 것들의 경우에도 이와 마찬가지다. 하지만 때때로 어법적으로 차이가 나기도 한다"라고 덧붙이기 때문이다. 10) 이로 보아 그는 관계적인 것이 격에서 다르지만 단

---

9) *Ibid.*, 7, 7a5~7.

지 이름만이 격에서 다르다는 점을 말하는 듯하다. 따라서 그에 따르면 단지 이름만이 관계적인 것이다.

또한, 관계들이 서로 다른 사물들이 아니라는 점은 다음을 통해 납득할 수 있다. 만일 관계가 서로 다른 사물이라면, 그것이 어떤 대상에 처음 생길 때 그 대상은 자신 안에 새로운 것을 가질 것이며, 결과적으로 그것은 실제로 변화할 것이다. 그러나 이것은 사물이 결코 변화하지 않고서는 관계가 생기지 않는다고 주장한 《자연학》 제5권의 언명과 모순된다. 11)

또한, 아리스토텔레스의 《형이상학》 제5권에 따르면, 12) "가열할 수 있는 것은 가열될 수 있는 것에 대해 갖는 관계가 있다." 따라서 관계가 가열할 수 있는 것 안에 있는 어떤 것이라면, 그것은 가열될 수 있는 것과 관계되는 어떤 것일 것이다. 그러나 그것은 관계에 대해 아무것도 아니다.

또한, 그럴 경우 동일한 사물 안에 무한히 많은 것들이 현실적으로 있게 될 것이다. 나는 이 점을 다음과 같이 증명한다. 철학자에 따르면, 태양과 같은 사물은 이런 장작개비뿐만 아니라 무한히 많은 것을 가열할 수 있다. 태양은 무한히 많은 물체를 가열하기 때문이다. 따라서 태양은 각각을 가열할 수 있는 관계를 갖는다. 그러므로 관계가 서로 다른 사물이라면, 태양에 의해 가열될 수 있는 것처럼 태양 안에 현실적으로 존재하는 많은 사물이 있게 될 것이다. 그러나 태양은 무한히 많은 것을 가열하기 때문에 태양에는 저마다 서로 전적으로 구별되는 무한히 많은 사물이 있게 된다. 이 점은 《자연학》 제6권에서13) 그러한 무한성이 자연세계의 사물 안에 있다는 것을 부정하는 아리스토텔레스의 언명과 모순된다.

---

10) *Ibid.*, 7, 6b32~33.
11) *Phys.*, V, 2, 225b11~13: "관계의 경우에는 〔변화가〕 없다. 왜냐하면 하나 〔의 상관물〕이 변하더라도 다른 하나〔의 상관물〕이 변하지 않는 것이 참일 수 있기 때문이다."
12) *Metaph.*, V, 15, 1020b28~29.
13) *Phys.*, Ⅲ, 5, 204a8~206a8.

가열될 수 있는 모든 사물에 대해 단 하나의 관계가 있고, 명사들의 변화에 따라 관계들이 변화하지 않는다고 말하는 것은 타당하지 않다. 왜냐하면 동일한 추론을 통해 이 모든 것에 관하여 오직 하나의 관계를 설정할 필요가 없다고 말할 수 있지만 상이한 이름으로 부를 수 있는 하나의 사물이 있거나, 그것에 더해지는 사격의 상이한 표현을 가진 하나의 이름이 있는 것으로도 충분하기 때문이다.

마찬가지로, 동일한 정의를 갖는 모든 것에 대해 하나의 관계로 충분하다는 점을 보여 주기 위해 채택한 추론을 통해, 나는 모든 사물, 심지어 서로 구별되는 종과 유에 대해 하나의 관계면 충분하다고 쉽게 말할수 있다. 따라서 관계를, 종적으로 구별되는 영혼 외부에 있는 것으로 설정해야 할 필요가 없다.

따라서 이름만이 어떤 것에 대한 것 또는 관계적인 것이라는 점이 아리스토텔레스의 견해인 듯하다. 어떤 것에 대해서나 관계적인 것이 이름의 종이라고 주장하는 많은 문법학자들은 이 견해에 동의한다. 따라서 프리스키아누스는 《문법학의 기초》의 대권들 중 제3권, 이름에 관한 장에서 이름의 여러 종을 열거할 때, 그것들 가운데 '어떤 것에 대해'를 나열하면서 다음과 같이 말한다. "'어떤 것에 대해'는 '아들'과 '노예'처럼 그것과 관계된다고 말해지는 것에 대한 인식 없이는 언급될 수 없는 것이다. 왜냐하면 나는 아들이라고 말하면 아버지를 인식하고, 노예라고 말하면서 주인을 인식하기 때문이다. 이것들 가운데 하나가 없어진다면, 그것을 통해 인식되는 나머지 것도 없어질 것이다."[14] 앞에 언급한 저술가를 따르는 다른 문법학자들도 동일한 견해를 피력한다.

---

14) Priscianus, *Institutiones grammaticae*, II, c.5, n.28 (ed., A. Krehl, I, 75).

제 50 장
관계는 절대적 사물과는 구별되는 것이 아니다

이 견해를 옹호하기 위해 몇 가지 논거들을 끌어들일 수 있다. 여기서는 그것들이 결정적인지 아닌지는 나의 관심사가 아니다.

따라서 다음과 같이 논증할 수 있다. 관계가 영혼 외부의 사물이면서 절대적 사물과는 실재적으로 구별된다면, 제 1질료로 하여금 형상을 수용할 수 있도록 하는 제 1질료의 가능태가 질료와는 다른 것이 될 것이다. 그런데 후건은 거짓이다. 왜냐하면 그럴 경우 질료 안에 무한히 많은 것이 있게 되므로 질료는 잇따라 무한히 많은 형상을 수용할 수 있게 될 것이기 때문이다.

또한, 〔관계라는〕 그러한 사물이 있다면, 나귀가 지상세계에서 위치적으로 움직일 때마다 모든 천체가 변화할 것이고 그 자체 안에 새로운 것을 수용할 것이다. 왜냐하면 그렇지 않을 경우 지금 나귀와 천체 사이의 거리는 이전과 비교했을 때 다르게 될 것이기 때문이다. 그리고 거리가 그러한 사물이라면, 천체는 하나의 사물을 실제로 잃어버리고 나면 또 다른 사물을 새로 수용할 것이다.

또한, 그럴 경우 그 물체 안에 무한히 많은 사물들이 있게 될 것이다. 다음과 같이 증명한다. 물체 1은 물체 2의 임의의 부분과 실재적으로 거리가 있지만, 물체 2의 부분들은 무한히 많다. 그러므로 물체 1 안에 물체 2의 무한히 많은 부분들 각각에 상응하는 무한히 많은 거리가 있게 된다.

더욱이, 목재는 그 절반에 대해 두 배다. 따라서 두 배임이 두 배인 사물과는 다른 것이라면, 동일한 추론을 통해 그 목재로 하여금 그 절반의 반을 넘도록 한 관계가 그 목재 안에 존재하는 또 다른 사물이 될 것이다. 동일한 추론을 통해 저마다 절반의 반에 상응하는 다른 사물이 그 목재 안에 있게 될 것이다. 그러므로 그 목재 안에는 이런 동일한 비율의 무한히 많은 부분들이 있게 되고, 그 전체 목재와 그 두 부분에 대한 비율이 동일하지 않기 때문에, 그 목재 안에 종적으로 구별되는 무한히 많은 관계가 있게 될 것이다.

누군가 그 목재의 부분들이 현실태가 아니라 가능태에 있으므로 그 관계들이 현실태로는 무한히 많은 것들이 아니라는 반론을 제기한다면, 그것에 대한 답변은 다음과 같다. 그 부분들은 자연세계의 사물들 안에 있다. 그렇지 않다면 존재자는 비존재자로 이루어질 것이기 때문이다. 따라서 그 부분들과 상응하는 관계는 자연세계의 사물들 안에 있으며, 결과적으로 종적으로 구별되는 무한히 많은 사물이 그 목재 안에 있게 된다.

더욱이, 이 목재는 그 절반에 대해 실재적으로 두 배가 된다. 따라서 이 목재 안에 그 절반에 대한 두 배의 관계가 실재적이고 현실적으로 있다. 그러나 한 부분이 다른 부분보다 더 현실태에 가깝게 있는 것은 아니다. 왜냐하면 모든 부분은 유사하기 때문이다. 그러므로 모든 다른 부분은 현실태에 있게 되므로 그것에 대해 실재적 관계가 있을 수 있다. 따라서 실재적이고 현실적인 관계가 모든 부분에 대해 있을 것이고 그 부분들은 무한히 많다. 그러므로 그 목재 안에 무한히 많은 관계가 있다.

더욱이, 만일 관계가 그러한 사물이라면, 두 배임도 그러한 사물일 것이다. 그럴 경우 나는 다음과 같이 질문한다: b에 대해 a가 두 배임은 나눌 수 있는 우유인가, 나눌 수 없는 우유인가? 그것은 나눌 수 없는 우유라고 말할 수 없다. 왜냐하면 그럴 경우 그 목재 안에 목재 전체라고 이름 붙이는 나눌 수 없는 우유는 없기 때문이다. 그렇다면 그 우유의 제 1기체를 나눌 수 있는지 나눌 수 없는지 묻는다. 그것을 나눌 수 없지는 않다는 점은 분명하다. 따라서 그것은 나눌 수 있는 기체임에 틀림없다. 그러나 나눌 수 있는 기체는 나눌 수 없는 우유의 제1기체가 될 수 없다. 그러므로 그 우유는 나눌 수 없는 것이 아니다.

우유가 나눌 수 있다고도 연장된다고도 말할 수 없다. 그 우유의 부분들이 유사한가 그렇지 않는가를 질문하자. 그것들이 유사하다면, 전체의 이름과 정의에 일치할 것이고, 결과적으로 두 배의 모든 부분은 두 배가 될 것이다. 결과적으로 모든 부분은 전체가 두 배인 것에 대해 두 배일 것인데, 그것은 불합리하다. 그 부분들이 유사하지 않다면, 종적으로 구별되므로 그것들이 하나의 사물을 구성할 경우 그 사물들 가운데 하나는 현실태에, 다른 하나는 가능태에 있게 되므로 두 배는 현실태와 가능태로 구성될 것이다. 마찬가지로, 하나의 부분이 현실태에, 다른 부분이 가능태에 있게 되고, 현실태와 가능태가 하나를 만들 때 장소적으로 떨어져 있지 않다면, 그 부분들은 장소적으로 떨어져 있지 않고, 결과적으로 그것들 외의 다른 부분들을 설정하지 않는다면 하나의 연장된 것을 이루지 않을 것이다.

또한, 이 견해를 옹호하기 위해 신학적 논증이 제시될 수 있다.[1] 신은 제2작용인을 매개로 하여 만들 수 있는 모든 사물을 제2작용인 없이도 그 자체로 만들 수 있다. 따라서 신에 의해 야기된 작용인의 관계가 제2원인을 매개로 하여 그 작용인 안에 있다면, 신은 신과 동시에 작용하는 제2원인 없이도 그 관계를 만들 수 있을 것이다. 따라서 그것이 가능하다면 그렇다고 가정해 보자. 나는 그런 가정이 불가능함을 입증한다. 왜냐하면 신이 이것 안에 그런 관계를 야기한다면, 그것은 작용인이기 때문이다. 휨을 지니는 것은 희듯이, 작용인의 관계를 지니는 것은 작용인

---

[1] Olivi, *Quaestiones in II sententiarum*, q. 28(ed., cit., IV, 494f).

이기 때문이다. 그러나 그것이 작용인이고, 관계만이 작용인이라면, 오직 신만이 그런 관계를 야기하지는 않는다. 그 가정에서 그것의 반대가 따라 나오고 결과적으로 그것은 가능하지 않다.

더욱이, 다른 사물이 지금 존재하지도 일찍이 존재하지도 않았더라도 신은 그 다른 사물 없이도 보존할 수 있는 모든 사물을 과거에 산출할 수 있었거나 현재에 산출할 수 있다. 따라서 아버지가 아들에 대해 갖는 관계인 아버지임이 아버지 및 아들과는 별개의 것이고, 신이 앞서 과거에 있었기에 생성 없이도 그것을 보존한다면, 신은 그 생성이 이전에 결코 있지 않았더라도 아버지임을 새로이 산출할 수 있었거나 산출할 수 있을 것이다. 결과적으로 어떤 이는 자신이 낳지 않은 자의 아버지가 될 수 있을 것이다.

또한, 신이 무로부터 한 인간을 창조하고 그다음에 다른 인간들을 참조하고 또 그다음에 나머지 인간들을 생성했다고 가정해 보자. 이런 가정 위에서 나는 다음과 같이 주장한다. 그러한 인간들 가운데 어떤 자 안에 있는 무엇이든지 신은 자신의 절대적 능력을 통해 최초의 인간 안에 만들 수 있다. 그러나 자식임은 나머지 인간들 가운데 하나 안에 있다. 그러므로 신은 최초의 인간 안에 자식임을 만들 수 있다. 결과적으로 그 가정 위에서 그는 아들이 되며, 어떤 인간의 아들이 될 것이다. 모든 인간은 그 인간보다 더 어리게 될 것이다. 그러므로 그 인간은 그보다 더 어린 인간의 아들이 될 것인데, 이것은 모순을 포함한다.

이 견해를 옹호하기 위해 다른 무수한 논변을 끌어들일 수 있지만, 간략하게 하기 위해 생략하겠다.

제 51 장
앞선 견해에 반해 제기될 수 있는 반론들에 대하여

누군가 앞선 논의가 아리스토텔레스의 견해가 아니라는 반론을 제기할 수 있다. 1)

① 첫째 반론은 그가 《범주론》에서2) 범주를 열거하면서 "결합에 따라 말해지지 않는 단어들은 저마다 실체, 양 또는 성질을 의미하고" 나머지에 대해서도 마찬가지라고 말하는 데서 나온다. 이로 보아 그는 구별되는 사물이 구별되는 유에 의해 전달된다는 뜻으로 말하는 것처럼 보인다. 따라서 관계가 10가지 유 가운데 하나라면, 그것은 나머지 유가 전달하는 것과는 다른 어떤 것을 전달할 것이다.

② 게다가, 그는 같은 곳에서 "다른 것들에 대해 말해지는 것을 관계적이라고 부른다"3) 라고 말한다. 실체는 다른 것들에 대한 무엇이더라도 어떤 것에 관계적이지 않으므로 배제된다. 그러나 이 〔기준〕은 명사에 관해서는 물론, 절대적이라고 부르는 외적 사물에 대해서도 적용되지 않는 듯하다. 그러므로 관계에 속하는 것들과는 다른 어떤 것이 있게 된다.

---

1) 여러 필사본들에서 탐구된 바에 따르면 이 장은 아담 워드햄이 끼워 넣은 것으로 추정된다. 이 장의 일부분만을 담은 26 판본(Bibl. Commun. S. Germiniani)에는 제 54 장 뒤의 여백에 '오캄의 제자'라는 말이 적혀 있다.

2) *Praed.*, 4, 1b25~27.

3) *Ibid.*, 7, 6a36~37.

③ 그 밖에, 아리스토텔레스가 같은 곳에서 관계적인 것들에 대해 가르친 점, 즉 반대되는 것들이 관계에 내재하고, 관계가 더함과 덜함을 허용하며, 관계적인 것들이 본성적으로 동시적이라는 점이 어떻게 참일 수 있는가? 그런 점들은 명사나 절대적 사물에 대해 참으로 서술되지는 않는 듯하다. 4)

④ 또한 이것은 아리스토텔레스의 원리에서 도출되는 추론을 통해 설득될 수 있는 것처럼 보인다. "왜냐하면 동일한 것이 존재하면서 동시에 존재하지 않는 것은 불가능하기 때문이다."5) 그러나 절대적인 것들은 관계가 존재하지 않을 때도 존재한다. 그러므로 그것들은 구별되어야 한다.

⑤ 나아가, 수용(passio) 은 그것의 주체와는 실재적으로 다르다. 왜냐하면 수용은 실재적으로 주체가 지시하지만 한 사물은 실재적으로 그 자신이 지시하지 않기 때문이다. 그런데 동등한 것과 동등하지 않은 것, 그리고 어떤 관계적인 것들은 수용이다. 왜냐하면 아리스토텔레스가 《범주론》에서 설명하듯이, 6) 동등함이나 동등하지 않음은 양에 고유한 것이고, 유사함이나 유사하지 않음은 성질에 고유한 것이라고 말하기 때문이다. 따라서 관계는 절대적 사물과는 구별되는 것이 아니다.

⑥ 또한, 실재적 작용의 원리는 실재적이어야 한다. 그런데 관계는 이런 종류인 듯하다. 어떤 것들은 균형이 잡히지 않고 질서가 정해지지 않을 때 만들지 않았던 즐거움7) 을 균형이 잡히고 질서가 정해질 때 만들기 때문이다.

⑦ 더욱이, 관계적인 것을 일곱 번째 범주로 설정한 10개 범주의 구별

---

4) *Ibid.*, 7, 6b15~8a12.
5) *Metaph.*, III, 2, 996b3.
6) *Praed.*, 6, 6a26~27; 8, 11a15~16.
7) 질서가 갖춰짐으로써 발생하는 (부수적이지만) 실재적인 변화의 하나로서 즐거움을 언급한다.

이 어떻게 보존될 수 있으며, 창조된 존재자를 절대적 존재자와 관계적 존재자로 구별하는 것이 어떻게 보존될 수 있으며, 영혼 외부의 존재자를 10개의 범주로 구별하는 것이 어떻게 보존될 수 있을까?

⑧ 또한 "아버지는 아버지임에 의해 아버지다", "아들은 아들임에 의해 아들이다", "유사한 것들은 유사성에 의해 유사하다"(왜냐하면 무에 의해서는 어떠한 것도 유사하지 않기 때문이다), "관계는 우유다"처럼 관례적이고 일반적인 화법은 어떻게 유지될 수 있는가?

⑨ 또한 결합의 관계 없이는 어떻게 형상이 질료와 결합되는지, 어떻게 하나의 부분이 다른 부분과 결합하여 하나의 연속체를 형성하는지, 어떻게 우유가 그 기체와 결합되는지, 어떻게 영적인 것이 물질적 본성과 결합되는지를 설명하기가 불가능해 보인다. 영적인 것과 물질적 본성과의 결합은 그리스도교 율법뿐 아니라 모든 종족, 의식(儀式), 종파가 인정하는 것이다.[8] 그리고 이것 자체는 마술사와 무당 그리고 기타 미신의 추종자 사이에 매우 친숙한 것이다.

⑩ 만일 앞서 논의한 견해가 참이라면, 동일한 것이 상이한 범주에 있게 될 것이다. 아리스토텔레스는 이를 받아들이지 않는다.[9] 이유인즉, 그에 따르면 하나의 범주가 다른 범주를 부정하는 명제는 직접적이기 때문이다.

이런 고찰을 통해 볼 때 누군가 아리스토텔레스의 견해가 앞에서 밝힌 견해와는 다르다고 생각할 수도 있다. 그러나 이런 논변들로 인해 아리스토텔레스가 그런 존재자들을 결코 영혼 외부의 것들로 설정하지 않았다는 점이 주의 깊게 고찰하는 이들에게조차 애매하게 보여서는 안 된다.

첫째로 소개된 반론 ①은, 사물들의 구별이 비복합적 명사 사이의 구

---

8) 이 견해는 어떤 고대 저술가의 것으로 추정된다.

9) *APo.*, I, 2, 72a8; I, 32, 88b17~21.

별에 상응한다는 점을 입증하지 않는다. 이를테면, 우리가 신의 이름 가운데 정의(正義)를 의미하는 것들도 있고, 지혜, 선성, 능력 등을 의미하는 것들도 있다고 말한다는 사실을 통해 신 안에 있는 사물들의 구별들을 입증하지 않는다. 또한 그것은 우리가 말(馬)에게 적용된 이름 가운데 말의 실체를 의미하는 것들도 있고 기동성을 의미하는 것들도 있고 가멸성(可滅性)을 의미하는 것들도 있다는 사실을 통해 말 안에 사물들의 구분들이 있음을 입증하지 않는다. 그러나 신에게 적용된 명사들 가운데 신이 정의롭다는 점을 전달하는 것도 있고, 신이 지혜롭다는 점을 전달하는 것도 있고, 신이 선하다는 점을 전달하는 것도 있다는 점이 이런 어법의 뜻이다. 말에 적용되는 명사들의 경우 말이 무엇인가를 의미하는 것도 있고, 말이 기동성이 있다는 점을 의미하는 것도 있고, 말이 가멸적임을 의미하는 것도 있다는 점이 그 뜻이다. 마찬가지로 "저마다 비복합적인 명사는 실체를 의미하든지 아니면 양을 의미한다"라는 명제는 사물이 무엇인지를 의미하는 명사도 있고, 그것이 어떤 성질인지를 의미하는 명사도 있고, 그것이 얼마만큼의 양인지를 의미하는 명사도 있고, 그것이 유사하거나 동등하다와 같이 다른 사물과 어떤 관계를 지니는지를 의미하는 명사도 있고, 무슨 작용을 하는지를 의미하는 명사도 있고, 어떤 영향을 받는지를 의미하는 명사도 있다는 뜻이다.

그러므로 아리스토텔레스는 《형이상학》 제5권에서 "그러므로 범주들 가운데 사물이 무엇인지를 의미하는 것도 있고, 어떤 성질인가를 의미하는 것도 있고, 얼마만큼의 양인지를 의미하는 것도 있고, 다른 사물들과 어떤 관계가 있는가를 의미하는 것도 있다"라고 말하면서 범주의 본성을 좀더 분명하게 밝힌다. 10) 따라서 어떤 명사가 어떤 사물을 의미하는지가 아리스토텔레스의 생각이 아니다. 오히려 내가 다른 곳에서 충분히 밝혔

---

10) *Metaph.*, V, 7, 1017a24~27.

듯이, 그는 어떤 명사들이 절대명사가 되고, 또 어떤 명사들이 내포명사가되고, 그리고 또 어떤 명사들이 관계명사가 되는지를 보여 주고자 한다.

다른 것〔반론 ②〕에 대해서도 동일한 방식으로 말해야 한다. 11) 아리스토텔레스의 생각에 따르면, '다른 것들에 대해 말해지는' 명사들은 정확히 말해 다른 것에 대한 것들 또는 관계적인 것들이라고 부른다. 즉, 관계적인 것은 어떤 것을 의미할 때 다른 어떤 것을 생각하도록 만드는 명사이다. 따라서 그러한 명사가 생각하도록 만드는 것이 명확하게 알려지지 않을 경우 그런 명사가 어떤 것을 서술하는 명제는 알려질 수 없다. 이런 이유로 인해 '머리', '날개', '손'과 같은 명사들은 관계적이지 않다. 왜냐하면 단지 머리, 날개나 손과 같은 것들을 봄으로써 그것이 누구에게 속하는지 모를지라도 그것이 무엇인지는 알 수 있기 때문이다.

또한 어떻게 반대가 관계 안에 있는가라는 반론 ③에 대해, 실재적으로 서로 양립하지 않는 두 가지 것에 대해 때때로 반대되는 것들이라고 말함으로 흼과 검음이 반대되는 것이듯이, 정확하게 말해 그 둘 가운데 어느 것에든지 변화가 있을 수 있다는 점에 주목해야 한다. 한편, 동일한 것을 동일한 측면에서 참으로 서술할 수 없는 명사들을 때때로 반대되는 것들이라고 부르기도 한다. 반대가 관계적 명사 안에 있는 것은 바로 이런 뜻에서다. 이를테면, '유사한'과 '유사하지 않은', '동등한'과 '동등하지 않은'은 반대되는 것이다. 그것들은 동일한 것을 동일한 측면에서 참으로 서술할 수 없다. 때때로 '더함과 덜함을 허용하는 것'이라는 명사를 하나의 사물에 다른 사물을 실재적으로 첨가하는 것으로 이해하기도 한다. 예컨대, 흼이나 빛은 더함과 덜함을 허용한다. 그러나 때때로 어떤 이름은 서술에서 비교를 허용한다. 이런 뜻에서 관계는 더함과 덜함을 허용한다. 그럼에도 그것은 하나의 사물에 다른 사물을 첨가함으로써 항

---

11) 다음을 참조. *Exp. Praed.*, c. 7, 12 (ed., cit).

상 일어나는 것이 아니라 오직 제거에 의해서만 자주 일어날 뿐이다. 이를테면, 동등하지 않은 것이 그것의 부분을 제거함으로써 동등한 것이 된다. 따라서 어떤 것을 관계적 이름으로 부르는 것은 다른 어떤 것 안에 일어나는 변화에 근거해서만 가능하듯이, '더함과 덜함'도 다른 것 안에 일어나는 변화나 그 자체 안에 있는 어떤 것의 제거나 그 자체 안에 있는 절대적인 것의 증가에 근거해서 그렇게 부를 수 있다.

마찬가지로 관계적인 것들은 본성적으로 동시적인 것이라고 말해진다. 그 까닭은, 하나가 다른 하나를 반드시 필요로 하는 것들이 있기 때문이 아니라, '존재한다'가 의미적으로 해석되는 관계적인 것들 가운데 하나를 참으로 서술하는 경우, 의미적으로 해석되는 나머지 하나도 반드시 참으로 서술한다는 데 있다. 이로부터 "두 배가 존재한다. 그러므로 절반이 존재한다"라는 결론이 도출되고, 그 역도 마찬가지다.

다른 반론 ④에 대해, 절대적인 것들은 관계들과는 실재적으로 구별된다는 결론을 인정한다면 쉽게 답할 수 있다. 왜냐하면 영혼 외부의 사물과는 실재적으로 구별되는 관계적 명사들을 관계라고 부르기 때문이다. 그럼에도 종종 이런 논증방식은 우리가 사물의 진리 안에 설정할 필요가 없는 사물의 다수성을 인정하도록 강요받듯이 잘 모르는 이들을 현혹시키기도 한다. 이를테면, "창조는 있다. 보존은 있지 않다. 따라서 창조는 보존과는 구별된다"라는 논증이 그러한 것이다. 그러나 그러한 논증방식이 어떤 경우 효력이 있는지는 다음에 분명하게 드러날 것이다.

혹자는 명사 차원의 논의를 제외하더라도 흰 것이 실재적으로 유사하지 않은 것에서 유사한 것이 되므로, 어떤 것이 앞서 가지지 않았던 것을 가지게 된다고 말할 수 있다. 이에 대해 어떤 다른 것이 희게 됨으로써 흰 것이 실재적으로 유사하지 않은 것에서 유사한 것이 될 뿐, 그 자체 안에 새로운 사물이 생김으로써 그렇게 되는 것은 아니라는 게 나의 답변이다. 그 자체 안에 수용되는 새로운 사물 없이도 신이 비-창조자에서 창조자가 되고, 오른쪽에 있지 않는 기둥이 오른쪽에 있게 되듯이, 이 경우에도 그렇게 생각해야 한다.

수용과 그것의 주체에 대해서는〔반론 ⑤〕 지시할 수 있는 수용이 무엇인지를 미리 알고 있다면 쉽게 해소된다. 그것은 주체 안에 실재적으로 존재하는 외적인 사물이 아니라 그 자체로의 둘째 방식으로 주어에 대해 서술될 수 있고, 그 주어가 지칭하는 동일한 것을 지칭할 수 있는 것이다. 이런 방식으로 '유사하다'나 '유사하지 않다', '동등하다'나 '동등하지 않다'를 성질이나 양의 수용이라고 부른다.

또한 〔반론 ⑥에 대해〕 어떤 것들이 상이한 방식으로 배열되고 질서지어진다는 점을 통해 다양한 결과들이 야기된다는 점을 경험하기에 그것들이 의미하는 관계가 그 결과들의 원인이라고 생각해서는 안 된다. 오히려 그 관계는 상이한 방식으로 비례되는 절대적인 것들이라고 생각해야 한다. 왜냐하면 원인은 단지 수용되는 어떤 것에 가까워졌다는 사실을 통해 앞서 존재하지 않았던 것을 지금 야기할 수 있지만 새로운 사물의 첨가로 야기될 수 있지는 않듯이, 상이한 방식으로 비례되는 음악과 그림의 경우에도 다른 방식으로 야기되지 않는 즐거움을 야기하기 때문이다.

〔반론 ⑦에 대해〕 관계가 범주의 구별에 첨가된다는 점은 많은 어려움을 일으킨다. 또한 아비첸나는 이것이 그만큼 악명 높은 것이라고 말했으므로,12) 어느 누구도 효과적 증명 없이는 이것을 주장할 수 없을 것이다. 하지만 아리스토텔레스의 언명을 고수하는 소요학파들은 다른 방식으로, 즉 범주들의 구별은 그것들이 전달하는 사물들의 구별이 아니라

---

12) Avicenna, *Sufficientia*, Ⅱ, c. 2: "왜냐하면 우리는 그것에 입각해 10개의 유가 있고 그것들 각각이 가장 확실한 일반성이며 이것들 외에 다른 어떤 것도 없다고 말하게 되는 이 악명 높은 규칙을 지킬 것을 강요받지 않기 때문이다" (ed., Venetiis, f. 25va).

개별적 실체에 대한 물음의 구별로 취해진다고 말해야 한다. 이 점은 아베로에스가 《형이상학 주해서》 제 7권에서 주장하는 바다. 13) 그러나 10가지의 유가 영혼 외부에 존재하는 사물이거나 10가지 유가 10가지 사물을 의미하고, 단 하나의 유가 저마다의 사물을 의미한다고 생각해서는 안 된다. 오히려 소요학파들의 이론은 10가지 유가 동일한 사물들을 상이한 방식으로 전달하는 10가지 명사라는 점을 드러낸다. 품사는 8가지로 구별될 수 있지만 '흰 것', '희게 됨', '희게 되다', '희게' 등과 같이 구별되는 품사들이 동일한 사물을 의미할 수 있듯이, 14) 그것들이 전달하는 사물들의 동일성은 범주들의 구별과 일관적일 수 있다.

마찬가지로, 존재자를 절대적인 것과 관계적인 것으로 구별하는 것은 존재자로서의 존재자에 대한 구별이 아니라 추상명사와 구체명사, 고유명사와 보통명사, 형용사와 명사의 구별처럼 명사들 사이의 구별이다. 어떤 것을 절대적인 것으로 부를 수 있는 근거는 무엇인가? 첫째, 그것이 다른 무엇과는 구별되기 때문에 절대적인 것으로 부를 수 있다. 그 경우 최근 저술가들이 외적인 것으로 설정한 관계는 절대적이 될 것이다. 왜냐하면 그들은 그것을 다른 어떤 것과는 실재적으로 구별되는 것으로 생각하기 때문이다. 둘째, 그것이 다른 무엇을 필요로 하지 않거나 의존하지 않기 때문에 절대적인 것으로 부를 수 있다. 그 경우 어떠한 우유도 절대적인 것, 실체적 형상, 또는 피조물도 되지 않을 것이다. 왜냐하면 이런 저마다의 것은 존재하기 위해 다른 무엇인가를 필요로 하거나 그것에 의존하기 때문이다. 셋째, 그것은 그 자체로 생각될 수 있고, 그것의 인식을 위해 명사를 필요로 하지 않기 때문에 절대적인 것으로 부를 수 있다. 그 경우 많은 사상가들의 견해에 따라 질료는 형상 없이 생각될 수 없

---

13) Averroes, In *Aristotelis Metaphysicam*, Ⅶ, t. 2 (ed. , Iuntina, Ⅷ, f. 72v).
14) Priscianus, *Institutiones grammaticae*, Ⅱ, c. 4, nn. 15~17 (ed. , A. Krehl, I, 66f).

고, 우유는 그것의 기체 없이 생각될 수 없고, 신성은 신의 위격 없이 생각될 수 없다면, 질료, 모든 우유, 신성은 절대적이지 않을 것이다. 또는 만일 이것이 그 자체로 생각될 수 있다고 말한다면 관계적 형상이 그 자체로 생각되지 않을 어떠한 논거도 없게 된다.

그리고 영혼 외부의 존재자의 구분에 관해 부언되는 점은 그 구분이 영혼 외부의 사물들의 구분이 아니라 명사들의 구분이라는 《형이상학》 제6권의 텍스트를 관찰하는 이에게 분명하게 드러난다.15) 이 점은 《범주론》과 《형이상학》 제5권의 언명으로 보아 뚜렷하다.16) 왜냐하면 그는 합성과 구분은 정신이 결합하고 구분하는 사물들에 속하는 것이라고 말하고,17) 다음에 "여러 차례 언급했듯이, 존재자가 〔범주들처럼〕 여러 뜻으로 말해진다. 그것이 무엇인가를 의미하는 것이 있고, 어떤 성질인가를 의미하는 것도 있고, 얼마만큼인가를 의미하는 것이 있기 때문이다"라고 덧붙이기 때문이다. 하지만 합성, 구분, 의미는 사물의 특성이 아니라 명사의 특성임이 분명하다.

관계에 대해 습관적으로 말해지는 것들 가운데 많은 것들이 부적절하며, 거짓이고 터무니없는 것들도 있다. 이 점은 이것들에 대해 최근 저술가들이 집필한 책을 탐구한 이들에게 분명하게 드러난다. 하지만 그것들 가운데 참된 해석을 담은 것들도 있다. 이를테면, 아버지는 아버지임에 의해 아버지고, 아들은 아들임에 의해 아들이며, 유사한 것은 유사함에 의해 유사하다. 그러한 화법의 경우 아버지로 하여금 아버지가 되도록 하고, 아들을 아들이게 하는, 유사한 것을 유사하게 하는 어떤 것을 만들 필요가 없다. "기둥은 오른쪽임에 의해 오른쪽에 있게 된다", "신은 창조에 의해 창조하게 되고, 선함에 의해 선하게 되고, 정의로움에 의해 정의롭

---

15) *Metaph.*, Ⅵ, 4, 1027b29~34.

16) *Metaph.*, Ⅴ, 7, 1017a7~30, 1025a34.

17) *Metaph.*, Ⅶ, 1, 1028a10~12.

게 되고, 능력에 의해 능력이 있게 된다", "우유는 내재에 의해 내재하게 된다", "기체는 기체임에 의해 기체가 된다", "적절한 것은 적절함에 의해 적절하게 된다", "키메라는 아무것도 아님에 의해 아무것도 아니다", "물체는 움직일 수 있음에 의해 움직일 수 있게 된다"와 같은 무수히 다른 명제들의 화법에서도 그러한 것들을 여러 가지로 만들 필요가 없다.

따라서 이 명제들 각각에 대해 명백하게, 애매하지 않게 말하기 위해서 그것들을 이름 대신에 기술을 사용하는 두 명제로 분석해야 한다. 따라서 "아버지는 아버지임에 의해 아버지다"라는 명제는 "아버지는 아버지다. 왜냐하면 그는 아들을 낳았기 때문이다"라는 두 명제로 분석될 수 있다. "아들은 아들임에 의해 아들이다"는 "아들은 아들이다. 왜냐하면 그는 낳아졌기 때문이다"로, "유사한 것은 유사함에 의해 유사하다"는 "유사한 것은 유사하다. 왜냐하면 유사한 것은 다른 어떤 것과 동일한 종류의 성질을 가지기 때문이다"로 나눌 수 있다. 나머지 명제에도 이와 동일한 종류의 분석이 적용된다.

그러나 이런 분석방식이 마음에 들지 않는다면, 사물들을 다수화하지 않고 이런 종류의 화법을 보존할 수 있는 다른 방식이 있다. 아버지와 아버지임, 아들과 아들임, 유사한과 유사함처럼 추상명사와 구체명사가 동일한 것을 의미한다고 설정하는 것이 그 방식이다. 따라서 능동적 창조는 신에게 첨가되는 어떠한 사물에 대해서도 말하지 않기 때문에 신은 자신의 능동적 창조에 의해, 즉 그 자신에 의해 창조자가 되는 것처럼, 아버지는 아버지임에 의해, 즉 그 자신에 의해 아버지다. 그리고 신은 선성에 의해, 즉 그 자신에 의해 선하다. 이유인즉, 신의 선성은 그 자신과 다른 것이 아니기 때문이다.

안셀무스는 《모놀로기온》 제 25장에서 어떻게 관계를 우유라고 부르는지에 대해 설명한다.[18] 관계를 우유라고 말하는 이유는 힘과 같이 그것이 서술하는 실체 안에 실재적으로 내재하는 형상이기 때문이 아니다.

오히려 그 이유는 그것이 어떤 것을 우연적으로 서술할 수 있는 것이기 때문이다. 그것은 서술대상의 변화로 인해 또는 다른 것에서의 변화로 인해 '동등성', '유사성', '주인', '창조자'의 경우에서처럼 잇따라 긍정되면서 부정될 수 있다.

〔반론 ⑨에 대해〕질료와 형상, 기체와 우유, 전체와 부분, 정신과 물체의 결합에서 결합되는 것들을 매개하는 관계적인 것이 있다는 결론을 내릴 수 없다. 왜냐하면 동일한 질문을 이런 매개하는 것들에 대해 던질 수 있기 때문이다. 어떻게 그것들은 다른 무엇에 덧붙음으로써 하나를 산출할 수 있는가? 그것들은 스스로 산출하거나 다른 결합을 통해 산출한다. 만일 전자의 경우라면, 동일한 추론을 통해 결합될 수 있는 최초의 대상들에서도 말해야 한다. 만일 후자의 경우라면 무한퇴행에 빠진다. 매개하는 사물이 능력에 의해 그것이 결합시키는 사물들로부터 분리되므로 두 가지 것의 결합방식이 우유와 그 기체의 결합방식과 같게 된다고 가정해 보자. 이 경우 어떻게 결합되지 않은 것에서 결합된 것이 만들어지는가? 또 다른 매개하는 사물을 통해서인가? 그 경우 앞선 어려움이 다시 생기게 된다.

아리스토텔레스가 질료와 형상이 어떻게 하나를 만드는지에 대해 질문하는 《형이상학》 제 8권에서 가르치듯이, 19) 현실태와 가능태가 별개라고 주장하면서 이유를 설명한다는 점을 간결하게 말해야 한다. 현실태와 가능태는 별개이기 때문에 그 둘은 자신의 방식으로 서로 결합될 수 있다. 현실태가 항상 다른 어떤 것을 현실화하지는 않고 때때로 현실화하고, 때때로 움직이고, 때때로 통치하거나 다스린다. 다른 방식의 경우에도 마찬가지다.

---

18) Anselmus, *Monologion*, c. 25 (ed. , F. S. Schmitt, 43).
19) *Metaph.* , Ⅷ, 6, 1045a23~45.

〔반론 ⑩에 대해〕아리스토텔레스에 의하면 동일한 사물이 상이한 범주에 의해 전달되더라도 아무런 문제가 없다는 점이 밝혀진다. 이유인즉, 그는 인식대상과 인식, 감각대상과 감각을 관계의 범주뿐만 아니라 다른 범주에도 넣기 때문이다. 20)

한 범주가 다른 범주에 의해 제거되는 명제가 직접적 명제라는 그의 주장에도 아무런 문제가 없다. 21) 왜냐하면 이 주장은 범주들이 전달하는 것들이 다양하다는 점과 관계되지 않고 한 범주가 그 자체로의 첫째 방식에 의거한 직접적 서술에 의해 다른 범주를 서술하지 않는다는 점과 관계되기 때문이다. 그러한 서술은 모두 우유적 방식에 의해서 가능하다. 그 예증은 동일한 것이 창조와 보존에 의해 전달되지만 하나는 나머지 하나에 대해 부정된다는 점이다. 같은 논점이 여기에 적용된다.

그러므로 아리스토텔레스가 관계에 대해 여기서 말한 것과 동일한 견해를 지녔다고 결론 내린다.

반대되는 견해의 출처는 두 가지인 듯하다. 첫째, 어떤 이들이 철학에서 발견되는 통속적인 말투의 특수성에 너무 많이 의존한다는 데 있다. 이것은 여러 사람에게 오류의 빌미를 제공한다. 그리고 이는 번역이 정확하지 않을 때 생긴다. 그리고 라틴어 번역에 드러난 그리스어 말투의 모호성으로 인해22) 잘못 이해되고 바로 그때부터 잘못된 이해가 야기된다. 그리고 저술가들이 한 말이 참이더라도 이 말을 틀리게 채택하는 이들이 논점을 혼동하기에 저술가들의 말이 자주 그릇되게 채택될 경우가 생긴다.

둘째, 출처는 명사의 다수성에 따라서 존재자들을 다수로 만들기 때문

---

20) *Praed.*, 8, 8b29~31; *Metaph.*, Ⅴ, 15, 1021a29.
21) *APo.*, Ⅰ, 2, 72a8; Ⅰ, 32, 88b17~21.
22) "라틴어 번역에 드러난 그리스어 말투의 모호성으로 인해"라는 표현은 아담 워드햄이 쓴 서문에서도 등장한 바 있다.

에 모든 명사가 사물의 무엇임을 지니게 된다는 데 있다. 그럼에도 이것은 오류가 있고 진리에서 멀리 벗어난다. 이유인즉, 모든 명사의 경우 사물의 무엇임에 대해 질문해서는 안 되고 많은 명사의 경우 그 명사의 이름이 무엇임에 대해 질문해야 한다. 이를테면, 모든 관계명사와 더 긴 표현과 의미적으로 동치인 다른 명사들에 대해 그렇게 질문해야 한다. 그러므로 말과 개념은 우리를 현혹시키기 때문에 그 명사들이 놓인 명제들은 때때로 이름 대신에 기술을 사용함으로써 분석되고 설명되어야 한다.

제 52 장
그 견해에 따라 관계의 유에 속한 것들에 대하여

나에게 아리스토텔레스에게 속하는 것처럼 보이는 그 견해에 대해 말했기 때문에, 우리는 그 견해가 관계의 유에 포함되는 것들에 대해 살펴보아야 한다.

첫째, 말한 바와 같이[1] 이 견해에 따르면 이름이 심적이건, 음성이건, 문자이건 간에 단지 이름만이 관계의 유에 속하고, 명제에서 다만 이 이름에만 사격의 표현을 적합하게 첨가할 수 있을 뿐이라는 점을 알아야 한다.

그러나 사격의 표현이 적합하게 첨가될 수 있는 그러한 이름에는 서로 다른 두 가지 종류가 있다는 점을 알아야 한다. 첫째 종류는 어떤 것을 참으로 서술하는 이름들이 있을 경우 언제나 추상적 이름만이 적합하게 첨가될 수 있는 것들이다. 여기서 그 이름은 앞서 언급한 방식 가운데[2] 첫째 방식으로 사용된 추상적 이름이다. 그러한 구체적 이름들 가운데, '흰 것', '뜨거운 것', '달콤한 것', '영혼을 지닌 것'이 있듯이, 흰 것은 반드시 흼에 의해 희게 되고, 뜨거운 것은 반드시 열에 의해 뜨겁게 되며, 다른 경우에도 마찬가지다. 그러나 그러한 것들을 내포적이라고는 부르지만, 관계적이라고는 말하지 않는다.

---

1) 앞의 제 49장을 보라.
2) 앞의 제 5장을 보라.

둘째, 종류는 추상적이지 않은 사격의 이름들이 적절하게 그리고 참으로 첨가될 수 없다면 그 무엇도 참으로 서술할 수 없는 이름들인데, '주인'과 '하인', '아버지'와 '아들' 등의 이름들이 그에 속한다. 왜냐하면 누구의 아버지가 아니면 결코 아버지가 되지 않고, 무언가와 유사하지 않다면 유사한 것이 되지 않기 때문이다. 또한 그런 것들을 '존재에 따라'(*secundum esse*) 관계적이라고 부르는데, 3) 그것들에 사격의 형태가 적절하게 첨가될 수 없다면 그것들은 그 무엇도 참으로 서술하는 것이 불가능하기 때문이다. 그리고 관계적인 것들이 어떤 것을 우연적으로 서술하고, 주어가 동일하게 남을 경우 서술되는 대상을 우연적으로 참이라고 서술할 때, 서술되는 대상에 대해 확실하게 알지 못한다면, 어떤 것을 참이라고 서술한다는 것을 아는 것은 불가능하다. 이를테면, 누구의 하인인지 알려지지 않는다면 어떤 사람이 하인이라는 점을 아는 것은 불가능하며, 유사한 다른 무엇이 알려지지 않는다면 어떤 것이 다른 무엇과 유사하다는 점을 아는 것은 불가능하다. 철학자는 《범주론》에서4) 관계적인 것들 가운데 하나를 확실하게 아는 이가 나머지에 대해서도 확실하게 안다고 말할 때 이런 점들을 염두에 둔다. 그러나 그러한 관계적인 것이 주어가 동일하게 남는 경우 어떤 것을 참으로 서술할 수 있는 방식으로 그것을 참으로 서술한다면 관계적인 것들 가운데 하나를 확실하게 아는 이가 나머지를 확실하게 알 필요는 없다.

그러나 때때로 사격의 표현이 첨가될 수 있지만 항상 그럴 필요가 없는 명사들도 있다. 따라서 때때로 그 나귀가 소크라테스의 나귀거나 누군가의 나귀라고 말하는 것은 우연적으로만 참이다. 그러나 "그 나귀가 나귀다"라는 명제가 참일지라도 "그 나귀가 누군가의 나귀다"가 거짓일 경우가

---

3) 다음을 참조. Thomas Aquinas, *Summa Theologiae*, I, q. 13, a. 7, ad 1.
4) *Praed.*, 7, 8a35~37.

때때로 생긴다. 그것들은 '화법에 따라 관계적인 것들'(*relativa secundum dici*)이라고 부를 수 있다. 즉, 때때로 그것들은 다른 것에 대해 말해질 수 있거나 격변화의 관계에 의해 다른 것 아래에 있다고 말해질 수 있다. 그럼에도 이것은 필요조건은 아니므로 그 자체로 관계의 유에 속하지 않는다. '손', '머리' 등과 같은 이름들이 그 예다. 따라서 그 손은 때때로 사람의 손이지만, 때때로 손이 잘려 나갈 경우 사람의 손이 아니다. 그 경우 그것을 손이라고 부르지 않는다면 '손'이라는 이 이름은 관계의 유에 참으로 속하며, 다른 경우에도 마찬가지다.

따라서 의미적으로 해석될 때 추상적 이름이 아닌 다른 표현의 사격 형태가 어떤 것에 적절하게 첨가될 수 없다면 그것을 참으로 서술할 수 없는 모든 명사는 관계의 유에 속한다. 그러므로 그것들을 '존재에 따라 관계적인 것들'(*relativa secundum esse*)이라고 부를 수 있다. 한편, '화법에 따라 관계적인 것들'이라고 부를 수 있는 것들도 있다. 왜냐하면 때때로 그것들에 사격 형태의 표현이 적절하게 첨가될 수도 있고, 그렇지 않을 수도 있기 때문이다. 그럼에도 철학자들은 대가들이[5] '실재적 관계'와 '이성의 관계'처럼 요즈음 일반적으로 사용하는 다른 표현들을 사용하지 않듯이, '존재에 따라 관계적인 것들'과 '화법에 따라 관계적인 것들'이라는 용어를 사용하지 않는다. 그러한 구별은 결코 철학자가 고안한 것이 아니므로, 그에게 '원인'과 '주인'이라는 명사들은 다른 것들과 마찬가지로 관계적이다. 따라서 그는 항상 또는 자주 '주인'을 예로 삼는다.[6] 이 유인즉, 어떤 하인의 주인이 아니라면 누구도 주인일 수 없기 때문이다. 그러므로 아리스토텔레스에게는 실재적 관계와 이성의 관계 사이의 구별이 없다. 그럼에도 그는 《형이상학》제5권에서[7] 관계의 여러 양태를 구

---

5) 다음을 참조. Thomas Aquinas, *Summa Theologiae*, I, q. 28, a. 1.
6) *Praed.*, 7, 6b28~7b14.
7) *Metaph.*, V, 15, 1020b26~1021b11.

별하지만, 여기서는 그에 대해 다루지 않겠다. 하지만 아리스토텔레스에게, 의미적으로 해석될 때 추상적인 것이 아닌 다른 표현의 사격 형태가 적절하게 첨가될 수 없다면 그 무엇도 참으로 서술할 수 없는 이름의 효력을 가지는 분사를 포함하는 모든 이름은 참으로 어떤 것에 관한 것이며, 관계의 범주에 속한다. 그 이름은 실체나 성질만을 의미하든지 둘 다를 의미하든지 상관없고, 현실태에 있는 다른 어떤 것을 내포하든 가능태에 있는 다른 어떤 것을 내포하든지 상관없고, 다른 어떤 것을 긍정적으로 내포하든 부정적으로 내포하든 다른 방식으로 내포하든 상관없다. 따라서 '주인-하인', '기호-의미대상', '원인-결과', '산출자-산출물', '능동자-수동자', '가열할 수 있는 것-가열될 수 있는 것' 등의 모든 것은 관계의 범주에 속한다.

더욱이, 이로부터 아리스토텔레스의 원리에 따르면 동사가 때때로 능동, 수동의 유나 다른 범주에 속할 수 있지만, 분사나 그에 상응하는 동사적 명사는 관계의 범주에 속할 수 있다는 점이 도출된다.

이것이 그의 생각이라는 점은 관계의 양태를 열거하면서 "가열할 수 있는 것과 가열될 수 있는 것의 관계가 있고, 절단할 수 있는 것과 절단될 수 있는 것의 관계가 있으며, 모든 능동적인 것과 수동적인 것의 관계"와 같은 "어떤 것들"을 관계적인 것들이라고 부를 수 있다고 말하는 《형이상학》 제5권, 관계의 장에서[8] 충분하게 제시된다. 그다음에 그는 "능동적 능력과 수동적 능력, 그러한 능력의 현실화에 따라 능동적이고 수동적인 것들이 존재한다. 이를테면, 가열할 수 있는 것은 가열할 수 있기에 가열될 수 있는 것과 연관된다. 또한, 가열하는 것은 가열되는 것과 연관되고 절단하는 것은 절단되는 것과 능동적인 것과 수동적인 것의 관계로 연관된다"고 말한다. 가열하는 것이 두 번째 양태의 관계적인 것들에 속할 수

---

8) *Ibid.*, V, 15, 1020b28~30; 1021a14~19.

있음에 주목하라.

따라서 아리스토텔레스에 따르면 사격의 표현을 적절하게 첨가할 수 없다면 어떤 것을 참으로 서술할 수 없다. 또한 형태와 의미 둘 다에서 능동적이고 수동적이므로 능동동사와 수동동사에 의미적으로 상응하는 모든 이름과 분사는 어떤 것이 실재적으로 작용하거나 작용당하거나 어떤 것이 다른 어떤 것을 하거나 당하게 한다는 점을 의미하기에 두 번째 종류의 관계적인 것이라고 나는 생각한다. 그 실례는 '능동'과 '수동', '가열할 수 있는 것-가열될 수 있는 것', '창조자-피조물', '능동적인 것-수동적인 것' 등이 있다.

또한 아리스토텔레스가 이름이나 분사를 관계의 유에 있는 것으로 설정하고 그것에 상응하는 동사를 다른 범주에 넣는다는 점은 《범주론》관계의 장에서[9] 잘 드러난다. 그는 거기서 "마찬가지로 누워 있기와 서 있기, 앉아 있기는 일종의 자세이며, 자세는 관계다. 누워 있다는 것이나 서 있다는 것, 또는 앉아 있다는 것은 자세가 아니라 앞서 언급된 자세에서 이름을 취한 것이다"라고 말한다.

이 점으로 보아 '서 있다는 것'은 관계의 유에 속하지 않지만 '서 있기'는 속하는 것이 분명하다. 이유인즉, '서 있기'가 있다면 '어떤 이의 서 있기'이기 때문이다. 그럼에도 궁극적으로 그러한 명제를 "그러한 물체의 부분들이 이러저러한 식으로 서로 떨어져 있다"라는 명제로 풀어 헤쳐야 한다. 여기서 사격의 다른 표현을 적절하게 첨가할 수 없다면, 어떤 것을 참으로 서술할 수 없는 이름이나 분사는 스스로 분명하게 할 것이다.

---

9) *Praed.*, 7, 6b15~7b14.

제53장
관계적인 것들의 특성에 대하여

관계적인 것들에 대한 아리스토텔레스의 견해를 살펴보았기에 그가 그것들에 귀속시킨 특성들을 고찰해야 한다. [1]

모든 관계적인 것들의 경우는 아니더라도 일부 관계적인 것들에는 상반성이 내재한다는 것이 첫 번째 특성이다. 일부 관계적인 것들에 상반성이 내재한다는 점은 분명하다. 덕과 악덕은 관계적이지만 반대되는 것들이기 때문이다.

'관계적이지만 반대되는 것들'(contraria relativa)은 서술을 통해 동일한 것에 동시에 속할 수 없는 것들을 일컫는데, 그중 하나가 어떤 것에 속하고, 잇따라 나머지 하나가 그것에 속할 수 있다는 점을 알아야 한다. 그리고 이런 방식에서 '아버지'와 '아들'은 반대되는 것들이 아니다. 왜냐하면 어떤 사람이 다른 어떤 사람의 아버지가 되는 동시에 아들이 될 수는 없더라도 그는 아버지인 동시에 아들일 수 있기 때문이다. 마찬가지로 세 배인 것에는 반대되는 것이 없다. 왜냐하면 세 배인 것에 속하는 것에는 어떤 관계도 동시에 속할 수 있거나 결코 속하지 않기 때문이다.

관계적인 것들의 두 번째 특성은 더함과 덜함을 수용한다는 것이다. 그럼에도 이 특성은 모든 경우에 속하지는 않는다. '더'와 '덜'이라는 부사

---

1) *Praed.*, 7, 6b15~7b14.

들과 함께 취해진 어떤 명사는 다른 어떤 명사에 대해 잇따라 서술될 수 있기 때문이다. 이를테면, 어떤 것이 처음에 다른 어떤 것과 더 유사하다가 다음에 덜 유사해지거나, 그 역의 경우가 있다. 하지만 이것은 세 배인 것, 두 배인 것, 동등한 것 등의 많은 다른 것들에는 가능하지 않다.

세 번째 특성은 모든 관계적인 것이 환치적으로 말해질 수 있다는 점이다. 즉, 모든 관계적인 것에 상관물의 사격 형태를 첨가할 수 있다. 만일 우리에게 이름들이 부족한 경우 이름을 만들어도 문제가 없다. 그럴 경우 하나의 주격에 나머지 하나의 사격을 적절하게 첨가할 수 있고, 하나의 사격에 나머지 하나의 주격을 적절하게 첨가할 수 있다. 예컨대 그 사람이 주인이라면 그는 종의 주인이어야 하고, 그가 유사하다면 그와 유사한 것과 유사해야 한다. 마찬가지로, '날개'가 관계적인 것이므로 어떤 것이 다른 어떤 것의 날개가 아니라면 날개라고 하는 것이 불가능하다면, 환치에 의해 서술되는 것에 상응하는 이름을 만들어도 문제가 없다. 따라서 날개가 날개 달린 것의 날개이고, 날개 달린 것은 날개에 의해 날개 달렸다고 말할 수 있다. 다른 모든 경우에도 마찬가지다.

그럼에도 때때로 동일한 이름이 주격과 사격의 형태 둘 다에 놓인다는 점을 알아야 한다. 이것들은 유사한 이름의 관계적인 것들 또는 동등한 관계라고 부른다. 예컨대, "모든 유사한 것은 유사한 것과 유사하다"와 "모든 동등한 것은 동등한 것과 동등하다", 그리고 동일한 이름이 주격과 사격 둘 다에 놓이는 많은 경우에도 마찬가지다. 하지만 때때로 서로 다른 이름이 주격과 사격에 놓인다. 이를테면, 누군가가 아버지라면 그는 한 아들의 아버지지만, 아버지인 누군가의 아버지일 필요는 없다. 또한 누군가가 하인이라면 그는 한 주인의 하인이지만 하인의 하인일 필요는 없다. 이것들은 상이한 이름의 관계적인 것들 혹은 동등하지 않은 관계적인 것들이라고 부른다. 하지만 다마쉐누스가 《논리학》 제29장에서 지적하듯이,[2] 관계적인 것의 주격에 사격 형태를 첨가하더라도 항상 문제가 없다는 것이 일반적 규칙이다.

　관계적인 것들의 네 번째 특성은 그것들이 본성적으로 동시적이라는 점이다. 이것은 명제가 만들어질 때 '있다'가 관계적인 것들 가운데 하나를 참이라고 서술할 수 없다면, 나머지 하나도 참으로 서술할 수 없다는 뜻으로 이해해야 한다. 따라서 "두 배인 것이 있다"가 참이라면, "절반인 것이 있다"도 참일 것이다. "아버지가 있다"가 참이라면, "아들이 있다"도 참일 것이고, 그 역도 마찬가지다.

　"관계적인 것들이 함께 없어진다"라는 주장도 동일한 방식으로 이해되어야 한다. '있다'가 관계적인 것들 가운에 하나를 부정하는 명제가 참이면 나머지를 부정하는 명제도 참이다. 따라서 "아버지는 있지 않다"가 참이라면, "아들은 있지 않다"도 참이고 그 역도 마찬가지다.

　철학자의 《범주론》에 따르면[3] 이 규칙들이 일반적이지 않음에 주목해야 한다. 이유인즉, 거기서 그는 이 특성이 모든 관계적인 것에 속하지는 않는다는 생각을 입증하기 때문이다. 그는 이 점을 지식과 지식대상, 감각과 감각대상의 경우에서 입증한다. 그가 다른 경우에 그 점을 입증하거나 다른 예증을 제공하지 않더라도, 그 점은 다른 경우들에 유효하다. 따라서 '가열할 수 있는 것'과 '가열될 수 있는 것'은 상관적인 것들이다. 그럼에도 "가열할 수 있는 것이 있다. 그러므로 가열될 수 있는 것도 있다"라는 점이 도출되지는 않고, 그 역도 마찬가지다. 마찬가지로 "희게 될 수 있는 것이 있지 않다. 그러므로 희게 만들 수 있는 것이 있지 않다"라는 점이 도출되지는 않는다. 동일한 논점이 여러 다른 경우에 유효하다.

---

　2) 다마쉐누스의 《논리학》 제 29장에는 이런 언급이 없다. 단, 《논리학》 제 50장에서 이런 입장이 함축적으로나마 드러난다. Damacenus, *Logica*, c. 50 (PG 94, 630); trans. Robertus Grosseteste, c. 34 (ed., cit., 33f).

　3) *Praed.*, 7, 7b22~8a12.

제 54 장

관계적인 것들에 대하여:
관계적인 것이 절대적인 것과 구별된다는
상반되는 주장을 하는 이들은 어떻게 말해야 하는가

지금까지 나에게 아리스토텔레스의 견해로 보이는 것에 따라 관계적인
것들에 대해 말했다. 우리는 이제 앞선 것과 상반되는 견해에 따라 관계
적인 것들에 대해 말해야 한다.

그 견해는 모든 관계가 그것의 토대 (*fundamentum*) 와는 실재적으로 구
별되는 것이라고 주장한다. 그러므로 〔피부가〕 흰 소크라테스를 〔피부가〕
흰 플라톤과 유사하게 하는 유사성은 소크라테스와 그 유사성을 토대 짓
는 흼 둘 다와는 실재적으로 그리고 전적으로 구별된다고 주장한다. 동
일한 설명이 아버지임, 아들임, 그리고 관계의 유에 속하게 되는 다른 모
든 것에게도 적용된다. 따라서 '관계의 토대'라는 어휘가 아리스토텔레스
의 철학에 따르면 철학 용어가 아니더라도, 〔이런 상반되는 견해를 개진하
는〕 그들은 모든 관계가 토대와 명사를 가지며, 그 둘과 실재적으로 구별
된다는 주장을 한다.

관계가 절대적인 것과는 구별되는 것이라는 점은 여러 방식으로 입증
된다. 첫째, 구별되는 저마다의 범주는 구별되는 것들을 의미한다. 그러
나 관계는 구별되는 범주다. 그러므로 관계적인 것은 절대적인 것과는
구별된다.

또한, 흼은 유사성 없이 남을 수 있다. 따라서 흼은 유사성이 아니다.

또한, 토대가 실체, 성질, 양과 같은 다양한 범주 안에 있듯이, 관계가

그것의 토대와 동일한 것이라면 실체의 범주 안에 있는 관계도 있고, 성질의 범주 안에 있는 관계도 있고, 양의 범주 안에 있는 관계도 있을 것이다. 따라서 관계는 구별되는 범주가 아닐 것이다.

또한, 동일한 토대를 통해 피부가 흰 소크라테스는 피부가 흰 플라톤과 유사하고 피부가 검은 키케로와 유사하지 않다. 그러므로 관계가 그것의 토대와 동일하다면, 유사성과 비유사성은 동일한 것이 되므로 결과적으로 서로 구별되는 관계가 아닐 것이다.

또한, 관계가 그것의 토대와 동일하고, 흼을 향한 변화가 있듯이 토대를 향한 변화가 있다면, 관계를 향한 변화도 있을 것이다. 그것은 《자연학》 제5권의 아리스토텔레스의 언명과 상반된다. [1]

또한, 우주의 단일성은 부분들의 질서로 이루어진다. 그러므로 관계가 구별되는 것이 아니라면, 그 질서는 구별되는 것이 아니므로 우주는 하나가 아니게 된다.

또한, 전체를 이루는 부분들이 나누어질 때 부분들은 남지만 결합은 남지 않는다. 그러므로 결합은 부분들과 다르다.

또한, 말씀(Verbum)에 의해 부여된 본성에는 나의 본성에 있는 것과 유사하지 않은 절대적인 것이란 없다. 그러므로 그것은 결합된 본성이지만 나의 본성은 아니기 때문에, 내 것이 갖지 않는 어떤 것을 가진다. 하지만 그것은 절대적인 것이 아니다. 그러므로 그것은 우리가 입증하고자 하는 관계적인 것이다.

이런 논증들과 간결하게 하기 위해 제외한 다른 많은 논증으로 인해, 여러 사람들은 관계가 영혼 외부의 사물이며 모든 절대적 사물과는 실재적으로 구별된다고 주장한다.

그럼에도 그들은 관계들을 구별하는데, 이유인즉 실재적 관계도 있고

---

1) *Phys.*, V, 2, 225b11.

이성의 관계도 있기 때문이다. 후자의 예는 신과 피조물의 관계와 어떠한 지성의 작용 없이는 존재할 수 없는 다른 관계들이다.

하지만 앞에서 언급한 특성들이 이런 관계들에 귀속된다. 왜냐하면 덕과 악덕처럼 서로 상반되는 관계도 있는 반면, 세 배가 되는 것에 상반되는 것이 없듯이 상반되는 것이 없는 관계도 있기 때문이다.

또한, 앞서 지적했듯이[2] 관계적인 것들은 더함과 덜함을 수용하지만 모두가 그렇지는 않다.

또한, 모든 관계적인 것은 환치적으로 서술된다. 그럼에도 때때로 하나의 실재적 관계에 또 다른 것 안에 있는 실재적 관계가 상응하는 경우가 있다. 예컨대, 소크라테스의 유사성에 그와 유사한 다른 사람 안에 있는 실재적 관계가 상응한다. 그러나 때때로 하나의 사물 안에 있는 실재적 관계는 또 다른 사물 안에 있는 실재적 관계에 상응하지 않고 이성적 관계에만 상응하기도 한다. 이를테면, 피조물로 하여금 신에 의존하게 하는 실재적 관계에 신 안에 있는 실재적 관계가 상응하지 않고, 단지 이성적 관계만 상응한다.

마찬가지로, 관계들은 본성적으로 동시적이라고 주장된다. 그러므로 하나의 관계가 존재한다면 나머지 관계도 존재해야 한다. 이 특성은 단지 두 관계가 실재적인 경우에만 유효하다고 이해된다. 하나의 관계가 실재적이고 나머지가 이성의 관계인 경우에 그 특성은 유효할 필요가 없다. 이를테면, 지식과 지식대상, 감각과 감각대상의 경우가 그렇다.

---

2) 앞의 제53장을 보라.

제 55 장
성질의 범주에 대하여

네 번째 범주는 성질의 범주다. [1] 우선 앞선 3가지 범주처럼, 이 범주에 대해 내가 보기에 아리스토텔레스의 원리에 부합하는 것 같은 견해를 참이든 거짓이든 상관없이 다루겠다. 다음으로, 이것과 상반되는 견해를 언급하겠다.

아리스토텔레스의 원리에 따르면 성질의 범주는 실체가 "어떠한가"라는 물음에 적절하게 대답되도록 하는 모든 것을 그 자체 안에 포함하는 개념이나 기호지만, 실체의 실질적 부분을 표현하지는 않는 것처럼 보인다.

하지만 구체명사와 추상명사 가운데 어느 것이 성질의 범주에 좀더 적절하게 속하는지의 여부는 여기서 논의하지 않겠다.

한편, 실체와는 구별되는 것들, 즉 실체가 아닌 것들을 전달하는 어떤 명사들이 성질의 유에 속하기도 한다. 예컨대, '흼', '검음', '색깔', '지식', '빛' 등이 그것에 속한다. 다른 한편, 앞서 말한 성질 및 실체와는 다른 것들을 전달하지 않는 어떤 명사들이 성질의 범주에 속하기도 한다. [2] 예컨대 '모양', '굽음', '곧음', '빽빽함', '드문드문함' 등이 그것에 속한다.

---

1) *Praed.*, 8, 8b25~11a38.
2) 피터 올리비의 《명제집 II권에 관한 문제들》 28문의 다음 구절 참조: "그들은 모양이 그것을 이루는 모든 부분들의 위치에 다른 어떤 것을 더하지 않는다고 주장했다"(ed., cit., IV, 488).

성질이 언제 실체와 구별되고, 또 언제 실체와 구별되지 않는지를 알기 위해서 다음 방법을 사용하는 것이 적절하다. 동일한 것을 동시에 참으로 서술할 수 없지만 단지 위치운동의 결과로 동일한 것에 잇따라 참으로 서술될 수 있는 가능술어들은 구별되는 것들을 의미할 필요는 없다. 예컨대, '굽은 것'과 '곧은 것'과 같은 가능술어들은 단지 위치운동의 결과로서 동일한 것에 대해 잇따라 참으로 서술될 수 있다. 어떤 것이 곧을 때 그 부분들이 외부에서 다른 것이 유입되지 않은 상태에서 단지 위치운동의 결과로 근접되어 이전보다 좀더 가까워질 경우 굽었다고 말한다. 그러므로 굽음이나 곧음은 곧은 것이나 굽은 것과는 구별되는 것을 전달하지는 않는다. 모양의 경우에도 마찬가지다. 어떤 것은 그 부분들의 위치운동만으로도 상이한 모양으로 바뀔 수 있다. 따라서 '드문드문한', '빽빽한' 등과 같은 경우에도 마찬가지다. 그러나 힘, 검음, 열기, 냉기와 같은 경우는 그렇지 않다. 왜냐하면 어떤 것이나 그 부분들이 위치운동의 결과로서 뜨겁든지 차갑게 되지 않기 때문이다. 결과적으로 그 모든 것은 실체와는 구별되는 것들을 전달한다.

이 점을 관찰한 다음, 아리스토텔레스가 성질의 4가지 양태나 종을 설정한다는 점을 알아야 한다.3) 첫째 양태는 습성(habitus) 또는 성향(dispositio)이다. 영적이든 물질적이든 상관없이 변화하기 어려운 성질 모두를 습성이라고 부른다. 한편, 물질적이든 영적이든 상관없이 변화하기 쉬운 성질 모두를 성향이라고 부른다. 이것에 따르면 동일한 종류의 성질이 어떤 것 안에서 습성일 수 있고, 다른 것 안에서는 성향일 수 있다.

그리고 실체와는 다른 것을 전달하는 명사뿐만 아니라 다른 어떤 것을 전달하지 않는 명사도 이 양태에 속한다는 점을 알아야 한다. 따라서 사물의 변화로 인해 쉽게든지 아니면 어렵게든지 기체에서 제거될 수 있는

---

3) *Praed.*, 8, 8b25~10a24.

성질 모두는 이 양태에 속한다. 다음에 간략하게 말하겠지만 모든 성질은 이 양태에 속한다. 그러므로 이것을 '성질의 종'이라고 부르는 이유는 습성도 상태도 아닌 성질이 있기 때문이 아니라, 습성이 아닌 성질도 있고 상태가 아닌 성질도 있기 때문이다. 또는 그것이 '성질'이라는 이 이름보다 더 특수한 것을 내포하기 때문이다.

성질의 둘째 종은 본성적 능력과 무능력을 포함한다. 따라서 어떤 것으로 하여금 쉽게 작용할 수 있게 하거나 작용에 저항할 수 있게 하는 모든 것은 이 유에 속한다.

성질의 셋째 종은 수용과 수용적 성질이다. 감각될 수 있는 모든 성질은 이런 성질의 셋째 종에 속한다.

성질의 넷째 종은 형태와 어떤 것에 대한 변함없는 모양을 포함한다. '곧음'과 '굽음' 등은 이 종에 속한다.

무언가를 아름답거나 추하다고 말하는 이유가 되는 성질을 '형태'라고 부를 수 있다는 점을 알아야 한다. 이런 이름들은 앞서 언급한 성질 및 실체와는 다른 것들을 전달하지는 않는다. 따라서 철학자의 의도에 따르면 동일한 것이 성질의 다양한 종에 속한다는 점에 주목해야 한다. 이 점은 분명하다. 왜냐하면 그는 열기와 냉기가 성질의 첫째 종에 속하지만 셋째 종에도 속한다고 주장하기 때문이다. 4) 따라서 이 종들이 보편적으로 서로를 배제한다고 주장하는 것이 그의 의도가 아니라, 적어도 특수하게 서로를 상호 서술할 수 있다고 주장하는 것이 그의 의도임이 분명하다. 그는 종들이 서로를 특수하게 상호 서술할 수 있다고 주장하듯이, 범주에 대해서도 같은 점을 주장한다.

철학자는 여러 가지 특성을 성질에 귀속시킨다. 5) 성질은 반대되는 것

---

4) *Ibid.*, 8, 8b36; 9a30~31.
5) *Ibid.*, 8, 10b12~11a19.

들을 수용한다는 점이 첫째 특성이다. 이유인즉, 한 성질은 다른 성질의 반대가 될 수 있기 때문이다. 마찬가지로 사격으로 이런 성질들을 전달하는 구체명사들은 반대된다. 그럼에도 어떤 성질은 모든 성질에 반대되는 것을 가지지 않는다. 왜냐하면 반대되는 것이 없는 성질이 있기 때문이다. 예컨대, 빛과 같은 성질들에는 반대되는 것이 없다.

둘째 특성은 성질이 더함과 덜함을 허용한다는 점이다. 구체적 이름은 '더'라는 부사와 함께 어떤 것을 서술할 경우도 있고, '덜'이라는 부사와 함께 서술할 경우도 있기 때문이다. "a가 b보다 더 희다"가 참일 경우도 있고, "a가 b보다 덜 희다"가 참일 경우도 있다. 그러나 이 특성은 모든 성질에 내재하지는 않는다. 어떤 것이 다른 어떤 것보다 더 삼각형이라고 하거나 더 사각형이라고 말하지는 않기 때문이다.

성질의 셋째 특성은 어떤 것이 성질에 따라 유사하거나 유사하지 않다고 말한다는 점이다. 따라서 흰색을 띠는 두 가지 것은 유사하고, 검은 색을 띠는 두 가지 것도 유사하다. 하지만 흰 것과 검은 것은 유사하지 않다.

나는 《범주론 주해》에서[6] 성질에 대한 아리스토텔레스의 견해를 상세히 다루었기에, 여기서 성질에 대한 설명은 이 정도로 충분하다. 나는 철학적 저술에서 내 견해를 쓰기보다는 아리스토텔레스의 것으로 보이는 것들을 쓴다.

---

6) *Exp. Praed.*, c.14 (ed., cit.).

제 56 장
성질의 범주와 연관된 다른 견해에 대하여

모든 성질이 실체, 양, 관계적인 것들과는 실재적으로 구별되는 것이라고 주장하는 이들이 있다. 그들은 4가지 성질의 종을 열거하고, 그 항목들이 서로 실재적으로 구별된다고 주장한다. 따라서 습성과 성향이 성질의 첫째 종을 구성한다고 주장한다. 이것들이 구별되는 이유는 습성이 변화하기 어려운 반면, 성향은 변화하기 쉽다는 데 있다.

둘째 종은 본성적 능력이나 무능력을 포함한다는 것이 그들의 주장인데, 이것들은 습성과 성향과는 구별된다.

셋째 종은 수용과 모든 감각할 수 있는 성질과 같은 수용적 성질이라는 것이 그들의 주장이다.

넷째 종은 형태와 모양이며, 그것들은 실체와 다른 종의 성질과는 실재적으로 구별된다는 것이 그들의 주장이다. 따라서 그들은 곧은 물체가 굽을 때 실재적으로 하나의 절대적인 것을 잃어버리고 또 다른 새로운 것을 얻는다 말한다.

그러나 그들은 아리스토텔레스가 주장한 동일한 특성을 성질에 귀속시킨다.

제 57 장
능동(actio)의 범주에 대하여

아리스토텔레스는 나머지 6가지 범주를 간단하게 다루지만, [1] 초심자들에게 유용할 수 있도록 이 범주들을 좀더 상세하게 논의해야 한다.

다섯 번째 범주는 능동이다. 철학자는 범주들을 열거하거나 이 범주를 다룰 때, 그것을 명사가 아니라 "[무슨 행동을] 하다"라는 동사를 통해 언급한다. 마찬가지로, 다마쉐누스도 《논리학》[2] 에서 이 범주를 이름이 아니라 동사를 통해 언급한다.

따라서 이 범주가 어떤 것이 무언가를 함이나 행함을 전달하는 동사의 계열일 뿐이라는 것이 아리스토텔레스의 생각으로 보인다. 따라서 "가열하는 것은 하거나 행한다"와 "움직이는 것은 하거나 행한다" 등과 같이 말하듯이, 하나의 동사는 '~자[또는 것]'(*qui*) 라는 대명사와 더불어 다른 동사를 서술한다. 따라서 그 범주가 가장 일반적인 유라는 점은 이런 방식으로 주장될 수 있다. 그리고 우리가 동사와 그에 상응하는 분사, 그리고 동사의 분사가 지칭하는 동일한 것들을 지칭하는 명사들을 이 범주에 대해 사용한다면 다른 많은 경우에서와 마찬가지로 큰 어려움이 줄어들 것이다. 그럴 경우 명사인 '능동'(*actio*) 은 '행함'과 같은 분사가 지칭하는

---

1) *Praed.*, 9. 11b1~7.
2) Damascenus, *Dialectica*, c. 52 (PG 94, 639) ; trans. Robertus Grosseteste, c. 36 (ed., cit., 38f).

동일한 것을 지칭해야 하고, 능동이 행하는 자와 같이 절대적 사물임이 분명하고 행하는 자가 실체이듯이 능동도 실체이기 때문이다. 그럼에도 실체가 단지 우연적으로만 작용하는 자이듯이 그것은 우연적으로만 능동일 것이다. 따라서 앞서 입증했듯이[3] 아리스토텔레스의 견해에 따르면 행하는 자는 관계의 범주에 속하듯이 동사와 명사는 별개의 범주에 속한다. '작용하는 자'(agens)는 항상 사격 형태의 결합을 수용할 수 있지만 '작용하다'(agere)는 그 범주에 속하지 않기 때문이다. 그렇다면 능동의 범주는 실체나 성질의 범주에 속하지 않는 어떤 것을 전달하지 않지만 성질의 범주뿐만 아니라 실체의 범주에도 속한 것을 전달한다.

따라서 "불은 목재를 가열한다"라는 명제에서 동사는 명사적이 아니라 동사적으로 열의 의미를 전달한다. 하지만 이런 이유로 인해 그것이 열을 반드시 서술할 필요는 없다. 마찬가지로 '흰'은 흼을 전달하지만 흼을 서술하지 않는다.

이 견해가 참이든 거짓이든 상관없이 그것을 옹호하기 위해 설득력 있는 논증들을 끌어들일 수 있다. "불은 행하거나 가열한다"라고 말할 때 실체와 성질을 제외한 그 무엇도 전달되지 않는다고 설득할 수 있다. 첫째, 어떤 다른 것이 전달된다면 나는 그것이 어디에 있는지 질문한다. 그것은 자립하든지 다른 것에 내재하든지 할 것이다. 그것이 자립한다면 실체고, 나의 논점이 입증된다. 그것이 다른 것에 내재한다면, 가열하는 불에 내재하든 가열되는 목재에 내재하든 둘 중에 하나다. 전자의 경우라면 모든 행하는 자나 모든 운동하는 자는 행하거나 운동할 때마다 자신 안에 새로운 것을 수용할 것이다. 따라서 천체와 지성체는 작용하면서 연속적으로 새로운 것을 수용할 것이다. 마찬가지로, 신도 행하거나 산출하면서 자신 안에 새로운 것을 수용할 것이다.

---

3) 제52장 참조.

그리고 신과 피조물이 유사하지 않다고 말한다면, 그 반대로 다음과 같이 말한다. 신이 아무것도 수용하지 않고서 정말로 행한다면 거기에 단적으로 다른 것 없이도 행함이 존재할 것이므로 다른 행하는 자에게 그러한 것을 설정하는 것은 무의미하다. 그러한 다른 것 없이도 행하는 자가 정말로 있을 수 있기 때문이다.

하지만 그러한 것이 가열되는 것 안에 수용된다면, 가열되는 것을 행하는 자라고 말하지도 않고 그러한 것에 의해 불을 행하는 자라고 말하지도 않을 것이다.

마찬가지로, 가열되는 것은 항상 자신 안에 열, 능동이라고 부르는 것, 그리고 수동이라고 부르는 것 등의 많은 것을 수용할 것이다. 이것은 불합리하다. 그것은 필요 없이 그리고 이유 없이 다수성을 설정하기 때문이다.

또한, 다음과 같이 논증할 수 있다. 그러한 것은 야기되거나 야기되지 않거나 둘 중에 하나다. 그것이 야기되지 않는다면 신이다. 그것이 야기된다면, 나는 무엇에 의해 야기되는지 질문한다. 그것은 행하는 자에 의해서만 야기될 것이다. 따라서 행하는 자가 그것을 산출한다. 사정이 이러하다면 나는 앞서와 같이 그것의 산출에 대해 동일한 질문을 제기한다. 따라서 우리는 무한퇴행에 빠지거나 다른 산출 없이도 산출되는 것에서 멈추어야 할 것이다. 그러나 동일한 이유로 앞선 첫째 경우에 가열되는 것 안에 다른 새로운 것 없이도 열이 목재 안에 산출된다는 점을 주장했어야만 한다.

또한, 신학적으로 다음과 같이 논증할 수 있다. 신은 스스로 제2원인을 매개로 산출한 모든 것을 무매개적으로 산출할 수 있다. 그러므로 신은 불이 행할 때 능동이라고 말하는 것을 행하는 불 없이도 무매개적으로 산출할 수 있다. 그렇다면 불이 행하는지 하지 않는지 질문한다. 그것이 행한다면 불이 행한다. 그럼에도 신만이 행한다. 불이 행하지 않는다면 그 주장에 반대하여 다음과 같이 주장할 수 있다. 그 경우 능동은 불에 형상적으로 존재하므로 불은 그 행함을 통해 참되게 언급된다. 결과적으로 불은 행한다. 그렇다면 불은 행함을 하는 동시에 하지 않게 되는데, 이는 불가능하다.

이런 이유들과 다른 많은 이유로 인해 누군가 능동이 행하는 자 (*agens*), 〔행함을〕 당한 자(*passo*), 산출되는 것(*producto*)과는 구별되지 않는다고 주장할 수 있다. 4) 그리고 이 견해는 옳든 그르든 상관없이 아리스토텔레스의 견해처럼 보인다. 따라서 그는 '능동'이라는 이름이 행하는 자를 지칭하므로 "능동은 행하는 자다", "행함은 행하는 자다"가 참이라고 주장한다. 또는 그는 이런 형태의 명제가 그런 이름 없이도 동사가 사용되는 다른 명제를 통해 분해되어야 함을 주장한다. 따라서 "행하는 자의 행함은 존재한다"는 "행하는 자가 행한다"와 동치이고, "가열은 행함이다"는 "가열하는 것은 행한다"와 동치다.

이 점을 드러낸 다음, 아리스토텔레스의 견해에 따르면, 5) '하다'처럼 '행하다'도 여러 가지 뜻으로 사용된다는 점을 알아야 한다. 그것은 때때로 어떤 것이 산출하거나 야기하거나 파괴하는 경우에도 마찬가지로 사용된다. 그것은 때때로 어떤 것이 다른 어떤 것 안에서 행하거나 파괴하는 경우에도 마찬가지로 사용된다. 그것은 때때로 일반적으로 그리고 매우 광범위하게 앞에서 열거한 두 경우는 물론 운동을 망라하여 사용되는데, 이런 방식으로 그것은 범주에 속할 수 있다.

한편, 반대되는 것들이 이 범주에 속한다. '냉각하다'와 '가열하다'는 반대되는 것이기 때문이다. 따라서 이 동사들은 반대되는 성질들을 전달하고, 적어도 동일한 관점에서 동시에 동일한 것에 속할 수 없기 때문에

---

4) 다음을 참조. Olivi, *Quaestiones in II sententiarum*, q. 25(ed., cit., IV, 439~446).

5) 다음을 참조. *DGC*, I, 7, 323b1~324b24.

반대된다고 부른다.

또한 이 범주는 더함과 덜함을 허용한다. 즉, '더'와 '덜'이라는 부사들은 모든 부사는 아니지만 그런 동사들에는 적절하게 첨가될 수 있다. 따라서 "이것은 저것보다 더 열을 낸다", "이것은 저것보다 덜 열을 낸다", "한 사람은 더 기쁘고 다른 사람은 덜 기쁘다"라고 말하는 것은 적절하다. 이런 언명들은 내가 보기에 아리스토텔레스의 이론과 부합하는 것 같은 견해를 따른 것이다.

그럼에도 능동이 행하는 자, 산출되는 것, 〔행함을〕 당한 자뿐만 아니라 다른 모든 절대적인 것과 구별되는 것이라고 주장하는 이들도 있다. 한편, 그것이 행하는 자 안에 주체적으로 존재하는 측면이라고 주장하는 이들도 있고, 〔행위를〕 당한 자 안에 주체적으로 존재하는 측면이라고 주장하는 이들도 있다. 6)

하지만 그들은 능동이 때때로 〔행위를〕 당한 자에 대한 행하는 자의 실재적 측면이라고 말하기도 하고, 때때로 이성의 측면이라고 주장하기도 한다. 따라서 신이 행할 때 이성의 측면만이 있을 뿐이다. 그들은 앞에서 언급한 특성들, 즉 반대되는 것을 소유한다는 점과 더함과 덜함을 허용한다는 점이 그러한 측면에 속한다고 말한다.

---

6) 스코투스의 《영혼론》(*De Anima*), q. 7, n. 3의 다음 구절 참조: "이에 대해 두 가지를 말해야 한다. 첫째, 능동은 그것이 범주인 점에 따르면 행하는 것 안에 주체적으로 있다. 둘째, 능동과 수동은 특정한 방식으로 당하는 것 안에 있다"(ed., Wadding, II, 501).

제 58 장
수동(passio)의 범주에 대하여

여섯째 범주는 수동의 범주다. 아리스토텔레스는 이것을 항상 동사를 사용해 언급한다. 이 점은 《범주론》 제 1 장과 "하는 것과 당하는 것"이라는 장에서 드러난다. 1) 다마쉐누스는 동사를 사용해 유사하게 이 범주를 언급하는 《논리학》2) 에서 아리스토텔레스와 의견의 일치를 보는 듯하다.

아리스토텔레스의 견해에 따라 동사가 앞서 말한 범주에 들어 있듯이, 〔수동적으로〕 당하는 것을 의미하는 동사가 이 범주 안에 들어 있다. 따라서 〔능동적으로〕 한다고 말해지는 모든 것은 〔수동적으로〕 당한다는 것과 비례적으로 말해야 한다. 따라서 그의 방식을 따르자면, 다마쉐누스가 말하듯이, 당하는 것 (pati) 과 당함〔수동〕 (passio) 은 당하는 실체다. 그러므로 다마쉐누스는 "그러나 하는 것 (facere) 과 당하는 것 (pati) 은 이렇게 작용을 하거나 당하는 실체다"라고 말한다. 3)

그렇지 않다면 이름의 자리에 동사의 부정사 형태나 '당함〔수동〕'이라는 이름이 놓여 있는 명제는 항상 그러한 명사나 그러한 부정사의 형태가

---

1) *Praed.* , 4, 1b25~2a10; 9, 11b1~7.
2) Damascenus, *Dialectica* c. 36 and 52 (PG 94, 602 and 639) ; trans. Robertus Grosseteste, c. 20 and 36 (ed. , cit. , pp. 19 and 36s).
3) *Ibid.* , c. 52 (PG 94, 639A) ; trans. Robertus Grosseteste, c. 36 (ed. , cit. , p. 38) .

없이 동사가 놓여 있는 명제로 분해되어야 한다. 이를테면, "가열됨은 당함이다"는 "가열되는 것은 당한다"와 동치고, "가열은 당함〔수동〕이다"라는 명제도 마찬가지다.

그러나 '당하다'는 여러 가지 뜻으로 사용된다는 점을 알아야 한다. 첫째, 그것은 어떤 것을 다른 무엇에서 받아들이는 경우 사용된다. 이런 뜻으로는 기체가 당하고 형상을 받아들이는 질료도 당한다. 둘째, '당하다'는 좀더 일반적으로 사용되는데, 첫째 뜻의 당함을 포함할 뿐만 아니라 위치변화의 경우처럼 자신 안에 그 무엇도 주체적으로 받아들이지 않더라도 변화되는 것으로 사용된다. 셋째, '당하다'는 앞에서 말한 뜻을 포함할 뿐만 아니라 야기되거나 산출되는 경우에도 사용되는데, 그 경우 그것은 범주다.

요약하면, 아리스토텔레스 방식을 따르자면 그는 능동태의 모든 심적 동사가 '하다'라는 범주 안에 있고, 수동태의 모든 심적 동사가 '당하다'의 범주 안에 있다고 주장한 듯하다. 그 동사들이 실체나 성질을 의미하든, 실체와 성질 둘 다를 의미하든 상관없다.

그러나 다른 이들은 수동이 당하는 것 안에 주체적으로 존재하는 측면이고, 이것이 능동의 측면에 상응하는 것이라고 주장한다.

제 59 장
'언제'[시간]라는 범주에 대하여

일곱 번째 범주는 '언제'라는 범주다. 아리스토텔레스의 방식을 따르자면,[1] 그 범주는 '언제'라는 의문사에 의해 만들어진 물음에 적절하게 대답하게 하는, 부사나 부사 상당어구의 계열이다. 따라서 그는 항상 '언제'라는 의문사를 통해서만 이 범주를 언급한다. 우리에게는 그 물음에 대답하도록 하는 것들에 통용되는 공통적 명사가 없다. 따라서 아리스토텔레스의 방식을 따르자면, 이 범주는 실체 및 성질과는 구별되는 것을 전달하지는 않고 실체 및 성질을 명사적이 아니라 부사적으로 전달할 뿐인 것으로 보인다.

이 견해가 참이건 거짓이건 상관없이 그것을 옹호하기 위해 다음과 같이 논증될 수 있다. '언제'가 시간적 사물에 내재하는 것이라면 그것이 어떠한 시점에 대해서도 있어야 하기 때문에 미래 시점에 대해서도 있어야만 한다. 그러나 후건은 거짓이다. 왜냐하면 흼 없이는 어떠한 것도 희다고 할 수 없듯이 내일 존재할 것을 내일 존재할 것이라고 부를 수 있기 위해서 그것 안에 반드시 있어야 하는 어떤 사물이 있다면, 아직 존재하지 않는 시간에 포함되는 매 순간에서도 그러한 사물은 그 안에 있을 것이기 때문이다. 그러나 그러한 순간들은 무한히 많다. 그러므로 그것에는 무

---

1) *Praed.*, 4, 2a2; 9, 11b10.

한히 많은 사물들이 있을 것이다.

마찬가지로, 그것은 무한한 시간과 무한한 순간 안에 존재했다. 그러므로 그러한 무한한 것들은 과거로부터 그것 안에 남겨져 있다.

그런 순간들이 현실태로 존재하지 않았다고 말한다면, 그 반대로 다음과 같이 대답한다. 그러한 어떤 순간이 언제고 한 번 현실태로 존재했든지 아니면 한 번도 존재하지 않았다. 그것이 한 번도 존재하지 않았다면, 아무것도 아닌 것은 순간적이 된다. 그것이 한 번이라도 존재했다면, 한 순간만큼 다른 순간도 현실태로 존재했으므로 무한한 순간들이 현실태로 존재했다.

더욱이, 모든 사물이 존재하든지 존재하지 않든지 둘 중 하나라고 확고하게 말할 수 있다. 그러므로 이 사람 안에 그러한 사물이 확고하게 있든지 ― 나는 내일과 인접된 시점 뒤에 남는 그 사물을 뜻한다 ― 없든지 둘 중에 하나다. 만일 그것이 그 사람 안에 있다면, "그 사람은 내일 있게 될 것이다"는 확고하게 참이다. 만일 그것이 그 사람 안에 없다면, 그 반대 명제가 확고하게 참일 것이다. 이 점은 미래의 우연적인 것들의 경우 확정적 진리를 부정한 아리스토텔레스와 상반되는 듯하다.

그것은 신학적으로 논증될 수도 있다. 나는 그러한 사물이 그 사람 안에 있는지 없는지에 대해 질문한다. 만일 그것이 그 사람 안에 있다면, "그러한 사물이 내일의 관점에서 그 사람 안에 있다. 그러므로 그 사람은 내일 있게 될 것이다"라는 명제가 형식적으로 도출된다. "흼이 그 제 1기체 안에 있다. 그러므로 이것은 희다"의 경우도 마찬가지다. "그 사물은 그 사람 안에 있다"라는 전건이 참이므로 심지어 신의 능력을 통해서도 "이 사물이 있었다"라는 명제가 그다음에 거짓일 수 없다. 따라서 "그 사람은 그날 있었을 것이다"라는 명제는 항상 참이어야 한다. 결과적으로 신은 그 사람이 그날 있지 않도록 할 수 없었다. 그러나 그 사물이 그 사람 안에 없다면 그다음에 "그 사물은 그 사람 안에 없었다"라는 점이 필연적으로 도출되고, "그 사물은 그 사람 안에 없었다. 그러므로 그는 그날 있지 않았을 것이다"라는 추론이 형식적으로 도출된다. 전건이 필연적이므로 후건도 그렇다. 결과적으로 신은 그 사람의 생명을 그다음 날까지 연장할 수 없게 된다.

또한, 반대되는 견해를 주장하는 이들이 생각하듯이, '언제'가 그러한 사물이라면, 뜨거운 것이 열에 의해 뜨겁게 되듯이, 시간적인 것은 그러한 사물에 의해 시간적이 된다. 결과적으로 어떤 것이 열 없이는 뜨겁게 될 수 없듯이, 어떤 것은 그 안에 내재하는 사물 없이는 시간적이 될 수 없다. 그러나 후건은 거짓이다. "적그리스도는 최후심판의 날 이전에 존재할 것이다"는 참이기 때문이다. 그럼에도 적그리스도는 아무것도 아니기 때문에 그러한 사물이 적그리스도 안에 없다.

이런 모든 반론에 대해 그 사물이 미래 시간에 존재하기 전까지는 미래 시간 뒤에 남지 않으므로 그 사람도 적그리스도도 미래 시간 뒤에 남는 그러한 사물을 자신 안에 갖지는 않는다고 말할 수 있다. 이에 대해 다음과 같이 말한다. 그러한 사물 없이도 내일과 미래 시간에 존재하는 그러한 사물이 있다면, 마찬가지 방식으로 그러한 사물 없이도 과거와 현재에 존재하는 사물이 있다. 따라서 그러한 사물들을 설정하는 것은 무의미하다.

더욱이, 목재가 열에 의해 뜨거워지듯이, 어제 존재한 사람 안에 어제 존재했다고 말하도록 하는 그러한 사물이 남아 있다면, 목재가 열 없이는 뜨거워질 수 없듯이 "그 사람이 어제 존재했다"라는 명제는 그러한 사물 없이는 참이 될 수 없다. 그러나 이 점은 거짓인 듯하다. 신이 그러한 사물 없이 사람을 보존할 수 있다는 전제에는 그 무엇도 모순적이지 않은데, 신은 자신의 절대적 능력을 통해 인간을 보존할 수 있는 동시에 그러한 사물을 파괴할 수도 있기 때문이다. 따라서 이런 일이 일어난다고 가정해 보자. 이 경우 나는 그 사람이 어제 존재했는지 아니면 존재하지 않았는지 질문한다. 만일 그 사람이 존재했다면, 그는 그러한 사물 없이 어제 존재했다. 그러므로 그가 그러한 사물을 통해 어제 존재했다고 말하지 않는다. 이 점이 우리가 입증하고자 하는 바다. 그가 어제 존재하지 않았다는 주장에 반대하여, 과거에 대한 명제가 필연적이므로 신조차도 그 사람이 어제 존재했다는 주장을 존재하지 않았을 것이라고 만들 수는 없다.

이런 이유들과 간결하게 하기 위해 내가 제외한 여러 다른 이유로 인해 가톨릭 신자나 이교도는 '언제'가 그러한 사물이 아니라고 주장할 수 있다. 이것은 아리스토텔레스의 견해인 것처럼 보인다. 이런 이유로 그는 이 범주를 명사를 통해 언급한 적이 없고 부사를 통해 언급했다.

그러나 '언제' 또는 '언제임'이 여러 인접한 시간에 걸쳐 있는 시간적인 것 안에 있는 관계적인 것이기에 하나의 사물이 과거, 현재, 미래에 존재했거나 존재하거나 존재할 것이라고 말해진다고 주장하는 이들도 있다.

제 60 장
'어디'[장소]라는 범주에 대하여

여덟 번째 범주는 '어디'이다. 앞선 범주들의 경우와 같이, 이것에 대해서도 아리스토텔레스의 이론과 일치하는 것처럼 보이는 견해를 말하겠다. 그 견해에 따르면, '어디'는 장소 및 나머지 절대적인 것들과 구별되는 어떤 것이 아니며, 철학자는 장소를 표현하는 의문부사를 통해 이 범주를 언급한다.[1) 이 부사 '어디'에 의해 만들어지는 질문에 적절하게 대답할 수 있도록 하는 것들은 모두 이 범주에 속한다. 예컨대 "소크라테스가 어디 있는가?"라는 질문에 대한 적절한 대답은 그가 도시 안이나 집 안에 있다는 것이다. 따라서 아리스토텔레스는 격변화하는 목적어들을 동반하는 이런 전치사들을 '어디'의 범주에 귀속시킨다.

그러나 이 견해를 옹호하기 위해 다음과 같은 논변이 있을 수 있다. 그러한 어떤 것이 있다면, 신이 그러한 것을 파괴하지만 장소나 장소를 점유하는 것을 파괴하지 않을뿐더러 장소나 장소를 점유하는 것을 한곳에서 다른 곳으로 움직이게 하지도 않는다는 전제에는 아무런 모순이 없는 듯하다. 이런 일이 일어난다면, 물체가 이 장소에 있는지 없는지를 질문한다. 그것이 그 장소에 있고 그러한 것을 가지지 않는다면, 그러한 것 없이 장소에 위치하게 되므로 그러한 것을 설정함은 무의미하게 될 것이

---

1) *Praed.*, 4, 2a1; 9, 11b11~14).

다. 만일 그것이 이 장소에 없고 이전에 있던 장소에 있으며, 그 무엇도 소멸되지 않았다면, 무언가가 위치의 운동을 겪는다. 그러나 이것은 가정에 위배된다.

한편, '어디'(*ubi*) 또는 '어디임'(*ubitas*)은 장소를 점유하는 것에 토대를 두고, 그 사물이 위치한 장소의 경계에서 도출되는 측면이라고 말하는 이들도 있다. 따라서 장소를 점유하는 것은 그 측면의 토대가 되고, 그 사물이 있는 장소는 그것을 경계 짓는다.

제 61 장
자세(positio)의 범주에 대하여

아홉 번째 범주는 자세다. 아리스토텔레스의 견해에서 이 범주는 절대적 사물들과 구별되는 것을 의미하지는 않고, [1] 사물의 부분들이 이러저러한 방식으로 배열되고 질서 지어지고 가깝게 된다는 점을 의미한다. [2] 따라서 어떤 것이 곧으므로 그 부분들이나 다리들이 굽지 않고 그 부분들이 가까이 있지 않다는 사실로 보아 그것이 서 있다고 말하고, 그 반대의 경우 앉아 있다고 말한다.

한편, 그 범주에는 '앉아 있음', '서 있음', '뒤로 기대어 있음', '누워 있음' 등과 같은 것들이 속한다. 이 범주에는 서로 다른 방식으로 서로에게 가까워질 수 있는 부분들을 갖는 양적인 것만 속할 수 있다. 서로에게 가까워질 수 있는 서로 다른 방식으로 인해 상이하고 상반되거나 양립할 수 없는 가능술어들이 동일한 것에 잇따라 속할 수 있다.

그러나 우리 어휘의 빈곤으로 인해 이 범주에 상응하는 의문사가 존재하지 않는다.

반면, 자세가 전체나 부분에 내재하는 어떤 측면이라고 말하는 이들도 있다. 그들에 따르면 앉아 있던 어떤 사람이 일어선다는 사실을 통해서

---

1) *Praed.*, 7, 6b11~14; 9, 11b10.
2) 다음을 참조. Olivi, *Quaestiones in II Sententiarum*, q. 58 (ed., cit., V, 448).

볼 때, 그는 이전에 없던 어떤 것을 자신 안에 갖게 되며 이전에 갖고 있던 다른 것을 잃게 된다.

제62장
소유(habitus)의 범주에 대하여

열 번째 범주는 소유다. 1) 앞선 범주처럼, 아리스토텔레스에게 이 범주
는 영속적 사물들과 구별되는 어떤 것을 의미하지 않는다는 것이 내 생각
이다. 그것은 방해가 일어나지 않는다면 대상₁이 움직일 때 대상₂가 그 대
상₁의 주위에 있지만, 대상₁의 일부도 아니고 대상₁과 함께 존재하지 않고
장소와 자세의 측면에서 대상₁과는 구별된다는 점을 의미한다. 그는 '무
장하고 있음', '신을 신고 있음' 등과 같은 것들을 이런 범주에 넣었다.

그럼에도 내가 《범주론 주해》에서 설명했듯이, 철학자에 따르면 '가
짐'(*habere*)은 여러 뜻으로 사용될 수 있다. 2)

하지만 소유가 다른 것을 둘러싼 물체나 둘러싸인 물체에 있는 측면이
라고 주장하는 이들도 있다.

여기서 범주들에 대한 언급은 이 정도로 충분하다.

---

1) *Praed.*, 9, 11b11~14; 15, 15b17~33.
2) *Exp. Praed.*, c. 21 (ed., cit.).

제 63 장
명제들 안에 있는 명사들의 지칭에 대하여

명사들의 의미에 대해 말했으므로 지칭 (*suppositio*) 에 대해 말하는 일이
남아 있다. 그것은 명사에 속하는 특성이지만 그런 명사가 오직 명제 안
에 있을 경우에만 나타난다.

우선 지칭이 두 가지 뜻, 즉 넓은 뜻과 엄밀한 뜻으로 사용된다는 점을
알아야 한다. 넓은 뜻으로 사용될 경우 그것은 통칭 (*appellatio*) [1] 과는 구
별되지 않는다. 오히려 통칭은 지칭 아래 포함된다. 엄밀한 뜻에서 사용
될 경우 지칭은 통칭과는 구별된다. 하지만 나는 이런 뜻으로 지칭에 대
해 말하지 않고 오직 넓은 뜻으로만 말하고자 한다. 따라서 주어뿐만 아
니라 술어도 지칭한다. 또한 일반적으로 명제의 주어나 술어가 될 수 있
는 것은 무엇이든지 지칭한다.

말하자면, 지칭은 다른 것을 대신하여 놓음을 일컫는다. 따라서 명제
안에서 명사가 어떤 대상을 나타내므로 그 명사[또는 그 명사가 사격일 경
우 그 명사의 주격]가 참으로 서술하는 것 (또는 그것을 가리키는 대명사) 에
대해 그 명사를 사용할 때 그 명사는 그 대상을 지칭한다. 적어도 지칭하
는 명사가 의미적으로 해석될 경우 이것은 참이다.

---

1) 여기서 오캄은 통칭 개념에 대해 별다른 설명을 하지 않는다. 중세 언어철학과
   논리학에서 통칭 개념은 다양한 의미로 사용되었다. 이에 대해서는 Spade
   (2008) 의 제 7 장 참조.

따라서 보통, 지칭하는 명사가 주어일 경우 명사(또는 그것을 가리키는 대명사)는 술어로 하여금 술어를 포함하는 명제가 지시하도록 하는 것(또는 그것을 가리키는 대명사)을 지칭한다. 하지만 지칭하는 명사가 술어라면, 명제가 형성될 경우 주어가 그 명사(또는 그것을 가리키는 대명사)에 대해 주어라는 점이 지시된다. 예를 들어, "인간은 동물이다"라는 명제는 소크라테스가 참으로 하나의 동물이라는 점을 지시하므로, 소크라테스를 가리키는 "이것은 동물이다"라는 명제가 형성될 경우 그 명제는 참이다. 그러나 "인간은 이름이다"라는 명제는 '인간'이라는 말이 이름이라는 점을 지시하므로 이 명제에서 '인간'은 그 말 자체를 지칭한다. 마찬가지로, "흰 것은 동물이다"라는 명제는 흰 것이 동물이라는 점을 지시하므로 그러한 흰 것을 가리키는 "이것은 동물이다"라는 명제는 참이다. 이런 이유로 인해 주어는 바로 그것을 지칭한다. 따라서 술어의 경우에도 마찬가지로 말해야 한다. 왜냐하면 "소크라테스는 희다"라는 명제는 소크라테스가 흼을 지닌 그러한 것임을 지시하기 때문이다. 따라서 그 술어는 흼을 지닌 그러한 것을 지칭한다. 그리고 소크라테스를 제외한 그 무엇도 흼을 지니지 않는다면, 그 술어는 바로 소크라테스만을 지칭할 것이다.

그러므로 적어도 명사를 의미적으로 사용하는 경우 그것은 명제 안에서 그것이 참으로 서술할 수 있는 것 외에는 그 무엇도 결코 지칭하지 않는다는 일반규칙이 있다.

이로부터 어떤 무지한 이들이 말하는 것, 즉 구체명사가 술어로서 형상을 지칭한다는 것은 거짓임이 도출된다. 다시 말해, "소크라테스는 희다"라는 명제에서 '희다'가 흼을 지칭한다는 것은 거짓이다. 왜냐하면 명사들이 어떤 방식으로 지칭한다고 하더라도 "흼은 희다"라는 명제는 단적으로 거짓이기 때문이다. 그러므로 아리스토텔레스의 방식에 따르면, 그런 구체명사는 그것에 상응하는 추상명사가 의미하는 그런 형상을 결코 지칭하지 않는다. 그러나 이것은 우리가 앞서 말했던 다른 구체명사

들의 경우에는 그럴 수도 있다. 2)

　마찬가지로, "인간이 신이다"라는 명제에서 '인간'이라는 명사는 성자를 참되게 지칭한다. 왜냐하면 그는 참으로 인간이기 때문이다.

---

2) 제 6장에서 논의한 구체명사들을 가리킨다.

제 64 장
지칭의 구분에 대하여

여기서 지칭이 먼저 위격지칭, 단순지칭, 그리고 질료지칭으로 구분된 다는 점을 알아야 한다.

일반적으로 위격지칭은 명사가 그것의 의미대상을 지칭할 때 생기는 데, 그 의미대상이 ① 영혼 외부의 사물이든 ② 음성이든 ③ 영혼의 지향 이든 ④ 적힌 글이든 아니면 상상할 수 있는 다른 어떤 것이든 상관없다. 따라서 명제의 주어나 술어가 의미적으로 사용되는 것처럼 그것의 의미 대상을 지칭할 때 그 지칭은 언제나 위격적이다. 첫째 경우의 예는 다음 과 같다. "모든 인간은 동물이다"라고 말할 때, '인간'은 그것의 의미대상 을 지칭한다. 왜냐하면 '인간'은 이 인간들만을 의미하도록 명명되기 때 문이다. 다마쉐누스에 따르면 '인간'은 인간들에게 공통되는 어떤 것을 의미하는 것이 아니라 인간들 자체를 의미하기 때문이다. [1] 둘째 경우의 예는 다음과 같다. "모든 음성 이름은 표현의 일부다"라고 말할 때 '이름' 은 오직 음성들만을 지칭한다. 그러나 '이름'은 그 음성들을 의미하도록 명명되기 때문에 위격적으로 지칭한다. 셋째 경우의 예는 다음과 같다. "모든 종은 보편자다"나 "영혼의 모든 지향은 영혼 안에 있다"라고 말할

---

1) Damascenus, *Dialectica*, c. 10 (PG 94, col. 571A); trans. Robertus Grosseteste, c. 2, n. 8 (ed., cit., 4).

때 각각 주어는 위격적으로 지칭한다. 왜냐하면 각각의 주어는 그것을 의미하도록 명명된 것들을 지칭하기 때문이다. 넷째 경우의 예는 다음과 같다. "모든 적힌 단어는 단어다"라고 말할 때 그 주어는 오직 그것의 의미대상들, 즉 적힌 단어만을 지칭한다. 그러므로 그것은 위격적으로 지칭한다.

이로부터 명사가 사물을 지칭할 때 위격지칭이 생긴다고 말하는 이들은 위격지칭이 어떤지를 충분히 설명하지 못한다는 점이 분명하다. 2) 정의는 다음과 같다. "위격지칭은 명사가 그것의 의미대상을 지칭하고 의미적으로 사용될 때 일어난다."

단순지칭은 명사가 영혼의 지향을 지칭하지만 의미적으로는 사용되지 않을 때 생긴다. 예를 들어, "인간은 좋이다"라고 말할 경우 '인간'이라는 명사는 영혼의 지향을 지칭한다. 왜냐하면 그 지향은 좋이기 때문이다. 그러나 '인간'이라는 명사는 정확히 말해 그 지향을 의미하지는 않는다. 오히려 다른 곳에서 설명된 방식과 같이 '인간'이라는 음성과 '인간'이라는 영혼의 지향은 동일한 대상을 의미하는 과정에서 종속되는 기호들에 불과하다. 3)

이로부터 명사가 그것의 의미대상을 지칭할 때 단순지칭이 일어난다고 일반적으로 말하는 이들의 견해가 거짓임이 분명히 드러난다. 4) 왜냐

---

2) 윌리엄 셰어우드의(Guillelmus de Shyreswode) 의 《논리학 입문》(*Introductiones in logicam*), 〈지칭에 관하여〉장의 다음 구절 참조: "'인간은 달린다'와 같이〔명사가〕그것 아래에 놓인 사물을 의미대상으로 지칭할 때 위격〔지칭이 발생한다]"(ed. , M. Grabmann, Philosophisch-historische Klasse 10, Muenchen 1937, 75).

3) *Exp. Perih.*, *Prooemium*〔ed. , Ph. Boehner, *Traditio*, Ⅳ(1946), 307~335〕 및 앞의 제1장.

4) 윌리엄 셰어우드와 관련된 앞의 각주, 그리고 월터 벌리의 《지칭론》〔*De Suppositionibus*(ed. , S. F. Brown, cit. , 35)〕과 《논리학의 순수성에 관한 긴 논고》(*De puritate artis logicae tractatus longior*)의 제1부 제3장의 다음

하면 단순지칭은 정확히 말해 명사가 그것의 의미대상이 아닌 영혼의 지향을 지칭할 때 일어나기 때문이다. 이러한 명사는 참된 사물들을 의미할 뿐 영혼의 지향을 의미하지는 않는다.

질료지칭은 명사가 의미적으로 지칭하지 않고 발화된 음성이나 적힌 글을 지칭할 때 일어난다. 이것은 "인간은 이름이다"에서 분명하게 드러난다. '인간'은 그것 자체를 지칭하지만 그것 자체를 의미하지 않는다. 마찬가지로, "인간은 적힌다"라는 명제에서 지칭은 질료적이다. 왜냐하면 그 명사는 적힌 것을 지칭하기 때문이다.

이 3가지 지칭이 발화된 단어에 속하듯이 적힌 단어에도 속할 수 있음을 알아야 한다. 따라서 "인간은 동물이다", "인간은 종이다", "인간은 2음절 단어다", "인간은 적힌 단어다"라는 4가지 명제들을 써놓은 경우, 그것들 각각은 검증될 수 있지만, 오직 서로 다른 것들에 대해서만 검증될 수 있을 뿐이다. 왜냐하면 동물인 것은 결코 종도, 2음절 단어도, 적힌 단어도 아니기 때문이다. 마찬가지로 종인 것은 동물도, 2음절 단어도 아니다. 마지막 두 명제에서 '인간'이라는 명사는 질료지칭을 갖는다. 그러나 질료지칭의 명사가 음성이나 문자를 지칭할 수 있는 한, 질료지칭은 세분될 수 있다. 만일 이 목적을 위해 명명되는 이름들이 있다면, 의미대상에 대한 지칭이 영혼의 지향에 대한 지칭과 구별되고 그중 하나를 우리는 위격적이라 부르고 다른 것을 단순하다고 부르듯이, 발화된 음성과 적힌 글은 서로 구별될 수 있을 것이다. 그러나 우리는 그런 이름들을 갖고 있지 않다.

이제 그런 다양한 종류의 지칭이 음성명사와 문자명사에 속할 수 있듯

구절 참조: "한편, 어떤 이들은 이런 주장, 즉 명사가 자신의 의미대상을 지칭할 때 단순지칭이 나타난다는 주장을 비판한다. 그들은 고대 학자들을 비판하면서 그것이 거짓이고 불가능하다고 주장한다. ··· 그러나 그들의 이런 주장은 의심의 여지없이 너무나도 불합리한 것이다"(ed., cit., 7).

이, 심적 명사에도 속할 수 있다. 왜냐하면 지향은 그것이 의미하는 대상, 그것 자체, 발화된 음성, 그리고 적힌 글을 지칭할 수 있기 때문이다.

이제 지칭은 위격을 지칭하기 때문에 '위격'으로 부르거나, 단순한 것을 지칭하기 때문에 '단순'이라 부르거나, 질료를 지칭하기 때문에 '질료'라고 부르는 것이 아님을 알아야 한다. 오히려 그것들은 언급된 이유들로 인해 그렇게 부른다. 그러므로 '질료', '위격', '단순' 등의 명사들은 논리학과 그 밖의 학문들에서 다의적으로 사용된다. 그럼에도 그것들은 '지칭'이 부가된 경우를 제외하고는 논리학에서 좀처럼 사용되지는 않는다.

제 65 장
명제 안의 명사가 언제 위격지칭, 단순지칭, 질료지칭을 지닐 수 있는가

하나의 다의적 명사는 사용자들의 자발적 동의에 의해 하나의 확정적 의미대상에 제한되지 않는 한에서, 임의의 명제 안에서나 그것의 의미대상들 가운데 어떠한 것이든 지칭할 수 있다. 마찬가지로 명사는 사용자들의 자발적 동의에 의해 위격지칭 외의 다른 종류의 지칭에 제한되지 않는 한에서, 그 명사가 놓인 어떤 명제에서든지 항상 위격지칭을 지닐 수 있다는 점을 알아야 한다. 그러나 명사는 모든 명제에서 단순지칭이나 질료지칭을 지닐 수는 없고, 단지 그런 명사가 영혼 안의 지향이나 발화된 음성이나 적힌 글에 연관되는 다른 명사와 짝지어지는 명제 안에서만 그럴 수 있다. 예를 들어, "인간은 달린다"라는 명제 안에서 '인간'이라는 명사는 단순지칭이나 질료지칭을 지닐 수 없다. 왜냐하면 '달린다'는 영혼의 지향에도 발화된 음성에도 적힌 글과도 연관되지 않기 때문이다. 그러나 "인간은 종이다"라는 명제에서 '종'은 영혼의 지향을 의미하므로, 그것은 단순지칭을 지닐 수 있다. 그리고 그런 경우 주어가 단순지칭이나 위격지칭을 지닐 수 있는 한, 명제는 다의성의 셋째 양태에 따라 구별되어야 한다.[1] 그중 첫째 뜻에서 그 명제는 참이다. 그럴 경우 영혼의 지향이나 개

---

[1] 다의성의 3가지 양태는 아리스토텔레스의 《소피스트적 논박》 제4장(166a14~21)에 등장한다. 다의성의 셋째 양태는 홀로 쓰였을 때는 한 가지 의미만을 지니는 단어들이 결합됨으로써 그 결합된 복합 표현이 하나 이상의 의미를 갖는

념이 종이라는 점이 명시되며, 그것은 참이기 때문이다. 둘째 뜻에서, 그 명제는 단적으로 거짓이다. 그럴 경우 '인간'에 의해 의미되는 어떤 것이 종이라는 점이 명시되며, 그것은 명백하게 거짓이기 때문이다.

동일한 방식으로 "인간은 여럿을 서술한다", "웃을 수 있음은 인간의 고유성이다", "웃을 수 있음은 우선적으로[2] 인간을 서술한다"가 구별되어야만 한다. 그것들은 주어의 측면과 술어의 측면 모두에서 구별되어야 한다. 마찬가지로 "이성적 동물은 인간의 정의(定義) 다"도 구별되어야만 한다. 왜냐하면 이 명제에서 주어인 '이성적 동물'이 단순지칭을 지닌다면 그 명제는 참인 데 반해, 그것이 위격지칭을 지닌다면 그 명제는 거짓이기 때문이다. 그러한 다른 많은 경우에서도 마찬가지다. 예를 들어 "지혜는 신의 속성이다", "창조적임은 신의 속성이다", "선과 지혜는 신의 속성이다", "선은 신을 서술한다", "태어나지 않음은 성부의 속성이다" 등의 명제도 구별되어야 한다.

마찬가지로 하나의 명사가 명제 안에서 발화된 음성이나 적힌 글과 연관되는 또 다른 명사와 짝지어질 때, 그 명사가 위격지칭이나 질료지칭을 가질 수 있는 한에서 그 명제는 구별되어야 한다. 이런 방식에서 "소크라테스는 이름이다", "인간은 단음절의 음성이다", "부성은 성부의 특성을 의미한다"가 구별되어야 한다. '부성'이 질료적으로 지칭하면, '부성'이라는 이름이 실로 성부의 특성을 의미하므로 "부성은 성부의 특성을 의미한다"는 참이기 때문이다. 그러나 그것이 위격적으로 지칭한다면, 그 명제는 거짓이다. 왜냐하면 부성은 성부의 특성이거나 성부 자신이기 때문이다. 이런 방식으로 "이성적 동물은 인간의 무엇임을 의미한다", "이

경우에 발생한다.

2) 여기서 '우선적으로'(primo)라는 표현은 인간이 웃을 수 있음의 제1기체임, 즉 웃을 수 있음이 인간의 고유성이 된다는 점을 서술 차원의 논의로 옮겨온 것으로 이해할 수 있다.

성적임은 인간의 일부를 의미한다", "흰 사람은 우유적 집합체를 의미한다", "흰 사람은 복합명사다" 등의 그러한 여러 사례들 모두도 구별되어야 한다.

그러므로 다음과 같은 규칙이 제시될 수 있다. 앞의 3가지 지칭을 가질 수 있는 명사가 발화된 음성이든 적힌 글이든 상관없이 비복합적이거나 복합적 표현에 공통적인 명사와 주어-술어 관계로 짝지어질 때, 그 명사는 언제나 질료지칭이나 위격지칭을 지닐 수 있고, 그런 명제는 구별되어야만 한다. 그러나 그것이 영혼의 지향을 의미하는 명사와 주어-술어 관계로 짝지어질 때 주어가 단순지칭이나 위격지칭을 지닐 수 있다는 점에서 그 명제는 구별되어야만 한다. 한편, 그것이 앞서 말한 모두에 공통되는 명사와 주어-술어 관계로 짝지어질 때, 명사가 위격·단순·질료지칭을 가질 수 있는 한에서 그 명제는 구별되어야만 한다. 따라서 "인간은 여럿을 서술한다"는 구별되어야만 한다. '인간'이 위격지칭을 갖는다면, '인간'이라는 명사로 의미되는 어떤 것이 다수의 것들을 서술한다는 점이 명시되기에 그 명제는 거짓이기 때문이다. 그 명사가 단순지칭을 지니거나 발화된 음성 혹은 적힌 글에 대해 질료지칭을 지닌다면, 그 명제는 참이다. 왜냐하면 발화된 음성과 적힌 글뿐만 아니라 공통적 지향도 여럿에 대해 서술되기 때문이다.

제66장
앞선 주장들에 반대하여 제기될 수 있는
반론들에 대하여

그러나 앞선 주장들에 대해 다양한 종류의 반론들이 제기될 수 있다. ①
첫째 반론은 다음과 같다. "인간은 피조물 가운데서 가장 고귀한 피조물
이다"는 참이다. 나는 이 명제에서 '인간'이 어떤 종류의 지칭을 지니는지
를 묻는다. 그것은 위격지칭이 아니다. 왜냐하면 그럴 경우 이 명제와 관
련된 모든 단칭명제[1]가 거짓이기 때문이다. 그러므로 그것은 단순지칭
을 지닌다.[2] 그러나 단순지칭이 영혼의 지향에 대한 것이라면, 그 명제
는 거짓일 것이다. 왜냐하면 영혼의 지향은 피조물 가운데서 가장 고귀
한 것이 아니기 때문이다. 그러므로 단순지칭은 영혼의 지향에 대한 것

---

1) 이 장 이후로 '이와 관련된 모든 단칭명제'(quaelibet singularis) 라는 표현이 자
   주 쓰인다. 이는 논의의 대상이 되는 원명제의 공통적 명사(주어 또는 술어)
   를, 그 명사의 의미대상이 되는 개별자를 가리키는 단칭명사로 바꾼 명제 모두
   를 가리킨다. 즉, 여기서 논의되는 "인간은 피조물 가운데 가장 고귀한 피조물
   이다"라는 명제와 관련된 모든 단칭명제는 공통명사 주어 '인간'의 의미대상인
   개별자들을 원명제의 주어 자리에 넣은 명제들, 예를 들어 "철수는 피조물 가
   운데 가장 고귀한 피조물이다", "순이는 피조물 가운데 가장 고귀한 피조물이
   다", "(어떤 사람을 지시하며) 이 자는 피조물 가운데 가장 고귀한 피조물이다"
   등의 명제들 모두를 가리킨다.
2) 위격지칭과 단순지칭만을 선택지로 논의하는 것으로 미루어 볼 때, 오캄은 이
   경우에 '인간'이 질료지칭을 지닌다는 선택지는 논의할 여지조차 없는 명백한
   거짓으로 판단한 것으로 보인다.

이 아니다.

나아가 ② "색이 시각의 우선적 대상이다"는 참이다. 그러나 여기서 '대상'이 위격지칭을 지닌다면, 이 명제와 관련된 모든 단칭명제가 거짓이다. 그러므로 그 명사는 단순지칭을 지닌다. 그러나 그것이 영혼의 지향을 지칭한다면, 그 명제는 거짓이 될 것이다. 왜냐하면 어떠한 지향도 보이지 않기에 영혼의 지향은 시각의 우선적 대상이 아니기 때문이다. 그러므로 단순지칭은 영혼의 지향에 대한 것이 아니다.

마찬가지로, "인간은 우선적으로 웃을 수 있다"는 참이다. 이 명제에서 '인간'은 개별적 사물이나 영혼의 지향을 지칭하지 않는다. 그러므로 그것은 다른 어떤 것을 지칭한다.

"존재자는 우선적으로 하나다"와 "신은 우선적으로 위격이다"에 대해서도 같은 점을 논증할 수 있다. 왜냐하면 그 각각의 명제는 참이지만, 개별적 사물이나 영혼의 지향에 대해서는 참이 아니기 때문이다. 그러므로 그 각각의 명제는 다른 어떤 것에 대해 참이다. 하지만 주어는 단순지칭을 지닌다. 그러므로 단순지칭은 영혼의 지향을 지칭하지 않는다.

더욱이 ③ 음성은 음성을 서술하지 않고, 지향은 지향을 서술하지 않는다. 그럴 경우, "인간은 동물이다"와 같은 모든 명제가 단적으로 거짓이 되기 때문이다.

이런 반론들 가운데 ①에 대해 "인간이 피조물들 가운데 가장 고귀하다"라는 명제에서 주어가 단순지칭을 지닌다고 말하는 이들의 견해는 단적으로 거짓이라고 말해야 한다. 오히려 이 명제에서 '인간'은 위격지칭만을 지닌다.

그들의 추론은 타당하지도 않고 도리어 그들에게 반하는 것이다. 이유인즉, 그들은 '인간'이 위격지칭을 지닌다면 이 명제와 관련된 모든 단칭명제는 거짓이 되므로 그 명제도 거짓이 된다는 점을 입증하기 때문이다. 이 추론은 그들에게 반한다. 왜냐하면 '인간'은 이 명제에서 단순하게 지칭하고 어떤 개별자를 지칭하지 않는다면, 그것은 다른 어떤 것을 지칭하고, 결과적으로 다른 어떤 것은 피조물 가운데서 가장 고귀하게 될 것이기 때문이다. 그 귀결은 거짓이다. 그럴 경우 앞에서 말한 다른 어떤 것은 어떤 인간보다도 더 고귀하게 될 것이기 때문이다. 이것은 명백하게 그들에게 반하는 것이다. 왜냐하면 그들의 화법에 따를 경우 열등한 것이 언제나 그것보다 우월한 것과 그 이상을 포함하므로 공통적인 것이나 좋은 결코 그것의 개별자보다 더 고귀하지는 않기 때문이다. 그러므로 보편적 형상은 이 인간의 일부이므로 이 인간보다 더 고귀하지는 않다. 따라서 "인간은 피조물 가운데서 가장 고귀하다"에서 주어가 개별적 인간 이외의 어떤 것을 지칭한다면, 그 명제는 단적으로 거짓일 것이다.

그러므로 이 명제에서 '인간'은 위격적으로 지칭하고 그 명제는 문자 그대로는 거짓이라고 말해야 한다. 왜냐하면 이 명제와 관련된 모든 단칭명제는 거짓이기 때문이다. 그럼에도 이 명제를 받아들이는 이들의 의도에 따르면, 그 명제는 참이다. 왜냐하면 그들은 인간이 일반적으로 어떤 피조물보다 고귀하다는 것이 아니라 인간이 아닌 어떠한 피조물보다도 고귀하다는 것을 의도하기 때문이다. 그리고 이것은 비록 지성적 실체들에 대해서는 참이 아니지만,3) 물질적 피조물들 가운데서는 참이다. 따라서 믿을 만하고 권위 있는 명제들은 문자 그대로는 거짓이고, 그것들이 만들어진 뜻에서는 참인 경우가 종종 있다. 즉, 그들은 그것들을 통해 참인 명제들을 의미하도록 사용했다. 이 경우가 그러하다.

반론 ②에 대해 "색은 시각의 우선적 대상이다", "인간은 우선적으로 웃을 수 있다", "존재자는 우선적으로 하나다"와 같은 모든 명제, 그리고 마찬가지로 "인간은 우선적으로 이성적 동물이다", "삼각형은 우선적으로 세 각을 가진다", "소리는 청각의 우선적이면서도 적합한 대상이다"와

---

3) 피조물인 지성적 실체 중에는 인간보다 고귀한 천사가 있기 때문이다.

그러한 다른 여러 명제들은 비록 철학자가 그것들로 의도한 바는 참이라 하더라도, 문자 그대로는 단적으로 거짓이다.

따라서 철학자는 물론 다른 이들이 종종 추상명사를 구체명사로 여기고 그 역도 마찬가지며,[4] 때로는 단수명사를 복수명사로 사용하기도 하고 그 역도 마찬가지이듯이, 그들은 종종 의미행위를 활용행위로 여기고 그 역도 마찬가지라는 점을 알아야 한다. '활용행위'는 '이다'(*be*) 동사나 그와 같은 어떤 동사에 의해 전달되는 것인데, 그것은 단지 어떤 것이 다른 어떤 것을 서술하는 것을 의미할 뿐만 아니라 "인간은 동물이다", "인간은 달린다", "인간은 논쟁한다" 등과 같이 하나로 다른 것을 서술함으로써 그 서술 작용을 활용하는 행위다. 그러나 '의미행위'는 '서술되다'나 '주어가 되다'나 '검증되다'나 '속하다'와 같은 동사와 동일한 것을 의미하는 다른 동사들에 의해 전달되는 것이다. 예를 들어, "동물은 인간을 서술한다"라고 말할 때 동물은 여기서 인간을 서술하지는 않는다. 왜냐하면 이 명제에서 동물은 주어 위치에 있으므로 서술되지 않기 때문이다. 따라서 여기서 이루어지는 행위는 바로 의미행위다. "동물은 인간을 서술한다"라고 말하는 것은 "인간은 동물이다"라고 말하는 것과 같지 않다. 왜냐하면 전자는 여러 가지 의미를 지니고 후자는 그렇지 않기 때문이다. 이를테면, '유'(類)가 공통적 명사 '인간'을 서술한다고 말하는 것이 공통적 명사 '인간'이 유라고 말하는 것과 같지 않다. "유는 종을 서술한다" 또는 "'동물'이라는 발화된 음성은 '인간'이라는 발화된 음성을 서술한다"라고 말하는 것도 '종이 유다'나 "'인간'이라는 발화된 음성이 '동물'이라는 발화된 음성이다"라고 말하는 것과 같지 않다. 왜냐하면 처음의 둘은 참이고, 나중의 둘은 거짓이기 때문이다. 그럼에도 철학자는 때때로 활용행위를 의미행위라고 여기고, 때로는 그 역도 마찬가지다. 다른 많은 저

---

4) 제5~7장 참조.

자들도 그렇게 한다. 이것이 많은 사람들로 하여금 오류에 빠지게 한다.

현재의 사례에서도 이와 같다. 왜냐하면 '우선적으로'를 철학자가 《분석론 후서》에서 사용한 대로 이해한다면5) "인간은 우선적으로 웃을 수 있다"는 '좋은 유다'와 마찬가지로 거짓이다. 그럼에도 이 명제의 대신에 의미행위가 생긴다면 그 행위에 사용되는 명제는 단적으로 참이다. 예를 들어, "인간에 대해 '웃을 수 있는'이라는 술어가 우선적으로 서술된다"는 참이다. 이 의미행위에서 '인간'과 '웃을 수 있는' 모두는 영혼의 지향을 단순하게 지칭한다. 왜냐하면 '웃을 수 있는'은 우선적으로 '인간'이라는 영혼의 지향을 서술하기 때문이다. 하지만 '웃을 수 있는'은 그 자신이 아니라 개별자들 각각을 지칭한다. 이 의미행위는 "모든 인간이 웃을 수 있고 인간 이외의 어떠한 것도 웃을 수 없다"처럼 활용되어야 한다. 따라서 의미행위에서 '인간'은 지향을 단순하게 지칭한다. 그러나 이것에 상응하는 활용행위에서 '인간'은 개별자들을 위격적으로 지칭한다. 왜냐하면 개별자 이외에는 어떠한 것도 웃을 수 없기 때문이다. 그러므로 의미행위에서 비복합적 단어 '우선적으로'는 올바르게 놓인 것이지만, 이것에 대응하는 활용행위에서 '우선적으로'가 놓여서는 안 된다. 그리고 '우선적으로'가 "보편적으로 어떤 것을 서술하고 그것이 서술하는 것만을 서술한다"와 같은 말이므로, 두 가지 활용행위는 그러한 의미행위에 상응한다고 말해야만 한다. "소리가 청각의 우선적이며 적합한 대상이다"도 이와 같다. 왜냐하면 그것은 문자 그대로는 거짓이기 때문이다. 왜냐하면 '소리'는 개별적인 것을 지칭하거나 공통적인 것을 지칭하기 때문이다. 그것이 개별적인 것을 지칭한다면, 그 명제는 거짓이다. 왜냐하면 이 명제와 관련된 모든 단칭명제는 거짓이기 때문이다. 그 명사가 공통적인 것을 지칭한다면, 그 명제도 거짓이다. 왜냐하면 이 사람들에 따르면, 어떠한

---

5) *APo*, I, 4, 73b32~74a3.

공통적인 것도 감각에 의해 파악되지 않기 때문이다. 그러므로 그 명제는 문자 그대로는 단적으로 거짓이다. 그럼에도 아마도 상식적으로 말하고 올바로 이해하는 이들 사이에서는 이 명제가 의미행위로 이해될 것이다. 그것은 "청각에 의해 파악될 수 있음이 소리를 우선적으로 서술한다"로 이해된다. 왜냐하면 그 술어는 공통적 명사 '소리'를 우선적으로 서술하기 때문이다. 하지만 그 술어는 그것〔지향〕 자체가 아니라 그것 각각에 대한 것이다. 왜냐하면 '소리'가 주어 위치에 있고 '청각에 의해 파악될 수 있음'이라는 술어가 서술되는 그런 명제에서 '소리'는 그것 자신을 단순하게 지칭하는 것이 아니라 오히려 개별자들을 지칭하기 때문이다. 예를 들어, "모든 소리는 청각에 의해 파악될 수 있다"에서 공통적 명사 '소리'는 주어 위치에 있지만, 그것 자신에 대해서가 아니라 개별자에 대해서 그러한 위치에 있다. 따라서 의미행위에서 '소리'는 영혼의 지향을 단순하게 지칭한다. 그러나 활용행위에서 그 두 명사들은 모두 위격적으로 개별자들을, 즉 그것의 의미대상들을 지칭한다.

앞선 주장의 사례가 신학에 드러나 있다. "어떤 다른 기체에 의존하지 않는 완벽한 지성적 실체는 우선적으로 위격이다"는 "인간은 우선적으로 웃을 수 있다"가 참인 것과 같은 이유에서 참이다. 왜냐하면 전자는 후자와 동일한 구조를 지니기 때문이다. 이제 나는 다음과 같이 묻는다. 이 명제의 주어는 개별자들을 위격적으로 지칭하는가? 그럴 경우 그것은 거짓이다. 왜냐하면 이 명제와 관련한 모든 단칭명제는 거짓이기 때문이다. 이것은 귀납적으로 분명하다. 아니면 그것은 공통적 형상을 단순하게 지칭하는가? 그럴 경우 그 명제는 거짓이다. 왜냐하면 어떠한 공통적인 형상도 우선적이든 우선적이 아니든 상관없이 위격은 아니기 때문이다. 위격 개념은 그들에게조차 모든 공통적인 것과 모순되기 때문이다. "개별자는 우선적으로 수적 하나다"와 "개별적인 것은 우선적으로 공통적인 것과 구별된다" 등은 문자 그대로 거짓이지만, 상응하는 의미행위들은 참이다.

따라서 앞서와 마찬가지로 명사가 서술에 의해 여럿에 공통적이지만 때때로 하나에 고유한 영혼의 지향을 지칭할 경우 단순지칭이 생긴다고 말해야 한다. 이유인즉, 사물의 측면에서 개별자가 아닌 것은 존재하지 않기 때문이다.

그리하여 실재세계에 개별자 외에도 어떤 것이 있고 개별자들과는 구별되는 인간성이 개별자들 안의 어떤 것이고 그것들의 본질에 속한다고 믿었던 사람들은 이런 오류로 인해 다른 많은 논리적 오류들로 빠져들었다. 그러나 포르피리오스가 자신의 《이사고게》의 서문에서 말하듯이[6] 이것을 탐구하는 것은 논리학자의 과제가 아니다. 오히려 논리학자는 단지 단순지칭이 명사의 의미대상에 대한 것이 아니라고만 말해야 한다. 명사가 공통적 명사일 경우 논리학자는 단순지칭이 그것의 의미대상들에 공통된 어떤 것에 대한 것이라 말해야 한다. 그러나 공통적인 어떤 것이 실재세계에 있는 어떤 것인지 여부는 그가 상관할 바가 아니다.

반론 ③에 대해서는 음성은 음성을, 지향은 지향을 서술하지만 자기 자신이 아니라 한 사물에 대한 것이라고 말해야 한다. 그러므로 "인간은 동물이다"와 같은 명제를 통해 음성이 음성을 서술하고 지향이 지향을 서술한다고 할지라도, 하나의 음성이 다른 음성이라거나 하나의 지향이 다른 지향이라는 점이 명시되지는 않는다. 오히려 그 명제에 의해 주어가 나타내거나 지칭하는 것은 술어가 나타내거나 지칭하는 것이라는 점이 명시된다.

그러나 앞에서 말한 바에 반대하여 "후추는 이곳과 로마에서 팔린다"는 참이지만, 이 명제와 관련한 어떠한 단칭명제도 참이 아니라는 반론이

---

6) *Isagoge* (trans. Boethius, ed., cit., 5). 즉, 오캄은 여기서 보편자 문제를 해결하는 것은 논리학자의 과제가 아니라는 점을 강조한다.

제기된다고 가정하자. 그 명제는 '후추'가 단순지칭을 갖는 경우를 제외하고서는 참이 아니다. 그리고 그 명사는 지향을 지칭하지 않는다. 그러므로 단순지칭은 지향에 대한 것이 아니라고 반론을 제기할 수 있다.

이에 대해 그 명제가 복합 술어[7]를 갖는다면 그것은 단적으로 거짓이라고 말해야만 한다. 왜냐하면 이 명제와 관련된 모든 단칭명제는 거짓이기 때문이다. 또한 '후추'라는 명사가 단순지칭을 가진다고 하더라도 그 명제는 거짓이다. 왜냐하면 누구도 외부의 사물이든 영혼 안에 있는 것이든 공통적인 후추를 사기를 원하지 않기 때문이다. 오히려 누구나 자신이 갖지 못한 어떤 개별적인 것을 사고자 한다. 그러나 이 명제가 연언명제, 즉 "후추가 여기서 팔리고, 후추가 로마에서 팔린다"라는 뜻이라면, 그 명제는 참이다. 왜냐하면 두 부분이 상이한 개별자들에 대해 참이기 때문이다. 따라서 "후추는 이곳과 로마에서 팔린다"는 "개별적 후추가 이곳과 로마에서 팔린다"만큼 참이다.

---

7) 라틴어 표현은 '연계된 주어 또는 술어'(*copulato extremo*)이다. 그리고 문맥상 여기서 말하고자 하는 경우는 술어가 "여기서 팔리고, 로마에서 팔린다"와 같은 복합 표현일 경우를 의미한다.

제 67 장
질료지칭에 대하여

앞서 지칭의 구분에 대해 살펴보았으므로 이제 각각의 지칭에 대해 상세하게 논의해야 한다. 첫째, 질료지칭의 구분에 대해 고찰하겠다.

질료지칭은 어떤 방식으로든 명제의 일부가 될 수 있는 어떤 명사에도 속할 수 있다는 점을 알아야 한다. 왜냐하면 그러한 모든 명사는 명제의 주어나 술어가 될 수 있고, 발화된 음성이나 적힌 글을 지칭할 수 있기 때문이다. 이것은 이름들에 분명하게 적용된다. 예를 들어 "'인간'은 이름이다"와 "'인간'은 수적으로 개별자다"가 그 경우다.

"'잘'은 부사다", "'읽다'는 직설법이다", "'읽고 있음'은 분사다", "'그것'은 대명사다", "'만일'은 접속사다", "'-로부터'는 전치사다", "'아이구'는 감탄사다"의 경우에서 잘 드러나듯이, 부사, 동사, 대명사, 접속사, 전치사, 감탄사의 경우에도 같은 논점이 적용된다는 것이 분명하다. 마찬가지로 "'인간은 동물이다'는 참인 명제이다" 그리고 "'인간이 달린다'는 표현이다"에서 잘 드러나듯이, 명제들과 표현들도 질료지칭을 지닐 수 있다.

이런 종류의 지칭은 명제든 명제가 아닌 명제의 부분이든 상관없이 발화된 음성뿐만 아니라 적힌 글과 심적 명제의 부분에도 속할 수 있다. 따라서 요약하자면 질료지칭은 어떠한 복합적 명사나 비복합적 명사에도 속할 수 있다.

한편, 질료지칭은 세분될 수도 있다. 왜냐하면 어떤 지칭은 때때로 발화된 음성이나 적힌 글이 그것 자신을 지칭할 때 생기기 때문이다. "'인간'은 이름이다", "'인간의'는 소유격이다", "'인간은 동물이다'는 참인 명제이다", "'잘'은 부사다", "'읽다'는 동사다"가 그 예들이다. 그러나 때때로 발화된 음성이나 적힌 글 또는 정신의 개념은 그것 자신을 지칭하지 않지만 그것이 의미하지 않는 다른 발화된 음성이나 적힌 글을 지칭하기도 한다. 이를테면, "*animal praedicatur de homine*"(동물은 인간에 대해 서술된다)[1] 라는 음성명제에서 '*homine*'(인간) 라는 단어는 '*homine*'라는 단어를 지칭하지는 않는다. 왜냐하면 '*animal*'(동물) 은 '*homine*'라는 단어에 대해 서술되지 않기 때문이다. 그 명제에서 비복합적 명사 '*homine*'는 '*homo*'(인간) 라는 단어를 지칭한다. 왜냐하면 "*Homo est animal*"(인간은 동물이다) 에서처럼 '*animal*'은 '*homo*'라는 단어를 서술하기 때문이다. 마찬가지로, "'인간이 달린다'는 참이다"에서 '인간이 달린다'는 그것 자신을 지칭하지 않고, "인간이 달린다"라는 명제를 의미하지 않더라도 그 명제를 지칭한다.

마찬가지로 "*homo praedicatur de asino in obliquo*"('인간'은 '당나귀'를 사격으로 서술한다) 라는 명제에서 '*homo*'는 '*hominis*'(인간의) , '*hominem*'(인간을) 과 같은 사격을 지칭한다. 왜냐하면 "*asinus est hominis*"(당나귀는 인간의 것이다) 라는 명제에서 서술되는 것은 '*homo*'이라는 음성단어가 아니라

---

1) 여기서 라틴어 표현을 병기하는 것은 한글 표현으로만 표기할 경우, 라틴어의 격 차이가 잘 드러나지 않기 때문이다. 예를 들어, '인간'으로 번역되는 라틴어 표현 '*homo*'의 경우 주격에 해당하는 '*homo*'와 탈격에 해당하는 '*homine*' 모두 한글로는 '인간'으로밖에 번역될 수밖에 없다. 하지만, 전자의 표현과 후자의 표현은 영어의 주격 표현 'I'와 목적격 표현 'me'가 그런 것처럼 문법적으로 엄연히 구별되는 표현이다. 전자는 영어의 주격 표현처럼 그 명사가 동사의 주어가 될 경우에만 사용하고, 후자는 그 명사가 수단, 행위자, 동반, 방법, 장소, 시간 등을 의미하는 단어로서 동사를 수식하거나 제한할 때 사용된다.

'*hominis*'라는 음성단어이기 때문이다. 마찬가지로, "'성질'은 그것의 기체를 구체적으로 서술한다"에서 '성질'은 주어를 서술할 수 있는 구체명사들을 지칭한다.

제 68 장
단순지칭에 대하여

질료지칭이 어떠한 복합명사나 비복합명사에도 속할 수 있듯이, 단순지칭도 홀로 의미작용을 하거나 함께 의미작용을 하는 임의의 복합명사나 비복합명사에 속할 수 있다. 왜냐하면 심적 명사, 음성명사, 문자명사에 상관없이 그러한 임의의 명사는 정신의 개념을 지칭할 수 있기 때문이다. 이 점은 귀납적으로 분명하다.

그리고 질료지칭이 때로는 지칭하는 명사에 대한 것이고, 때로는 지칭하는 명사가 아니라 그것이 의미하지 않는 다른 어떤 명사에 대한 것이듯이, 단순하게 지칭하는 심적 명사는 때로는 그 자신을 단순하게 지칭한다. "인간은 종이다"와 "동물은 유(類) 다"가 그 예다. 그러나 때로는 심적 명사가 그것이 의미하지 않는 영혼의 다른 어떤 지향을 단순하게 지칭한다. " '인간은 동물이다'는 참인 명제다"와 같은 심적 명제가 그 예다. 다른 많은 경우들에서도 같은 논점이 성립한다.

제 69 장
위격지칭에 대하여

다음으로 위격지칭을 고찰해 보자.

명제의 주어나 술어로서 의미적으로 사용되는 단의어명사만이 위격적으로 지칭한다는 점을 알아야 한다. '단의어명사만'이라는 첫째 조건을 통해 모든 공의어명사가 배제되는데, 거기에는 이름들뿐만 아니라 접속사, 부사, 전치사, 그리고 다른 어떤 명사들도 포함된다. '의미적으로 사용되는 명제의 주어나 술어'라는 둘째 조건을 통해 모든 동사가 배제된다. 왜냐하면 동사는 의미적으로 사용될 때 결코 명제의 주어나 술어가 될 수 없기 때문이다.

혹자는 "'읽는 것'은 좋다"라고 말할 경우 '읽는 것'이 의미적으로 사용되지만 그럼에도 지칭작용을 한다고 반론을 제기할 수 있다. 이에 대해 '읽는 것'은 동사가 아니라 명사라고 대답해야 한다. 따라서 부정사가 동사뿐만 아니라 명사로서 기능할 수 있는 것은 그것의 쓰임새 때문이다. 그러므로 '읽는 것'이 여기서 '읽다'처럼 명사가 아닌 동사로 남아 있다면, "'읽다'는 좋다"가 참이 아닌 것과 마찬가지로 "'읽는 것'은 좋다"도 참이 아닐 것이다.

이런 차이가 어디서 오는가? 나는 이것이 말하는 이들의 사용방식에서 온다고 주장한다.

'명제의 주어나 술어'라는 표현은 주어나 술어의 부분들을 배제하는데,

그것은 설사 그 부분이 명사나 단의어명사라 할지라도 그러하다. 이를테면, "흰 사람은 동물이다"에서 '사람'도 '흰'도 지칭하지 않고, '흰 사람'이라는 주어 전체가 지칭한다. 따라서 때로는 주어나 술어의 부분들이 상위와 하위의 관계로 연관된다 하더라도, 그러한 명제들 사이의 추론은 타당할 필요가 없다. 왜냐하면 그 규칙은 명제 안에서 지칭하는 그러한 주어나 술어가 상위와 하위의 관계로 질서를 이룰 때 이해되어야 하기 때문이다. 따라서 "당신은 시장에 가고 있다. 그러므로 당신은 시장에 존재하고 있다"는 타당한 추론이 아니지만, "가고 있다"와 "존재하고 있다"는 상위와 하위의 관계로 질서를 이룬다. 하지만 "시장으로 가고 있다"와 "시장에 존재하고 있다"는 그렇게 질서를 이루지 않으므로 그 귀결은 타당하지 않다. 그럼에도 때때로 그 귀결은 타당하다. 왜냐하면 명제의 주어나 술어 전체가 이런 방식으로 질서를 이루지 않거나, 그럴 수 없다면 때로는 그 부분들이 상위와 하위의 관계로 질서를 이룰 수 없기 때문이다. '흰 사람 — 흰 동물'과 '사람을 보고 있음 — 동물을 보고 있음'이 그 예이다. 그러므로 그러한 귀결은 타당하기는 하지만, 항상 그런 것은 아니다. 따라서 이러한 명제 안에서 주어나 술어의 부분은 그 명제 안에서 지칭하지는 않지만 어떤 다른 명제 안에서는 지칭할 수 있다.

'의미적으로 사용되는'이라는 세 번째 부분은 단순지칭하거나 질료지칭하는 모든 단의어명사들을 배제한다. 왜냐하면 그것들은 그럴 경우 의미적으로 사용되지 않으므로 위격적으로 지칭하지 않기 때문이다. "'인간'은 명사다"와 '인간은 좋이다'가 그 예들이다.

제 70 장
위격지칭의 구분에 대하여

위격지칭은 먼저 단수지칭과 복수지칭으로 나눌 수 있다. 단수지칭은 어떤 것의 고유명이나 의미적으로 사용되는 지시대명사가 지칭할 때 생긴다. 이러한 종류의 지칭은 명제를 단칭명제로 만든다. "소크라테스는 인간이다", "이 인간은 인간이다"가 그 예다.

만일 "이 식물은 내 정원에서 자란다"가 참이지만 그 주어가 단수지칭을 갖지 않는다고 말한다면, 이에 답하여 그 명제가 문자 그대로는 거짓이라고 말해야 한다. 그러나 그 명제는 주어가 확정적으로 지칭하는 "그러한 식물이 내 정원에서 자란다"와 같은 명제로 이해된다. 따라서 어떤 명제가 문자 그대로는 거짓이지만, 어떤 참된 뜻을 지닐 경우 그것이 그 참된 뜻으로 해석될 때 그 주어와 술어는 문자 그대로 참인 명제 안에서 그것들이 갖는 것과 같은 지칭을 가져야 한다는 점에 주목해야 한다.

복수적 위격지칭은 "인간이 달린다", "모든 인간은 동물이다"에서처럼 공통적 명사가 지칭할 때 생긴다.

복수적 위격지칭은 불확정지칭과 확정지칭으로 세분된다. 확정지칭은 우리가 어떤 선언명제에 의해 개별자들로 하강할 때 발생한다. 예를 들어, "인간이 달린다. 그러므로 이 인간이 달리거나 저 인간이 달린다 등"[1] 은 타당한 추론이다. 그러므로 확정지칭은 그런 지칭에 의해 그 명제가 어떤 확정적 개별자에 대해 참이라는 점을 명시하기 때문에 '확정적'

이라 불린다. 이 확정적 개별자는 다른 개별자가 참이 아니더라도 그것 스스로를 통해 그 명제의 참임을 입증하기에 충분하다. 예를 들어, "인간 이 달린다"가 참이기 위해서는 어떤 확실한 개별자가 참일 것이 요구된 다. 심지어 다른 모두가 거짓이라고 하더라도 어떤 개별자 하나가 참인 것으로도 충분하다. 그럼에도 종종 다수나 모두가 참일 때도 있다. 그러 므로 선언명제에 의해 공통명사에서 개별자들로 하강할 수 있고, 각각의 개별자에서 이러한 원래 명제가 추론될 때 그 명사는 확정적 위격지칭을 갖는다는 고정된 규칙이 있다. 그러므로 "인간은 동물이다"라는 명제에 서 주어와 술어 모두 확정지칭을 갖는다. 왜냐하면 "인간은 동물이다. 그 러므로 이 인간이 동물이거나 저 인간이 동물이다 등"이 귀결되기 때문이 다. 마찬가지로, 임의의 사람을 가리키면서 "이 인간은 동물이다. 그러 므로 인간은 동물이다"도 귀결된다. 마찬가지로 "인간은 동물이다. 그러 므로 인간은 이 동물이거나 인간은 저 동물이거나 인간은 또 다른 동물이 다 등"이 귀결된다. 그리고 임의의 동물을 가리키면서 "인간은 이 동물이 다. 그러므로 인간은 동물이다"도 타당한 추론이다. 그러므로 '인간'과 '동물' 모두는 확정지칭을 갖는다.

불확정적 위격지칭은 확정지칭이 아닌 모든 공통적 명사의 위격지칭 이다. 그것은 세분된다. 왜냐하면 그것의 한 종류는 순수 불확정지칭일 뿐이고, 다른 종류는 불확정 분배지칭이기 때문이다.

순수 불확정 위격지칭은 공통적 명사가 위격적으로 지칭하고 나머지 주어나 술어의 편에서 변화를 일으키지 않는 한 선언명제에 의해 개별자 들로 하강할 수 없지만, 선언적 술어를 지니는 명제에 의해 개별자들로 하강할 수 있고 임의의 개별자에서 원래 명제를 추론할 수 있을 때 발생

---

1) '등'이라는 표현에서 알 수 있듯이, 이 명제는 개별 인간들을 의미하는 모든 단 칭명사들이 주어가 되는 수많은 명제들의 연언으로 보아야 한다.

한다. 예를 들어, "모든 인간은 동물이다"에서 '동물'은 순수 불확정지칭을 가진다. 이 명제는 선언명제에 의해 '동물'에 포함되는 것들로 하강할 수 없기 때문이다. 이유인즉, "모든 인간은 동물이다. 그러므로 모든 인간이 이 동물이거나 모든 인간이 저 동물이거나 모든 인간이 또 다른 동물이다" 등은 따라 나오지 않기 때문이다. 그러나 단칭명사들로 이루어진, 선언적 술어를 지니는 명제로 하강하는 것이 가능하다. 왜냐하면 "모든 인간은 동물이다. 그러므로 모든 인간은 이 동물이거나 저 동물이거나 또 다른 저 동물이다" 등은 옳은 추론이기 때문이다. 이유인즉, 후건은 '인간'이라는 주어와 "이 동물이거나 저 동물이거나 또 다른 저 동물이다 등"이라는 술어로 이루어지는 하나의 정언명제이기 때문이다. 그리고 이 술어가 모든 인간을 참으로 서술한다는 것은 명백하다. 그러므로 그 전칭명제는 단적으로 참이다. 마찬가지로 원래 명제는 동물에 포함되는 그 어떤 것으로부터도 추론된다. 왜냐하면 임의의 동물을 가리키면서 "모든 인간은 이 동물이다. 그러므로 모든 인간은 동물이다"는 타당한 추론이기 때문이다.

불확정 분배지칭은 명사가 자신 아래 포함되는 여러 가지 것들을 지닐 경우 특정한 방식으로는 연언명제에 의해 그 개별자들로 하강할 수 있고 어떠한 개별자들에서도 원래 명제가 형식적으로 추론되지 않을 경우 발생한다. 예를 들어, "모든 인간은 동물이다"에서 주어는 불확정 분배지칭을 가진다. 왜냐하면 "모든 인간은 동물이다. 그러므로 이 인간은 동물이고, 저 인간은 동물이다 등"이 귀결되지만 임의의 인간을 가리키면서 "이 인간은 동물이다. 그러므로 모든 인간은 동물이다"가 형식적으로 귀결되지 않기 때문이다.

나는 "특정한 방식으로는 하강할 수 있다"고 말했다. 내가 이렇게 말한 이유는 언제나 동일한 방식으로 하강할 수는 없기 때문이다. 앞선 예에서 분명하듯이 때때로 원래 명제에서는 공통적 명사가 주어나 술어 위치에 있고 다음에는 그 공통적 명사의 개별자들이 생기는 것을 제외하고는 명제 안에 아무런 변화도 일으키지 않으면서 하강할 수 있기 때문이다. 그러나 때때로 어떤 변화를 일으킨 다음에만, 즉 다른 명제 안에 등장하고 공통적 명사도 아니고 공통적 명사 아래 포함되는 것도 아닌 것을 한 명제 안에서 제거한 다음에만 하강할 수 있다. 예를 들어, "소크라테스 이외의 모든 인간이 달린다"라고 말할 때 우리는 특정한 방식으로 연언명제에 의해 어떤 개별자들로 올바르게 하강할 수 있다. 왜냐하면 "소크라테스 이외의 모든 인간이 달린다. 그러므로 플라톤이 달리고, 키케로가 달리고 등(소크라테스 이외의 인간들이 달린다)"이 타당한 추론이기 때문이다. 그러나 이 개별자들에서 전칭명제에 등장했고, 공통적 명사도 아니었고, 그것을 분배하는 기호도 아닌 어떤 것, 즉 '이외의'라는 전치사와 그 목적어는 생략된다. 따라서 "소크라테스 이외의 모든 인간이 달린다"와 "모든 인간이 달린다"에서 동일한 방식으로 하강할 수 없고 모든 동일한 사물들로 하강할 수도 없다.

불확정 분배지칭의 첫째 종류는 '불확정 분배 이동지칭'이라고 부른다. 둘째 종류는 '불확정 분배 부동지칭'이라고 부른다.

제 71 장

언제 공통적 명사가 하나의 지칭을 지니고 언제 또 다른 지칭을 지니는지에 대하여

다음으로 우리는 언제 공통적 명사가 한 종류의 위격지칭을 지니고 언제 다른 종류의 지칭을 지니는지를 살펴보아야 한다. 첫째, 우리는 이름들의 경우를 고찰하고, 둘째, 관계대명사의 경우를 고찰해야 한다. 왜냐하면 그 두 경우들에 다른 규칙들이 적용되기 때문이다.

첫째, 어떤 정언명제 안에서 명제의 주어나 술어 전체를 분배하는 어떠한 전칭기호도 명사에 간접적으로든 직접적으로든, 즉 동일한 주어나 술어 편에든 선행하는 주어나 술어 편에든 덧붙지 않을 때, 그리고 어떠한 부정이나 전칭 혹은 부정 기호를 동치적으로 포함하는 표현이 명사에 선행하지 않을 때, 그러한 공통적 명사는 확정적으로 지칭한다. 예를 들어, "인간은 동물이다"라는 명제에는 어떠한 전칭기호나 부정 또는 전칭기호를 동치적으로 포함하는 어떠한 표현도 구성요소인 명사들에 첨가되지 않는다. 그러므로 '인간'과 '동물'이라는 두 명사 모두 확정적으로 지칭한다. "어떤 인간은 달린다"의 경우도 마찬가지다. 왜냐하면 특칭기호가 첨가되는지 여부는 빈번하게 명사를 위격으로 지칭하게 만들기는 하지만, 위격지칭을 바꾸지는 않기 때문이다. 마찬가지로 비록 "동물은 모든 인간이다"에는 전칭기호가 있지만 그것은 '동물'이라는 명사에 선행하지 않는다. 그러므로 '동물'은 확정적으로 지칭한다. 마찬가지로 "동물은 인간이 아니다"에는 부정이 있지만, 그 부정이 '동물'이라는 명사에 선행하지 않는다. 그러므로 '동물'은 확정적 지칭을 갖는다.

　그러나 "모든 인간은 동물이다"에서 '인간'은 확정적 지칭을 갖지 않는다. 그것은 전칭기호에 의해 분배되기 때문이다. 이 명제서 '동물'도 확정적 지칭을 갖지 않는다. 왜냐하면 그것은 전칭기호를 간접적으로 따르기 때문이다. 그러나 "*Videns omnem hominem est animal*"(모든 인간을 보는 것은 동물이다)이라는 라틴어 문장에서 '*omnem*'(모든)이라는 이 기호는 주어 전체를 분배하지 않으므로 술어를 확정적으로 지칭하도록 한다. 따라서 다음의 추론은 타당하다: "*videns omnem hominem est hoc animal*; *igitur videns omnem hominem est hoc animal vel videns omnem hominem est ilud animal vel illud*"(모든 인간을 보는 것은 이 동물이다; 그러므로 모든 인간을 보는 것은 이 동물이거나 모든 인간을 보는 것은 저 동물이거나 등) 그러나 "*Omnem hominem videns est animal*"(모든 인간을 보는 것은 동물이다)에서 그 기호는 '*hominem videns*'(인간을 보는 것) 전체를 분배한다. 따라서 그 술어는 확정적으로 지칭하지 않는다. 동일한 상황이 "*cuiuslibet hominis asinus currit*"(모든 인간의 당나귀가 달린다)의 경우에도 일어난다. 왜냐하면 여기서 그 술어는 순수 불확정지칭을 갖기 때문이다. 그러나 "*asinus cuiuslibet hominis currit*"(모든 인간의 당나귀가 달린다)에서 술어는 확정적으로 지칭한다. 마찬가지로 "인간은 동물이 아니다"의 경우 '인간'은 확정적으로 지칭하지만 '동물'은 확정적으로 지칭하지 않는다. 왜냐하면 확정적 부정기호가 동사에 선행하기 때문이다. 마찬가지로, "소크라테스는 인간과 다르다"의 경우에 술어는 확정적으로 지칭하지 않는데, 왜냐하면 '다르다'라는 동사가 부정과 동치인 뜻을 포함하기 때문이다.

제 72 장
앞서 말한 것에 반해 제기될 수 있을 의문들에 대하여

앞서 말한 것에 반해 의문을 제기할 수 있다. 첫째, 소크라테스가 지금 있지 않다고 가정할 때, "소크라테스는 인간이었다"에서 '인간'은 어떤 지칭을 지니는가? 마찬가지로 과거에 관한 명제들과 미래에 관한 명제들과 가능적인 것들에 대한 명제들, 양상에 관한 다른 명제들 안에서는 명사들은 어떤 지칭을 지니는가?

이러한 의문이 드는 이유는 명사가 그것을 참으로 서술하는 것 이외의 어떠한 것도 결코 지칭하지 않는다는 앞선 주장 때문이다. 그러나 만일 소크라테스가 존재하지 않는다면, '인간'은 소크라테스를 참으로 서술하지 않는다. 왜냐하면 그 경우 "소크라테스는 인간이다"는 거짓이기 때문이다. 그러므로 '인간'은 소크라테스를 지칭하지 않으므로 확정적으로 지칭하지 않는다.

둘째, 아무도 희지 않고, 아무도 미사곡을 부르고 있지 않고, 신이 창조하지 않는다고 가정했을 때 "흰 인간은 인간이다", "미사곡을 부르고 있는 자는 인간이다", "창조하는 자는 신이다"라는 명제들에 의문이 제기된다. 이 명제들에서 각각의 주어들은 무엇을 지칭하는가? 왜냐하면 그것들은 어떠한 외부사물을 참으로 서술하지 않으므로 아무런 외부사물도 지칭하지 않는 것처럼 보이기 때문이다. 그것들은 그들 자신을 지칭하지도 않는다. 왜냐하면 그럴 경우 그것들은 위격지칭을 갖지 않기 때문이다. 그러므로 그것들은 무언가를 확정적으로 지칭하지 않는다. 결과적으로, 그것들은 확정적 지칭을 지니지 않는다.

셋째, "말(馬)이 너에게 약속되었다"나 "20파운드를 너에게 빚졌다"에서 주어가 어떤 지칭을 지니는가라는 의문이 제기될 수 있다. 이러한 의문의 이유는 주어 명사가 그것 안에 포함된 것들을 지칭한다면 그 명제들이 거짓으로 여겨진다는 데 있다. 왜냐하면 이와 연관된 모든 단칭명제가 거짓이기 때문이다. 따라서 주어 명사가 확정적으로 지칭하면, 그 명제는 거짓이다.

넷째 의문은 "그는 시력을 잃었다", "그는 본성적으로 시각을 갖는 데 적합하다", 그리고 그 밖의 다른 많은 것들에 관한 것이다.

다섯째, "유와 종은 제2실체들이다"에서 술어는 어떤 종류의 지칭을 갖는가?

여섯째, "능동은 영혼 외부의 사물이다", "관계는 참된 사물이다", "창조는 신과 실재적으로 동일하다", 그리고 그런 여러 명제들에 관한 의문이 있다.

일곱째 의문은 "그는 두 번 흰 적이 있었다"에 관한 것이다. 왜냐하면 '흰'이 거기서 확정적으로 지칭하지 않는 것으로 보이기 때문이다.

여덟째 의문은 "오직 동물만이 인간이다"에서 주어와 술어는 어떤 지칭을 지니는가에 대한 것이다.

마찬가지로 "사도가 이것을 말한다", "영국이 싸운다", "잔을 들어라", "뱃머리가 바다에 있다", "인자하신 이여 긍휼을 베푸소서", "왕의 관용이 왕국을 통치한다"와 같은 것들에 관한 의문이 있다.

이 의문들 중 첫째에 대해서 그러한 모든 명제에서 명사들은 위격적으로 지칭한다고 말해야 한다. 이 점에서 명사는 그것이 [현재] 의미대상이나 [과거] 의미대상이었던 것들이나 [미래] 의미대상이 될 것들이나 될 수 있는 것들을 지칭할 때 위격적으로 지칭한다고 이해해야 한다. 앞선 진술은 이런 뜻으로 이해해야 한다. 왜냐하면 앞서 그것이 '의미하다'를 해석하는 한 가지 방식이라고 말했기 때문이다. 그러나 명사가 임의의 동사에 관해 그것들을 지칭하지 않는다고 이해해야 한다. 오히려 그 명사가 그런 것들을 의미한다면, '의미하다'를 엄밀한 뜻으로 해석할 때 임의의 동사에 관해 그것이 의미하는 대상들을 지칭할 수 있다. 그러나 과거시제에 관한 동사와 관련된 것을 제외하고는 그것의 의미대상이었던 것들을 지칭할 수가 없다. 그러므로 각각의 명제는 명사가 〔현재〕 있거나 〔과거〕 있었던 것들을 지칭할 수 있는 한에서 서로 구별되어야 한다. 마찬가지로 명사는 미래시제의 동사에 관해서만 있게 될 것을 지칭할 수 있다. 그러므로 명사가 〔현재〕 있거나 〔미래〕 있게 될 것들을 지칭할 수 있는 한에서 미래시제의 동사를 포함하는 명제는 구별되어야 한다. 마찬가지로, 명사는 가능적인 것이나 우연적인 것에 대한 동사에 관해서만 그것의 의미대상이 될 수 있으나 되지 않은 것을 지칭할 수 있다. 그러므로 그러한 주어가 있는 것들, 있을 수 있는 것들, 또는 우연적으로 있는 것들을 지칭할 수 있는 한에서만 그러한 모든 명제는 구별되어야 한다. 그러므로 "모든 인간은 흰 적이 있다", "모든 흰 것은 인간일 것이다", "모든 흰 것은 인간일 수 있다", "모든 인간은 달릴 수 있다"와 같은 것들은 모두 구별되어야 한다.

그러나 이 구별은 술어 편이 아니라 오직 주어 편에 해당하는 것으로 이해해야 한다. 따라서 "소크라테스는 흰 적이 있다"와 "소크라테스는 흴 수 있다"는 구별될 필요가 없다. 그 이유는 술어가 그것의 형상을 통칭한다는 데 있다. [1] 이것은 술어가 그것 자신이나 개념을 지칭한다는 뜻이 아니라 그런 명제〔P〕에 의해 그것 안에서, 즉 다른 어떤 것 아래도 아닌

---

1) 《논리학 대전》 제2부 제7장 참조. 오캄의 논리학과 의미론상에서 "형상을 통칭한다"는 개념이 어떤 역할을 하는지에 대한 연구는 최근에 들어서야 본격적으로 이루어지기 시작했다. Panaccio (2012) 참조.

자신의 형상 아래 정확하게 동일한 술어가 그 명제의 주어가 지칭하는 것이나 그 주어가 지칭하는 것만을 가리키는 대명사를 서술하는 또 다른 명제〔Q〕가 만일 명제〔P〕가 과거에 관한 것이라면 참이었고, 만일 미래에 관한 것이라면 참이게 될 것이고, 또는 만일 가능한 것에 관한 것이면 가능하고, 또는 필연적인 것에 관한 것이면 필연적이고, 또는 만일 본질적인 것에 관한 것이면 본질적이고, 또는 만일 첫째 명제가 우유적인 것에 관한 것이면 우유적이고, 그 밖의 종류의 양상적 명제들이 명시된다는 뜻으로 이해되어야 한다. 예를 들어, "흰 것은 검은 적이 있다"가 참이기 위해서 "흰 것은 검다"가 과거에 참이었을 필요는 없다. 오히려 "흰 것이 검은 적이 있다"에서 주어가 지칭하는 어떤 것을 가리키는 "이것이 검다"가 과거에 참이었을 필요는 있다. 마찬가지로, "참된 것은 불가능하게 될 것이다"가 참이기 위해서는 "참된 것이 불가능하다"가 현재 참일 필요는 없다. 오히려 "참된 것은 불가능하게 될 것이다"에서 주어가 지칭하는 어떤 것을 가리키는 "이것은 불가능하다"라는 명제가 형성되는 경우 그 명제는 〔미래에〕 참이게 될 필요가 있다. 다른 것들에 대해서도 마찬가지다. 그러나 이 사례들은 명제와 추론에 관한 논저에서[2] 더 상세하게 논의될 것이다. 여기서 나는 "소크라테스는 인간인 적이 있다"에서 술어가 소크라테스를 지칭한다고 말한다. 마찬가지로 과거, 미래, 양상에 관한 명제들에서 위격으로 지칭하는 명사들은 있거나, 있었거나, 있게 될 것이거나, 있을 수 있는 지칭대상들을 지칭한다고 말하고자 한다. 그리고 만일 어떠한 기호, 부정 표현이나 〔확정적으로 지칭하는 것을〕 방해하는 것들이 없다면, 그것들은 확정적으로 지칭한다.

하지만 그럴 경우 이에 반대하는 추론에 대하여, 명사는 참으로 서술하는 것 이외의 그 무엇도 결코 지칭하지 않는다는 말은 올바른 진술이라

---

2) 《논리학 대전》 제2부 제7장과 제3부 제10~12장 참조.

고 해야 한다. 그럼에도 명사가 현재시제의 동사에 의해 참으로 서술하는 것 이외에는 어떠한 것도 결코 지칭하지 않는다고 말하지는 않았다. 그 대신 때때로 그 명사가 과거시제의 동사에 관해 그것을 지칭할 때 과거시제의 동사에 의해 그것을 참으로 서술하거나 미래시제의 동사에 관해 그것을 지칭할 때 미래시제의 동사에 의해 그것을 참으로 서술한다고 말하는 것으로 충분하다. 이 점은 어떠한 인간도 〔현재〕 희지 않지만, 소크라테스가 흰 적이 있었다고 가정할 때 "흰 것은 인간이었다"에 대해 분명하다. 그럴 경우 '흰'이 〔과거〕 있었던 것들로 해석된다면, 그것은 소크라테스를 지칭한다. 그러므로 '흰'은 현재시제의 동사에 의해서가 아니라 과거시제의 동사에 의해 소크라테스를 참으로 서술한다. 왜냐하면 "소크라테스는 흰 적이 있었다"는 참이기 때문이다.

그러나 한 가지 의문이 여전히 남아 있다. "소크라테스는 흰 적이 있었다"에서 술어는 무엇을 지칭하는가? 만일 그 술어가 〔현재〕 있는 것들을 지칭한다면, 그 명제는 거짓이다.

이에 대해 〔현재〕 있는 것들과 〔과거〕 있었던 것들이 동일한지 여부와 상관없이 술어는 〔과거〕 있었던 것들을 지칭한다고 말해야 한다. 그러므로 이 경우 다른 곳에서[3] 내가 진술했던 규칙, 즉 명사가 어디에 나타나든 그것은 언제나 〔현재〕 있는 것들을 지칭하거나 지칭할 수 있다는 규칙에 한 가지 예외가 있다. 왜냐하면 나는 그 규칙을 주어의 편에 나타나는 명사에 적용되는 것으로 이해했기 때문이다. 그러나 명사가 술어의 편에

---

3) *Exp. Elench.*, c. 4의 다음 구절 참조: "이런 이유로 인해 주어의 편에 나타난 공통적 명사가 과거동사와 짝지어질 때마다 그 명제는 주어가 있는 것들, 즉 그것들에 대해 현재동사가 현실적으로 검증될 수 있는 것들을 지칭할 수 있거나 한때 이런 방식으로 검증되었던 것들을 지칭할 수 있다는 점에서 구별되어야 함을 알아야 한다. 이는 명사가 어디에 놓이든 항상 현실적으로 검증되는 것들만을 지칭해야 하지만, 〔그 명사에〕 덧붙은 〔어떤 것〕으로 인해 그것이 한때 검증되었던 것들을 지칭할 수 있기 때문이다"(cod. cit., f. 271ra).

나타날 때 그 규칙은 모든 경우에 참인 것은 아니다. 따라서 어떤 인간도 지금 희지 않지만 일찍이 여러 흰 인간들이 있었다고 가정할 때 "인간은 흰 적이 있었다"에서 술어는 〔현재〕 있는 것들이 아니라 〔과거〕 있었던 것들만을 지칭한다. 따라서 일반적으로 과거에 대한 명제 안에서 술어는 〔과거〕 있었던 것 이외의 어떠한 것도 지칭하지 않고, 미래에 대한 명제에서 술어는 〔미래〕 있게 될 것 이외의 다른 어떠한 것도 지칭하지 않으며, 가능적인 것들에 관한 명제에서 술어는 있을 수 있는 것 이외의 어떠한 것도 지칭하지 않는다. 그럼에도 이와 더불어 앞서 말한 방식으로 동일한 술어는 주어가 지칭하는 것을 서술할 것을 요구해야 한다.

  둘째 의문에 대하여, 어떠한 인간도 희지 않다면, 그리고 어떠한 인간도 미사곡을 부르고 있지 않다면, 그리고 신이 창조하고 있지 않다면, 언급된 명제들에서 주어들은 아무것도 지칭하지 않는다는 점이 문자 그대로 인정되어야 한다고 말해야 한다. 그러나 그것들은 의미적으로 사용된다. 왜냐하면 '의미적으로 사용됨'이나 '위격적으로 지칭함'은 두 가지 방식으로 일어날 수 있기 때문이다. 첫째, 명사가 어떤 의미대상을 지칭하는 방식으로 일어난다. 둘째, 그것이 어떤 것을 지칭하는 것으로 명시되거나 어떠한 것도 지칭하지 않는 것으로 명시되는 방식으로 일어난다. 그런 긍정명제들에서 명사는 언제나 어떤 것을 지칭하는 것으로 명시되므로 그것이 아무것도 지칭하지 않는다면, 그 명제는 거짓이기 때문이다. 그러나 부정명제들에서 명사는 어떠한 것도 지칭하지 않는 것으로 명시되거나 그것에 관해 술어가 참으로 부정하는 어떤 것을 지칭하는 것으로 명시되므로 그런 부정명제는 참이기 위한 두 가지 원인을 갖는다. 예를 들어, "흰 인간은 있지 않다"는 참이기 위해 두 가지 원인을 갖는다. 첫째 원인은 인간이 있지 않으므로 흰 것이 없다는 데 있다. 둘째 원인은 인간이 있지만 그가 희지 않다는 데 있다. 그러나 "흰 인간은 인간이다"라는 명제에서 어떠한 인간도 희지 않다면, 그 주어는 의미적이고 위격적으로 사용된다. 왜냐하면 그것은 어떤 것을 지칭하기 때문이 아니라 어떤 것을 지칭하는 것으로 명시되기 때문이다. 그러므로 실상 그것이 아무것도 지칭하지 않기 때문에 비록 그것이 어떤 것을 지칭하는 것으로 명시되더라도 그 명제는 단적으로 거짓이다.

그러므로 이것이 앞에서 말한 어떤 것과 모순되는 것처럼 보인다면, 그것은 오직 참인 긍정명제의 경우에만 적용되는 것으로 이해해야 한다. 왜냐하면 참인 긍정명제에서 명사가 위격적으로 지칭한다면, 그것은 앞서 설명한 방식으로 언제나 어떤 의미대상을 지칭하기 때문이다.

만일 누군가 다음과 같이 말한다고 가정해 보자. "'그것은 지칭한다'와 '그것은 아무것도 지칭하지 않는다'는 동시에 양립하지 않는다. 왜냐하면 '그것은 지칭한다. 그러므로 그것은 어떤 것을 지칭한다'가 따라 나오기 때문이다." 이에 대해서는 이 추론이 성립하지 않는다고 말해야 한다. 그 대신 "그것은 지칭한다. 그러므로 그것은 어떤 것을 지칭하는 것으로 명시되거나 아무것도 지칭하지 않는 것으로 명시된다"가 따라 나온다고 말해야 한다.

셋째 의문에 대하여 "말이 너에게 약속되었다"와 "20파운드를 너에게 빚졌다"와 같은 명제들은 문자 그대로는 거짓이라고 말해야 한다. 왜냐하면 귀납적으로 분명해지듯이 그 명제들과 연관된 모든 단칭명제들이 거짓이기 때문이다. 하지만 그런 명사들이 술어 편에 나타난다면 그 명제들은 어떤 방식으로는 용인될 수 있다. 이런 경우, 그런 동사들을 뒤따르는 명사들은 그 동사들의 영향으로 순수 불확정지칭을 갖는다고 말해야 한다. 그러므로 그것은 개별자들로 선언적으로 하강할 수 없지만 현재 있는 것들뿐만 아니라 미래에 있을 것들도 함께 고려한다면 선언적 이접적 술어에 의해서만 개별자들로 하강할 수 있다. 따라서 "나는 너에게 말을 약속한다. 그러므로 내가 너에게 이 말을 약속하거나 내가 너에게 저 말을 약속한다" 등은 도출되지 않는다. 그러나 현재 있는 것들과 미래 있을 것들을 포함한 모든 말을 함께 고려한다면 "나는 너에게 말을 약속한다. 그러므로 나는 너에게 이 말, 저 말 또는 또 다른 말을 약속한다"는 옳은 추론이다. 왜냐하면 그런 동사들은 미래시제의 동사들을 동치적으로 포함하기 때문이다. 따라서 "나는 너에게 말을 약속한다"는 "너는 내 선물로 말 한 마리를 갖게 될 것이다"에 해당한다. 그러므로 "나는 너에게 말을 약속한다"에서 '말'은 미래 있을 것들을 지칭할 수 있다. 이는 "당신은 말을 갖게 될 것이다"와 마찬가지다.

그러나 문자 그대로 말할 때 "나는 너에게 말을 약속한다"에서 '말'은 순수 불확정지칭을 갖는가? 엄밀한 뜻에서 '말'은 여기서 순수 불확정지칭을 갖지 않는다고 말해야 한다. 왜냐하면 그것이 주어나 술어의 일부이므로 전혀 지칭하지 않기 때문이다. 앞에서 확정지칭에 관해 제시된 규칙은 엄밀한 뜻에서 지칭하는 명사들에 관한 것이다. 왜냐하면 그것들은 명제들의 주어나 술어이지 주어나 술어의 일부가 아니기 때문이다. 그럼에도 이름의 범위를 확장한다면 엄밀한 뜻에서 '말'은 순수 불확정지칭을 갖는다고 말할 수 있다. 왜냐하면 그것은 그런 동사를 뒤따르기 때문이다. 그래서 일반적으로 그런 동사를 뒤따르므로 단지 주어나 술어의 일부가 아닌 공통적 명사는 언제나 순수 불확정지칭을 갖지만 확정지칭을 갖지 않는다. 하지만 그것은 위격지칭을 갖는다.

따라서 현재, 과거 또는 미래에 관한 명제에서 공통적 명사가 술어 편에 나타나는 어떤 다른 명제가 참일 것이라거나 참이어야 한다는 점이 명시되도록 하고, 그 공통적 명사 아래 포함되는 단칭명사가 술어 편에 드러나는 어떤 명제가 참일 것이라는 점을 명시되지 않도록 하는 동사가 놓일 때마다, '지칭하다'를 주어나 술어 일부가 지칭할 수 있다는 뜻으로 사용한다면 그 공통적 명사는 확정적으로 지칭하지 않는다. 즉, 선언명제에 의해 개별자들로 하강할 수 없고, 다만 선언적 주어나 술어 또는 주어나 술어의 선언적 부분을 지니는 명제에 의해서만 하강할 수 있다. 그러나 이제 '약속하다'라는 동사에 의해 "나는 당신에게 말을 약속한다"라는 명제는 "나는 당신에게 말을 준다"가 미래에 참이거나 언젠가 참이어야 한다는 점을 명시한다. 그리고 임의의 말을 가리키는 "나는 너에게 이 말을 준다"와 같은 어떤 명제가 미래에 참이거나 참이어야 한다는 점이 명시되지 않는다. 그러므로 "나는 너에게 말을 약속한다. 그러므로 나는 너에게 이 말을 약속하거나 나는 너에게 저 말을 약속한다"는 따라 나오지 않는다. "나는 너에게 20파운드를 빚졌다", "그는 소크라테스에게 20마르크를 빚졌다"와 같은 명제들에서도 마찬가지다.

따라서 "나는 너에게 말을 약속한다"는 용인될 수 있지만, "말이 너에게 약속된다"는 결코 문자 그대로 용인되어서는 안 된다. 그 이유는 "말이 너에게 약속된다"에서 '말'은 주어지만 주어의 일부가 아니기 때문이다. 그러므로 그것은 확정적으로 지칭해야만 한다. 왜냐하면 기호도 부정도, 그러한 것을 포함하는 그 무엇도 '말'이라는 명사에 선행하지 않기 때문이다. 그러므로 개별자들로 하강할 수 있어야만 한다. 그러나 "나는 너에게 말을 약속한다"에서 '말'은 주어나 술어가 아니라 주어나 술어의 일부다. 왜냐하면 "나는 너에게 말을 약속한다"와 "나는 너에게 말을 약속하고 있다"는 동치이므로 "너에게 말을 약속함" 전체는 술어이기 때문이다. 따라서 '말'은 주어나 술어의 일부다. 그러므로 정확하게 말하자면 그것이 지칭해야 할 필요가 없듯이, 그것은 확정적으로 지칭할 필요도 없다. 결과적으로 그것은 선언명제로 하강할 필요가 없다.

그럼에도 주어나 술어의 일부 아래로 하강할 수 있는가? 때때로 하강할 수 있다고 말해야 한다. 예를 들어, "그는 소크라테스에게 말을 준다. 그러므로 그는 소크라테스에게 이 말을 주거나 그는 소크라테스에게 저 말을 준다" 등은 옳은 추론이다. 하지만 현재의 사례에서 진술된 것과 같은 특별한 이유 때문에 때로는 하강할 수가 없다. 그래서 비록 "나는 너에게 말을 약속한다"가 용인된다고 하더라도 "말이 너에게 약속된다"는 문자 그대로는 용인되어서는 안 된다. 그러나 그것은 어떤 방식으로는 용인된다. 왜냐하면 그것은 일반적으로 "어떤 이가 너에게 말을 약속한다"로 해석되기 때문이다. 그러나 "어떤 이가 너에게 말을 약속한다. 그러므로 말이 너에게 약속된다"라는 추론이 타당하지 않은 이유는 명제에 대한 논저에서 설명할 것이다.[4]

넷째 의문에 대해서 "그는 시력을 잃었다"와 같은 명제들에서 주어나 술어의 일부인 '시력'이라는 명사는 정확하게 말하자면 지칭하지 않는다. 그럼에도 그것은 어떤 방식으로는 불확정 분배지칭을 갖는다. 왜냐하면 그 명제는 "그가 어떠한 시력도 갖지 않는다"와 동치인데, 거기서 '시력'은 부정적으로 불확정 분배지칭을 갖기 때문이다. 그러나 '시력'이라는 명사는 "그는 시력을 잃었다"에 대한 분석에 포함되는 모든 명제에서 불확정 분배지칭을 갖지는 않는다. 왜냐하면 그것은 "그는 본성적으로 시력을 갖는 데 적합하다"라는 긍정명제에서는 불확정 분배지칭을 갖지 않기 때문이다. 오히려 명사는 이 긍정명제에서 어떤 방식으로는 확정적으로, 즉 때로는 가능적이었던 것들[5]을 확정적으로 지칭한다. 하지만 그것은 그러한 것들 모두가 아니라 오직 그 인간에 내속할 수 있던 것들만 지칭할 뿐이다.

다섯째 의문에 대하여 "유와 종은 실체들이다"는 문자 그대로 거짓이라고 말해야 한다. 그러나 "유와 종은 제 2실체들이다"는 용인될 수 있다. 그런 경우 '제 2실체들'은 위격적으로 그리고 확정적으로 지칭한다. 왜냐하면 '제 2실체'라는 이름은 참된 실체들을 전달하는 제 2지향들을 의미하기 위해 명명되기 때문이다.

그러므로 '실체'는 단순지칭을 지닐 수 있지만 그럼에도 종과 유를 지

---

4) 《논리학 대전》 제 2부 제 7장 참조. 그러나 이곳에서 "말이 너에게 약속된다"라는 문장은 예시로 등장하지 않는다.

5) 즉, 현실태인 봄에 대응하는 가능태로서의 시력을 가리킨다.

칭한다고 말하는 견해는 거짓이다. 그러나 만일 어떤 저자에게서 유와 종이 실체들이라는 진술을 때때로 발견한다면, 그 권위 있는 진술들은 두 가지 방식 중 하나로 해명되어야 한다. 첫째, 의미행위를 활용행위를 통해 이해하는 방식이다. 따라서 "유와 종은 실체들이다"는 "유와 종을 서술하는 실체가 있다"로 이해된다. 그리고 그런 행위는 "인간은 실체다", "동물은 실체다" 등으로 활용되어야 한다. 둘째, 그 권위 있는 진술이 '실체'가 다의적이라는 뜻으로 해명되는 방식이다. 왜냐하면 그것은 때때로 참된 사물들을 의미하는데, 그것들은 모든 실재적 우유와 제 2지향과는 실재적으로 구별되는 실체들이기 때문이다. 그렇게 해석되는 '실체'가 바로 정확하게 사용되는 경우다. 그러나 때때로 그것은 첫째 방식에서 말한 실체들을 전달하는 지향들을 의미하기도 한다. 그럴 경우 그런 이해를 전제로 "유와 종은 실체들이다"는 술어를 위격적으로 해석하면서도 용인될 수 있을 것이다. 하지만 그럴 경우 '실체'는 정확하게 사용되는 것이 아니며 오히려 변칙적이고 전유적으로(*transumptive*) 사용된 것이다.

여섯째 의문에 대하여 서로 다른 사람들이 그런 추상명사들을 서로 다른 방식으로 사용한다고 말해야 한다. 왜냐하면 그들은 그 명사들을 때로는 사물들에 사용하고, 때로는 그것들의 이름들에 사용하기 때문이다. 만일 그것들이 첫째 방식으로 사용된다면, 아리스토텔레스의 견해에 따라6) 그것들은 상응하는 구체명사가 지칭하는 사물들을 지칭한다고 말해야 한다. 그 경우 "불은 가열한다"와 "불은 가열함이다"는 동치이고, "인간은 아버지다"와 "인간은 아버지임이다"도 마찬가지다. 정확하게 말하자면 추상명사들이 사물들만을 의미하기 위해 부과된다면, 이러한 구체명사들과 추상명사들은 아리스토텔레스와 다수의 철학자들의 견해에 따

---

6) 제 5~7장 참조.

라 동의어 이름들이다.

이것이 그리 놀랍지 않다는 점은 설득될 수 있다. 왜냐하면 나는 "창조는 참된 것이다"라는 명제를 택해 다음과 같이 묻기 때문이다. '창조'는 이 명제에서 어떤 것을 지칭하는가 아니면 아무것도 지칭하지 않는가? 만일 그것이 아무것도 지칭하지 않는다면, "창조는 참된 것이다"가 명제가 아니게 되거나 거짓 명제가 될 것이다. 만일 '창조'가 어떤 것을 지칭한다면, 그것은 외적 사물을 지칭하거나 영혼 안의 어떤 것을 지칭하거나 그 둘의 집합체를 지칭한다. 만일 그것이 외적 사물을 지칭한다면, 나는 다음과 같이 묻는다. 그것은 무엇을 지칭하는가? 신만이 그 답일 수 있다. 그러므로 '창조'는 '창조함'과 마찬가지로 신을 지칭한다. 그리고 이것은 모든 다른 예들에 관해서도 마찬가지로 쉽게 말할 수 있다. 만일 '창조'가 영혼 안의 어떤 것을 지칭한다면 (예를 들어, 어떤 사람들에 따라[7] 그것이 이성의 관계들을 지칭한다면), 그것은 불가능하다. 왜냐하면 그 경우 "창조는 참된 것이다"는 불가능하기 때문이다. 마찬가지로 창조는 영혼 안에서만 있게 될 것이고, 신은 그러한 이성의 관계를 형성하는 영혼의 활동을 통해서만 창조적이 될 것이다. 마찬가지로 '가열함'도 그러한 존재자나 이성의 관계를 지칭한다고 기꺼이 말할 수 있을 것이다. 그리고 창조되지 않은 행위자의 경우와 마찬가지로 이것이 창조된 행위자에게서 하나의 관계임을 입증하기 위해 아무런 논증도 제시될 수 없다. 그러므로 철학자의 견해에 따르면 구체명사에 의해 의미되거나 내포될 수 있는 것과 동일한 방식으로 추상명사에 의해 의미되거나 내포될 수 없는 것은 사물이 아니다. 그러므로 그의 견해에 따라 양자 모두가 사물을 의미하기 위해 명명된다면, 그것들은 동의어 이름들일 것이다.

---

7) Thomas Aquinas, *Summa Theologiae.*, I., q. 45, a. 3 ad 1 참조. 그곳에서 능동적 창조는 실재적이지 않고 단지 이성에 따른 것인 피조물들에 관한 관계와 더불어 신의 본질이라고 설명된다.

의미방식이 그것들이 동의어가 되는 것을 막는다고 말하는 것은 소용이 없다. 왜냐하면 의미방식에서의 차이는 의미의 상이한 방식으로 인해어떤 것이 한 이름에 의해 의미되거나 내포되고 또 다른 이름에 의해 동일한 방식으로 내포되거나 의미되지 않을 때를 제외하고는 동의어가 되는 것을 막지 않기 때문이다. 예를 들어, 이 점은 '인간', '인간의', '인간들'에서 분명하게 드러난다. 마찬가지로, '인간', '웃을 수 있는'과 '지성', '의지', '영혼', 그리고 '창조함', '통치함', '저주함', '시복(諡福) 함' 등에서 분명하다. 이것들은 동일한 것을 참으로 서술하더라도 동의어는 아니다. 만일 의미방식의 차이가 동의어에 영향을 미친다면, '겉옷'은 'ㅅ'으로 끝나고 '외투'는 그렇지 않기 때문에 '겉옷'과 '외투'는 동의어가 아니라고 쉽게 이야기할 것이다. 여러 다른 경우들에도 마찬가지다. 따라서 어미에 관해서든 성(性)과 같은 문법적 우유에 관해서든 형용사가 되는 것이나 실명사가 되는 것과 같은 다른 특징들에 관해서든 그러한 차이는 동의어가 되는 것을 막지는 않는다. 그러나 정확하게 말해 의미방식의 차이가 발생할 때, 동의어가 생기지 않는다. 그러나 이것이 현재의 경우에는 일어나지 않는다는 점은 명백하다. 왜냐하면 이 저술의 서두에서 말했듯이 구체명사와 이에 상응하는 추상명사는 구체명사와 추상명사의 첫째 형태에 속하는 것들이 아니라면 정확히 동일한 의미방식을 가질 수 있기 때문이다. [8]

따라서 그런 추상명사들이 사물들에 대해 의미작용을 하는 것으로 취급될 때 아리스토텔레스가 의도한 바에 따라 그것들은 상응하는 구체명사들과 동의어 이름들이다. 그러나 신학자들에 따르면 아마 모든 경우에는 아닐지라도 특정한 경우들에서 달리 말해야만 할 것이다. [9]

---

8) 제6~7장 참조.
9) 제7장에서 말했던 것처럼 신학자들에 따르면 '인간'과 '인간성'은 동의어가 아니다.

그러나 때때로 사람들은 그런 추상명사들을 그것들에 상응하는 구체명사들이 의미하는 방식으로 사용한다. 예를 들어, 그들은 '결여', '부정', '모순' 등에 대해 이렇게 한다. 따라서 "인간은 관계다"에서 '관계'는 의미적으로 지칭하고, 관계적 이름들을 지칭한다. 마찬가지로 '유사성'은 때때로 관계적 이름, 즉 '유사한'이라는 이름을 지칭한다. 마찬가지로 '창조'도 때때로 '창조함'이라는 이름을, 그리고 '양'은 '양적인 것'이라는 이름을 지칭한다. 그리고 아리스토텔레스의 의도에 따라 추상명사들에 의해 의미되는 것들과는 구별되는 것들을 지칭하는 구체명사를 상응하는 것으로 가지지 않는 그러한 여러 추상명사들에 대해서도 마찬가지다. 그러므로 '영혼 외부의 사물'이라는 술어가 그러한 모든 추상명사들을 서술한다는 점이 용인되는 것과 똑같은 방식으로, 그것들의 구체명사가 그것들을 서술하고 그것들이 구체명사가 지칭하는 것과 동일한 것을 지칭한다는 점이 용인되어야 한다. 왜냐하면 종종 말했듯이, 그러한 추상명사들이 제 1지향의 이름들일 뿐이라면, 아리스토텔레스의 견해에 따라 그것들은 그것들의 구체명사들과 동의어인 이름들일 것이다.

이것이 그러한 추상적 이름들이 아리스토텔레스에 의해 사용됨이 거의 발견되지 않는 이유다. 왜냐하면 그는 '인간-인간성', '말-마성(馬性)', '동물-동물성', '당나귀-당나귀성', '소-소성', '양적인-양', '관계적인-관계', '유사한-유사함', '가열하는-가열함', '아버지-아버지임', '셋으로 이루어지는-삼위일체', '이중적인-이중적임'과 같은 모든 쌍들이 정확히 제 1지향의 이름들일 때 그것들을 동의어로 간주했기 때문이다.

그러나 화자의 용법에 따라 추상명사들은 때때로 제 2지향이나 제 2명명의 이름들이며, 그 경우 그것들은 상응되는 구체명사들과 동의어가 아니다.

그러나 다른 사람들은 그러한 모든 추상적 이름들이 서로 구별되는 사물들이나 이성의 관계들을 의미하고 지칭한다고 말한다.

일곱째 의문에 대하여, "소크라테스는 두 차례 흰 적이 있다"에서 부정 표현과 동치인 의미를 포함하는 어구, 즉 '두 차례'라는 어구가 등장한다고 말해야 한다. 따라서 이 어구의 영향으로 "소크라테스는 두 차례 흰 적이 있다"라는 명제는 부정적 설명명제를 갖는다. 왜냐하면 이는 "소크라테스는 처음에 흰 적이 있다. 그리고 얼마 후 그는 희지 않았고, 그리고 그 후 그는 희게 되었다"와 동치이기 때문이다. 동치인 부정적 설명명제 때문에 '흰'이라는 명사는 단지 확정적으로는 지칭하지 않으므로 선언명제에 의해 그 술어가 지칭하는 사물들을 표현하는 대명사나 고유명들로 하강할 수 있다.

그 경우는 "소크라테스가 희기 시작한다", "인간은 더 이상 글을 읽고 쓰기를 그친다"와 일반적으로 부정적 설명명제를 갖는 그런 모든 명제들에서도 마찬가지다.

또 다른 여덟째 의문에 대해서도 마찬가지다. "오직 동물만이 인간이다"는 '오직'이라는 배타적 단어를 지니기 때문에 부정적 설명명제를 갖는다. 그러므로 주어도 술어도 확정적으로 지칭하지 않는다.

아홉째 의문에 대하여, 그 명제가 문자 그대로 해석된다면 그 명사들은 다른 명제들에서와 동일한 방식으로 지칭한다. 그러나 화자들의 용법에 따르면 그것들은 변칙적으로 다른 것들을 지칭한다.

제 73 장
순수 불확정지칭과 그것의 규칙들에 대하여

확정지칭이 무엇인지 검토했으므로, 순수 불확정지칭에 대해 살펴보아야 한다.

이것에는 여러 가지 규칙이 있다. 첫째 규칙은 공통적 명사가 전칭 긍정기호를 간접적으로 뒤따를 때, 그것은 순수 혼돈지칭을 갖는다는 것이다. 즉, "모든 인간은 동물이다"와 "모든 인간은 희다"에서처럼 전칭 긍정명제에서 술어는 순수 불확정지칭을 갖는다. 그러나 아무리 전칭기호가 주어 편에 놓인다고 하더라도 명제가 전칭 긍정명제가 아니거나 전칭기호가 주어 전체를 분배하지 않는다면 그 술어는 순수 불확정지칭을 갖지 않는다. 예를 들어, "모든 인간을 보는 자는 동물이다"에서 '동물'은 확정적으로 지칭한다. 왜냐하면 전칭기호는 주어 전체를 분배하지도 않고 그것이 포함된 명제를 전칭명제로 만들지도 않으므로, 술어가 순수 불확정지칭을 갖지 않기 때문이다. 마찬가지로 "모든 피조물의 창조자는 존재자다"에서 '존재자'는 확정적으로 지칭하지만 순수 불확정지칭을 갖지 않는다.

둘째 규칙은 어떤 전칭기호나 그 기호와 동치인 의미를 포함하는 것이 명제의 주어나 술어 편에서 명사에 선행하지만 계사에 선행하는 표현 전체를 확정하지 않을 때, 그것은 동일한 주어나 술어의 편에서 뒤따르는 것으로 하여금 순수 불확정지칭을 갖도록 한다는 것이다. 이런 방식으로 명제의 주어나 술어의 부분이 지칭할 수 있다고 말한다. 따라서 그 명사 아래에서 선언명제로 하강하는 것은 가능하지 않다. 이 점은 "모든 때에 어떤 피조물이 있었다"의 경우에서 분명하듯이, "아담 이후 모든 때에 어떤 인간이 있었다"에서도 분명하다. 여기서 '인간'은 순수 불확정지칭을 갖는다. 왜냐하면 '인간'이 확정적으로든 아니면 불확정 분배적으로든 지칭한다면 그 명제는 거짓이 되기 때문이다. 그 이유는 이와 연관되는 모든 단칭명제는 거짓이라는 데 있다. 이 점은 귀납적으로 분명하다. 마찬가지로 동일한 점이 "세상 끝까지 어떤 동물은 있게 될 것이다"와 "어떤 당나귀가 있게 될 것이다"에서도 분명하다. "세상 끝까지 인간은 있게 될 것이다"의 경우와 서로 다른 인간들이 서로 다른 시간에 여기 안에 있었다고 가정하는 한에서 "온종일 어떤 인간이 여기 안에 있었다"의 경우에도 마찬가지다. 또한 이 점은 "언제나 인간이 있었다", "언제나 인간이 있을 것이다"와 같은 명제들과 다른 여러 명제들의 경우에도 마찬가지다. 나는 이런 명제가 문자 그대로 유지되어야 하는지 여부에는 크게 신경 쓰지 않는다. 그럼에도 그러한 것들을 인식하는 데 큰 도움이 되는 말하기 방식으로 이렇게 설명했다.

나는 "그 공의어명사가 주어나 술어 전체를 확정하지 않을 때"라고 말했다. 왜냐하면 그것이 주어나 술어 전체, 즉 동사의 한 편에 생기는 표현 전체를 단적으로 확정한다면 그것은 참이 아니게 될 것이기 때문이다. 예컨대, 이 점은 "인간의 모든 당나귀가 달린다"에서 분명하다. 여기서 '모든'이라는 단어는 '인간의 당나귀'라는 표현 전체를 확정하고, 단지 '당나귀'나 단지 '인간'만 분배하지는 않는다. 마찬가지로 "모든 인간의 당나귀가 달린다"에서 '인간의 당나귀'라는 표현 전체가 분배된다. 따라서 'hominis asinus'(인간의 당나귀)와 'asinus hominis'(인간의 당나귀)는 '흰 인간'과 '흰 동물' 등과 같이 단일한 분배에 의해 분배될 수 있다. 그러나 "온종일 어떤 인간이 안에 있었다"와 "아담 이후 모든 때에 어떤 인간이 있었다"에서는 그렇지 않다. 왜냐하면 '아담 이후 때에 어떤 인간'이라는 표현 전체는 어떤 동사에 대해서도 주어가 될 수 없지만, *'hominis asinus'*(인간의 당나귀) 전체와 *'asinus hominis'*(인간의 당나귀) 전체는 어떠한 동사에 대해서도 주어일 수 있기 때문이다.

그러나 나는 이것이 정확하게 말한 것인지에 관해서는 관심이 없다. 그럼에도 전칭 긍정기호가 동일한 주어나 술어 안에서 공통적 명사에 간접적으로 선행할 때 그 공통적인 명사 아래 포함되는 것들로 하강하는 것이 가능하지 않다는 점이다. 그 하강은 공통적 명사 자신이 순수 불확정 지칭을 갖는 명제의 주어나 술어 전체라면 가능하지 않은 것처럼 연계적으로나 선언적으로 가능하지 않다. 이 규칙은 공의어명사를 직접적으로 뒤따르는 명사와 간접적으로 뒤따르는 명사가 같은 격이 아니거나 형용사와 명사로 관계되지 않을 경우에 성립하는 것으로 이해되어야 한다. 만일 그것들이 그렇게 관계된다면, 그 명사들 중 하나 아래 포함된 것들로 하강하는 것은 불가능할 것이다. 예컨대, "모든 흰 인간은 희다"에서 그 명사들 중 어느 하나 아래 포함되는 것들로 연계적으로 하강하는 것은 불가능하다. 첫 번째 경우에는 그렇지 않다. 왜냐하면 거기서는 전칭기호를 직접적으로 뒤따르는 명사 아래 포함되는 모든 것으로 하강하는 것이 가능하지만, 다른 것 아래 포함되는 것들로 하강하는 것은 가능하지 않기 때문이다. 그럼에도 정확하게 말해 어떠한 명사도 홀로서는 지칭하지 않고 그것들의 합성체로 지칭한다. "모든 인간의 당나귀는 달린다"와 "모든 인간을 보는 자는 동물이다"가 그 예들이다.

셋째 규칙은 배타적 긍정명제의 주어는 언제나 순수 불확정지칭을 갖는다는 것이다. 따라서 "모든 인간은 동물이다"와 같은 배타명제와 환치 가능한 전칭 긍정명제에서처럼 "오직 동물만이 인간이다"라는 배타명제에서 '동물'은 순수 불확정지칭을 갖는다.

제74장
불확정 분배지칭과 그것의 규칙들에 대하여

불확정 분배지칭에 대해 여러 가지 규칙들이 있다. 첫째, 불확정 분배 이동지칭에 대한 규칙들을 검토할 것이다.

첫째 규칙은 배타적이지도 제외적이지도 않은 모든 전칭 긍정명제와 전칭 부정명제에서 주어는 불확정 분배 이동지칭을 갖는다는 것이다. 이 점은 "모든 인간은 달린다"와 "어떠한 인간도 달리지 않는다"에서 분명하다.

둘째 규칙은 모든 전칭 부정명제에서 술어는 불확정 분배지칭을 갖는다는 것이다.

셋째 규칙은 명제 안에서 주된 합성을 확정하는 부정기호가 술어에 선행할 때 그 술어는 불확정 분배지칭을 갖는다는 것이다. 예컨대, "인간은 동물이 아니다"에서 '동물'은 불확정 분배지칭을 갖지만, '인간'은 확정지칭을 갖는다.

넷째 규칙은 '구별되다' 또는 '다르다'라는 동사, 이런 동사에 상응하는 분사들, '다른'이라는 이름이나 이런 이름과 동치인 의미를 갖는 표현을 직접적으로 뒤따르는 명사는 불확정 분배지칭을 갖는다는 것이다. 예컨대, 임의의 인간을 가리키면서 "소크라테스는 인간과는 구별된다. 그러므로 소크라테스는 이 인간과는 구별된다"는 타당한 추론이다. 마찬가지로 "소크라테스는 인간과는 다르다", "소크라테스는 인간과는 다른 것이다", 그리고 "소크라테스는 인간과 다른 어떤 것이다"에서 '인간'은 불확정 분배지칭을 갖는다.

그럼에도 앞에서 언급된 규칙들은 부정기호나 유관한 동사나 이름이 제거된다면 앞서 말한 명사가 불확정 분배지칭을 갖지 않을 경우에만 성립한다는 데 주목해야 한다. 왜냐하면 술어들 가운데 하나가 제거될 경우 그 명사가 불확정 분배지칭을 갖는다면, 그런 표현이 첨가됨으로써 그 명사는 확정적으로 지칭할 것이기 때문이다. 이를테면, "소크라테스는 모든 인간이다"에서 '인간'이라는 술어가 불확정 분배지칭을 갖는다는 점은 분명하다. 그러므로 부정기호가 '인간'이라는 술어에 선행한다면, 그것은 "소크라테스는 모든 인간이 아니다"에서처럼 확정적으로 지칭할 것이다. 왜냐하면 임의의 인간을 가리키면서 "소크라테스는 그 인간이 아니다. 그러므로 소크라테스는 모든 인간이 아니다"는 타당한 추론이기 때문이다. 나머지 경우에도 마찬가지로 말해야 한다.

그러므로 "부동적인 것을 이동적인 것으로 만드는 것은 모두 이동적인 것을 부동적인 것으로 만들기도 한다"라는 규칙은 참이다. 즉, 부동적으로 지칭하는 명사에 덧붙었을 때 그 명사를 이동적으로 만드는 표현은 이동적으로 지칭하는 명사에 덧붙었을 때 그 명사를 부동적인 것으로 만들기도 한다. 따라서 "소크라테스는 인간이다"에서 '인간'은 부동적으로 지칭한다. 그리고 "소크라테스는 인간이 아니다"처럼 부정기호가 그것에 덧붙는다면 그 명사는 이동적으로 지칭한다. 그러므로 명사가 부정기호 없이도 이동적으로 지칭한다면, 그것은 부정기호가 덧붙은 다음에 부동적으로 지칭한다. 왜냐하면 "소크라테스는 모든 인간이다"에서 '인간'은 이동적으로 지칭하기 때문이다. "소크라테스는 모든 인간과는 다르다"와 "소크라테스는 모든 인간과 다른 어떤 것이다"의 경우에도 같은 방식으로 말해야 한다.

그러므로 명사가 불확정 분배지칭을 갖도록 만드는 것은 전칭기호이거나 부정기호거나 부정과 동치라는 점이 일반적 규칙이다. 그럼에도 부정을 포함하는 것이 명사를 언제나 이동적으로 지칭하도록 하지는 않는다. 이것은 긍정명제에서의 배타적 단어의 경우에 분명하게 드러난다. 왜냐하면 거기서 불확정 분배지칭을 갖는 것은 주어가 아니라 술어이기 때문이다. 그러나 배타적 단어가 주어에 첨가되는 배타적 부정명제에서 주어와 술어 모두 불확정 분배지칭을 갖는다.

불확정 분배 부동지칭에 대해, 제외적 명제에서 주어는 항상 이런 지칭을 가진다는 점을 알아야 한다. 이 점은 "소크라테스 이외의 모든 인간은 달린다"에서 분명하다. 여기서 '인간'이라는 명사는 불확정 분배지칭을 가지지만 이동지칭을 가지지는 않는다. 왜냐하면 공통적인 명사와 전칭기호의 위치에 단칭명사를 대입하지 않고서는 원래 명제를 변화시키면서 개별자들로 하강하는 것은 가능하지 않기 때문이다. "소크라테스 이외의 모든 인간은 달린다. 그러므로 소크라테스 이외의 그 인간은 달린다"는 타당한 추론이 아니다. 왜냐하면 뒤에서 분명해지겠지만 후건은 부적절하기 때문이다. 1)

그럼에도 어떤 방식으로는 모든 개별자로 하강하는 것이 가능한데, 동일한 방식이 아니라 하나는 부정적으로, 그리고 다른 모든 것은 긍정적으로 가능하다는 점을 알아야 한다. "소크라테스 이외의 모든 인간은 달린다. 그러므로 소크라테스는 달리지 않는다"는 타당한 추론이다. 그리고 다른 모든 것들에 대해서는 다음의 추론이 타당하다. "그러므로 소크라테스 외의 저 인간은 달린다. 그리고 그 인간은 달린다 등." 그리고 이는 첨가되는 제외적 단어가 그렇게 만든다.

---

1) 제외적 명제를 다루는 《논리학 대전》 제 2부 제 18장 참조.

제 75 장
술어들은 '시작하다'와 '그치다'를 사용하는 명제들에서 어떻게 지칭하는가

"소크라테스는 희기를 그친다", "소크라테스는 두 차례 로마에 있은 적이 있다", "소크라테스는 세 차례 검은 적이 있다", 그리고 "소크라테스는 문법학자가 되기 시작한다"와 같은 명제들에서 술어가 어떻게 지칭하는가에 대해 의문들이 생길 수 있다. [1]

그것들이 확정적으로 지칭하지 않는다는 것은 분명하다. 왜냐하면 선언명제를 통해 개별자들로 하강하는 것은 가능하지 않기 때문이다. 술어가 지칭하는 모든 것을 가리키면서 "소크라테스는 문법학자가 되기 시작한다. 그러므로 소크라테스가 이 문법학자가 되기 시작하거나 저 문법학자가 되기 시작한다 등"은 타당한 추론이 아니다. 왜냐하면 후건의 어떠한 부분도 거짓인 반면 전건은 참일 수 있으므로 그 술어는 확정적으로 지칭하지 않기 때문이다. 마찬가지로 플라톤을 가리키면서 "소크라테스는 문법학자가 되기 시작한다. 그러므로 소크라테스는 그 문법학자가 되기 시작한다"는 타당한 추론이 아니다. 따라서 그것은 불확정 분배지칭을 갖지 않는다. 그것은 순수 불확정지칭도 갖지 않는다. 왜냐하면 선언적 술어를 갖는 명제에 의해 개별자들로 하강하는 것이 가능하지 않기 때문이다. "소크라테스는 문법학자가 되기 시작한다. 그러므로 그는 그 문

---

1) 《논리학 대전》 제 2부 제 19장 참조.

법학자가 되기 시작하거나 저 문법학자가 되기 시작한다 등"은 타당한 추론이 아니다. 왜냐하면 후건이 참이 되지 않고서도 전건이 참일 수 있기 때문이다.

그러한 명제들 안에서 서술되는 명사, 형용사적 동사나 실명사를 뒤따르는 것은 확정지칭을 갖지도, 순수 불확정지칭을 갖지도, 불확정 분배지칭을 갖지도 않는다고 말할 수 있다. 그럼에도 그것은 이름 붙이기 어려운 또 다른 지칭을 갖는다. 따라서 이런 지칭은 순수 불확정지칭과 일치하는 측면이 있다. 왜냐하면 명사가 순수 불확정지칭을 지닐 때 명사 아래 포함되는 어떤 개별자를 지시하는 임의의 대명사로부터 공통적 명사로 상승하는 것이 가능하듯이, 앞선 경우에도 가능하기 때문이다. 예컨대, 임의의 동물을 가리키면서 "모든 인간이 이것이다. 모든 인간은 동물이다"가 따라 나오듯이, 임의의 문법학자를 가리키면서 "소크라테스가 이 [인간]이 되기 시작한다. 그러므로 그는 문법학자가 되기 시작한다"가 따라 나온다.

그러나 이런 지칭은 공통적 명사가 지칭하는 것들의 고유명들로부터 선언명제로 하강하는 것이 가능하지 않다는 점에서 순수 불확정지칭과 다르다. 왜냐하면 모든 문법학자를 가리키면서 "소크라테스는 문법학자가 되기 시작한다. 그러므로 소크라테스는 그 [인간]이 되기 시작하거나 저 [인간]이 되기 시작한다 등"은 따라 나오지 않기 때문이다.

한편, 앞서 말한 지칭은 선언명제를 통해 하강할 수 없다는 점에서 확정지칭과는 다르다.

그런 명사들이 앞서 언급된 어떠한 지칭도 갖지 않는 이유는 다음과 같다. 그러한 명제는 둘 또는 그 이상의 명제들로 이루어지는 하나의 연계명제와 항상 동치이기 때문이다. 이 명제들은 동일한 주어를 갖지만 그것들 중 하나는 긍정명제이고 다른 하나는 부정명제이므로 동일한 명사가 이 명제들에서 서로 다른 지칭을 갖는다. 그러므로 그 명사는 설명명제들을 부분으로 지니는 하나의 명제 안에서 어떠한 지칭도 갖지 않는다. 예를 들어, "소크라테스는 희기 시작한다"는 "소크라테스는 지금 처음으로 희고 이전에 희지 않았다"라는 연계명제와 동치다. 한편, "소크라테스는 희다"에서 '희다'는 확정적으로 지칭한다. 다른 한편, "소크라테스는 희지 않았다"에서 '희지'는 선행하는 부정기호 때문에 불확정 분배지칭을 갖는다.

이러한 추론에 따라 "오직 동물만이 인간이다"에서 주어가 순수 불확정 지칭을 갖지 않는다고 말할 수도 있다. 왜냐하면 그 명제가 긍정명제와 부정명제로 이루어지는 연계명제와 동치이므로, 주어가 서로 다른 지칭을 갖기 때문이다.

이것에 대해 배타적 긍정명제에서 주어는 순수 불확정지칭을 갖는다고 말해야 한다. 왜냐하면 설사 그러한 설명명제들이 서로 다른 지칭을 갖는 주어들을 지닌다고 하더라도 그 주어들은 원래 배타적 명제의 주어와 동일하지 않기 때문이며, 부정 설명명제와 긍정 설명명제의 주어는 배타적 명제의 주어와는 다르므로 그 주어는 3가지 지칭 중 하나를 가질 수 있기 때문이다. 그러나 "소크라테스는 문법학자이기 시작한다", "소크라테스는 희기를 그친다", "소크라테스는 두 차례 검었다"에서 똑같은 명사가 설명명제들에서 그리고 설명되는 명제들에서 주어다.

제 76 장
논리학자가 아닌 문법학자의 방식으로 해석되는
관계명사들의 지칭에 대하여

절대명사의 지칭을 검토했으므로 관계명사의 지칭에 대해 살펴보아야 한다. 여기서 나는 '관계사'라는 명사를 논리학자들보다는 "관계사는 앞서 언급된 것의 기억이다"[1] 라고 말하는 문법학자들이 해석하는 방식으로 사용한다.

우선 문법학자들의 사용방식을 따르면 '관계사'들 가운데 실체의 관계사라고 부르는 것도 있고 우유의 관계사라고 부르는 것도 있음을 알아야 한다. '그', '저', '동일한'은 실체의 관계사들이다. '그런', '그런 종류의', '그렇게 많은'처럼 특정한 방식으로 명명되거나 여러 우유에서 도출되는 것들을 우유의 관계사들이라고 부른다.

실체의 관계사들 가운데는 동일성의 관계사와 다양성의 관계사들이 있다. 동일성의 관계사들 가운데 상호적인 것들도 그렇지 않은 것들도 있다. 상호적이지 않은 관계사에는 '그'와 '동일한' 등이 있다.

이런 관계사들에는 다음과 같은 규칙들이 있다. 첫째, 그것들은 언제나 그것들의 선행명사가 지칭하는 것을 지칭한다. 따라서 만일 그것들이 무언가를 참으로 서술한다면 그것과 동일한 것을 참으로 서술한다. 이

---

1) 다음의 문헌들을 참조. Priscianus, *Institutiones grammaticae*, XVII, c. 9, n. 56 (ed., A. Krehl, II, 38) ; Petrus Hispanus, *Summulae Logicales*, tr. VIII (ed., I, M. Bocheński, n. 8. 01, p. 92).

점은 "소크라테스는 달리고, 그는 논쟁한다"에서 분명하다. 왜냐하면 이 연언명제가 참이기 위해서는 둘째 부분〔그〕과 첫째 부분〔소크라테스〕은 동일한 것을 참으로 서술해야 한다. "인간은 종이고 그것은 여럿을 서술한다"의 경우에도 마찬가지다.

따라서 "소크라테스가 그다"에서처럼 이러한 관계사는 그것의 선행명사와 동일한 정언명제 안에 결코 놓일 수가 없다는 점을 알아야 한다. 왜냐하면 그 명제에서 '그'는 지시대명사이더라도 관계대명사는 아니기 때문이다.

마찬가지로, 관계사의 선행명사가 위격지칭을 갖는 공통적 명사일 때 관계사 대신에 선행명사를 대입함으로써 원래 명제와 환치 가능하고 그 명제와 동치인 명제를 결코 생성할 수 없다는 점을 알아야 한다. 따라서 "인간이 달리고 그는 논쟁한다"와 "인간이 달리고 인간이 논쟁한다"는 동치가 아니다. 그러나 다른 경우들에서는 그런 일이 가능하다. 왜냐하면 "소크라테스는 달리고 그는 논쟁한다"와 "소크라테스는 달리고 소크라테스는 논쟁한다"는 동치이기 때문이다.

마찬가지로, 부정기호는 결코 관계사를 불확정 분배지칭을 갖지 못하도록 하지만 언제나 그것의 선행명사가 참으로 서술되거나 서술된다고 명시되는 것만을 지칭한다는 데 주목해야 한다. 따라서 "어떤 인간이 플라톤이고 소크라테스는 그가 아니다"가 참인 반면, 이것에서 "그러므로 소크라테스는 인간이 아니다"는 따라 나오지 않는다. 하지만 그것이 "소크라테스는 플라톤이 아니다"를 참이도록 하기에는 충분하다. 따라서 문자 그대로는 "어떤 인간은 달리고 소크라테스는 그가 아니다"와 "어떤 인간은 달리고 소크라테스가 그다"라는 두 명제가 양립한다. 왜냐하면 소크라테스와 플라톤이 달린다면 두 연계명제 모두 참이기 때문이다.

동일성의 상호적 관계사들이 그것들의 선행명사와 함께 동일한 정언명제와 또 다른 명제 안에 무차별적으로 놓일 수 있다는 점에서 다른 관계사들과는 다르다는 점에 주목해야 한다. 이 점은 '그 자신'과 '그 자신의'의 경우에 분명하다. 왜냐하면 "소크라테스는 논쟁하고 그 자신을 본다"와 "소크라테스는 그 자신을 본다"는 모두 올바르게 말한 것이기 때문이다. "소크라테스는 그 자신의 당나귀를 본다"와 "소크라테스는 달리고 그 자신의 당나귀는 걷는다"도 마찬가지다.

때때로 관계사는 주어나 술어의 일부고 때로는 그것이 주어나 술어라는 점에 주목해야 한다. 그것이 주어나 술어이므로 동사에 직접적으로 후행하거나 선행할 때, 그것은 선행명사가 지칭하는 것을 지칭한다. "소크라테스는 그 자신을 본다"와 "모든 인간이 그 자신을 본다"가 그 예들이다. 그러나 관계사가 주어나 술어의 일부일 때, 그것은 그것의 선행명사가 지칭하는 것을 지칭하지 않고 덧붙는 것에 의해 전달되는 어떤 것을 지칭한다. 이는 "소크라테스는 논쟁하고, 그의 당나귀는 달린다"에서 분명하다. 여기서 '그의'라는 단어는 소크라테스를 지칭하지 않고, 다른 어떤 당나귀가 아니라 소크라테스의 당나귀를 지칭한다.

그러한 관계사가 이런 지칭을 지니고 그것의 선행명사가 지칭하는 동일한 것들을 지칭한다는 데도 주목해야 한다. 그러나 그것의 선행명사가 불확정 분배지칭을 갖거나 확정지칭을 가질 때, 그것은 유사한 지칭을 갖지만, 이것은 단칭명사들로 개별자들을 지칭함으로써 단칭적으로 재현한다. 그러므로 그 선행명사 아래 포함되는 어떤 것에 대해서만이 아니라면 연계적으로든 선언적으로든 하강이 가능하지 않다. 예를 들어, "모든 인간은 그 자신을 본다"에서 '그 자신'은 모든 인간을 불확정 분배 부동지칭을 한다. 그러나 그것은 단칭적으로 일어난다. 왜냐하면 그것과 짝지어진 주어나 술어를 변화시키지 않으면서 하강하는 것은 가능하지 않기 때문이다. 예를 들어, "모든 인간은 그 자신을 본다. 그러므로 모든 인간은 소크라테스를 본다"는 따라 나오지 않는다. 그럼에도 "모든 인간은 그 자신을 본다. 그러므로 소크라테스는 소크라테스를 본다"와 같이 소크라테스에 관하여 소크라테스로 하강하는 것은 가능하다. 그러나 "인간은 동물이다"와 같은 명제에서는 그렇지 않다. 마찬가지로, "인간은 그 자신을 본다"에서 '그 자신'이라는 단어는 확정적이지만 단칭적으로 지칭한다. 왜냐하면 "인간이 그 자신을 본다. 그러므로 소크라테스는 소크라테스를 보거나 플라톤이 플라톤을 본다 등"과 같은 방식으로 하강하는 것이 가능하기 때문이다. 마찬가지로 "인간이 플라톤을 본다. 그러므로 인간은 그 자신을 본다"와 같은 방식은 아니지만 "소크라테스는 소크라테스를 본다. 인간은 그 자신을 본다"와 같은 방식으로는 상승하는 것도 가능하다.

이로부터 전칭기호를 간접적으로 뒤따르는 그러한 관계사가 불확정 분배지칭을 갖지만 단칭적으로 갖는다는 점은 분명하다.

마찬가지로 어떤 정언명제에서 관계사는 상호적이든 그렇지 않든 상관없이 전칭기호가 그것의 선행명사에 첨가되었기 때문에 불확정 분배지칭을 갖는다.

비록 정언명제 안에 전칭기호가 주어지지 않는다고 할지라도 선행하는 정언명제에서 전칭기호가 그것의 선행명사를 간접적으로 선행한다는 사실로 인해, 그러한 명사는 동일한 방식으로 순수 불확정지칭을 갖는다. 이 점은 "모든 인간은 동물이고 모든 당나귀는 그를 본다"에서 분명하다.

다양성의 관계사는 선행명사가 참으로 서술되는 것과 동일한 것을 참으로 서술하지 않기 때문에 다양성의 관계라고 부른다는 점에 주목해야 한다. 이 점은 모순되는 두 명제들을 지시하는 "그것들 중 하나는 참이고 나머지 하나는 거짓이다"라는 예에서 분명하다. 여기서 '나머지 하나'는 "그것들 중 하나는 참이다"라는 선행명제가 참으로 서술하지 않는 것을 참으로 서술한다.

'그런', '그런 종류의', '그렇게 많은'과 같은 우유들의 관계사는 아리스토텔레스의 견해에 따라 우유를 지칭하기 때문이 아니라 '무엇임'(*in quid*)에 대해 서술되지 않는 어떤 것을 내포함으로써 어떤 것을 지칭하기 때문에 우유들의 관계사라고 부른다.

그러한 관계사는 그것의 선행명사가 지칭하는 바로 그것을 지칭하지도 검증하지도 않고, 그것의 선행명사가 지칭하는 것과 유사하거나 동등한 어떤 것을 지칭한다. 이 점은 "소크라테스는 희고 플라톤도 그렇다"에서 분명하다. 여기서 '그렇다'는 소크라테스를 지칭하는 것이 아니라 소크라테스와 유사한 어떤 것을 지칭한다. 마찬가지로, "소크라테스와 플라톤은 달리고, 그만큼 많은 〔이들이〕 논쟁한다"에서 '그만큼'은 필연적으로 소크라테스와 플라톤을 지칭하지도 않고 '달린다'가 지칭하는 것들을 필연적으로 지칭하지도 않는다. 그것은 다른 것들을 지칭할 수 있다. "소크라테스는 키가 6피트고 플라톤도 그만큼 된다"의 경우에도 마찬가지다.

따라서 그러한 관계사가 때때로 동일한 것을 지칭할 수 있지만 필연적이지 않다는 점에 주목해야 한다. 마찬가지로 이러한 관계사의 선행명사는 빈번하게 또는 언제나 양이나 성질 또는 다른 어떤 우유의 범주 안의 이름이라는 점에 주목해야 한다.

제 77 장
변칙지칭에 대하여

명사가 적절히 의미하는 것을 지칭할 때 적절지칭이 일어나듯이, 명사가 변칙적으로 해석될 때 변칙지칭이 일어난다.

변칙지칭에는 여러 가지 종류가 있다. 첫째, 환칭(*antonomasia*)은 명사가 그것에 최대한으로 일치하는 것만을 지칭하는 것이다. "사도는 이것을 말했다", "철학자는 이것을 부정한다" 등과 같은 경우가 환칭의 예다. 둘째, 제유(*synechdochica*)는 부분이 전체를 지칭하는 것이다. 셋째, 환유(*metonymica*)는 포함하는 것이 포함되는 것을 지칭하거나 우유인 추상적 형상이 그 기체를 지칭하는 것이다.

따라서 언제 명사와 명제가 문자 그대로 해석되고, 언제 말하는 이의 용법에 따라 해석되며, 글 쓰는 이의 의도에 따라 해석되는지를 고려하는 것이 필요하다. 철학자들과 성자들과 저술가들이 기술한 각자의 저술들에서 다의적으로 사용되지 않는 어휘가 결코 없다는 것이 그 이유이다. 어휘를 언제나 일의적으로, 그리고 한 가지 방식으로만 사용하기를 원하는 이들은 저자들의 의도를 파악하고 진리를 탐구하는 데 자주 오류에 빠진다. 왜냐하면 거의 모든 어휘가 다의적으로 사용되기 때문이다.

앞선 말한 것을 통해 우리는 "피조물의 가지적 존재는 영원에서부터 있었다"와 "흰 것임은 소크라테스에 속한다"와 같은 명제들에서 명사들이 어떻게 지칭하는지를 밝힐 수 있다. 그것들은 하나의 사물, 하나의 발화된 음성, 집합체 또는 영혼의 지향을 지칭한다. 그리고 그 명사들이 적절한 의미로 고려될 때, 우리는 이것들 각각의 경우에서 그 명제들이 참인지 거짓인지 여부를 쉽게 판단할 수 있다. 만일 "피조물의 가지적 존재는 영원에서부터 있었다"에서 주어가 하나의 사물을 지칭한다면, 그것은 피조물이거나 피조물이 아닌 것을 지칭한다. 그것이 피조물을 지칭한다면, 그 명제는 분명히 거짓이다. 그것이 피조물이 아닌 것을 지칭한다면 그 명제는 분명히 참이다. 그러나 만일 그것이 양자 모두의 집합체를 지칭한다면, 그것은 분명히 거짓이다. 그리고 만일 그것이 영혼의 지향, 발화된 음성이나 다른 어떤 것을 지칭한다면, 그 명제는 부정되어야 한다.

그러나 그러한 명제들이 문자 그대로 해석되지 않는다면, 우리는 그것들 대신에 오는 명제들을 해석해야 하고, 이것들이 참인지 거짓인지에 따라 원래 명제를 판단해야만 한다. 따라서 "피조물의 가지적 존재는 영원에서부터 있었다"는 "신은 영원에서부터 피조물을 이해했다"를 뜻하고, 후자의 명제가 참이기 때문에 후자의 명제가 뜻하는 바인 전자의 명제를 참으로 받아들일 수 있다.

명사들과 그것들의 지칭에 관한 언급은 이 정도로 충분하다. 여기서 《논리학 대전》의 제1부가 끝난다.

14세기 철학자 윌리엄 오캄

윌리엄 오캄(William Ockham)은 1285년 무렵 영국 런던 남서쪽에 위치
한 서리(Surrey) 지방의 오캄(Ockham)이라는 마을에서 태어났다. 프란
체스코수도회에 입문하여 1310년경부터 신학을 공부하기 시작한 그는 옥
스퍼드대학교 신학부에 들어갔지만 정식 교수 자격을 취득하지 못한 것
으로 알려진다. 이로 인해 그는 '존경할 만한 초학자'(*venerabilis inceptor*)
로 칭해지곤 한다. 1) 대학에서 교수직 제안을 받지 못한 이유는 아비뇽의
교황 요한 22세로부터 이단 혐의에 대해 답하도록 종용받았기 때문인 것
으로 보인다. 오캄에 대한 조사는 3년간 지속되었고, 그는 자신의 견해를
철회하기를 거부했다. 그는 1328년 그리스도의 청빈과 교회의 현세적 권

---

1) 한편, 'inceptor'를 '창시자'로 해석해 후기 중세 유명론의 창시자라는 뜻으로
  사용하기도 한다.

력 문제를 두고 교황과 대립하던 프란체스코수도회 총장 케세나의 미카엘(Michael of Cesena)과 함께 아비뇽에서 달아난다. 두 사람은 파문을 당하고, 교황과 대립하던 바바리아의 루드비히(Ludwig of Bavaria) 황제에게 도피한다. 오캄은 뮌헨에서 황제와 함께 머물면서 교회와 국가에 관한 논문들을 집필했다. 1349년 죽음에 임박하여 교회와의 화해를 위한 단계를 밟아 나갔는데, 그가 교회에 복종하게 되었는지에 대해서는 알려진 바가 없다.

13세기와 비교할 때 오캄이 활동한 14세기는 분열과 붕괴의 시대였다. 이 점은 당시 삶의 모든 분야에 걸쳐 드러난다. 교황권은 13세기에 정점에 달했다가 기울기 시작했다. 여러 가지 불미스런 일 가운데에서도 '바빌론의 유수'에 빗댈 만한 사건을 겪었다. 1305년 교황이 강제로 로마를 떠나 프랑스 왕 치하인 아비뇽에 거주하게 된 것이다. 또한 교회는 위클리프(Wyclif)와 후스(Huss)의 이단적 주장으로 분열되고 신앙심의 쇠퇴로 인해 약화되었다. 14세기에 들어 정치권에서는 강력한 국왕들이 발흥하여 모든 그리스도인들을 포용하는 제국의 꿈을 산산이 깨뜨려 버렸다. 14세기 중반, 아마도 오캄의 생명도 앗아갔을 흑사병은 그리스도교 세계를 휩쓸며 중세 후기의 경제 및 사회적 격변에 적지 않은 몫을 담당했다.

이런 분열과 붕괴의 양상은 이성과 신앙의 관계 문제에서도 여실히 드러난다. 중세 스콜라철학의 태동과 발전은 12세기 아리스토텔레스 저작의 발견을 통해 가능했다. 처음에는 신학자들을 비롯한 교회 권위자들이 그의 철학에 의심에 찬 눈길을 보냈다. 그러나 그의 사상은 점차적으로 수용되기 시작했고 그리스도교 사상에 동화된다. 13세기의 화두는 아리스토텔레스에게 세례를 베푸는 것이라고 해도 과언이 아니다. 아리스토텔레스의 저작들이 유입되고 전문적인 연구가 진행됨에 따라 그리스도교 신앙의 핵심 교리와 상충되는 철학적 입장들이 등장하기도 했고, 이런 추세를 우려하면서 반발하는 보수적인 신학적 담론이 대안으로 떠오르기도 한 반면, 극단적인 대립을 절충하려고 신앙과 이성의 조화를 꾀하는 이론도 나타났다. 따라서 13세기는 신앙과 이성의 긴장관계가 극에 달한 시기인 동시에 그 둘의 결합을 추구한 시기라고 평가될 수 있다. 그런데 13세기 후반부로 갈수록 상황은 역전되어 아리스토텔레스에 대해 호의적이지 않게 되었다. 1270년과 1277년에 일어난 단죄는 어쩌면 이성과 신앙 사이의 창조적이고 생산적인 긴장관계를 더 이상 유지할 수 없게 한 결정적 요인이었을 것이다. 14세기에 접어들면서 점차적으로 이성과 신앙 사이에 조화를 꾀하는 노력은 사라졌으며, 자연신학의 영역에 놓인 문제들조차 계시의 영역으로 귀속시키려는 경향이 생겼다. 이런 경향성은 자연 이성으로는 신에 관해, 심지어 신 존재까지도 증명할 수 없다는 오캄의 주장에 잘 드러난다.

《논리학 대전》 제1부의 구조

오캄의 저술들은 학술적(academic) 저술[2]과 정치적(political) 저술[3]로 구분된다. 시기적으로 전자는 그가 1328년 아비뇽에서 도피하기 전에 집필된 것인 데 반해, 후자는 도피한 이후 쓴 저술들이다. 학술적 저술은 다시 철학 저술과 신학 저술로 나뉜다.

철학 저술에 포함되는 《논리학 대전》(*Summa Logicae*)은 1323년경에

---

2) 미국 성 보나벤투라대학교의 프란체스코연구소(Franciscan Institute)에서 간행된 17권의 《철학 및 신학 저작집》(*Opera Philosophica et Thelogica*) 가운데 7권으로 이루어진 《철학 저작집》은 1974~1988년에, 10권의 《신학 저작집》은 1967~1986년에 발간되었다.

3) 《대화》(*Dialogus*)를 제외한 모든 정치적 저술은 라틴어 비판본에 수록되어 있다. 총 4권으로 이루어진 《정치 저작집》(*Opera Politica*)은 영국 맨체스터대학교 출판부에서 1956~1974년에 처음 3권이 출간되었고, 제4권은 옥스퍼드대학교 출판부에서 1997년에 나왔다.

집필되었다. 그것은 크게 세 부분, 즉 명사(名辭, *terminus*)에 관한 제1부, 명제(*propositio*)[4]에 관한 제2부, 그리고 논증(*argumentum*)에 관한 제3부로 이루어진다. 《논리학 대전》 제1부는 언어를 문자 언어, 음성 언어, 심적 언어의 셋으로 나누고, 명사가 명제의 일부가 되기 전에 소유하는 속성인 의미(*significatio*) 등을 포함한 명사 이론을 전개한다. 그다음으로는 아리스토텔레스의 《범주론》과 포르피리오스의 《아리스토텔레스의 범주론 입문》(*Isagoge*)에 대한 비판적 논의가 등장하며, 의미와 구별되는 명사의 또 다른 속성인 지칭(*suppositio*)을 다루는 것으로 끝을 맺는다. 《논리학 대전》 제2부는 명사들로 구성된 명제의 진리 조건들에 대해 다룬다. 분량이 가장 많은 《논리학 대전》 제3부는 네 부분으로 세분된다. 첫째 부분은 삼단논법(syllogism)을 다루고, 둘째 부분은 학적 논증(scientific demonstration), 셋째 부분은 중세 논리학의 독창적 성취를 이루었다고 평가되는 귀결 이론(theory of consequences), 마지막 넷째 부분은 오류들(fallacies)을 다룬다.[5]

총 77개 장(章)으로 이루어진 《논리학 대전》 제1부는 크게 네 부분으로 나눌 수 있다. 첫째, 명사 일반을 다루는 1~17장에서는 공의어명사와 단의어명사, 추상명사와 구체명사, 절대명사와 내포명사, 제1지향과 제2지향 명사 등과 같은 명사의 여러 가지 구분들에 대해 설명한다. 또한 보편자 문제가 제기된다. 둘째, 18~25장은 포르피리오스의 5가지 가능술어(*praedicabilia*)를 다룬다. 셋째, 아리스토텔레스의 범주들을 다

---

4) 언어철학에서 통용되는 주어와 술어로 이루어지는 언어적 표현에 해당하는 '문장'(sentence)과 문장을 통해 드러나는 내용인 '명제'(proposition)의 구분에 비추어 볼 때, '명제'라는 번역어에 대응하는 라틴어 *propositio*는 문장의 뜻에 더 가깝다.

5) 《논리학 대전》 제2부는 아리스토텔레스의 《명제론》, 제3부의 첫째 부분은 《분석론 전서》, 둘째 부분은 《분석론 후서》, 셋째 부분은 《변증론》, 그리고 넷째 부분은 《소피스트 논박》의 논의와 밀접하게 연관된다.

루는 26~61장 가운데 26~43장은 정의와 기술, '주어'와 '술어', '전체', '존재자' 등의 명사들에 대해 다루고, 44~61장까지는 10가지 범주에 할 애된다. 마지막으로 62~77장은 지칭에 대해 다룬다.

《논리학 대전》 제1부의 내용

오캄은 "서문의 편지"에서 《논리학 대전》의 집필 목적을 신학 초심자들 이 논리학의 기본적인 어려움들을 피할 수 있도록 도움을 주기 위한 것이 라고 밝히고 있다.

> 젊은이들 대부분은 논리학에 대한 풍부한 경험을 하기 이전에 신학과 다른 학문의 미묘함으로 인해 연구하는 데 방해받으며, 이것을 통해 다른 이들에 게 보잘것없거나 하찮은 것일 수 있는 난해한 어려움에 빠져들고, 참된 증명 을 마치 수수께끼 문장(sophismata)처럼 배척하고 증명 대신 궤변을 수용하 기 때문에 나는 이 논고를 쓰는 데 착수했으며 이 과정에서 이따금 철학적인 예증뿐만 아니라 신학적인 예증들을 통해 규칙들을 드러나게 할 것이다 (《논리학 대전》1부, 14쪽).

이런 표면적 이유 뒤에는 선대 그리고 동시대의 견해들을 광범위하게 비판하면서 그것들을 대체할 만한 새로운 철학적 기획을 꾀하고자 하는 야심찬 목표가 담겨 있다. 그 기획이란 세계는 개별자들로만 이루어진 것일 뿐 서로 간에 공통적인 것이라고는 존재하지 않으므로 보편자는 명 칭들(nomina)에 불과하다는 '유명론'(nominalism)으로 표현될 수 있다.

오캄은 논리학을 유의미한 언어와 연관된 지식의 체계라고 규정한 다.[6] 그렇다고 그는 언어를 경험적으로 다루고자 하지 않는다. 논리학 은 영어나 프랑스어와 같은 규약적인 언어들이 아니라 그 언어들을 가능하게 만드는 심적 언어(mental language)를 대상으로 삼는다. 사고가 문자 그대로 언어라는 것이 오캄의 생각이다.

오캄은 문자 언어, 음성 언어, 심적 언어, 3가지 종류의 언어를 구분한다. 3가지 가운데 심적 언어는 자연적인 반면, 나머지 둘은 규약적이다. 즉, 문자 언어나 음성 언어는 공동체에 따라 다르지만, 심적 언어는 적어도 모든 이에게 동일하다.

문자 언어는 음성 언어에 '종속'되고, 음성 언어는 심적 언어에 '종속'된다. 문자 언어와 음성 언어는 그런 종속을 통해서만 파생적으로 의미를 지니게 된다. 오캄은 '의미'를 음성 언어와 개념 사이의 관계로 보지 않는다. 의미는 심적 언어의 구성단위에 속한 것이다. 의미는 정신 내부의 자연적 기호와 그 기호가 재현하는 외적 대상 사이의 관계로 설명된다.

마찬가지로, 논증을 구성하는 명제에도 문자명제, 음성명제, 심적 명제 3가지가 있다. 처음 2가지 명제는 공적으로 지각될 수 있는 기호(signum)로 이루어진다. 하지만 심적 명제는 지성의 사밀성 안에만 존재하는 일련의 개념(conceptus)이다. 저마다의 명제는 명사로 이루어지고, 의미의 기본적인 속성은 그 구성요소인 명사의 의미다.

오캄의 논리학은 때때로 '명사 논리학'(term logic)이라는 명칭으로 사용되기도 한다. 이렇게 '명사'[7]는 논리학이 다루는 최소 단위이며, 하나의 개념을 언어로 나타내며 명제를 구성하는 유의미한 요소가 된다.

명제를 구성하는 최소단위인 명사는 단의어(單義語, categorematicus) 명사와 공의어(共義語, syncategorimaticus) 명사로 나뉜다.[8] 단의어명사는 명확하게 정해진 의미를 스스로 지니는 것이다. 그것은 '산' 또는 '높

---

6) 《논리학 대전》, 1부 3장.
7) '명사'(名辭)로 옮긴 라틴어 terminus라는 용어는 본래 '한계, 끝'의 뜻을 지닌 그리스어 horos에 뿌리를 두며, 영어로는 term으로 번역된다.
8) 《논리학 대전》, 1부 4장.

음'처럼 세계에 존재하는 사물이나 특성을 의미하며, 주어나 술어의 위치에 있게 된다. 반면, 공의어명사는 단의어명사에 더해짐으로써만 의미를 갖는 명사다. 예컨대, '모든'(every), '만일'(if), '그러한'(such) 등은 스스로 정해진 의미가 없고 단의어명사를 변경시키거나 영향을 줄 뿐이다. 수학에서 0과 같은 것이다. 스스로 아무것도 의미하지 않으며, 더해지는 수가 있어야만 의미를 갖는다. '몇몇 사람'의 경우, '몇몇'은 '사람'이 나타내는 단어에 개별자의 수를 제한시킨다. '백색'에 '모든'이 부가될 때, '백색'이 모든 백색을 나타내도록 한다.

오캄은 또 구체(concretus) 명사와 추상(abstractus) 명사를 구분한다. 9) 이것들은 '정의로운'(iustus)과 '정의'(iustitia), '강한'(fortis)과 '강함'(fortitudo), '동물'(animal)과 '동물성'(animalitas)처럼 비슷한 글자나 음절로 시작하지만 비슷한 어미로 끝나지 않는 명사들을 일컫는다. 이것은 오캄으로 하여금 '인간'(homo)과 같은 구체 명사와 '인간성'(humanitas)과 같은 추상 명사가 동의어라는 주장을 하도록 한다. 이를테면, '인간'과 '인간성'은 모두 소크라테스나 플라톤과 같은 누군가를 의미할 수 있다. 그렇다고 해서 '인간성'이 개별적인 인간과는 다르지만 모든 인간에게 공통적인 어떤 실재성을 의미하지 않는다는 것이 오캄의 입장이다. 그는 이런 구별을 통해 세계의 존재론적 구조를 설명하기 위해 동물성, 인간성, 소크라테스성(소크라테스를 다른 인간과 차별화하는 속성) 등과 같이 특수한 추상적 존재자를 요청하는 것이 필요하다는 입장을 비판한다.

단의어명사는 세계의 사물을 가리킨다. 특수한 실체와 성질만이 세계에 존재하는 것이다. 이 말뜻은 모든 단의어명사가 특수한 실체나 특수한 성질을 가리킬 뿐이라는 것이다. 그러나 '부모'라는 명사를 보자. '사람'과 '부모'는 모두 인간을 가리킨다. 그러나 이 두 명사가 가리키는 방식

---

9) 《논리학 대전》, 1부 5~9장.

은 다르다. 부모가 되기 위해서는 그 사람 외부의 세계에 대해 적용되는 것이 있어야 한다. 그 사람의 범위를 넘어 자식이 있어야만 한다. 부모는 두 가지 대상을 가리킨다.

언어에는 이런 구분을 다룰 체계가 필요하다. 오캄은 《논리학 대전》 1부 10장에서 이 구분을 위해 명사를 다시 절대(absolutus) 명사와 내포(connotativus) 명사10) 로 나눈다.

〔절대 명사의 경우〕명사에 의해 의미되는 것은 무엇이든지 똑같이 일차적으로 의미된다. 예컨대, '동물'이라는 명사가 소, 나귀, 사람, 그리고 그 밖의 동물들이 아닌 다른 어떠한 것도 의미하지 않는다는 점은 분명하다. … 그러한 명사는 '사람', '동물', '염소', '돌', '나무', '불', '땅', '물', '하늘', '흼', '검음', '뜨거움', '달콤함', '냄새', '맛' 등과 같은 것이다. … 그러나 내포 명사는 어떤 것을 일차적으로 의미하고 또 다른 것을 이차적으로 의미하는 것이다.

---

10) connotatio를 '내포'로 번역할 경우 내포(intension) 와 외연(extension) 이라는 논리학 개념들과 혼동할 수 있는 소지가 있다. 내포는 한 명사나 개념의 형식적 정의(定義)를 이루는 내재적 내용을 가리키며, 외연은 한 명사나 개념이 적용되는 특수한 대상들의 범위를 지시한다. 예컨대, '배'라는 명사의 내포는 '물 위에서 운반할 수 있도록 만들어진 용기'인 반면에 외연은 화물선, 여객선, 전함, 돛단배와 같은 대상들을 포괄한다. 그런데 이런 '내포'의 뜻은 오캄이 사용하는 connotatio의 뜻과는 차이가 있다.

connotatio라는 개념을 이해하기 위해서는, '외연'과 '내포'라는 구분보다 의미가 밖으로 드러나는 지시적 의미(denotative meaning) 와 기본적인 의미와 함께 여러 다른 의미를 포함하는 함축적 의미(connotative meaning) 사이의 구분이 들어맞을 것이다. '떡값'이라는 표현이 이 구분을 설명하는 좋은 예다. 떡값의 지시적 의미는 떡을 사거나 만드는 값이지만, 오늘날 떡값은 '뇌물'이란 함축적 의미로 더 많이 쓰인다. 이런 이유로 인해, 굳이 다른 용어를 선택한다면 '함축 명사' 또는 '언외(言外) 명사' 등을 고려할 수 있다. 하지만 intension에 해당하는 우리말이 내포인 데 반해, connotatio도 '내포'로 번역된다. 더욱이, '함축적 의미'라는 표현은 때때로 '내포적 의미'와 동의어로 사용되기도 한다.

단의어명사 가운데 '동물'과 '달콤함'처럼 세계의 대상을 직접적으로 의미하는 것을 절대 명사라고 한다. 그 명사는 자신의 의미 대상을 모두 동일한 방식으로 의미하고, 명제 안에서 저마다를 무차별적으로 나타낸다. 예컨대, '염소'의 경우 그것은 단지 염소들만을 의미하고, 모든 염소를 동등하게 의미한다. "모든 염소는 포유류다", "어떤 염소는 검정색이다", "머피는 염소다"와 같은 명제에서 각각의 염소를 나타낼 수 있다. 그러나 '부모'나 '마부'와 같은 내포 명사는 두 가지 대상을 의미한다. 즉, 부모는 일차적으로 부모를 의미하지만 이차적으로 자식을 내포하며, 마부는 일차적으로 마부 당사자를 의미하지만 이차적으로 말을 내포한다.

인간과 부모와 같은 명사들 간의 차이는 정의가 다른 데서 비롯된다. 인간에 대해 '이성적 동물'이나 '신체와 지성적 영혼으로 이루어진 실체'라고 정의 내릴 때, 그 정의는 대상의 실재적 본질, 즉 형이상학적 구조를 드러낸다. 이런 정의를 '실재적 정의'(quid rei) 라고 하는데, '인간'이라는 개념을 야기하는 대상의 본성을 기술한다. 따라서 실재적 정의는 인간을 지각함에 있어 기본적인 내용을 드러낸다. 한편, 부모에 대한 정의를 '다른 이들을 [자식으로] 본 사람'이라고 내릴 수 있다. 그것은 사람의 외연을 나타내지만 다른 사람과의 관계를 내포한다. 첨가된 내포로 인해 아버지나 어머니에 대한 지각의 내용을 서술한다고 말할 수 없다. 이런 정의를 '명목적 정의'(quid nominis) 라고 부른다.

절대 명사와 내포 명사의 구분은 오캄의 체계에서 어떤 위상을 지닐까? 그의 논리학과 의미론에서 가장 기본적인 개념은 '의미'다. 중세에는 명사가 우리로 하여금 생각하게 만드는 그런 대상을 '의미한다'는 주장이 일반적이었다. 오캄에게 명사는 일반적으로 사고나 생각을 의미하지 않고 현재 존재하지 않는 것을 포함한 모든 대상을 의미한다. 따라서 언어의 기능은 사람들의 마음 사이에서 사고를 전달하기보다는 외적 세계에 대해 정보를 전달하는 것이다. '산'이라는 말은 산들을 의미한다. 왜 그런 현상이 생기는가? 철수가 산이라는 말을 할 때 철수는 산을 의미하고 자 했기 때문에 이런 현상이 생긴다. 이때, 철수는 어떤 정신적인 작용을 가져야만 한다. 즉, 철수는 산에 대한 생각이나 욕구를 가져야 한다. 영희가 철수의 말을 듣거나 읽을 때 영희도 산에 대한 생각이나 욕구를 가지기 때문에 의사소통이 일어난다.

그러나 산에 대한 생각이나 욕구에 포함되는 것은 어떤 것이 있는가? 우리의 생각은 정신에 맺힌 상(mental pictures)과 같다는 주장이 있을 수 있다. 즉, 산에 대한 생각은 산과 문자 그대로 닮았기 때문에 산을 의미한다는 것이다. 오캄은 초기에 이런 표상주의 인식론을 택했으나 후기에 직접적 실재론의 입장을 취하게 된다. 즉, 산이라는 말이 산을 뜻하게 되는 이유는, 철수가 지각한 산이 그것을 말하거나 쓸 때 가지는 생각을 야기하게 했다는 데 있다. 사물은 철수 안에 심적 사건을 야기하는 능력을 지니고 있다는 것이다. 이것을 자연적 의미(natural signification)라고 부른다.[11]

이런 의미는 다시 '일차적 의미'(primary signification)와 '이차적 의미'(secondary signification)로 나눌 수 있다. 예컨대, '인간'과 '부모'라는 명사를 비교해 보자. '인간'과 '부모'는 모두 인간을 가리킨다. 그러나 이두 명사가 가리키는 방식은 다르다. '인간'은 무차별적으로 '김철수', '이영희' 등을 의미한다. 한편, '부모'가 되기 위해서는 그 사람 말고도 세계에 대해 적용되는 것이 있어야 한다. 그 사람의 범위를 넘어 '자식'이 있어야만 한다. 부모는 두 가지 대상을 의미한다. 즉, 부모는 당사자를 일차적으로 의미하지만, 이차적으로 자식을 의미한다. 다른 예를 들어 보자. '용감한〔것〕'이라는 말은 우리로 하여금 '용감한 사람'을 생각하게 만

---

11) 자연적 의미작용과 달리, 실제 공적 언어에서는 인공적인 의미작용이 있을 뿐이다. '산' 외에도 mountain, Berg, montagne으로 사용되는 것을 보라.

들지만 또한 '용감성'에 대해서도 생각하게 한다. '용감한 〔것〕'은 용감한 사람을 의미하는 동시에 용감한 사람의 술어가 될 수 있다. 반면, '용감한 〔것〕'은 용감성을 의미하긴 하지만 용감성의 술어가 되지는 않는다.[12] '인간'에게 적용되는 것을 일차적 의미라고 부르는 데 반해, '부모'나 '용감한'에 적용되는 것을 이차적 의미 또는 '내포'(connotatio)라고 부른다.

절대 명사와 내포 명사의 구분에는 보편자 문제를 바라보는 오캄의 의도가 잘 드러난다. 절대 명사는 의미대상의 존재를 요구하는 반면, 내포 명사는 그렇지 않다. 이런 명사의 구분에는 보편자의 실재성을 인정하는 이들은 내포 명사를 절대 명사로 오인했다는 오캄의 비판이 깔려 있다.

이 세계에는 서로 다른 개별자들이 있다. 갑돌이, 갑순이, 을동이는 강아지고, 저마다 서로 다르다. 모두 강아지이기 때문에 동일한 종류다. 그것들은 거위나 염소처럼 모두 동물이라는 점에서 공통적인 동물의 본성을 공유하지만, 강아지라는 점에서 거위나 염소가 공유하지 않는 공통 본성을 지닌다고들 한다. 따라서 세계는 이런 공유된 본성을 반영하는 유와 종으로 나누어진다. 그러므로 "강아지는 종이다"라는 명제는 "갑돌이는 강아지다"라는 명제와 마찬가지로 참이다. 여기서 강아지는 각 명제에서 동일하다. 여기서 두 가지 물음이 생긴다. 첫째, "강아지는 종이다"에서 '강아지'와 '종'은 무엇을 가리키는가? 둘째, "갑돌이는 강아지다"와 "갑순이는 강아지다"에서 '강아지'는 무엇을 가리키는가? 세계 내에 실재적 차이를 만들기 위해 '강아지'는 적어도 갑돌이, 갑순이, 을동이가 동시에 지니는 실재적 특성, 개별적 특성과 공통 본성을 내포해야만 한다고 생각할 수 있다. 따라서 형이상학적으로 실재적인 차이는 사물 안에 있는 형이상학적으로 실재적인 구성요소, 추상적 이름에 의해 불릴

---

12) "용감한 사람은 용감하다"는 참이지만, "용감성이 용감하다"는 거짓이다.

수 있는 구성요소에 의해 설명된다. 구체적인 특수자 말고도 세계에는 실재적인 추상적 실재가 있다는 것이다.

하지만 오캄은 이런 생각을 부정한다. 그는 절대 명사와 내포 명사를 구분하면서 아리스토텔레스의 10가지 범주 가운데 개별적 실체와 개별적 성질은 절대 명사의 영역에, 나머지 범주는 모두 내포 명사의 영역에 귀속시킨다. 절대 명사는 현대 논리학에서 언급되는 '예시적 정의'(ostensive definition)가 가능하다. 즉, 손으로 가리키는 것을 봄으로써 그 절대 명사가 의미하는 것을 알 수 있다. 그러나 부모와 같은 내포 명사는 그렇게 할 수 없다. 바로 이 점이 '부모임'(parenthood)이 실체나 성질이 아니라 관계인 이유다. 부모라는 개념은 실체나 성질에서 온 것이 아니라면, 어디서 온 것일까? 오캄은 그것이 인식행위에서 왔다고 주장한다. 부모에게 DNA를 가지는 것과 같은 성질이 있고, 자식에게도 그런 성질이 있다. 이런 성질이 서로를 가족으로 분류될 수 있게 한다. 부모와 자식을 연결시키는 추상적 실재가 있다고 생각하는 것은 불필요하다. 관계는 보편자처럼 개념일 뿐이라는 것이 오캄의 메시지다.

오캄은 《논리학 대전》 1부 12장에서 '제 1지향의 명사'와 '제 2지향의 명사'를 구분한다. 그는 개념이나 심적 명사를 "영혼 안에 있는 어떤 것이며, 지칭할 수 있는 어떤 대상을 자연적으로 의미하는 기호나 심적 명제의 부분일 수 있는 것"인 '지향'(intentio)[13]이라고 부른다. '인간', '동물', '소크라테스', '플라톤', '흼', '흰〔것〕', '존재자', '참인〔것〕', '좋은〔것〕'처럼 심적 기호가 아닌 세계에 존재하는 개별자들을 의미하는 것들은 '제 1지향의 명사'인 데 반해, '유'나 '종'처럼 심적 기호나 개념을 의미하는 것들은 '제 2지향의 명사'다. 따라서 "인간은 종이다"라고 말할 때 우리는 세계에 존재하는 인간의 속성이 아니라 인간이라는 '개념'이나 '지향'의 속

---

13) 《논리학 대전》 1부 12장.

성에 대해 말하는 것이다.

오캄은 《논리학 대전》 제1부의 처음 17개 장에서 명사의 다양한 구분을 도입한 다음, 18~25장에서 아리스토텔레스의 5가지 가능술어, 즉 술어와 주어가 관계를 맺는 방식을 분류하는 유(*genus*), 종(*species*), 고유성(*proprium*), 차이성(*differentia*), 우유(*accidens*)에 대해 다룬다. 여기서 그는 제1지향과 제2지향 사이의 구분을 끌어들여 유나 종이 정신 외부의 어떤 것이 아니라 정신 외부의 사물들의 기호를 서술하는 심적 기호라고 주장한다.

《논리학 대전》 1부 44~62장에는 아리스토텔레스의 10가지 범주에 대한 상세한 논의가 들어 있다. 범주는 사물들을 분류하는 근본 개념이면서 특정 주어에 붙는 일반적인 술어들로 이해되어 왔다. 오캄은 심적 언어의 이론을 토대로 아리스토텔레스의 범주론에 대한 유명론적 해석을 전개한다. 10가지 범주는 심적 언어에서 유의미한 단순 명사들의 범주들이다. 그는 자신의 존재론에서 특수한 성질과 특수한 실체만을 인정한다. 실체와 성질을 제외한 범주들에 속한 모든 명사는 내포 명사다. 따라서 '아버지'와 같은 관계 명사는 아버지성이라는 특수한 관계를 언급할 필요가 없다. 그것은 일차적으로 특수한 실체(아버지)를 의미하고, 이차적으로 또 다른 특수한 실체(자녀)를 의미하기만 하면 된다. 이런 내포 이론에 따르면 양, 장소, 시간 등도 특수한 실체와 특수한 성질로 환원된다. 14)

《논리학 대전》 제1부의 마지막 부분은 지칭15) 이론을 다룬다. 지칭

---

14) 엄밀히 말하자면, 오캄은 관계의 범주를 인정하기는 한다. 하지만 관계는 삼위일체, 강생(Incarnation), 성체성사(Eucharist) 등과 같은 신학적 논의에 필요한 것이라는 단서를 단다.

15) '지칭'(指稱)에 해당하는 라틴어 suppositio는 어원적으로 어떤 것을 다른 대상 '아래에 놓는다, 대치한다, 대입한다' 등의 뜻을 지니는 'supponere'에서 파생된 것이다. 박전규는 오캄에 관한 국내 유일의 연구서인 《윌리암 옥캄의 생애

이론은 후기 중세 의미론의 중요이론들 가운데 하나다. '의미'는 명제 안에 사용되기 전에 명사에 귀속되는 속성인 데 반해, '지칭'은 명제에 일부로 사용될 경우에만 명사에 귀속되는 속성을 이른다. 지칭에는 3가지 종류가 있다.

첫째, 명사가 의미 기능을 수행할 때 위격 지칭 (*suppositio personalis*) [16)]

와 사상》에서 번역을 하지 않고 라틴어를 그대로 표기한다. 이것은 대부분의 외국 학자들의 경우도 마찬가지로 따르는 일종의 안전한 관행이다. 왜냐하면 영어로 옮긴다고 'supposition'이라고 표기하게 되면 대뜸 '가정'의 뜻을 지니는 suppositio와 '지칭'의 뜻을 지니는 suppositio를 완전히 혼동할 위험이 생기기 때문이다. 최근 출간된 《오캄 철학 선집》에서 이경희는 '가정'이라는 번역어를 선택한다. 이러한 번역을 정당화해 줄 유일한 토대는 박전규의 " … 우리는 … 명사가 대신할(supponere, pro-stand for) 하나의 사물을 가정한다"는 해석에 준하는 '사물의 가정' 개념일 것이다(박전규, 1983, 167쪽 참조). supponere 동사의 본래 의미를 살리는 동시에 영어의 supposition의 우리말 번역어로 자리 잡은 '가정'이란 단어를 살려 보려는 이러한 시도에 대해서는 물론 깊이 공감한다. 그러나 여전히 "사물을 가정한다"는 것의 의미를 전혀 이해하기 어렵다는 이유에서 다른 단어를 찾을 필요가 절실하다.

또 다른 대안으로는 배선복의 경우 '서 있음'이란 번역이 있고, 이 역시 박전규의 경우와 같이 supponere 동사의 원래의 의미를 살리려는 노력이고, 특히 라틴어의 'stare'나 영어의 'stand for'의 직설적 의미에 기대려는 시도로 여겨진다(배선복, 2000 참조). 좋은 의도임에도 불구하고 '서 있다'는 일상용어로 취급할 경우 무엇이 서 있다는 것인지가 분명치 않으므로 결국은 일상용어의 외관을 한 전문용어에 불과하게 될 뿐 아니라 서 있는 것이 명사가 아니라 지칭된 사물이 되어 버릴 위험마저 있다고 본다. 결국 스페이드(Paul Spade)가 영어에서 'reference'를 유망한 번역어로 선택하는 것처럼 우리말에서는 '지칭'(指稱)을 suppositio의 번역어로 취하는 것이 적절해 보인다.

16) 여기서 personalis는 '위격'(persona)이라는 라틴어 개념과 큰 상관이 없어 보인다. 하지만 그 용어 사용에 대한 실마리는 거슬러 올라가 12세기의 신학적 논의에서 찾아야 한다. 12세기에는 삼위일체를 해석하는 과정에서 위격 지칭(suppositio personalis)과 본질 지칭(suppositio essentialis)을 구별하곤 했다. 즉, 명사가 신의 위격 가운데 하나를 나타내는지 아니면 신의 본질을 나타내는지를 놓고 두 가지 지칭을 구별했다. 따라서 오캄이 사용하는 suppositio personalis라는 용어가 직접적으로는 위격과 상관없고 정신 외부의 실재를 가

이라고 한다. "사람은 달린다"라는 명제에서 '사람'이란 주어는 '달리는 개별적인 인간'을 지칭한다. 이러한 '사람'은 외적 세계에 있는 일차적으로 의미하는 바의 대상을 나타낸다. 이처럼 명사가 의미적으로 사용되지 않은 경우가 나머지 지칭에 적용된다.

둘째, 명사가 의미적으로 기능하지 않는 개념을 지칭할 경우 단순지칭 (*suppositio simplex*) 이라고 한다. "사람은 보편자다"라는 명제 속에서 '사람'은 개별적 인간을 의미하는 기능을 갖는 것이 아니라 개념을 지칭한다.

셋째, 명사가 의미적으로 기능하지 않는 음성으로 발화된 표현이나 문자로 쓰인 표현을 지칭할 경우 질료 지칭 (*suppositio materialis*) [17] 이라고 한다. "사람은 두 글자이다"에서 '사람'은 개념을 지칭하지도 개별적인 인간을 지칭하지도 않는다. 그것은 그 단어 혹은 발화적 음성 (의 무엇임) 등을 지칭한다.

'오캄의 면도날'과 보편자 문제

경제성의 원리 (principle of economy) [18] 와 연관되어 회자되는 '오캄의 면도날'(Ockham's Razor) 이라는 원리는 19세기 윌리엄 해밀턴 (William Hamilton) 의 저서에서 처음 나타난다. 그런데 흔히 이 원리가 함축되어 있다고들 하는 "존재자는 필요 이상으로 다수화되지 말아야 한다" (*entia non sunt multiplicanda praeter necessitatem*) 라는 관용적 표현은 오캄 자신의 것이 아니라는 점을 지적해야 한다. 이 표현은 신의 전능성과 경제성

리키는 것이라고 하더라도, 그 용어의 기원은 '위격'과 관계있음을 알 수 있다.

17) suppositio materialis는 직접적으로는 질료 (*materia*) 와 무관한 것처럼 보인다. 하지만 이 용어의 어원은 지칭을 질료 지칭 (*suppositio materialis*) 과 형상 지칭 (*suppositio formalis*) 으로 구분한 13세기 윌리엄 셔우드 (William Sherwood) 에게서 찾을 수 있다.

18) '검약의 원리'(principle of parsimony) 라고도 한다.

의 원리를 담은 《신학의 원리들》(De Principiis Theologiae)이라는 저술에 등장한다. 1328~1350년 무렵 집필된 저자 미상의 《신학의 원리들》은 오캄의 사상과 유사한 내용들을 포함하고 있지만, 오캄이 직접 쓴 것이 아니라는 것이 학자들의 일치된 견해다.

물론 오캄 자신이 이런 관용적 표현을 직접 구사하지 않았다고 하더라도, 이와 유사한 주장을 하기는 했다. "소수의 것을 통해 얻을 수 있는 것을 여러 가지 것을 통해 얻는 것은 헛되다"(Freustra fit per plura quod potest fieri per pauciora)는 원리가 《논리학 대전》 1권 12장에 등장하고, "다수성은 필요 이상으로 설정되어서는 안 된다"(Pluralitas non est ponenda sine necessitate)는 표현은 그의 저서에 자주 사용된다.

그렇다고 이런 경제성 원리가 오캄에게만 귀속되는 것은 아니다. 그가 자신의 면도날을 통해 비판하려고 했던 논적들도 이런 경제성 원리를 부정하지 않았을 것이다. 그렇다면 문제는 무엇이 필요하고 무엇이 불필요한가라는 점이다.

오캄의 보편자 이론은 일반적으로 불필요한 존재자들의 수를 줄이는 '그의 면도날'에 근거한다고 알려져 있지만, 사정은 그렇지 않다. 논적의 이론들이 지니는 문제점은, 사실을 설명함에 있어 불필요한 원리나 존재자들을 설정하는 데 있지 않고 그 이론들이 정합적이지 않고 모순적이라는 데에 있다. 오캄은 실재론이 비일관적이라고 확신한다. 비일관성은 철학자들이 이론에 대해 제기할 수 있는 가장 심각한 공격이다. 왜냐하면 그 이론이 모순을 포함한다는 뜻이기 때문이다.

유명론과 실재론을 두고 중세에 벌어진 논란을 '보편자 문제'라고 부른다. 그 문제는 포르피리오스의 《이사고게》(Isagoge)에서 제기된 물음으로 거슬러 올라간다. '인간'이나 '동물'과 같은 종과 유가 있다면, 그것들은 무엇인가? 그것들은 세계 내에 스스로 존재하는가, 아니면 단지 정신의 산물인가?[19]

중세에서 보편자는 두 가지 뜻으로 사용된다. ① 여러 대상 안에 동시에 존재할 수 있는 것과 ② 자연적으로 여럿에 대해 서술될 수 있는 것이 그것이다. 오캄은 명사가 여러 대상에 대해 서술될 수 있다는 점을 부정하지 않는다. 그러나 그는 여럿에 대해 서술될 수 있는 다른 무언가가 존재한다는 생각을 받아들일 수 없었다. ①을 수용하는 자를 실재론자(realist)라고 부르는 반면, 보편자가 정신 안에만 존재한다고 주장한 자를 유명론자(nominalist)라고 이름 붙인다. 즉, 유명론자에 따르면 보편자는 명칭들(nomina)일 뿐이라는 것이다.

오캄이 활동하던 당시 플라톤주의에 귀속되었던, 정신 외부에 존재하는 비물질적인 보편자가 개별자와 독립되어 존재한다는 '극단적 실재론'은 학자들 사이에 그리 매력적인 해석으로 자리 잡지 못했다. 이런 극단적 실재론과 달리, 인간성과 같은 보편적 형상은 존재하지만 개별자에서 분리되어 존재하는 것이 아니라 개별적 인간 안에서만 존재한다는 '온건한 실재론'의 입장이 당시의 주류 담론이었다. 그 입장에 따르면, 인간성이라는 보편자는 하나인 것이다. 하지만 보편자가 하나라면 여럿에 어떻게 공통적일 수 있는가? 하나의 보편자가 여러 분리된 개별자에 '내재'한다는 주장이 온건한 실재론이다.

오캄은 이런 실재론에 대해 강한 비판을 제기한다. 그 비판은 실재론이 신의 전능성과 양립할 수 없다는 데 있다. 보편자 '인간성'이 개별적 인간의 공통적인 부분이라면, 신은 나머지 인간들을 없애지 않고서는 '철수'라는 개별자를 완전히 없앨 수 없을 것이다. 왜냐하면 '철수'의 일부인 '인간성'이라는 보편자를 없애기 위해서는 신은 '영희'를 포함한 나머지

---

19) 이런 물음은 보에티우스에게 다음과 같은 형태로 나타난다. 유와 종은 자립하는가, 아니면 정신 안에만 있는가? 만일 유와 종이 자립한다면, 그것들은 물질적인가, 비물질적인가? 만일 유와 종이 비물질적이라면, 그것들은 감각적 사물 안에 존재하는가, 아니면 분리되어 존재하는가?

모든 인간을 없애야 하기 때문이다. 존재하는 모든 것은 어떠한 다른 것과도 논리적으로 독립적이어야 한다.

> 신은 나머지 개별자를 파괴하지 않고서 하나의 개별적 실체를 없앨 수 없을 것이다. 왜냐하면 신이 어떤 개별자를 없앤다면 개별자의 본질에 속한 전체를 파괴하는 것이 되므로 그 개별자 안과 나머지 개별자들 안에 있는 보편자를 파괴하는 것이 될 것이기 때문이다. 결과적으로 보편자처럼 나머지 개별자들은 그것들의 부분 없이는 계속적으로 존재할 수 없기 때문에 남지 않게 될 것이다(《논리학 대전》, 1부 16장).

오캄의 비판은 다음과 같이 요약된다. '인간성'이라는 보편자가 '철수'라는 개별자 안에 있다면 그것은 철수와 동일하다. 따라서 철수가 파괴된다면 인간성도 파괴되어야 한다. 하지만 인간성은 파괴되지 않는다. 왜냐하면 영희는 살아남을 것이며 인간성과 동일하기 때문이다.

이런 비판에 대해 개별자와 보편자가 절대적으로 다르지 않으면서도 그렇다고 엄격히 같지도 않다는 주장이 제기되었다. 둔스 스코투스(Duns Scotus)는 마성이나 동물성과 같은 보편적 본성이 정신 외부에 존재하지만 개별자들과 실재적으로 구별되지 않는다고 주장한다. 그것들은 '형상적으로 구별된다'(formally distinct). 이런 구별은 보편자와 개별자가 전적으로 동일하지 않다는 점을 드러내는 동시에 그 둘이 분리되었다고 생각하도록 하는 '사물 안의 근거'인 것이다.

오캄은 이 이론에 대해서도 광범위한 비판을 한다. 보편적 본성과 개별적 사물이 서로 실재적으로 동일하다면, 둘 중 하나에 대해 참인 것은 나머지에 대해서도 참이어야 한다. 따라서 동일한 대상에 대해 보편적인 동시에 보편적이지 않다는 것과 개별적인 동시에 개별적이지 않다는 것이 참이게 된다. 역으로, 보편성과 개별성이라는 2가지 양립되지 않은 술어가 공통본성과 개별자에게 각각 귀속된다면, 그 자체로 그것들은 실재적으로 구별된다는 점을 드러내기에 충분하다. 이유인즉, 스코투스의 형상적 구별은 그가 받아들일 수 없는 실재적 구별과 다름없게 된다는 것이 오캄의 비판이다. 오캄은 여기서 동일자의 식별불가능성 원리(principle of the indiscernibility of identicals)를 말하고 있다. 즉, a와 b가 서로 동일하다면, a에 대해 참인 것은 모두 b에 대해서도 참이다. 역으로, b에 대해 참이 아닌 것이 a에 대해 참이라면, a와 b는 서로 구분된다.

이런 식으로 실제 세계에서 스코투스적 공통 본성을 제거하면서 오캄은 단순지칭이라는 논리적 개념을 사용한다. 공통 명사에 상응하는 보편적 실재들은 없다. 오직 정신 속에 보편적인 개념들만이 있을 뿐이다. 더 나아가 보편적 명사들은 개념을 의미하는 것이 아니라 개별적 사물들을 의미한다.

그렇다면 오캄에서 보편자의 본질은 무엇인가? 보편자는 여러 사물의 기호라고 말한다. 그리고 규약적 기호와 자연적 기호라는 두 종류의 기호가 있기 때문에 이에 대응하는 두 부류의 보편자들이 있다. 발화되거나 글로 쓰인 말들은 규약적 기호의 예이다. 이들은 어떤 대상을 의미하도록 인위적으로 구성된 것이다. 이것을 입증하기 위해서는 세상에 여러 가지 언어들이 있다는 사실을 보여 주면 된다. 한편, 자연적 기호가 있다. 예를 들어 신음소리는 고통에 대한 자연적 기호이며, 연기는 불에 대한 자연적 기호이다. 자연적 기호들은 자연의 사태이므로 국가 간에, 그리고 사람들 간에 차이가 나지 않는다. 개념은 개별적 사물들에 대한 자연적 기호들이다. 만약 개념이 오직 하나의 사물의 기호라면 그것은 개별적인 개념일 것이다. 만약 개념이 여러 사물의 기호라면, 그것은 보편적인 개념[20]일 것이다.

---

20) 오캄은 초기 저작에서 보편적 개념을 지성이 인식대상의 재현으로서 만들어 낸

그 자체로서 모든 기호는 개별적인 사물이다. 기호가 말이든 개념이 되었든 간에 마찬가지이다. 그것의 보편성은 여러 사물을 의미한다는 사실에 놓여 있다. 따라서 보편성은 의미기능의 문제이다. 보편성은 그 자체로서 사물이나 실재적인 것이 아니다. 이와 같은 면모는 모든 사물은 개별적이며 보편적인 사물들이나 실재들은 없다는 오캄의 이론을 확고하게 뒷받침한다. 21)

정신적 구성물(*fictum*)로 해석하지만, 후기 저작에서는 그 해석을 폐기하고 여러 대상을 동시에 사고하는 행위(*intellectio*)라고 주장한다.

21) 유명론적 사고는 오캄의 논리학과 형이상학은 물론 정치이론에도 드러난다. 개별자 말고는 그 무엇도 실재적이지 않다면 사회적 실재나 공동사회라는 실재는 없다. 사회는 개별자의 총합일 뿐이다.

참고문헌

■ 1차 문헌

1) 라틴어

Guillelmi de Ockham (1974~1988). *Opera Philosophica.* 7 vols. St. Bonaventure, New York: The Franciscan Institute.

_____ (1967~1986). *Opera Theologica.* 10 vols. St. Bonaventure, New York: The Franciscan Institute.

2) 영어

Boehner, Philotheus (Ed. and Trans.) (1990). *William of Ockham: Philosophical Writings.* Indianapolis: Hackett. 이경희 (역) (2004). 《오캄 철학 선집》. 서울: 간디서원.

Freddoso, Alfred J. and Henry Schuurman (Trans.) (1980). *Ockham's Theory of Propositions: Part II of the Summa Logicae.* Indiana: University of Notre Dame Press. Reprinted, Indiana: St. Augustine's Press.

Freddoso, Alfred J. and Francis Kelley (Trans.) (1991). *William of Ockham: Quodlibetal Questions.* New Haven: Yale University Press.

Loux, Michael J. (Trans.) (1974). *Ockham's Theory of Terms: Part I of the Summa Logicae.* Indiana: University of Notre Dame Press. Reprinted (1997), Indiana: St. Augustine's Press.

Spade, Paul Vincent (Ed. and Trans.) (1994). *Five Texts on the Medieval Problem of Universals.* Indianapolis: Hackett.

_____ (Trans.) (1995a). *History of the Problem of Universals in the Middle Ages: Notes and Texts.* http://pvspade. com/Logic/docs/univers. pdf

_____ (Trans.) (1995b). *Selections from Part I of William of Ockham's Summa Logicae* (excerpts). http://pvspade. com/Logic/docs/ockham. pdf

■ 2차 문헌

김 율(2010). "신학의 학문성에 대한 윌리엄 오캄의 비판", 〈철학〉, 104: 63
      ~93.
박우석(1997). 《중세철학의 유혹》. 서울: 철학과 현실사.
박전규(1983). 《윌리암 옥캄의 생애와 사상》. 서울: 형설출판사.
배선복(2000). "오캄의 오-명제의 인격적 서 있음", 〈철학연구〉, 49: 25~46.
유대칠(2006). "오캄의 심적 언어와 동의어 문제", 〈중세철학〉, 12: 101~137.
_____(2010). "스콜라 지칭론의 복원작업", 〈중세철학〉, 16: 175~216.
이재경(2008a). "14세기 오캄을 통해서 본 중세철학과 근대철학의 연속성",
      〈헤겔연구〉, 24: 231~249.
_____(2008b). "오캄의 의미론과 내포", 〈중세철학〉, 14: 211~233.
최필립(2010). "윌리엄 오캄의 정의(定義)이론과 명목적 정의", 〈중세철학〉,
      16: 299~343.

Adams, Marilyn McCord(1976). "What Does Ockham Mean by 'supposi-
      tion'?", *Notre Dame Journal of Formal Logic*, 17: 375~391.
_____(1977). "Ockham's Nominalism and Unreal Entities", *The Philosoph-
      ical Review*, 86: 144~176.
_____(1978). "Ockham's Theory of Natural Signification", *The Monist*, 61:
      444~459.
_____(1982). "Universals in the Early Fourteenth Century". In Kretzmann
      et al. (Eds.), *The Cambridge History of Later Medieval Philosophy*,
      pp. 411~439. Cambridge: Cambridge University Press.
_____(1985). "Things Versus 'Hows', or Ockham on Predication and
      Ontology". In J. Bogen and J. E. McGuire(Eds.). *How Things
      Are: Studies in Predication and the History of Philosophy and Science*.
      Dordrecht: Reidel.
_____(1987). *William Ockham*. 2 vols. Notre Dame, Indiana: University
      of Notre Dame Press.
Biard, Joël(1997). *Guillaume d'Ockham*. Logique et Philosophie. Paris:
      Vrin.
Bocheński, J. M. (1961). *A History of Formal Logic*. Ivo Thomas(Trans.).

Notre Dame, Indiana: University of Notre Dame Press. Originally published as *Formale Logik* (1956). Freiburg: Karl Alber.

Boehner, Philotheus (1952). *Medieval Logic: An Outline of Its Development from 1250 to c. 1400*. Manchester: Manchester University Press.

_____ (1958). *Collected Articles on Ockham*. St. Bonaventure, New York: The Franciscan Institute.

Boh, Ivan (1993). *Epistemic Logic in the Later Middle Ages*. New York: Routledge.

Boler, John (1985). "Connotative Terms in Ockham", *History of Philosophy Quarterly*, 22: 21~37.

_____ (1998). "Ockham on Difference in Category", *Franciscan Studies*, 56: 97~113.

_____ (2003). "Ockham on the Concept", *Medieval Philosophy and Theology*, 11: 65~86.

Brower-Toland, Susan (2007). "Ockham on Judgment, Concepts, and the Problem of Intentionality", *Canadian Journal of Philosophy*, 37: 67~110.

Brown, Deborah (1996). "The Puzzle of Names in Ockham's Theory of Mental Language", *The Review of Metaphysics*, 50: 79~99.

Brown, Stephen (1972). "Walter Burleigh's Treatise *De suppositionibus* and Its Influence on William of Ockham", *Franciscan Studies* 32: 15~64.

_____ (1993). "Medieval Supposition Theory in Its Theological Context", *Medieval Philosophy and Theology*, 3: 121~157.

Chalmers, David (1999). "Is There a Synonymy in Ockham's Mental Language". In P. V. Spade (Ed.), *The Cambridge Companion to Ockham*, pp. 76~99. Cambridge: Cambridge University Press.

Courtenay, William J. (1978). *Adam Wodeham: An Introduction to His Life and Writings*. Leiden: Brill.

_____ (2008). *Ockham and Ockhamism*. Leiden: Brill.

Day, Sebastian (1947). *Intuitive Cognition: A Key to the Significance of the Later Scholastics*. St. Bonaventure, New York: The Franciscan Institute.

Dutilh Novaes, Catarina (2007). *Formalizing Medieval Logical Theories:*

Suppositio, Consequentiae and Obligationes. Leiden: Springer.

Eco, Umberto and Costantino Marmo (Eds.) (1989). *On the Medieval Theory of Signs.* Amsterdam: John Benjamins.

Gál, Gedeon (1967). "Gualteri de Chatton et Guillelmi de Ockham Controversia de Natura Conceptus Universalis", *Franciscan Studies*, 27: 197~212.

Gaskin, Richard (2001). "Ockham's Mental Language, Connotation, and the Inherence Regress". In D. Perler (Ed.), *Ancient and medieval theories of intentionality*, pp. 227~263. Leiden: Brill.

Geach, Peter (1964). *Logic Matters.* Clarendon: Oxford University Press.

Gelber, Hester (1984). "I Cannot Tell a Lie: Hugh Lawton's Critique of Ockham on Mental Language", *Franciscan Studies*, 44: 141~179.

Goddu, André (1984). *The Physics of William Ockham.* Leiden: Brill.

Henninger, Mark G. (1989). *Relations: Medieval Theories.* 1250~1325. Oxford: Oxford University Press.

Henry, Desmond Paul (1972). *Medieval Logic and Metaphysics.* London: Routledge.

Karger, Elizabeth (1984). "Modes of Personal Supposition: The Purpose and Usefulness of the Doctrine Within Ockham's Logic", *Franciscan Studies*, 44: 87~106.

_____(1996). "Mental Sentences According to Burley and to the Early Ockham", *Vivarium*, 34: 192~230.

Kelley, Francis E. (1981). "Walter Chatton vs. Aureoli and Ockham Regarding the Universal Concept", *Francsican Studies*, 41: 222~249.

Klima, Gyula (1993). "The Changing Role of *Entia Rationis* in Medieval Philosophy: A Comparative Study with a Reconstruction", *Synthese*, 96: 25~59.

_____(1999). "Ockham's Semantics and Ontology of the Categories". In P. V. Spade (Ed.), *The Cambridge Companion to Ockham*, pp. 118 ~142. Cambridge: Cambridge University Press.

_____(2009). *John Buridan.* Oxford: Oxford University Press.

Kneale, William and Martha Kneale (1962). *The Development of Logic.* Clarendon: Oxford University Press. 박우석 외 (역) (2015). 《논리학

의 역사》. 서울: 한길사.

Kretzmann, Norman(1970). "Medieval Logicians on the Meaning of the Propositio", *The Journal of Philosophy*, 67: 767~787.

Kretzmann, Norman, Anthony Kenny, and Jan Pinborg(Eds.) (1982). *The Cambridge History of Later Medieval Philosophy*. Cambridge: Cambridge University Press.

Lahey, Stephen(1998). "William of Ockham and Trope Nominalism", *Franciscan Studies*, 55: 105~120.

Leff, Gordon(1975). *William of Ockham: The Metamorphosis of Scholastic Discourse*. Manchester: Manchester University Press.

Matthews, Gareth(1997). "Two Theories of Supposition?", *Topoi*, 16: 35~40.

Maurer, Armand A. (1990). *Being and Knowing: Studies in Thomas Aquinas and Later Medieval Philosophers*. Toronto: Pontifical Institute of Mediaeval Studies.

_____(1999). *The Philosophy of William of Ockham in the Light of Its Principles*. Toronto: Pontifical Institute of Mediaeval Studies.

Michon, Cyrille(1994). *Nominalisme: La Théorie de la Signification d'Occam*. Paris: Vrin.

Moody, Ernest(1935). *The Logic of William of Ockham*. New York: Sheed & Ward.

_____(1975). *Studies in Medieval Philosophy, Science and Logic: Collected Papers 1933~1969*. Berkeley: University of California Press.

Normore, Calvin(1990). "Ockham on Mental Language". In J. C. Smith, *Historical Foundations of Cognitive Science*, pp. 53~70. Dordrecht: Kluwer.

_____(1997). "Material Supposition and the Mental Language of Ockham's Summa Logicae", *Topoi*, 16: 27~33.

_____(1999). "Some Aspects in Ockham's Logic". In P. V. Spade(Ed.), *The Cambridge Companion to Ockham*, pp. 31~52. Cambridge: Cambridge University Press.

Nuchelmans, Gabriel(1973). *Theories of Proposition: Ancient and Medieval Conceptions of the Bearers of Truth and Falsity*. Amsterdam: North

Holland.

_____(1982). "The Semantics of Propositions". In Kretzmann et al. (Eds.), *The Cambridge History of Later Medieval Philosophy*, pp. 197~210. Cambridge: Cambridge University Press.

Panaccio, Claude (1990). "Connotative Terms in Ockham's Mental Language", *Cahiers d'épistémologie*, n. 9016. Montreal: Université du Québec à Montréal.

_____(1992). "From Mental Word to Mental Language", *Philosophical Topics*, 20: 125~147.

_____(1999). "Semantics and Mental Language." In P. V. Spade (Ed.), *The Cambridge Companion to Ockham*, pp. 53~75. Cambridge: Cambridge University Press.

_____(2004). *Ockham on Concepts*. Aldershot: Ashgate.

_____(2012). "Ockham and Buridan on Epistemic Sentences: Appellation of the Form and Appellation of Reason", *Vivarium*, 50: 139~160.

Panaccio, Claude and Ernesto Perini-Santos (2004). "Guillaume d'Ockham et la suppositio materialis", *Vivarium*, 42: 202~224.

Parsons, Terence (1997). "Supposition as Quantification Versus Supposition as Global Quantificational Effect", *Topoi*, 16: 41~63.

Pasnau, Robert (1997). *Theories of Cognition in the Later Middle Ages*. Cambridge: Cambridge University Press.

Perini-Santos, Ernesto (2002). "L'extension de la liste des modalités dans les commentaires du Perihermeneias et des Sophisti Elenchi de Gullaumed'Ockham", *Vivarium*, 40 (2): 174~188.

Read, Stephen (1977). "The Objective Being of Ockham's Ficta", *The Philosophical Quarterly*, 27: 14~31.

_____(1999). "How is Material Supposition Possible?", *Medieval Philosophy and Theology*, 8: 1~20.

_____(2011). "Medieval Theories: Properties of Terms", *Stanford Encyclopedia of Philosophy*. http://plato.stanford.edu/entries/medieval-terms/

Saw, Richard (1941). "William of Ockham on Terms, Propositions, and Meaning", *Proceedings of the Aristotelian Society*, 42: 45~64.

Smith, J. C. (Ed.) (1990). *Historical Foundations of Cognitive Science.* Dordrecht: Kluwer.

Spade, Paul Vincent (1974). "Ockham's Rule of Supposition: Two Conflicts in His Theory", *Vivarium*, 12: 63~67.

_____ (1975). "Ockham's Distinction Between Absolute and Connotative Terms", *Vivarium*, 13: 55~76.

_____ (1980). "Synonymy and Eqivocation in Ockham's Mental Language." *Journal of the History of Philosophy*, 18: 9~22.

_____ (1988). *Lies, Languages, and Logic in the Late Middle Ages.* London: Variorum Reprints.

_____ (1990). "Ockham, Adams, and Connotation: A Critical Notice of Marilyn Adams's William Ockham", *The Philosophical Review*, 99: 593~612.

_____ (2002). *Thoughts, Words, and Things: An Introduction to Late Medieval Logic and Semantic Theory* (ver. 1. 2). http://pvspade. com/ Logic

_____ (Ed.) (1999). *The Cambridge Companion to Ockham.* Cambridge: Cambridge University Press.

Spade, Paul Vincent and Claude Panaccio (2011). "William of Ockham", *Stanford Encyclopedia of Philosophy*, http://plato. stanford. edu/entries/ockham.

Spruit, Leen (1994~1995). *Species Intelligibilis: From Perception to Knowledge.* 2 vols. Leiden: Brill.

Stump, Eleonore (1999). "The Mechanisms of Cognition: Ockham on Mediating Species". In P. V. Spade (Ed.), *The Cambridge Companion to Ockham*, pp. 168~203. Cambridge: Cambridge University Press.

Tachau, Katherine H. (1988). *Vision and Certitude in the Age of Ockham.* Leiden: Brill.

Trentman, John (1970). "Ockham on Mental", *Mind*, 79: 586~590.

Tweedale, Martin (1990). "Mental Representations in Later Medieval Scholasticism". In J. C. Smith, *Historical Foundations of Cognitive Science*, pp. 35~51. Dordrecht: Kluwer.

_____ (1992). "Ockham's Supposed Elimination of Connotative Terms and

His Ontological Parsimony", *Dialogue*, 31: 431~444.

Yrjönsuuri, Mikko (1997). "Supposition and Truth in Ockham's Mental Language", *Topoi*, 16: 15~25.

_____(Ed.) (2001). *Medieval Formal Logic*. Dordrecht: Kluwer.

Zheng, Yiwei (1998). "Metaphysical Simplicity and Semantical Complexity of Connotative Terms in Ockham's Mental Language", *The Modern Schoolman*, 75: 253~264.

찾아보기 (인명)

찾아보기 (문헌)

윌리엄 오캄 William Ockham, c.1285~1349

윌리엄 오캄은 아리스토텔레스의 논리학 위에 중세인들이 쌓아 올린 업적들을 집대성한 《논리학 대전》(*Summa Logicae*)의 저자요, '오캄의 면도날'이라는 별명이 상징하듯 실재론적 입장들을 예리하고도 신랄하게 비판한 유명론의 투사이며, 아리스토텔레스의 자연학에 지각 변동을 일으킴으로써 근대 과학혁명을 예비하는 데 한몫을 한 자연철학자다. 오캄은 계시된 진리를 신앙의 규칙으로 받아들이고 모든 연구의 지도적 원리로 삼은 탁월한 신학자인 동시에 교권과 속권 간의 대결이라는 첨예한 현실 정치문제와 정면 대결하여 속권이 신으로부터 백성에게 주어진 것으로 그 자체의 독자적 영역을 갖는다고 주장했던 시대를 앞서간 정치철학자이기도 하다.

박우석 朴佑錫

연세대학교 철학과를 졸업하고 미국 버펄로 소재 뉴욕주립대학교에서 박사학위를 받았다. 지금은 한국과학기술원 인문사회과학부 교수로 있다. 논리학과 존재론, 공리적 방법의 역사, 가추법 등이 최근의 주요 관심사다. 저서로는 《중세철학의 유혹》, 《잃어버린 과학을 찾아서》, 《바둑철학》이 있고, 포퍼의 《과학적 발견의 논리》 등 다수의 번역서가 있다. 최근 논문으로 "Friedman on Implicit Definition", "On Classifying Abduction", "Misrepresentation in Context" 등이 있다.

이재경 李在暻

연세대학교 철학과를 졸업하고 캐나다 토론토대학교에서 박사학위를 받았다. 지금은 연세대학교 철학과 교수로 있다. 중세철학, 종교철학, 아베로에스주의의 역사 등이 최근의 주요 관심사다. 저서로는 《토마스 아퀴나스와 13세기 심리철학》이 있고, 아베로에스의 《결정적 논고》 등 번역서가 있다. 최근 논문으로 "단테의 《제정론》에 드러난 아베로에스주의", "뷰리당과 중세의 물리주의", "The Intellect-Body Problem in Aquinas" 등이 있다.